Cartografias do avesso

SUJEITO E HISTÓRIA
Organização de Joel Birman

A coleção Sujeito e História tem caráter interdisciplinar. As obras nela incluídas estabelecem um diálogo vivo entre a psicanálise e as demais ciências humanas, buscando compreender o sujeito nas suas dimensões histórica, política e social.

Títulos publicados:

A crueldade melancólica, Jacques Hassoun
A psicanálise e o feminino, Regina Neri
Arquivos do mal-estar e da resistência, Joel Birman
Cadernos sobre o mal, Joel Birman
Cartão-postal, Jacques Derrida
Deleuze e a psicanálise, Monique David-Ménard
Foucault: seu pensamento, sua pessoa, Paul Veyne
Gramáticas do erotismo, Joel Birman
Lacan com Derrida, René Major
Lacan e Lévi-Strauss, Markos Zafiropoulos
Mal-estar na atualidade, Joel Birman
Manifesto pela psicanálise, Erik Porge, Frank Chaumon, Guy Lérès, Michel Plon, Pierre Bruno e Sophie Aouillé
Metamorfoses entre o sexual e o social, Carlos Augusto Peixoto Jr.
O aberto, Giorgio Agamben
O desejo frio, Michel Tort
O olhar do poder, Maria Izabel O. Szpacenkopf
O sujeito na contemporaneidade, Joel Birman
Ousar rir, Daniel Kupermann
Problemas de gênero, Judith Butler
Rumo equivocado, Elisabeth Badinter

Joel Birman

Cartografias do avesso
Escrita, ficção e estéticas de subjetivação em psicanálise

3ª edição

Rio de Janeiro
2024

Copyright © Joel Birman, 2019

CIP-BRASIL. CATALOGAÇÃO NA PUBLICAÇÃO
SINDICATO NACIONAL DOS EDITORES DE LIVROS, RJ

Birman, Joel
B521c   Cartografias do avesso : escrita, ficção e estéticas de subjetivação
3ª ed.   em psicanálise / Joel Birman. – 3ª ed. – Rio de Janeiro : Civilização Brasileira, 2024.
560 p. ; 23 cm.

Inclui bibliografia
ISBN 978-85-200-1367-0

1. Psicanálise. I. Título.

                            CDD: 150.195
19-59170   CDU: 159.964.2

Vanessa Mafra Xavier Salgado – Bibliotecária – CRB-7/6644

Todos os direitos reservados. É proibido reproduzir, armazenar ou transmitir partes deste livro, através de quaisquer meios, sem prévia autorização por escrito.

EDITORA AFILIADA

Texto revisado segundo o novo Acordo Ortográfico da Língua Portuguesa.

Direitos desta edição adquiridos pela
EDITORA CIVILIZAÇÃO BRASILEIRA
Um selo da
EDITORA JOSÉ OLYMPIO LTDA.
Rua Argentina, 171 – Rio de Janeiro, RJ – 20921-380 –
Tel.: (21) 2585-2000.

Seja um leitor preferencial Record.
Cadastre-se no site www.record.com.br e receba informações sobre nossos lançamentos e nossas promoções.

Atendimento e venda direta ao leitor:
sac@record.com.br

Impresso no Brasil
2024

Para Carolina, Mariana e Clara, as meninas.
Para Rafael, o menino.

Por que o sofrimento de cada dia se traduz constantemente, em nossos sonhos, na cena sempre repetida da narração que os outros não escutam?

(Primo Levi. *É isto um homem?*, 1988, p. 60.)

Sumário

INTRODUÇÃO

Signo, interpretação e linguagem — 17
   Releituras — 21
   A problemática da escrita, do sujeito e da estética — 23

PARTE I – LINGUAGEM E DISCURSO

1. Linguagem e discurso na constituição da psicanálise: uma leitura da *Contribuição à concepção das afasias*, de S. Freud — 29
   Metapsicologia e experiência psicanalítica — 29
   Um ensaio inesquecível — 34
   Escritos neurológicos e psicanalíticos — 39
   Corpo, psiquismo e linguagem — 42
   Uma linha freudiana de pesquisa — 47
   Da concepção elementar da linguagem ao realismo do sentido — 50
   Linguagem, corpo e representação — 57
   No solo do discurso de Jackson — 65
   Trauma, pulsão e linguagem — 70

2. O sentido da retórica: sobre o corpo, o afeto e a linguagem em psicanálise — 79
   Bordas e fronteiras — 79
   Desejo e sentido — 82
   Pensamento e reflexão — 87
   Hermenêutica e modernidade — 89
   Escrita do inconsciente — 94
   Retórica do autoerotismo — 97

Descentramento	99
Desamparo e prematuridade	101
Enunciações do sentido	103
Desamparo e morte do pai	108

PARTE II – ESCRITA

3. A escrita em psicanálise	113
Preâmbulo	113
Ruídos e desentendimentos	115
Linguagem, fantasma e intensidade	117
Inconsciente e escrita	120
Romantismo e neopositivismo	126
4. A escrita e os destinos da psicanálise	131
Argumento e imagem	132
Método	134
Forma e conteúdo?	135
Experiência do inconsciente	136
Escrita do sonho	138
Escrita automática	140
Construção da escrita	141
Da estética ao método psicanalítico	144
Unheimlich	147
Leitura, acaso e inconsciente	151
Isso basta?	153
Transmissão e filiação	155

PARTE III – FICÇÃO

5. Escrita e ficção em psicanálise	161
Escrita clínica e escrita teórica	161
Do real ao fantasma	163
Realidade material e realidade psíquica	166
Formações do inconsciente	169
Pulsão, corpo e desejo	172
Marcas e inscrições	174

Memória, escrita e arquivo 176
Experiência psicanalítica e composição literária 181
Escrita de si e escrita clínica 182

6. Cartografias da morte e do desejo: do trauma à escrita e à ficção 185
   A problemática 185
   Linguagem e discurso 187
   Crítica da medicina 190
   Desejo, fantasia e interpretação 191
   Sujeito, cenas e personagens 193
   Pulsão e subjetivações 196
   Escrita do inconsciente 200
   Violência e trauma 202
   Escrita do trauma 204

PARTE IV – SUBLIMAÇÃO

7. Fantasiando sobre a sublime ação 211
   Inquietudes 211
   Movimentando intensidades 213
   A volta do parafuso 216
   Puxando fios 219
   Sublimar, espiritualizar, civilizar 221
   Poros na completude 226
   Quase isso 231
   Anti-idealidade erótica 233
   Silêncio, ruídos, murmúrios 235
   Renascer no recomeço 237
   Confuso, estético, sublime 241
   Diferençar no descentramento 245
   Jogo, ficção, pensamento 249

8. Criatividade e sublimação em psicanálise 253
   A mesma problemática? 253
   Criatividade 256
   As trilhas do impasse 260
   Para concluir 263

PARTE V – HUMOR

9. Frente e verso: o trágico e o cômico na desconstrução
   do poder 267
   Prazer e memória 267
   Desdramatizar 271
   Do drama ao trágico 273
   Esquecimento 277
   Formações do inconsciente 278
   Originalidade e diferença 280
   Transgressão 282
   Desconstrução do poder 284

10. O rei está nu: contrapoder e realização de desejo, na piada
    e no humor 289
    Temor e terror 289
    Somos todos iguais? 290
    Imortalidade em questão 294
    Poder acossado 296
    Desejo e inconsciente 299
    Cena psíquica, cena social e formações do inconsciente ... 301
    Contrapoder 306

PARTE VI – LITERATURA

11. Inconsciente e desejo na escrita do infantil: uma leitura de
    Alice no país das maravilhas e de *A travessia do espelho*,
    de Lewis Carroll 311
    Criança, infância e infantil 313
    Modernidade da infância 316
    Desamparo, desejo e inconsciente 320
    Escrita onírica 322
    Ruptura com a imagem especular e com o eu 325
    Derivações 329

12. A *poiesis* do indizível: a feminilidade e o sublime,
    entre literatura e psicanálise 331
    O sublime, a feminilidade e a estilística da existência ... 331

A subjetividade, a linguagem e as intensidades   336
Literatura versus linguística   341
O estilo psicanalítico   345
A verdade na escrita literária   348
A ficção e a fantasia   350

13. Tradição, memória e arquivo da brasilidade: sobre o inconsciente em Mário de Andrade   355
   A problemática   355
   Política e história   359
   Modernismo e descontinuidade   361
   Despertar e descobrimento   365
   Presente, futuro e passado   367
   Refundar o arquivo   369
   Comando anticolonial   372
   Da voz à escrita   376
   Loucura, primitividade e criação   378
   Inconsciente, fantasma e arquivo   383

14. Genealogia do plágio   391
   Problemática e acontecimento   391
   Campos literário e científico   394
   Autenticidade, originalidade, singularidade   396
   Sociedade e indivíduo   397
   Liberdade, transgressão e imaginação   400
   Autor   404
   Silêncio do plágio   405

PARTE VII – ARTES PLÁSTICAS E VISUAIS

15. Pincelando e esculpindo coisas em imagens: uma leitura das artes plásticas   409
   Literatura e artes plásticas   409
   Narrar, ver, dizer   412
   Signo e espaço   416
   Comparecer ao acontecimento   420

Fora   424
Fragmentos e coisas   426

16. A voz de Deus e as mãos de Arthur Bispo do Rosário: arte e loucura na escrita pictórica   431
Imperativo do sagrado   431
Loucura ou arte?   435
Precariedade e vulnerabilidade   440
Delírio e linguagem   446

17. Sou visto, logo existo: a visibilidade em questão   451
A injunção à visibilidade: entre ver e ser visto   451
Outro cogito?   454
Sujeito e genealogia   456
Cultura do narcisismo   459
Espetáculo e performance   464
Panóptico   465
Sociedade de controle   466

PARTE VIII – CINEMA

18. Desejo cifrado   471
Do sonho à morte   471
Desejo e fantasia   473
Sujeito e pulsão   475
Sintoma e sonho   476
Sono e sonho   478
Deciframento e singularidade   479
Repetição e desejo   480
Limite do sonhar na atualidade   482

19. Gramáticas do amor no cinema: uma leitura psicanalítica sobre o erotismo, a paixão e o amor   485
Um mar de histórias   485
Transgressão e impossível   490

A trama e a trampa	495
Amor e o erotismo	498
Imperativos	501
Ambiguidade	505
Violência e paixão	508
Alquimias escatológicas	511
Outra volta do parafuso?	515
20. Épica do mal	519
21. Na contramão da amnésia, a insônia	525
22. A feiura, forma do horror no neonazismo	529
Mostração, repetição e diferença	532
Cultura, alteridade e heterogeneidade	535
Puxando os fios	537
O trágico como marca identitária	541
Alteridade impossível?	542
BIBLIOGRAFIA	545

Introdução

SIGNO, INTERPRETAÇÃO E LINGUAGEM

A ênfase colocada no campo da linguagem foi certamente constitutiva da psicanálise, nos registros teórico e clínico, ao mesmo tempo. Estes, desde a formação do discurso freudiano no final do século XIX, são inseparáveis, na medida em que a teorização se volta sempre para o registro da experiência clínica, para dar conta devidamente do que ali ocorre. Portanto, a *experiência psicanalítica* é a fonte inesgotável para a construção da *metapsicologia*,¹ de forma que ambas corresponderiam às duas faces da mesma moeda; face e verso da mesma folha de papel – a psicanálise propriamente dita.

No que concerne a isso, aliás, o ano de 1891 foi efetivamente decisivo no estabelecimento da psicanálise como discurso ao mesmo tempo teórico e clínico. Esse foi o ano de publicação de dois textos cruciais voltados para o tratamento psíquico,² por um lado, e para as afasias,³ por outro. Se, no primeiro, Freud procurou enunciar que o tratamento psíquico se fundaria nos campos da *linguagem* e do *discurso*, que se contraporiam assim ao campo da *consciência*, no segundo, em contrapartida, enunciou o conceito do *aparelho de linguagem* para relançar em outras bases teóricas o conceito de *aparelho da alma*. Este fora enunciado por Meynert no campo da neurologia, para se referir, por meio da retórica teológica, ao que vai caracterizar na retórica científica o campo do psiquismo.

---

1. S. Freud, *Métapsychologie* (1915).
2. Idem, "Traitment psychique" (1891). In: *Résultats, idées, problèmes (1890-1920)*, vol. I.
3. Idem, *Contribution à la conception des aphasies* (1891).

Aconteceu, portanto, um duplo *deslocamento* teórico, que engendrou duas *descontinuidades*. Freud colocou na lata de lixo da história o conceito *teológico* da *alma* e instituiu no seu lugar o de *aparelho de linguagem*. Ao mesmo tempo, descartou o conceito de consciência como paradigma filosófico da tradição teórica da *filosofia do sujeito* desde Descartes,[4] ideia constitutiva da tradição da *psicologia clássica*.[5, 6]

No entanto, se no ensaio sobre tratamento psíquico o que estava em pauta era o campo estrito da experiência clínica, no ensaio sobre as afasias o discurso freudiano procurou fundamentar essa experiência com o enunciado do conceito de aparelho de linguagem. Dessa maneira, ao enfatizar que o tratamento psíquico se fundava na palavra, no discurso, e não no registro da consciência, o discurso freudiano delineava as condições para a emergência teórica do registro psíquico do *inconsciente* na sua especificidade conceitual.[7] Com efeito, nesse ensaio o discurso freudiano estabeleceu inicialmente a oposição conceitual existente entre os registros do *somático* e da *consciência*. O registro da linguagem foi enunciado como um terceiro registro autônomo e específico, que não se superporia nem ao registro do organismo tampouco ao da consciência.[8]

Foi em decorrência disso que se enunciou o conceito de aparelho de linguagem no ensaio sobre as afasias: para fundamentar, do ponto de vista metapsicológico, o que seria a existência daquele aparelho e oferecer, desse modo, o solo conceitual para que a experiência psicanalítica fosse baseada no campo da linguagem e não no da consciência.[9] A experiência clínica e a metapsicologia seriam, portanto, como enunciei anteriormente, as duas faces da mesma moeda desde os primórdios do discurso freudiano, não podendo então ser artificialmente separadas.

---

4. R. Descartes, "Méditations objections et réponses" (1641). In: *Oeuvres et lettres de Descartes*.
5. G. Politzer, *Critique des fondements de la psychologie* (1928).
6. J. Lacan, "Au-delà du principe de réalité" (1936). In: *Écrits*.
7. S. Freud, "Traitement psychique". In: *Résultats, idées, problèmes* (1891-1920), vol. I.
8. Ibidem.
9. S. Freud, *Contribution à la conception des aphasies* (1891).

INTRODUÇÃO

Com a formulação do "Projeto de uma psicologia científica",[10] em 1895, contudo, o discurso freudiano destacou a importância crucial da dimensão *intensiva* no funcionamento do psiquismo. O conceito do aparelho de linguagem foi, nesse contexto, transformado no conceito de *aparelho psíquico*. Este seria a leitura do aparelho de linguagem imantado por intensidades, de forma que a ênfase colocada no registro da linguagem permanece então como *invariante* axial no discurso freudiano.

A ênfase colocada no registro da linguagem foi o correlato da posição estratégica atribuída ao registro da *memória* no psiquismo. Com efeito, o privilégio teórico posto, desde o século XIX, no registro da memória teve a potência de desconstruir o paradigma da consciência na filosofia do sujeito. Por isso mesmo, desde o ensaio intitulado "Comunicação preliminar", escrito em parceria com Breuer em 1893, Freud pôde formular que "os histéricos sofrem de reminiscências",[11] de maneira que estabeleceu as relações fundamentais existentes entre a linguagem e os *traços mnêmicos* – estes seriam as *trilhas* deixadas no aparelho psíquico pela *experiência de satisfação*, por um lado, e pela *experiência da dor*, por outro. Portanto, desde o "Projeto de uma psicologia científica", as marcas psíquicas se ordenariam como uma rede de *diferenças*, reguladas pela oposição intensiva prazer/desprazer.[12]

Além disso, tanto no "Projeto de uma psicologia científica"[13] quanto na "Carta 52" a Fliess, de 1896,[14] Freud enunciou que os ditos traços mnêmicos não seriam fixos e irremovíveis, pois seriam permanentemente remanejados e reconfigurados por interpretações realizadas posteriormente pelo sujeito, ao longo de sua história. Essa operação psíquica foi denominada por Freud de *posterioridade* (*Nachträglich*), que tem assim a marca de ser efetivamente uma *interpretação*. Se evidencia, assim, como

---

10. Idem, "Esquisses d'une psychologie scientifique" (1895). In: *La naissance de la psychanalyse*.
11. Idem, E. Breuer, "Comunication préliminaire" (1893). In: S. Freud, *Études sur l'hystérie* (1895).
12. S. Freud, "Esquisse d'une psychologie scientifique" (1895). In: *Naissance de la psychanalyse*.
13. Ibidem.
14. S. Freud, "Lettres à Wilhelm Fliess, notes et plans" (1887-1902). In: *Naissance de la psychanalyse*.

o campo das marcas mnêmicas, ordenadas como uma rede de diferenças e regulado pela oposição prazer/desprazer, seria um conjunto de *signos* marcados pelo *sentido*. Portanto, o campo da psicanálise pressupõe sempre a relação íntima estabelecida entre os registros da linguagem, do traço mnêmico e da interpretação, que teriam na materialidade do *signo* a sua condição concreta de existência.

Essa construção teórica convergiu em seguida para a elaboração da teoria do sonho, na qual o *sonho* como *acontecimento* seria equivalente ao *sintoma*, pois estas duas *séries* psíquicas teriam não apenas a mesma arquitetura composta por signos como também seriam ambas norteadas pelo imperativo da realização do *desejo*.[15] Por sua vez, a série configuraria e reconfiguraria permanentemente a rede de diferenças de signos, constituindo as relações entre os registros da linguagem, do traço mnêmico e da interpretação, tal como Freud indicou a construção teórica do psiquismo em *A interpretação dos sonhos*.[16]

No entanto, o desejo seria norteado pelo "fantasma" inconsciente – termo para pensar na constituição do aparelho psíquico como sistema de inscrições. Seria esse fantasma inconsciente que orientaria assim os diferentes cenários possíveis para o imperativo da experiência de satisfação.[17] Além disso, Freud procurou nomear, na cartografia teórica que empreendeu dos signos no psiquismo, a composição do registro da *realidade psíquica* em oposição à da *realidade material*, com as designações *representação-coisa* (inconsciente) e *representação-palavra* (pré-consciente).[18]

Em seguida, o discurso freudiano inseriu ainda o *lapso*,[19] o *ato falho*[20] e a *piada*[21] como equivalentes do *sintoma* e do *sonho*, pois teriam a mesma arquitetura, composta por signos, e seriam igualmente norteados pelo desejo. Posteriormente Lacan intitulou esse conjunto como *formações*

---

15. Idem, *L'interprétation des rêves* (1900).
16. Ibidem.
17. Ibidem.
18. Ibidem.
19. S. Freud, "Psychophathologie de la vie quotidienne" (1901).
20. Ibidem.
21. S. Freud, *Le mot d'esprit et sa relation à l'inconscient* (1905).

do inconsciente,²² pois colocariam em evidência o registro psíquico do inconsciente, tal como enunciei previamente.

Com a elaboração teórica dos *Três ensaios sobre a teoria da sexualidade*,²³ em 1905 Freud procurou então evidenciar a ancoragem libidinal do psíquico no registro do *corpo*, de forma que o *corpo erógeno* foi delineado nas suas relações com a *pulsão* e na relação desta com o *Outro*, pela mediação das zonas erógenas e das descontinuidades existentes na superfície do corpo. Seria pelo viés dessa arquitetura erógena que a cartografia do desejo se realizaria e tomaria corpo propriamente dito, numa leitura do psiquismo que pressupõe necessariamente a sua *incorporação*. Enfim, o que se evidencia assim é uma leitura psicossomática do psiquismo, pela qual os registros do corpo e do psiquismo seriam, como já mencionado, as duas faces de uma mesma moeda, que seria então indivisível e de impossível separação.

RELEITURAS

Foi pela consideração efetiva desse campo teórico que Lacan realizou o seu já célebre "retorno a Freud", pelo qual procurou retomar o solo epistemológico que seria constitutivo do discurso psicanalítico. Para isso, reafirmou a tese de que o campo psicanalítico seria constituído pela *fala* e pela *linguagem* e que, em decorrência disso, o inconsciente seria de ordem *transindividual*,²⁴ isto é, não ficaria restrito e circunscrito ao registro psíquico do eu, o transcenderia necessariamente. Se essa formulação foi sistematizada justamente no ensaio intitulado "Função e campo da fala e da linguagem em psicanálise",²⁵ de 1953 – que ficou conhecido como "Discurso de Roma" –, a tese em questão foi apresentada ainda em 1953, na conferência intitulada "O simbólico, o imaginário e o real".²⁶

---

22. J. Lacan, *Les formations de l'inconscient*. Le Séminaire, livre V (1957-1958).
23. S. Freud, *Trois essais sur la théorie de la sexualité* (1905).
24. J. Lacan, "Fonction et champ de la parole et du langage en psychanalyse". In: *Écrits*.
25. Ibidem.
26. J. Lacan, "Le symbolique, l'imaginaire et le réel" (1953). In: *Des noms-du-père*.

Lacan conferia, assim, ao registro da fala do sujeito, que seria sempre lançada para o Outro, a prioridade teórica e ética para enfatizar a constituição do campo da linguagem em psicanálise. Seria então pela fala que a experiência psicanalítica se configuraria, de fato. Dessa maneira, o registro da *escrita* seria secundário e derivado do registro da fala.

Em contrapartida, Derrida procurou trabalhar sobre a linguagem no registro da escrita, que ocuparia posição primordial e estratégica em face do registro da fala. Além disso, o registro da escrita seria eminentemente concebido numa perspectiva *não fonética*.[27] Nessa perspectiva, a escrita seria constituída pela operação de *diferir*, que promoveria a configuração do tecido da escrita como um conjunto de *diferenças*.[28]

Assim, com esses pressupostos teóricos, empreendeu-se uma leitura original da psicanálise, centrada no discurso freudiano. Segundo Derrida, o inconsciente foi enunciado como uma escrita, e o aparelho psíquico seria concebido, assim, como uma *máquina de escrever*.[29] Foram essas teses que desenvolveu num ensaio magistral intitulado "Freud e a cena da escrita",[30] enfatizando então a existência do inconsciente pelo viés escriturário.

Em seguida, num ensaio intitulado *Mal de arquivo*, Derrida pensou na constituição do conceito de *arquivo* a partir da concepção do inconsciente como escrita, no qual o conceito de *pulsão de morte* seria o operador crucial que possibilitaria a *renovação* do arquivo, pelo apagamento permanente das marcas nele existentes. Além disso, o dito arquivo seria também imantado por fantasmas, como o inconsciente enunciado por Freud, que permeariam a malha escriturária.[31]

Porém, é preciso sublinhar ainda que, no final de seu percurso teórico, Lacan passou também a analisar com mais rigor a dimensão da escrita no psiquismo, numa perspectiva teórica diferente daquela de Derrida, sem diminuir, no entanto, a importância conferida à dimensão da fala no campo da linguagem.

---

27. J. Derrida, *De la Grammatologie*, 1967.
28. Ibidem.
29. J. Derrida, "Freud et la scène de l'écriture". In: *L'écriture et la différence*, 1967.
30. Ibidem.
31. J. Derrida, *Mal d'archive*, 1995.

INTRODUÇÃO

De forma semelhante, no ensaio intitulado *O que é um autor?*, de 1969, Foucault procurou conceber o estatuto epistemológico da psicanálise, com a diferença de que destacou o discurso da ciência. Dessa maneira, a psicanálise não seria um discurso científico, mas uma *formação discursiva*, o que implica conceber a psicanálise a partir da categoria de *discurso*,[32] na qual o registro da linguagem foi devidamente enfatizado, mas a linguagem não foi concebida do ponto de vista formal, pois se inscreve numa leitura arqueológica mais abrangente.

A PROBLEMÁTICA DA ESCRITA, DO SUJEITO E DA ESTÉTICA

Assim, esta obra foi concebida a partir dos pressupostos teóricos esboçados nas seções anteriores, que remetem à concepção de Freud sobre a psicanálise, e também às diferentes leituras do discurso freudiano realizadas por Lacan, Derrida e Foucault, principalmente. O que se colocou em evidência, contudo, como fio condutor desta leitura, foi a *problemática*[33] da *escrita* nas suas relações estritas com a do sujeito em psicanálise, em torno da qual se constituiu o *objeto teórico* deste livro, assim como as suas derivações.

No que concerne a isso, no entanto, é preciso considerar as diferentes questões que estão interligadas com esta, pela própria leitura da problemática central constitutiva desta obra. Antes de tudo, é preciso evocar que a problemática da escrita em psicanálise não foi objeto de qualquer publicação de Freud. Nem mesmo há registros de qualquer interesse deste pela questão. Essa questão perpassa integralmente o discurso freudiano do início ao fim, como uma invariante indiscutível, mas que nunca foi tematizada efetivamente por Freud, de maneira frontal e direta. Portanto, o que me proponho aqui é explicitar esta questão no discurso freudiano, retirando-a da condição de silêncio para lhe alçar à condição de verbo e de palavra.

---

32. M. Foucault, "Qu'est-ce qu'un auteur?" (1969). In: *Dits et écrits*, vol. I.
33. Uso problemática aqui e nos demais textos do livro, no sentido de que teorizar implica problematizar conceitualmente um problema, de acordo com as formulações enunciadas por Foucault (*Dits et écrits*, vol. IV, pp. 250-300) e Deleuze e Guattari (*Mille Plateaux*, Capitalisme et schizophrenie, vol. 2, cap. 10), em contextos teóricos diversos.

Em seguida, é necessário sublinhar ainda que a problematização é a forma pela qual o trabalho teórico pode ser concebido e empreendido, segundo as indicações enunciadas por Foucault,[34] Deleuze e Guattari.[35] O que implica dizer que *problematizar* consiste no reconhecimento efetivo da existência de um *problema* e que a *problematização* o transforma numa problemática propriamente dita.

Nesse contexto, para delinear a importância da problemática da escrita no discurso freudiano, é necessário destacar, de maneira preliminar, a posição estratégica desempenhada pela questão da linguagem e do discurso na constituição da psicanálise desde Freud. Por isso mesmo, é pela questão da linguagem e do discurso que este livro será iniciado e delineará a sua abertura.

Porém, isso ainda não é tudo. Além de empreender a leitura frontal da escrita em Freud e no discurso freudiano, é preciso trabalhar com outras questões que lhe são conexas. Portanto, é preciso ainda interpelar as suas *derivações*, quais sejam, a da *ficção* e a da *sublimação* em psicanálise. Pode-se afirmar que estas duas questões estão intimamente articuladas, no discurso freudiano, com a problemática da escrita, na medida em que as ditas derivações lançam de maneira significativa outro olhar e outras leituras possíveis sobre o campo específico da escrita.

Em seguida, colocarei em destaque certos campos criativos da escrita, tais como o humor, a literatura, a pintura, o cinema, a cultura da imagem e o plágio, que também evidenciam a problemática da escrita em outras perspectivas de leitura.

Pode-se dizer, assim, que nesta obra dou continuidade à pesquisa sobre o *paradigma estético* em psicanálise, tal como já realizei em algumas obras anteriores. No que concerne a isso, podem-se evocar os livros *Por uma estilística da existência*,[36] *Estilo e modernidade em psicanálise*[37] e *Qu'est-ce que ça veut dire? Écrire en psychanalyse* [O que isso quer dizer?

---

34. M. Foucault, *Dits et écrits*, vol. IV.
35. G. Deleuze, F. Guattari. *Mille Plateaux, Capitalisme et schizophrenie*, vol. II.
36. J. Birman, *Por uma estilística da existência*.
37. Idem, *Estilo e modernidade em psicanálise*.

INTRODUÇÃO

Escrever em psicanálise],[38] publicados respectivamente nos anos de 1990 e no início de 2000. Esta obra se constitui de diversos ensaios escritos em tempos e contextos diferentes, mas nos quais se pode certamente destacar a preocupação constante com a problemática da escrita em psicanálise, na sua relação com a das estéticas de subjetivação, de forma indiscutível e irrefutável, que é o seu fio condutor.

Finalmente, é preciso dizer ainda que esta obra é a resultante de um trabalho sistemático de pesquisa, financiado pelo Conselho Nacional de Desenvolvimento Científico e Tecnológico (CNPq), no Programa de Pós-Graduação em Teoria Psicanalítica, da Universidade Federal do Rio de Janeiro (UFRJ), e no Programa de Pós-Graduação em Saúde Coletiva, da Universidade do Estado do Rio de Janeiro (Uerj), nos quais exerço também funções docentes, além do meu trabalho como pesquisador e professor associado na École Doctorale en Psychanalyse e no laboratório do Centre de Recherche en Psychanalyse, Médecine et Société, da Université Paris Diderot (Paris VII).

---

38. Idem, *Qu'est-ce que ça veut dire? Écrire en psychanalyse.*

PARTE I   Linguagem e discurso

1. Linguagem e discurso na constituição da psicanálise: uma leitura da *Contribuição à concepção das afasias*, de Sigmund Freud

METAPSICOLOGIA E EXPERIÊNCIA PSICANALÍTICA

As relações da psicanálise com a linguagem e o discurso são fundamentais, na medida em que a fala constitui a matéria-prima da experiência psicanalítica. Não se pode, pois, representar o ato psicanalítico na exterioridade do campo do discurso. Tais relações são múltiplas e implicam diferentes ordens de problemas, já que não se trata apenas de constatar o óbvio, isto é, que o processo analítico se realiza pelo discurso, mas sim indagar como se ordena a estrutura do psiquismo para que o ato psicanalítico fundado na palavra seja uma experiência possível. Em suma, quais as condições de possibilidade de estruturação do psiquismo e qual a representação do psíquico no discurso freudiano para que o protocolo formal da experiência psicanalítica seja epistemológica e metodologicamente fundado no ato da fala?

Destacar as relações entre psicanálise e linguagem supõe não apenas que o processo psicanalítico se empreende *na* e *pela* palavra como também que a estrutura do psiquismo se representa em termos de processos de simbolização. Evidentemente, é preciso considerar logo de início que a simbolização não se restringe à ordem da linguagem. Já a linguagem não apenas representa a simbolização como também é o caminho metodológico por excelência pelo qual os processos de simbolização podem ser investigados em diferentes contextos teóricos.

A indagação crucial que se impõe no horizonte desta reflexão teórica é sobre a articulação possível entre a metapsicologia e a linguagem, problema que deriva do questionamento da relação entre a experiência analítica fundada na fala e a estrutura do psiquismo representada no discurso freudiano. Qual o lugar e a função epistemológica representada pela linguagem na pesquisa freudiana do psiquismo, para dar fundamento à constituição do processo psicanalítico como uma experiência intersubjetiva?

Uma inovação metodológica fundamental possibilitada pela leitura que Lacan empreendeu do discurso freudiano foi a de articular as duas dimensões dessa problemática que até então se encontravam como séries separadas na história pós-freudiana do saber psicanalítico. Vale dizer, se a palavra é a mediação pela qual se realiza o processo psicanalítico e na qual incide a eficácia do ato psicanalítico, os teóricos da psicanálise não articulavam essa constatação ao reconhecimento de que o funcionamento psíquico tinha que ser representado, de alguma maneira, no campo da linguagem. Estava assim estabelecida na psicanálise uma dissociação fundamental entre o discurso pelo qual se representava a experiência psicanalítica e o discurso metapsicológico. A investigação de Lacan, como vimos, procurou costurar as duas dimensões do problema, formulando que, se a modalidade de experiência possibilitada ao sujeito pela psicanálise se funda na fala, e se é pela palavra que podemos reconhecer os efeitos cruciais do ato psicanalítico, então o psiquismo deveria ser representado em termos de linguagem.

Daí Lacan enunciar no já clássico "Discurso de Roma", em 1953, que o inconsciente é uma "realidade transindividual" fundada nos efeitos da linguagem.[39] Com a constituição desse conceito, além de delinear a cartografia das diferentes formações do inconsciente como fundada na linguagem, Lacan identificou os mecanismos essenciais do inconsciente descritos por Freud com algumas das figuras básicas da retórica: *conden-*

---

39. J. Lacan, "Fonction et champ de la parole et du langage en psychanalyse" (1953). In: *Écrits*.

sação e *metáfora*, *deslocamento* e *metonímia*, respectivamente. Por isso mesmo, tal inflexão teórica foi por ele intitulada de "retorno a Freud" desde os anos 1950, procurando enfatizar com isso o que teria sido esquecido, na tradição psicanalítica, de fundamental na herança freudiana, isto é, a relação de fundação do inconsciente na linguagem e na fala.

É preciso destacar, nesse contexto, duas ordens de questões, como comentários preliminares, que se referem aos discursos teóricos de Freud e de Lacan. Inicialmente, deve-se reconhecer que o discurso freudiano admite a modalidade de leitura e de comentário empreendida por Lacan, uma vez que os textos de Freud que tematizam as formações do inconsciente[40] e seus escritos metapsicológicos[41] evidenciam, com maior consistência e simplicidade, os seus fundamentos. Além disso, o protocolo básico da experiência psicanalítica, centrado nas regras básicas das livres associações e da atenção flutuante, fica teoricamente mais rigoroso em sua exigência e perde qualquer caráter de arbitrariedade.

É preciso considerar ainda que o campo freudiano aponta decisivamente, com a segunda teoria das pulsões[42] e a segunda tópica do aparelho psíquico,[43] para o que não é da ordem da linguagem e que, apesar disso, insiste em se opor à ordem da simbolização. Assim, a reabertura do psiquismo para o polo pulsional orientou a pesquisa freudiana para o que, por um lado, não é da ordem da representação e que demanda, pelo outro, um *trabalho de simbolização*. Se o conceito de pulsão de morte tem epistemologicamente algum sentido na teoria psicanalítica, é no espaço crucial de confronto entre a força da pulsão (*Drang*) e o universo da representação (*Vorstellung*) que se realizaria esse embate decisivo.

No que concerne ao percurso teórico de Lacan, é preciso considerar também alguns tópicos, de maneira prévia, para discutir a relação entre metapsicologia e linguagem. Antes de tudo, seu percurso se pautou por

---

40. Sobre isso, vide: S. Freud, *L'interprétation des rêves* (1900); *Psychopathologie de la vie quotidienne* (1901); *Jokes and Their Relations to the Unconscious* (1905).
41. Sobre isso, vide: S. Freud, "Le refoulement" (1915); "L'inconscient" (1915). In: *Métapsychologie*.
42. S. Freud, *Au-delà du principe de plaisir* (1920). In: *Essais de psychanalyse*.
43. Idem, "Le moi et le ça" (1923).

um movimento da psicanálise francesa que teve indiscutivelmente em Georges Politzer o seu teórico originário, a este cabendo o mérito histórico de reconhecer, em sua *Crítica dos fundamentos da psicologia*, o que existia de conceitualmente inovador no discurso freudiano, delineando os campos do *sentido* e do *sujeito* como fundamentais para a psicanálise.[44] No quadro da psicologia moderna, o discurso freudiano introduzira, para Politzer, o que era então entrevisto como o mais promissor para a constituição da futura "psicologia concreta".[45] Para realizar o destino de sua inovação teórica e metodológica seria preciso, contudo, que a psicanálise se libertasse dos resíduos da psicologia clássica, que ainda impregnavam o discurso freudiano.

Contrapondo, assim, meticulosamente, o sentido da experiência psíquica do sujeito no ato analítico e o discurso metapsicológico nos escritos freudianos, a leitura crítica de Politzer enunciava que a psicanálise deveria abandonar a metapsicologia, pois esta representava a presença dos postulados teóricos da psicologia clássica no interior do saber psicanalítico. Enfim, a metapsicologia caracterizava o maior obstáculo epistemológico para o desenvolvimento da teoria psicanalítica, já que não destacava devidamente o campo do sentido como sua grande descoberta.[46]

O discurso de Politzer pode ser conceitualmente criticável em diferentes níveis. Antes de tudo, porque concebe o sujeito como restrito à primeira pessoa, não admitindo, pois, outras formas de sua existência.[47] Com isso, não se volta nunca para a leitura do fantasma nas diversas formações do inconsciente, em que o sujeito pode ocupar diferentes posições nas encenações do desejo. Em seguida, a *categoria de drama*, que destaca com grande riqueza, tem um importante sabor fenomenológico, chocando-se, assim, como conceito, com os pressupostos básicos da experiência psicanalítica.

Apesar disso, é preciso reconhecer devidamente que a leitura empreendida por Politzer teve o mérito gigantesco de ser a plataforma epis-

---

44. G. Politzer, *Critique des fondements de la psychologie* (1928).
45. Ibidem, introdução.
46. Ibidem, caps. IV e V.
47. Sobre esta crítica, vide: J. Laplanche, S. Leclaire, "L'inconscient: une étude psychanalytique" (1960). In: H. Ey, *L'inconscient*. VI Colóquio de Bonneval.

temológica de lançamento na qual se centrou a psicanálise francesa. Em tal leitura, sublinhou-se enfaticamente o campo do sentido e do sujeito como o que existia de fundamental no saber inaugurado por Freud, com a finalidade de criticar algumas das dimensões mecanicistas que estariam ainda presentes nos enunciados da metapsicologia.

Lacan iniciou seu percurso teórico, portanto, no campo epistemológico entreaberto por Politzer, a quem se referiu indiretamente desde sua tese sobre a paranoia. Assim, em seus primeiros escritos, colocava frente a frente os ensinamentos retirados da fenomenologia da experiência psicanalítica e os obstáculos presentes nos modelos metapsicológicos. Para isso, valia-se, entre outros, dos discursos teóricos da fenomenologia de Hegel e de Husserl, das pesquisas da psicologia da Gestalt e da etologia.[48]

Foi apenas posteriormente, com essa rearticulação inicial do campo teórico, fundada na crítica ao mecanicismo presente nos modelos metapsicológicos e no destaque conferido ao campo do sentido na experiência psicanalítica, que Lacan pôde fazer outra leitura da metapsicologia freudiana, resgatando seus pressupostos numa perspectiva propriamente linguística. Para essa retomada, foi fundamental a leitura dos pressupostos da linguística de Saussure através dos textos iniciais da antropologia social de Lévi-Strauss.[49] Portanto, foi apenas num segundo momento teórico que o reencontro entre os discursos da metapsicologia e da experiência psicanalítica se tornou possível em seu percurso teórico; o artigo "Função e campo da fala e da linguagem em psicanálise" foi a materialização histórica dessa rearticulação.

Considerando a longa história dos descaminhos teóricos da psicanálise e seus impasses cruciais, é fundamental se indagar sobre a inserção da problemática da linguagem e do discurso nos primórdios do discurso freudiano, para que possamos apreender, em estado nascente, o lugar estratégico que essa problemática ocupou na concepção do psiquismo.

---

48. Sobre isso, vide: J. Lacan, "Au-delà du principe de realité" (1936); "Le stade du miroir comme formateur de la fonction du Je" (1949); "L'agressivité en psychanalyse" (1948). In: *Écrits*.
49. Sobre isso, vide: C. Lévi-Strauss, "Introdução à obra de Marcel Mauss" (1947). In: M. Mauss, *Sociologia e antropologia*, vol. I; C. Lévi-Strauss, *As estruturas elementares do parentesco* (1949).

Podemos enunciar nossa questão de forma mais rigorosa, perguntando-nos, então, como a problemática da linguagem e do discurso se caracterizou como a *linha fundamental de investigação* no discurso freudiano, para que Freud pudesse então criticar de forma incisiva as bases da concepção mecanicista de psiquismo e os impasses teóricos da psicologia da consciência, possibilitando assim a constituição do saber psicanalítico.

Nessa perspectiva, proponho-me a desenvolver neste texto alguns comentários sobre o ensaio freudiano publicado em 1891, *Contribuição à concepção das afasias;*[50] apesar de pertencer ao denominado período neurológico e não psicanalítico dos escritos freudianos, um estudo fundamental para a constituição da psicanálise. Por isso mesmo, pretendo articular a problemática da linguagem e do discurso tal como se delineia em outro artigo de Freud, publicado também em 1891, que tematizou o tratamento psíquico,[51] pois podemos indicar de maneira rigorosa a tessitura interna existente entre a pesquisa neurológica de Freud e sua investigação sobre a histeria. Podemos assim apreender em estado nascente as articulações existentes entre os esboços iniciais da metapsicologia freudiana e a experiência clínica que norteava essa construção conceitual. Finalmente, na conclusão deste texto, vou tecer alguns comentários sobre o "Projeto de uma psicologia científica",[52] de 1895, para destacar sua diferença teórica em relação ao ensaio sobre as afasias, no que concerne especificamente à problemática da linguagem e do discurso.

UM ENSAIO INESQUECÍVEL

A *Contribuição à concepção das afasias*, de Freud, é um ensaio pouco conhecido, principalmente pelos psicanalistas e, além disso, muito pouco divulgado. Certamente, contribuiu decisivamente para isso o desejo de Freud de não incluir os seus escritos pré-psicanalíticos em suas obras

---
50. S. Freud, *Contribution à la conception des aphasies* (1891).
51. Idem, *Phychical (or mental) Treatment* (1891), Standard Edition, vol. II.
52. Idem, "Esquisse d'une psychologie scientifique" (1895). In: *La naissance de la psychanalyse*.

completas.⁵³ Esse desejo foi enunciado diversas vezes ao longo de seu percurso teórico e novamente formulado em 1939, quando Freud afirmou de forma categórica que o estudo sobre as afasias fazia parte dos "trabalhos neurológicos e não dos psicanalíticos".⁵⁴ É preciso evocar ainda em relação a isso que, em sua edição original, o ensaio de Freud não é facilmente encontrado e faz parte do acervo de poucas bibliotecas europeias importantes, como decorrência de sua pequena tiragem.⁵⁵

Apesar desse esquecimento amplo existem diferenças significativas nas relações que as diversas tradições psicanalíticas estabeleceram com esse ensaio primordial de Freud. As tradições alemã, inglesa e norte-americana já lidam com o texto há algumas décadas, o que não ocorre, em contrapartida, com a tradição francesa. Assim, a primeira edição em língua inglesa data da década de 1950,⁵⁶ e, no final dos anos 1970, surgiu uma edição em espanhol, publicada em Buenos Aires.⁵⁷ Também na década de 1970, surgiu uma edição em língua portuguesa, mas incompleta.⁵⁸ Finalmente, na França, apenas nos anos de 1980 o ensaio teve a sua primeira edição, numa bem elaborada tradução.

Essa diferença significativa nas diversas tradições psicanalíticas se revela também por outro indicador importante, qual seja, a produção de comentários sobre esse ensaio freudiano. Assim, a grande maioria desses trabalhos foi escrita em alemão e em inglês, de acordo com o rigoroso recenseamento realizado por Roland Kuhn.⁵⁹

Podemos classificar esses comentários em dois grandes grupos, de acordo com sua origem teórica e sua inserção na psicanálise. Mediante tal critério, teríamos os *comentários interiores* e os *comentários exteriores* no campo psicanalítico. Entre os comentários exteriores, destacam-se os provenientes dos discursos teóricos da neurologia, da linguística e da

---

53. J. Strachey, "General Preface", Standard Edition, vol. II.
54. E. Kris, Introdução, II. In: S. Freud, *La naissance de la psychanalyse*, p. 16.
55. T. Kuhn, Prefácio. In: S. Freud, *Contribution à la concepcion des aphasies*, p. 5.
56. S. Freud, *On Aphasia*.
57. Idem, *La afasia*.
58. Idem, *A interpretação das afasias*.
59. T. Kuhn, Prefácio. In: S. Freud, *Contribution à la conception des aphasies*, p. 5.

filosofia. Vamos delinear alguns destes comentários posteriormente, ressaltando apenas os que são mais importantes, após destacar, inicialmente, os comentários oriundos do interior do campo psicanalítico.

Os *comentários interiores* se iniciaram com o estudo epistemológico do saber psicanalítico realizado por M. Dorer, na década de 1930, que destacou a relevância desse ensaio de Freud para a constituição da psicanálise.[60] Porém, a leitura de Dorer é inequivocamente baseada numa concepção biológica do saber psicanalítico, que não considera a presença de qualquer perspectiva hermenêutica no discurso freudiano.

L. Binswanger também sublinhou longamente a importância dessa obra freudiana para a constituição do saber psicanalítico, em um ensaio memorável intitulado "Freud e a constituição da psiquiatria". Porém, como a de Dorer, a leitura de Binswanger destaca principalmente a dimensão neurológica da obra, em que o registro interpretativo fica subsumido ao biológico. Como indica o título do estudo, articula o percurso teórico de Freud com o de alguns autores fundamentais da psiquiatria alemã, da segunda metade do século XIX. Binswanger enfatizou ainda que Freud elaborou nesse ensaio a ligação essencial entre a neurologia e a biologia da função, retirando do discurso psiquiátrico de Meynert a categoria de "aparelho do espírito" para transformá-la decisivamente na categoria de "aparelho de linguagem", circunscrito evidentemente ao registro da linguagem.[61]

Da mesma forma, S. Bernfeld, que realizou, como se sabe, diversos estudos importantes sobre os primórdios da psicanálise e as fontes teóricas no percurso de Freud, não vacilou em afirmar que o ensaio sobre as afasias representa, de forma inquestionável, o primeiro escrito freudiano.[62] Certamente, J. Nassif realizou a obra de maior extensão e fôlego sobre o texto de Freud e empreendeu, em um comentário meticuloso, a

---

60. M. Dorer, "Die hitorische Grundlagen der Psychoanalyse" (1932), citado por E. Kris, Introdução. In: S. Freud, *La naissance de la psychanalyse*.
61. L. Binswanger, "Freud et la constitution de la psychiatrie". In: *Discours, parcours et Freud*, pp. 189-190.
62. Sobre isso, vide: S. Bernfeld, "Freud's Earliest Theories and the Scholl of Hclmholtz" (1944), *Psychoanalytic Quarterly*, vol. 13, n. 341; Freud's Scientific Beginnings" (1949), *American Imago*, vol. 6, n. 3.

importância dessa obra freudiana nos diferentes cortes epistemológicos (segundo o conceito de Bachelard) que Freud teve que empreender para a constituição da psicanálise.⁶³ Finalmente, J.L. Martin destacou, num artigo magistral, o alcance histórico do ensaio de Freud, mas indicou, ao mesmo tempo, os seus limites internos, uma vez que a concepção da linguagem com que Freud então trabalhava era marcada pela filosofia utilitarista inglesa de Stuart Mill. Nesse contexto, para que fosse possível a constituição da psicanálise, outro modelo de linguagem teve que se impor posteriormente no percurso freudiano.⁶⁴

A leitura epistemológica de Nassif pode servir como ponto de passagem entre os comentários propriamente psicanalíticos e os que se inserem no campo da neurologia. Para Nassif, a interpretação de Freud sobre as afasias foi um passo fundamental para a realização de um efetivo corte epistemológico no campo da neurologia, já que se retomou, num outro nível teórico, o campo conceitual inaugurado por Jackson. Brun já indicara, desde 1936, a relevância do estudo de Freud sobre as afasias no estrito campo neurológico, como, aliás, fez em relação às pesquisas histológicas de Freud sobre o sistema nervoso.⁶⁵ Da mesma forma, K. Goldstein, que se encontra na origem da moderna renovação dos estudos neurológicos e teve importância ímpar nas pesquisas sobre a afasia, destacou a inovação teórica representada pelo ensaio de Freud.⁶⁶ Na leitura de Stengel, que realizou a tradução inglesa da obra do psicanalista austríaco, indica-se a incidência da nomenclatura de Meynert nesse estudo freudiano e mesmo no discurso psicanalítico em geral, à medida que, através de Meynert, se produziu uma mudança crucial de sentido do pensamento de Jackson na obra de Freud.⁶⁷ Enfim, apesar da incidência importante da leitura de

---

63. J. Nassif, *Freud. L'inconscient*. Sur les commencements de la psychanalyse.
64. J. L. Martin, "La question du langage chez Freud, de 1891 à 1901", *L'Évolution Psychiatrique*, n. 2, pp. 451-486.
65. R. Brun, "Sigmund Freud's leistungen auf dem Gebiet der organischen Neurologie", citado por E. Kris, Introdução. In: S. Freud, *La naissance de la psychanalyse*, pp. 15-16.
66. K. Goldstein, "Über Aphasie" (1910). In: J. Forrester, *Le langage aux origines de la psychanalyse*, cap. I.
67. E. Stengel, "Diel Bedeutung von Freud's Aphasiestudie für di Psychoanalyse", citado em R. Kuhn, Prefácio. In: S. Freud, *Contribution à la conception des aphasies*, pp. 23-24.

Jackson no pensamento de Freud, o estudo sobre as afasias já indicaria o rumo decisivo assumido pelo discurso freudiano.

Finalmente, ao nos deslocarmos agora do campo da neurologia para os da linguística e da filosofia, podemos sublinhar que, para R. Jakobson, o ensaio de Freud possibilitou uma outra leitura sobre as afasias e a linguagem,[68] retomando assim em outro nível a leitura realizada por Goldstein no registro da filosofia da linguagem. Numa perspectiva filosófica diversa, para Forrester o ensaio sobre as afasias foi fundamental para que Freud pudesse constituir uma experiência clínica fundada no discurso e criar uma modalidade original de "cura pela palavra".[69]

Existe unanimidade a respeito da importância do ensaio freudiano sobre as afasias para a renovação da investigação neurológica e linguística bem como para a constituição da psicanálise. Porém, no que concerne à constituição estrita do saber psicanalítico, os argumentos desenvolvidos sobre a relevância do ensaio de Freud são divergentes, contrapondo os que retomam a obra numa perspectiva estritamente biológica e os que realizam uma leitura na perspectiva hermenêutica.

Evidentemente, essa oposição se deve a diferentes modelos epistemológicos de fundamentação do discurso freudiano, existentes na tradição psicanalítica. O primeiro modelo considera a psicanálise fundada na biologia, enquanto o segundo, um saber da ordem da interpretação. É preciso ressaltar ainda que, numa perspectiva histórica, existe um deslocamento eloquente da hegemonia teórica, da leitura biológica para a leitura hermenêutica do ensaio freudiano sobre as afasias, de forma que nesse registro se encontram os comentários provenientes dos campos da psicanálise, da linguística e da filosofia.

Para avaliarmos devidamente a relevância teórica desses diferentes comentários sobre o magistral ensaio de Freud, é preciso considerar agora alguns tópicos centrais desse escrito. Para tanto, é necessário destacar, de maneira preliminar, uma questão crucial de caráter ao mesmo tempo

---

68. R. Jakobson, *Langage enfantin et aphasie*.
69. J. Forrester, *Le langage aux origines de la psychanalyse*, cap. I.

teórico e metodológico, isto é, a de como inserir um escrito neurológico na leitura do saber psicanalítico, contrariando inclusive as próprias intenções de seu autor, Sigmund Freud.

ESCRITOS NEUROLÓGICOS E PSICANALÍTICOS

Por exigência formal de Freud, seus trabalhos do período neurológico não deveriam se inserir nas suas obras completas, nas quais deviam constar apenas os textos psicanalíticos. Em função dessa proibição, seus escritos foram classificados em pelo menos dois grandes grupos: os pertencentes ao período neurológico e os do período psicanalítico. No entanto, se considerarmos o método e o campo de investigação em pauta, os textos que se inscrevem no denominado período neurológico não são homogêneos, e mereceriam ser subdivididos em diferentes agrupamentos temáticos, segundo seu alcance clínico ou experimental.

Vale ainda ressaltar que, mesmo considerando a oposição neurologia/psicanálise, os escritos sobre a cocaína[70] não se inscrevem em quaisquer desses dois grupos teóricos, tendo outra referência discursiva que a rigor não é de ordem neurológica. Trata-se de uma investigação no campo da farmacologia clínica, que se constituiu particularmente como um estudo pioneiro no campo da psicofarmacologia.[71]

A tradição psicanalítica repetiu essa partição e a interdição freudiana, não editando os escritos anteriores à constituição da psicanálise nas obras completas de Sigmund Freud. Assim, a publicação da Standard Edition, em 1956, como comemoração atrasada do centenário de nascimento de Freud, carrega no título a referência *às obras psicológicas completas*.

É preciso reconhecer que esse título polêmico é uma fonte inesgotável na produção de outros equívocos, multiplicando em muito os efeitos da separação entre os escritos neurológicos e os psicanalíticos de Freud, provocando, em contrapartida, uma inflexão semântica e epistemológica decisiva na delimitação teórica do campo psicanalítico. Com efeito, com

---

70. S. Freud, *Cocaine Papers*.
71. R. Byck, "Sigmund Freud and Cocaine". In: S. Freud, *Cocaine Papers*, pp. XVII-XXIX.

essa denominação e interpretação teórica, a psicanálise foi identificada à psicologia, como se fossem saberes da mesma ordem teórica – isto é, a psicanálise foi efetivamente considerada uma província e uma espécie inscrita no Estado-gênero psicologia.

Com efeito, essa leitura do discurso freudiano foi marcada pela hegemonia que a psicologia do ego exerceu no campo psicanalítico nos anos 1950, quando se colocava a psicanálise no território teórico da psicologia geral. Nessa perspectiva, os conceitos metapsicológicos foram inseridos no contexto de uma *teoria geral da adaptação*, e a experiência psicanalítica foi considerada um processo de adaptação do indivíduo às exigências normativas do espaço social.

Certamente, Strachey, responsável pela tradução das obras para a língua inglesa, não pertence estritamente à tradição da psicologia do ego, mas à tradição inglesa da psicanálise norteada por M. Klein. No entanto, a sua tradução, bem como o título que lhe atribuiu, indica, indiscutivelmente, o efeito da hegemonia da psicologia do ego no discurso teórico da psicanálise, no contexto histórico em que se realizou a tradução. Esta, em linhas gerais, revela as escolhas cientificistas que orientaram efetivamente a leitura dos conceitos metapsicológicos, como já assinalaram diversos comentários sobre essa tradução.[72]

Além disso, a leitura materializada no título introduz um equívoco conceitual fundamental na interpretação do discurso freudiano, isto é, supor a separação entre o registro corporal e o registro psíquico na fundação do saber psicanalítico. Isso porque se pensava que o discurso freudiano se constituíra como psicologia pela eliminação da dimensão corporal do sujeito, o corpo sendo então considerado um resíduo indesejável, e o psiquismo figurado um sistema de adaptação possível ao espaço social.

Contudo, é preciso evocar que uma das inovações teóricas fundamentais do discurso freudiano foi a de destacar, como suporte e fundamento originário do "aparelho psíquico", o registro corporal. Este não mais foi concebido como *organismo biológico*, mas como *corpo pulsional*. Foi, portanto, a preocupação teórica em romper simultaneamente com a *psicologia intelectualista*, restrita ao campo da consciência, e com a

---

72. Sobre isso, vide: B. Bettelheim, *Freud and Man's Soul*.

psicologia mecanicista, na qual o psiquismo se restringiria a ser um mero epifenômeno do corpo biológico, o que orientou a reflexão freudiana na constituição do saber psicanalítico.

Por isso mesmo, a pulsão (*Trieb*) é o conceito fundamental da metapsicologia freudiana, não fazendo parte nem da ordem do somático nem da ordem do psíquico, mas definida como um "conceito-limite", pois realiza a mediação entre esses diferentes registros da existência.[73] Foi a partir do conceito de pulsão que os demais conceitos metapsicológicos foram construídos, na medida mesmo em que a pulsão ocuparia indiscutivelmente a posição de fundamento na axiomática freudiana.

A pulsão como conceito tem uma dupla figuração teórica, como força (*Drang*) e como representação (*Vorstellung*).[74] Essa dualidade que se unifica no conceito metapsicológico de pulsão indica a problemática constitutiva da pesquisa freudiana, que procurou articular as dimensões corpórea e representacional na constituição do "aparelho psíquico". Daí o motivo por que Hyppolite tenha formulado, de forma rigorosa, que existia no discurso freudiano a tentativa decisiva de articular a filosofia da natureza e a filosofia do espírito.[75]

O corpo pulsional, todavia, não é o corpo somático, senão o conceito de pulsão se reduziria ao conceito biológico de instinto (*instinkt*), equívoco esse que Freud nunca cometeu, mas que foi empreendido de maneira sistemática por vários de seus discípulos, comentadores e tradutores. Portanto, a pulsão é o sexual e um dos fundamentos da sexualidade, sendo assim a "exigência de trabalho" da força na ordem simbólica e ao mesmo tempo não se restringindo ao universo estrito da representação. Enfim, apesar de se inscrever também no campo das representações, a pulsão não se fundaria na ordem da representação.[76]

Retornar aos escritos neurológicos iniciais de Freud, por ele interditados para publicação em suas obras completas, e contrariar, então, seu desejo, implica retomar os primórdios da psicanálise e surpreender

---

73. S. Freud, "Pulsions et destins des pulsions" (1915). In: *Métapsychologie*, pp. 11-25.
74. Ibidem.
75. J. Hyppolite, "Philosophie et psychanalyse" (1959). In: *Figures de la pensée philosophique*, vol. I, pp. 406-442.
76. S. Freud, "Pulsions et destins des pulsions". In: *Métapsychologie*.

as linhas de força presentes na pesquisa freudiana em estado nascente. Assim, desde os seus primórdios o discurso freudiano procurou articular os registros corporal e representacional de forma específica, procurando superar os impasses teóricos da psicologia da consciência e da psicologia mecanicista de base neurológica. A leitura de *alguns* dos escritos neurológicos, portanto, é fundamental para elucidar a constituição do saber psicanalítico, pois trata-se de textos que já indicam as opções teóricas que conduziram efetivamente Freud à constituição da psicanálise.

Entre esses escritos, o ensaio sobre as afasias ocupa certamente um evidente lugar de destaque, pois nele a linguagem e o discurso, além de delinear a problemática central, foram os pontos que permitiram que o discurso freudiano se desviasse dos impasses da psicologia da consciência e da psicologia de base neurológica, de forma a conceber, assim, outra forma de articulação entre os registros do corpo e da representação.

CORPO, PSIQUISMO E LINGUAGEM

Freud atribuía indiscutivelmente um grande destaque, em sua trajetória intelectual, ao estudo sobre as afasias, como parte relevante de seus estudos nos campos da anatomia do sistema nervoso e da neurologia. Com efeito, assim que concluiu sua redação, já manifestava a Fliess, numa carta de maio de 1891, a alegria em tê-lo realizado, como que prevendo sua importância teórica:

> Em algumas semanas, terei o prazer de lhe fazer chegar um artigo sobre a afasia que *redigi com bastante entusiasmo. Eu me mostro muito ousado em cruzar com seu amigo Wernicke e também com Lichtheim e Grashey. Até arranhei o sacrossanto pontífice Meynert.* Estou muito curioso para saber sua opinião sobre este trabalho. Suas relações preferenciais com o autor lhe permitirão reencontrar aí, sem surpresa alguma, ideias que lhe são conhecidas. *Aliás, são mais sugeridas que desenvolvidas.*[77]

---

77. Carta a W. Fliess, 2 de maio de 1891. S. Freud, "Lettres à Wilhelm Fliess, notes et plans" (1887-1902). In: *La naissance de la psychanalyse*, p. 56. O grifo é nosso.

Portanto, a euforia de Freud centra-se inicialmente em sua "ousadia" em ultrapassar as fronteiras do saber neurológico, instituído na tradição universitária, principalmente pelos teóricos de língua alemã: Wernicke, Meynert, Lichtheim e Grashey. Esse estudo freudiano, com efeito, caracteriza-se por uma ruptura teórica no campo da neurologia, que se enunciou pela proposição de uma *concepção funcional* da afasia, a qual passaria então a criticar e a regular a *concepção tópica* dominante. O discurso freudiano estaria invertendo, assim, a relação estabelecida entre os registros *funcional* e *tópico* – o primeiro passaria a ocupar a posição de dominância em relação ao segundo. Ao mesmo tempo, Freud realizaria uma ruptura pessoal com seu passado como pesquisador do sistema nervoso central, norteado pela leitura morfológica tópica.

Portanto, com a realização desse estudo, Freud se encontrava no limiar de um recomeço, ao mesmo tempo no campo da teoria e de sua existência pessoal, uma vez que esses diferentes registros se articulavam intimamente na transformação de seus referenciais de mestria. Daí o estudo sobre as afasias ter como subtítulo "Um estudo crítico", uma vez que materializa, de forma eloquente, a ruptura do autor com o discurso neurológico estabelecido na instituição universitária e com a psicologia mecanicista de base neuroanatômica. De forma simultânea, anuncia a ruptura iminente com a psicologia intelectualista, centrada na consciência.

Nesse recomeço teórico, Freud foi marcado por sua nova relação de mestria com Charcot e Bernheim, através dos quais se aventurara nas recentes investigações sobre a histeria, em que a hipnose e a sugestão eram os instrumentos técnicos privilegiados para a pesquisa e para o tratamento, visando à elucidação dos enigmas cruciais colocados pela histeria. Apesar de ser evidente a diversidade teórica das concepções de Charcot e Bernheim sobre a histeria, assim como das leituras que empreendiam em relação aos instrumentos terapêuticos, ambos destacaram de forma explícita e implícita a importância da linguagem e do discurso no processo de cura dos sintomas histéricos; seus enquadres terapêuticos se centravam também na relação da figura do paciente com a figura do médico.

Podemos acompanhar a relação de mestria de Freud com esses teóricos não apenas pelo destaque de sua viagem de estudos a Paris, onde trabalhou com Charcot, e por suas visitas repetidas a Bernheim, na Suíça, para observação de seus procedimentos terapêuticos, mas também pelos múltiplos artigos dedicados ao estudo desses autores, nos quais realizou a reflexão crítica sistemática da hipnose e da sugestão, procedimentos empregados por esses médicos. Finalmente, devemos evocar também as diversas traduções que empreendeu de alguns textos destes autores para a língua alemã.[78]

Entretanto, ao lado da incorporação das inovações teóricas fornecidas por esses autores para a investigação da histeria, existia o discurso crítico de Freud sobre seus conceitos fundamentais – o que nos revela que Freud estava em vias de constituir outro campo do saber fundado nessa crítica. A propósito disso, é preciso evocar como o conceito de "lesão dinâmica", formulado por Charcot para a explicação teórica da ausência de alterações anatômicas na histeria, foi criticado por Freud, pois com isso este ainda relacionava, em algum nível, histeria e referência tópico-anatômica. Da mesma forma, a formulação teórica de Bernheim, sobre a histeria se centrar na sugestão e se basear na ação da sugestão sobre o funcionamento mental, recebia de Freud a seguinte indagação cética decisiva: se tudo é sugestão, então o que, afinal das contas, sustentaria a sugestão?

Fundada em sua investigação da histeria, a ruptura teórica de Freud com a tradição neurológica deve ser destacada, pois explicita algumas nuances metodológicas fundamentais que perpassam o ensaio sobre as afasias. Com efeito, foram aí delineados os campos da linguagem e do discurso pela contraposição estabelecida entre *linguagem espontânea* e *linguagem automática*, sendo esta última também denominada *linguagem imitativa* ou *linguagem repetitiva*, para ressaltar que a teoria localizadora da afasia se fundava num campo experimental que considerava somente

---

[78]. Sobre isso, vide: S. Freud, "Report of My Studies em Paris, and Berlin" (1886); "Preface to the Translation of Charcot's *Lecture on the Diseases of the Nervous System*" (1886), Standard Edition, vol. I.; "Charcot" (1893), Standard Edition, vol. III; "Hysteria" (1888); "Preface to the Translation of Bernheim's *Suggestion*" (1888-1889); "Preface to the Second Edition of Bernheim's *Suggestion*" (1896); "Review of August Forel's Hypnotism" (1889); "Hypnosis" (1891), Standard Edition, vol. I.

a existência do registro da linguagem automática, e não o da linguagem espontânea.[79] Isso implica reconhecer que a investigação neurológica de então trabalhava com uma concepção de linguagem na qual esta não era devidamente considerada em sua dimensão de *invenção*, que deveria se fundar em sua dimensão de discurso. Portanto, foi somente com a investigação da histeria que Freud pôde elaborar devidamente outra concepção de linguagem, na qual o registro da linguagem espontânea passou a ocupar inequivocamente a posição de dominância teórica em relação ao registro da linguagem automática. Dessa maneira, a linguagem passou a ser representada por Freud como discurso, numa *dimensão dinâmica*, isto é, como *interlocução* do sujeito com o outro, e não em sua *dimensão estática*.

O ensaio sobre as afasias, portanto, já é um ensaio freudiano propriamente dito, como formulou Bernfeld com muita perspicácia, pois já prefigura efetivamente a psicanálise e os primórdios do saber psicanalítico, visto que algumas das *condições de possibilidade* do novo saber já se encontram presentes em sua estrutura teórica. Por isso mesmo, o ensaio foi dedicado a Breuer, com quem Freud se associara na investigação da histeria e no projeto da cura catártica. Os resultados teóricos, clínicos e experimentais a que chegaram foram apresentados em uma obra conjunta publicada em 1895, intitulada justamente *Estudos sobre a histeria*.[80]

No entanto, a pesquisa da histeria pela cura catártica já era uma crítica rigorosa das perspectivas teóricas de Charcot e Bernheim, inaugurando então uma nova leitura da histeria, que inevitavelmente conduziu à constituição da psicanálise. Não é um acaso, certamente, que o ensaio sobre a afasia seja a última das obras dedicadas a um dos seus mestres, pois a partir de então Freud passou a falar em *nome próprio*, na primeira pessoa, pela constituição de um novo saber denominado psicanálise, pela qual a mestria de seus predecessores foi assim simbolicamente superada.

Apesar da evidente euforia em questionar os "pontífices" da neuropatologia alemã, justamente os seus primeiros mestres, na já citada carta para

---

79. S. Freud, *Contribution à la conception des aphasies*, pp. 61-62, 81-83.
80. Idem, J. Breuer, *Études sur l'hystérie* (1895).

Fliess, Freud considerou que seus argumentos foram apenas "sugeridos" e não "desenvolvidos". De fato, tais argumentos não representaram senão um ponto de partida para repensar, em novas bases, as relações entre os registros do corpo e do psiquismo que conduziram ao saber psicanalítico. Evidentemente, a articulação rigorosa dessas novas relações exigirá ainda de Freud um conjunto de outras elaborações teóricas e clínicas, ao longo da última década do século XIX, mas a rota decisiva já se encontra aqui esboçada, na forma crítica de leitura que realizou sobre as afasias, de forma a inscrevê-las num outro solo conceitual.

É nessa perspectiva teórica que interpretamos a investigação de Freud sobre as afasias como o passo inaugural e decisivo na constituição do discurso psicanalítico. Mediante essa leitura crítica, foram esboçadas, por um lado, uma nova modalidade de relação entre os registros do corpo e do psiquismo e, pelo outro, uma nova relação entre o psiquismo e a consciência. Com efeito, foi pela atribuição de um lugar fundante para a linguagem e o discurso na constituição do psiquismo que a posição conferida à consciência e ao eu pôde ser então descentrada pela psicanálise no registro do psiquismo. Foi nesse novo espaço teórico, reconstituído por novas coordenadas e por outras linhas de força, que o conceito de inconsciente pôde se organizar e encontrar a sua posição teórica fundamental, como a forma primordial de existência do psiquismo, desalojando, portanto, o lugar conferido até então aos campos da consciência e do eu, nas tradições da psicologia, da psicopatologia e da filosofia do sujeito.

Daí Freud ter sempre atribuído uma grande importância teórica a esse estudo, apesar de interditar posteriormente a sua publicação nas suas ditas "obras completas". Três anos depois de tê-lo concluído, Freud já lamentava a Fliess que algumas de suas obras neurológicas, de pouca importância para ele, tivessem um grande impacto na literatura especializada, enquanto o ensaio sobre as afasias que tanto valorizava estava fadado ao esquecimento e até mesmo à não existência:

> *Há uma desproporção ridícula entre a ideia que se tem de seu próprio trabalho intelectual e a maneira como os outros a julgam.* Assim, o livro sobre as diplegias que redigi tomando fragmentos de vários

lugares, interessando-me por ele tão pouco quanto possível e não lhe consagrando senão um mínimo de esforço – o que era quase descarado da minha parte –, obteve um enorme sucesso. Os críticos se mostraram satisfeitos, e as revistas francesas, em particular, fizeram um grande elogio. Acabo de receber um livro de Raymond, o sucessor de Charcot, que se contenta em reproduzir meu texto, no capítulo consagrado à questão, naturalmente com uma menção elogiosa. *Mas, para os trabalhos verdadeiramente interessantes*, tais como a "Afasia", "As ideias obsessivas", que está para ser publicado, e o próximo "Etiologia e teoria das neuroses", não espero senão um honroso fracasso. Existe algo para se desconcertar verdadeiramente e se encher de amargura.[81]

Portanto, essa importância atribuída por Freud ao ensaio sobre as afasias, no contexto de seus escritos neurológicos, apenas se justifica pelo encaminhamento teórico e metodológico nele realizado, que o diferenciou significativamente dos demais escritos neurológicos no que concerne à constituição da psicanálise. Retomando em novas bases as relações entre os registros do corpo e do psiquismo pela mediação da problemática da linguagem, Freud não apenas questionava o dualismo cartesiano entre o corpo e o psíquico como também colocava decisivamente em questão a identidade conceitual entre o psiquismo e a consciência.

UMA LINHA FREUDIANA DE PESQUISA

É possível pensar que essa leitura freudiana se restringisse apenas ao ensaio de 1891 sobre as afasias, estreitando, assim, o alcance da ruptura teórica implicada na interpretação crítica da tradição neurológica. Não é esse absolutamente o caso, se considerarmos não apenas os efeitos teóricos dessa linha da pesquisa na produção histórica do saber psicanalítico,

---

81. Carta a W. Fliess, 2 de maio de 1891. In: S. Freud, "Lettres à Wilhelm Fliess, notes et plans" (1887-1902). In: *La naissance de la psychanalyse*, p. 76. O grifo é nosso.

mas também como, em momentos próximos ao de sua leitura crítica das afasias, Freud postulava teses desenvolvidas fartamente em seu ensaio de 1891. Com isso, podemos inferir que Freud repensara de maneira sistemática as mesmas questões e realizara sua leitura em diferentes contextos discursivos, indicando a existência de uma linha teórica de pesquisa, que o conduziu a constituir logo em seguida o saber psicanalítico.

Com efeito, se no ensaio de 1891 a questão das afasias foi tematizada de forma abrangente e sistemática, esse não foi o único texto de Freud desse período que abordou esta questão. Existem ainda dois outros textos, pelo menos, sobre a questão das afasias, que são certamente de menor fôlego teórico, mas em que algumas questões primordiais foram desenvolvidos na direção que este capítulo tem apontado.

Assim, um pequeno artigo sobre as afasias foi publicado por Freud, em 1888, no *Manual de Villaret*.[82] Em 1897, o tema foi novamente abordado no contexto de um escrito, "A paralisia cerebral infantil".[83] Nesses dois textos Freud criticou a concepção lesional e localizadora das afasias, formulando assim três teses fundamentais:

1. A afasia é uma doença psíquica, e não somática;[84]
2. Essa enfermidade psíquica não está articulada necessariamente a uma perturbação da inteligência, que é uma alteração, um efeito possível e uma complicação da afasia, mas não uma perturbação primordial;[85]
3. Além disso, considerando a distinção entre a *linguagem natural* (*emocional*), a *linguagem gestual* e a *linguagem articulada* (*artificial*), é esta última a mais comprometida na afasia, pois é a mais tardiamente adquirida pelo homem em seu aprendizado.[86]

---

82. S. Freud, "Aphasie (Manuel de Villaret)" (1888). In: *Contribution à la conception des aphasies*, pp. 41-45.
83. S. Freud, "La paralysie cérébrale infantile", tópico 10 (1897), ibidem, pp. 39-41.
84. S. Freud, "Aphasie (Manuel de Villaret)", ibidem, p. 42.
85. Ibidem.
86. Ibidem.

Essas teses convergem para uma interpretação primordial da afasia, porque inverte de forma decisiva a leitura neurológica então dominante, na qual não se analisava devidamente o ser da linguagem em seu funcionamento normal, mas somente no campo da patologia, com a consequência metodologicamente inevitável de não se delinear o campo corrente da linguagem. Freud, porém, inverteu esse esquema de leitura, formulando que as perturbações afásicas só podem ser explicadas na medida em que se considerar como paradigma teórico o *desenvolvimento normal da linguagem*. O que implica dizer que, para além da inversão entre os registros do normal e do patológico que Freud introduziu posteriormente para a constituição do campo psicanalítico, em *A interpretação dos sonhos*,[87] na esteira teórica de Claude Bernard, o que é apontado aqui é a necessidade de se conceber previamente o que é o *ser da linguagem* para poder se interpretar devidamente a patologia da linguagem e das afasias.[88]

A consequência necessária desse conjunto de formulações foi a concepção teórica apresentada no artigo introdutório sobre as afasias, em que Freud enunciava a existência de uma área de linguagem, de caráter anatômico-funcional, sem centros absolutos de localização das funções, como se formalizava então nas leituras de Wernicke e de Lichtheim.[89] Na caracterização anatômico-funcional da área da linguagem que Freud formulava, seria então a dimensão funcional da interpretação que deveria ser dominante em face da dimensão anatômica.

Nessa perspectiva, na leitura crítica de Freud sobre as afasias o que estava também em pauta, como contraponto, era a crítica da tradição da anatomoclínica da medicina moderna, que foi constituída com Bichat, na qual se procurava estabelecer a relação estrita que existiria entre os diferentes registros da lesão e da enfermidade, segundo Foucault demonstrou de forma rigorosa na obra *Nascimento da clínica*.[90] Enfim, foi por este viés que Freud enfatizou o registro do funcional em face do registro anatômico, na leitura crítica que passou a enunciar sobre as afasias.

---

87. S. Freud, *L'interprétation des rêves*.
88. Ibidem.
89. Ibidem.
90. M. Foucault, *Naissance de la clinique*.

Finalmente, foi a inversão teórica e metodológica desenvolvida nesse "estudo crítico" que permitiu a Freud constituir o conceito fundamental do ensaio sobre as afasias, qual seja, o conceito de *aparelho de linguagem*.[91]

DA CONCEPÇÃO ELEMENTAR DA LINGUAGEM AO REALISMO DO SENTIDO

No ensaio sobre as afasias, estas diferentes teses fundamentais foram rigorosamente articuladas e desenvolvidas, desdobrando-se em seguida na formulação de teses inovadoras. Sua escrita se constitui numa trama complexa de interpretação da linguagem, diferenciando-se, assim, de maneira marcante, do artigo sobre as afasias que o antecedeu e daquele que o sucedeu.

De estilo eminentemente teórico, o ensaio de Freud não apresentava novas observações clínicas no campo das afasias, mas formulava outra interpretação teórica para fundamentar o campo experimental e clínico. Freud afirmava, na primeira linha de seu ensaio, que não introduziria "novas observações pessoais",[92] mas empreenderia uma "leitura crítica" das investigações existentes, a fim de examinar seus pressupostos teóricos, destacar suas contradições e seus impasses, pretendendo assim delinear a possibilidade concreta de outra leitura das afasias. Daí o motivo por que se trata efetivamente de um ensaio crítico, que se volta finalmente à formulação de uma teoria original das afasias, fundada nas ordens da linguagem e do discurso.

A direção inicial do ensaio freudiano foi a crítica sistemática à concepção localizadora das afasias, que era então dominante no campo da neuropatologia,[93] a que se seguiu a crítica da concepção eminentemente funcional,[94] para somente então formular a necessidade de outra *teoria anatomofuncional* das afasias, em que o registro funcional fosse a instância reguladora do registro anatômico, de forma a produzir finalmente uma

---

91. S. Freud, *Contribution à la conception des aphasies*.
92. Ibidem, p. 51.
93. Ibidem, pp. 51-83.
94. Ibidem, pp. 83-93.

inversão na concepção hegemônica no campo da neuropatologia. Nessa leitura crítica, Freud pôde assim enunciar alguns pressupostos teóricos sobre o ser da linguagem na sua relação com o psiquismo, vinculando-se às mais recentes inovações teóricas existentes do campo neurológico da Inglaterra (H. Jackson), em oposição aos autores dominantes no campo da neuropatologia alemã (Wernicke e Meynert).

Para sublinhar a relevância teórica da leitura de Freud das afasias é necessário compreendê-la em seu contexto histórico e em seu campo intelectual específico, pois apenas assim os seus argumentos e a sua crítica podem revelar a argúcia e o sentido que nortearam o seu ensaio.

Antes de tudo, é preciso considerar devidamente que a questão das afasias foi um *lugar estratégico* de encontro de um conjunto de discursos teóricos no final do século XIX – a neuropatologia, a filosofia e a linguística –, que procuravam, por métodos diferentes, delinear os contornos do problema em causa.[95] Cassirer reconheceu, em *A filosofia das formas simbólicas*,[96] que o estudo da afasia teve a contribuição dessas diversas disciplinas, de onde se constituíram diferentes ordens de conceitos. Além disso, desde a década de 1870, a afasia não era somente *uma* entre as diferentes questões a serem tematizadas no campo das pesquisas sobre a linguagem, mas era a questão fundamental a partir da qual diferentes saberes procuravam compreender o que era a linguagem e o seu funcionamento.[97]

O ensaio de Freud também teve o mérito teórico de sublinhar como a relevância conferida à linguagem no campo dos saberes sobre o psíquico subvertia o estabelecido dualismo cartesiano do corpo e da alma, provocando com isso uma nova concepção do psiquismo. Por isso mesmo, para Forrester, o texto de Freud foi "um dos primeiros ensaios visando a avaliar todo o alcance desse problema".[98] Somente depois do ensaio de Freud surgiram outros trabalhos importantes que destacaram a impor-

---

95. J. Forrester, *Le langage aux origines de la psychanalyse*, cap. I, pp. 57-58.
96. E. Cassirer, *La philosophie des formes symboliques* (1953), vol. I. (Le langage), cap. I.
97. J. Forrester, *Le langage aux origines de la psychanalyse*, p. 57.
98. Ibidem.

tância crucial da afasia no campo de pesquisa sobre a linguagem,[99] como o de Bergson, que, na proximidade histórica de Freud, se referiu a ele em um ensaio,[100] e posteriormente às leituras sistemáticas de Jakobson e Cassirer sobre a questão.

Assim, quando Freud se voltou para a investigação das afasias, este era um terreno recente de pesquisa, iniciado na neuropatologia apenas trinta anos antes, com a descoberta realizada por Broca, que circunscreveu a primeira modalidade clínica da afasia, denominada de afasia motora, articulando-a a uma lesão localizada na terceira circunvolução frontal esquerda.[101] Broca inseriu, portanto, na *ordem do espaço*, na estrutura anatômica do cérebro, uma função psíquica complexa que se desenvolve na *ordem do tempo*. Reduzia-se o ser da linguagem a uma emanação estritamente cerebral, definindo uma teoria localizadora das funções mentais e impondo uma direção de pesquisa que dominou durante muito tempo os estudos neurológicos e psicológicos. Como já discutido, esta leitura de Broca se inscrevia estritamente nas linhas de força do modelo teórico da anatomoclínica, que foi constituinte da medicina científica na modernidade.[102]

Treze anos depois, Wernicke consolidou o caminho metodológico que foi entreaberto por Broca no campo da neuropatologia, ao publicar, em 1874, o texto intitulado "O complexo sintomático da afasia". Assim, pôde descrever uma nova modalidade clínica de afasia, denominada afasia sensorial, produzida pela lesão localizada na primeira circunvolução temporal esquerda.[103]

Porém, baseando-se no mesmo pressuposto localizador, Wernicke tornou mais complexo o esquema teórico, ao propor a existência de uma terceira modalidade clínica, denominada de parafasia. Contudo,

---

99. Ibidem.
100. H. Bergson, *Matière et mémoire* (1896), 1932.
101. P. Broca, "Remarques sur le siège de la faculté du langage articule, suivis d'une observation d'aphémie (perte de la parole)" (1861). In: H. Hecaen, J. Dubois, *La naissance de la neuropsychologie du langage (1825-1865)*.
102. M. Foucault, *Naissance de la clinique*.
103. Sobre isso, vide: S. Freud, *Contribution à la conception des aphasies*, cap. I; H. Hecaen, G. Lanteri-Laura, *Évolution des connaissances et des doctrines sur le localisations cérébrales*, cap. IV.

esta não seria caracterizada pela anatomia, isto é, não seria causada pela lesão dos dois *centros de linguagem* antes referidos, mas pela disfunção das *vias de condução* entre os centros temporal e frontal da linguagem. Após a descoberta de Wernicke, passaram a existir, portanto, três formas clínicas da afasia – a sensorial, a motora e a parafasia; as duas primeiras seriam ligadas aos centros anatômicos da linguagem (seriam de *ordem lesional*), e a última, às vias de condução (seria de *ordem funcional*).[104]

Em seguida, a investigação de Wernicke se desdobrou na pesquisa de seu discípulo Lichtheim, que se pautou pela mesma lógica teórica do mestre, isto é, pela oposição entre os conceitos de centro de linguagem e de vias de condução. Lichtheim, porém, transformou o esquema de Wernicke numa cartografia cerebral mais complexa, destacando outros centros de localização da linguagem e novas vias de condução, de forma a consubstanciar topicamente a existência de sete modalidades clínicas de afasia.[105]

Neste momento de nosso percurso, é preciso destacar os pontos fundamentais que se encontram presentes nessa linha de investigação. O primeiro se refere ao efeito teórico que teve a descoberta de Broca e seu desdobramento no campo da investigação em neuropatologia, isto é, na forma de representação teórica do sistema nervoso presente nessa concepção da afasia. O segundo – para mim, o mais importante – se refere à relação entre os registros do corpo e do psiquismo, que se encontra representada na tradição discursiva da neuropatologia. Finalmente, um terceiro ponto se apresenta ainda, a *concepção elementar da linguagem*, intimamente ligada à *concepção localizadora das funções mentais*.

A descoberta, realizada por Broca, de um centro nervoso específico como suposta base material para uma função psíquica superior definiu uma direção eminentemente *tópica* para as investigações no campo da neuropatologia, pois conferiu consistência empírica à *hipótese anatômica* em relação à *hipótese funcional*. Essas interpretações divergentes disputavam certamente a hegemonia na pesquisa sobre o sistema nervoso desde as primeiras décadas do século XIX. Com efeito, as diferentes perspectivas

---

104. S. Freud, *Contribution à la conception des aphasies*, cap. I.
105. Ibidem.

teóricas então existentes na neuropatologia oscilavam entre os paradigmas de Gall e de Flourens, investindo o primeiro numa interpretação estritamente localizadora das funções psíquicas, e o segundo, na crítica dessa concepção localizadora das funções mentais.

Desde Gall, a frenologia postulava a localização cerebral estrita das diferentes funções mentais, de forma a estabelecer uma minuciosa cartografia cerebral das funções psíquicas elementares e superiores.[106] As funções mentais superiores que se realizam na ordem do tempo se materializariam na estrutura cerebral, de forma a se reduzirem à ordem do espaço. No registro clínico, o discurso frenológico constituiu um método semiológico de leitura das faculdades mentais, pelo qual se inferia o maior ou menor desenvolvimento das diferentes áreas cerebrais, considerando proporcionalmente o crescimento ósseo diferencial existente no crânio.[107] Não foi, então, um acaso que Hegel tenha ironizado na *Enciclopédia das ciências filosóficas em epítome* e na *Fenomenologia do espírito* o mecanicismo biológico presente na leitura teórica de Gall sobre as relações unívocas estabelecidas entre os registros do cérebro e da mente, afirmando, de forma eloquente, que o discurso frenológico pretendeu reduzir "o espírito ao osso".[108]

Em contrapartida, a hipótese funcional formulava que a massa nervosa seria equipotencial para qualquer uma das funções psíquicas, não existindo, pois, uma relação estrita entre áreas cerebrais determinadas e funções mentais específicas, mas múltiplas possibilidades tópicas para o exercício de diferentes funções mentais.[109] Evidentemente, essa concepção se fundava em uma hipótese teórica abrangente sobre a relação do corpo e do psiquismo, pela qual não existiria qualquer relação biunívoca entre a localização anatômica e a função mental, assim como se baseava também na evidência clínica de que certas funções nervosas não eram abolidas após certas lesões de suas supostas localizações anatômicas.

---

106. G. Lanteri-Laura, *Histoire de la phrénologie*.
107. Ibidem.
108. G.W.F. Hegel, *Précis de l'encyclopédie des sciences philosophiques* (1817); *Phénoménologie de l'esprit*, vol. I (1807).
109. G. Lanteri-Laura, *Histoire de la phrénologie*.

Assim, com a atuação de Broca na descoberta de um centro cerebral da linguagem, estabeleceu-se pela primeira vez, de forma clínica e experimental, a localização anatômica de uma função psíquica superior, o que anteriormente não passava de mera especulação baseada em dados experimentais inconsistentes. Com essa descoberta fundamental, contudo, a hipótese tópica passou a ter a hegemonia teórica no campo da neuropatologia, de forma a reduzir mecanicamente as funções mentais à estrutura anatômica do cérebro, transformando, então, um ser inscrito na ordem do tempo em um ser inserido na ordem do espaço, numa função psíquica fundamental como é a da linguagem.

Essa linha de pesquisa tinha não apenas uma concepção estrita sobre as relações estabelecidas entre os registros do corpo e do psiquismo, mas enunciava também uma concepção específica sobre o ser da linguagem. Com efeito, na leitura desenvolvida por Wernicke e Lichtheim, as funções básicas do psiquismo e da linguagem eram localizadas anatomicamente, o que não acontecia para as funções psíquicas e linguísticas superiores.[110] Vale dizer que, no caso da linguagem, os sons que compõem as palavras e a articulação motora da linguagem presente no ato da fala teriam localização cerebral estrita, o que não seria o caso dos conceitos e da linguagem mais elaborada, que se constituiriam por composição associativa a partir dessa base primordial.

Portanto, essa linha de pesquisa se fundava numa *concepção elementar do ser da linguagem*. A linguagem aparece representada como uma forma complexa de existência psíquica, mas que se constituiria inequivocamente, em contrapartida, pela *associação de unidades elementares*. Seria a associação diversificada *entre* essas unidades que se efetuaria por múltiplas vias reflexas e constituiria então o ser da linguagem na sua complexidade. Com isso, postulava-se enfaticamente uma tese polêmica, a de que a *palavra seria a unidade básica da linguagem*, sendo esta, então, a resultante de uma mera *associação de palavras*.

Além disso, a concepção elementar da linguagem estaria intimamente articulada a uma *concepção sensorial da linguagem*, como o seu correlato, de maneira que as duas concepções constituem a face e o verso de um

---

110. S. Freud, *Contribution à la conception des aphasies*, cap. I.

mesmo modelo teórico sobre a linguagem. Com efeito, se as unidades elementares se precipitam e se inscrevem materialmente nos centros cerebrais da linguagem, nos registros sensorial e motor, o polo sensorial do sistema nervoso seria a via por excelência para a incorporação decisiva das unidades constitutivas das palavras. Portanto, os diferentes órgãos de sentido, principalmente a visão, a audição e o tato, seriam as vias nervosas específicas para o aprendizado das palavras; a linguagem complexa seria a resultante da associação de suas unidades elementares.

Esse modelo teórico da linguagem permite entrever e destacar a dimensão terceira que o sustenta e que é, ao mesmo tempo, o seu desdobramento inequívoco. Isso quer dizer que existe nesta suposição teórica uma *teoria realista e empirista do conhecimento*, correlato desse modelo linguístico, que se desdobra inevitavelmente numa *concepção realista da significação*. A linguagem consistiria assim em um conjunto de traços que seria uma cópia estrita das coisas, refletindo, então, *ipsis litteris*, o universo das coisas a partir de suas propriedades e qualidades elementares, que seriam registradas pelos centros cerebrais, nos polos sensorial e motor do sistema nervoso.

Foi a concepção localizadora da linguagem e do psiquismo, com todas as derivações que procuramos delinear em seu modelo teórico, o ponto de partida da leitura crítica empreendida por Freud em seu ensaio sobre as afasias. Com efeito, em sua leitura minuciosa dos escritos da neuropatologia, Freud procurou fundar uma concepção outra da linguagem, de ordem funcional, na qual esta pudesse ter uma *autonomia relativa* em face dos centros cerebrais, de maneira que, na relação dialética entre *tópica* e *função*, a função deteria a dominância do processo, sem, entretanto, prescindir de forma absoluta de materialidade anatômica. Portanto, a teoria proposta no discurso freudiano é de ordem funcional-tópica, de forma que a ordem da linguagem seria relativamente autônoma do registro anatômico.

É justamente nessa perspectiva teórica que podemos situar a crítica freudiana ao modelo funcional da leitura da afasia elaborado por Grashey, uma vez que Freud procurou, na economia interna de seu ensaio, contrapor taticamente esse modelo ao modelo localizador sobre a afasia, a fim de potencializar o seu rendimento teórico na desconstrução das proposições estritamente tópicas, para em seguida destacar enfaticamente as suas impossibilidades, que se centravam nos impasses em se desligar inteiramente do registro tópico.[111] Em decorrência disso, outra síntese entre os polos tópico e funcional da pesquisa da linguagem foi assim delineada e atingida por Freud pela dominância conferida ao polo funcional. Nessa nova síntese, a anatomia não ficou reduzida aos centros elementares da linguagem, como nas leituras propostas por Broca, Wernicke e Lichtheim, mas foi relacionada a um conjunto articulado de estruturas tópicas, denominado de *área da linguagem*.[112]

Assim, foi pela via teórica de superação da hipótese localizadora, pelo enunciado da hipótese funcional, mas circunscrevendo a existência de outra área da linguagem, que Freud postulou o conceito fundamental do seu ensaio: o de *aparelho de linguagem*,[113] genealogicamente o ponto de partida daquilo em que se transformaria posteriormente no conceito de *aparelho psíquico*, no contexto da teoria psicanalítica.

Quanto a isso é preciso sublinhar, antes de tudo, que o conceito de aparelho de linguagem indica, pela palavra *aparelho*, além de uma denominação médica, uma *concepção totalizante e holista* do ser da linguagem, que se contrapõe fundamentalmente à concepção elementar dominante no modelo localizador. Foi nessa direção teórica que se orientou a pesquisa de Freud, mesmo quando não conseguiu descartar inteiramente os signos e as denominações da teoria elementar. É essa versão holista do ser da linguagem que regulou a leitura crítica freudiana do modelo localizador e elementar, que pretendemos destacar em seguida.

LINGUAGEM, CORPO E REPRESENTAÇÃO

A crítica fundamental empreendida por Freud à concepção localizadora da linguagem se norteava pelo argumento de que não se poderia depreender qualquer diferença entre a *linguagem repetitiva* e a *linguagem*

---

111. Ibidem, pp. 83-93.
112. Ibidem, pp. 112-116.
113. Ibidem, pp. 117-148.

espontânea.[114] Assim, a crítica freudiana não se centrava apenas no campo específico da neuropatologia, mas pretendia transcender esse campo do saber, visando frontalmente ao que deve pressupor a pesquisa da afasia, ou seja, o ser da linguagem na sua especificidade.

Freud pôde formular, nesse contexto, que a concepção elementar, associacionista e sensorial poderia certamente dar conta da questão da linguagem, caso esta se restringisse à dimensão repetitiva. Porém, essa não constitui a totalidade da linguagem, nem tampouco o seu registro mais importante, visto que a criação de novos sentidos e a elaboração de novas formas semânticas seriam o que definiria o essencial no ser da linguagem. Com efeito, a linguagem não realiza apenas uma mera *função de informação e de codificação* do que se processa no universo das coisas, pois tem, além disso, a *função expressiva e de construção dos objetos*, o que transcende o simples registro passivo das variações que se processam no universo das coisas. Para conceber essas novas questões, no entanto, seria necessário enunciar uma nova forma de articulação entre os registros da linguagem e do corpo. Este foi o passo decisivo realizado por Freud para que se pudesse representar outro horizonte possível para o ser da linguagem.

Se Freud não elaborou uma teoria do sujeito nesse momento de seu percurso teórico – sendo esta suposição não apenas um exagero infundado, mas até mesmo um erro teórico grosseiro, ao atribuir tal perspectiva a seu ensaio sobre as afasias[115] –, é preciso destacar, contudo, que sua crítica à concepção vigente da linguagem representa a condição para que pudesse se constituir posteriormente outra concepção do sujeito, articulado ao ser da linguagem, no discurso psicanalítico.

Ao pretender enfatizar e dar conta da dimensão espontânea da linguagem, Freud lançou mão ainda de enunciados lógicos e linguísticos extraídos da tradição empirista inglesa, de cunho elementar e realista, que foram retirados diretamente dos escritos de John Stuart Mill. Assim,

---

114. Ibidem, pp. 81-83.
115. Idem, pp. 81-83.

no sexto capítulo de seu ensaio sobre as afasias,[116] quando delineou a estrutura formal do aparelho de linguagem, Freud citou o capítulo III da *Lógica*[117] e o estudo de Stuart Mill sobre a filosofia de Sir William Hamilton.[118] Portanto, na construção teórica do aparelho de linguagem e na classificação original que realizou do campo das afasias – *afasia verbal*,[119] *afasia assimbólica*[120] e *afasia agnóstica* [121] –, Freud estabeleceu a oposição fundamental existente entre as séries conceituais *representação de palavra* (*Wortvorstellung*) e *representação de objeto* (*Objektvorstellung*), delineadas de maneira elementar e fundadas numa concepção epistemológica evidentemente sensorial.

Com efeito, a *representação de palavra* se constituiria a partir de uma série de registros elementares, nos quais podemos depreender facilmente a incidência dos diferentes canais sensoriais do corpo: imagem sonora, imagem de movimento, imagem de escritura e imagem de leitura.[122] Da mesma forma, a *representação de objeto* se constituiria por uma série de registros elementares, dos quais podemos destacar a incidência do campo sensorial: representação visual, representação táctil e representação acústica.[123]

Contudo, na série da representação de palavra e na série de representação de objeto existem certos registros que são considerados dominantes em relação aos demais, em cada um desses *conjuntos*. Com efeito, na representação de palavra, o ponto de articulação das diferentes imagens é a *imagem sonora*, em torno da qual se ordenam as demais imagens da série,[124] e na representação de objeto essa posição estratégica é ocupada pela *representação visual*.[125] Isso nos indica, portanto, a presença de uma

---

116. Esse é o grande equívoco teórico evidenciado pelo texto de Verdiglione sobre o ensaio das afasias de Freud. Sobre isso, vide: A. Verdiglione, "Matemática do inconsciente". In: S. Freud, *A interpretação das afasias*.
117. J. Stuart Mill, *Logic*, vol. I, cap. 3.
118. Idem, *An Examination of Sir William Hamilton's Philosophie*.
119. S. Freud, *Contribution à la conception des aphasies*, pp. 128-136.
120. Ibidem.
121. Ibidem.
122. Ibidem, pp. 122-127.
123. Ibidem, pp. 127-128.
124. Ibidem, pp. 122-127.
125. Ibidem, pp. 127-128.

concepção de totalidade que preside a construção de cada uma das séries de representações em pauta e aponta de forma inequívoca para a *concepção de conjunto*. Assim, uma das representações é sempre enfaticamente destacada em cada uma das séries em questão, no discurso freudiano, como polo conceitual que define a *regra* fundamental de construção do conjunto – o que implica dizer que, no registro da palavra, a dimensão da *escuta* e o registro da palavra *falada* definem a concepção de linguagem – que é figurada no discurso freudiano –, e não a dimensão lógica do conceito. Da mesma forma, no registro do objeto, a imagem visual é a representação propriamente dita, regulando a sua construção para o psiquismo.

Existe, no entanto, uma diferença fundamental entre o conjunto da representação de palavra e o conjunto da representação de objeto nas coordenadas delineadas pelo discurso freudiano: enquanto o primeiro é *fechado*, o segundo é *aberto*, de forma que a representação de palavra remete necessariamente à representação de objeto. Pode-se dizer, daí, que o aparelho de linguagem não é fechado no polo da representação de palavra, mas se abre necessariamente para o polo de representação de objeto, de forma que a ordem da linguagem tem uma abertura fundamental que remete para a ordem do corpo.

No que tange a isso, é preciso evocar que Freud retomou posteriormente diversas vezes o mesmo modelo teórico, na construção que empreendeu do discurso da metapsicologia. Assim, em *A interpretação dos sonhos*, a oposição conceitual se mantém, mas o registro de representação de objeto se transforma em *representação de coisa (Dingvorstellung)*.[126] A contraposição estrutural existente entre representação de palavra e representação de coisa se manteve, assim, incólume no percurso freudiano, de maneira que no ensaio metapsicológico intitulado "O inconsciente", de 1915,[127] a articulação entre a representação de palavra e a representação de coisa seria a condição para que algo se tornasse efetivamente consciente. Além disso, ainda nesse texto, o registro da representação de palavra é fechado e o registro de representação de coisa é aberto, de forma que a repre-

---

126. S. Freud, *La Science des rêves*, p. 222.
127. Idem, "L'inconscient" (1915), cap. VII. In: *Métapsychologie*.

sentação de palavra remete para o registro da representação da coisa,[128] polo dinâmico da estrutura psíquica, que se destina, assim, para a ordem do corpo. Já no discurso metapsicológico de 1915 a ordem do corpo se enuncia de forma sistemática como centrada na pulsão. É ainda no ensaio "O inconsciente" que Freud indica os impasses teóricos colocados pelas vertentes tópica e funcional para a fundamentação do inconsciente, elaborando a hipótese de que o sistema inconsciente seria caracterizado pelo conjunto de representações de coisas e que o sistema pré-consciente/consciente se constituiria pelo conjunto de representações de palavra.[129]

É evidente que Freud utiliza as categorias teóricas da filosofia empirista e pragmática inglesa, de base elementar, para delinear o campo da linguagem e encaminhar a apresentação do conceito de aparelho de linguagem. É esse o lugar estratégico ocupado pelas categorias desenvolvidas na *Lógica* e no *Exame da filosofia de Sir William Hamilton*, de Stuart Mill, na economia interna do discurso freudiano, pois com isso a linguagem se insere na ordem da representação.

Existe, no entanto, no discurso freudiano, uma concepção de totalidade que não se insere na concepção empirista. Considerar a linguagem não apenas uma forma de representação, mas também um *sistema de totalização* (aparelho) de representações, inscreve num outro contexto a incidência da filosofia de Stuart Mill sobre o discurso freudiano. Podemos depreender neste ponto talvez a inflexão do ensino filosófico de Brentano no pensamento de Freud, já que entre 1874 e 1876 Freud assistiu a seus cursos de filosofia,[130] ao que parece sobre "Lógica" e sobre "A filosofia de Aristóteles".[131] Portanto, a lógica holista que regula a leitura freudiana sobre a linguagem remete para outro sistema teórico de referência, de forma que o discurso freudiano já é uma crítica de uma concepção elementar e sensorial da linguagem, apesar de ainda usar a retórica da filosofia pragmática e utilitarista de Stuart Mill.

---

128. Ibidem.
129. Ibidem.
130. S. Jones, *La vie et l'oeuvre de Sigmund Freud*, vol. I, p. 62.
131. R. Kuhm, Prefácio. In: S. Freud, *Contribution à la conception des aphasies*, pp. 25-27.

Assim, considerar a linguagem como um sistema de representação das coisas e do corpo foi a grande inovação teórica introduzida pelo ensaio sobre as afasias. Freud realizou simultaneamente a crítica do realismo do sentido e a crítica da epistemologia empirista, na medida em que a concepção da linguagem como uma representação do universo das coisas e do corpo não restringiria o ser da linguagem à condição de cópia e reflexo do universo das coisas e do corpo. Pelo contrário, tal concepção aponta inequivocamente para outro lugar, no qual o ser da linguagem se apropriaria do universo das coisas segundo outra lógica. Portanto, existe no ensaio de Freud sobre as afasias uma concepção mais complexa da linguagem, de caráter intuitivamente *combinatório*, na qual a articulação entre a ordem do corpo e a ordem da linguagem se coloca efetivamente no primeiro plano.

A crítica ao sistema teórico de Meynert é o momento crucial no ensaio freudiano, quando a desconstrução da concepção elementar, sensorial e realista da linguagem atinge o seu ponto decisivo e Freud indica finalmente outra concepção de linguagem. Porém, é preciso destacar ainda que essa nova concepção do ser da linguagem se apresenta ao mesmo tempo que se introduz uma nova relação entre os registros do corpo e do psiquismo, na qual o psiquismo não se restringe mecanicamente a um mero epifenômeno da ordem do organismo. Evidentemente, a crítica que Freud realiza da concepção teórica de Meynert se inscreve nos registros neurológico e linguístico.

Na concepção de Meynert, a relação entre a periferia do corpo e o sistema nervoso central se realizaria de forma biunívoca, na medida em que cada ponto da periferia corporal teria inevitavelmente o seu correspondente *direto* no córtex cerebral. Essa operação direta entre a periferia do corpo e o centro nervoso, sem qualquer intermediação transformadora, foi denominada por Meynert de "projeção", sendo a periferia corporal projetada, ponto por ponto, na estrutura do córtex cerebral, de forma que nesse passasse a existir uma *cópia* perfeita da periferia do corpo.[132] Portanto, no modelo teórico de Meynert, era certamente fundamental a

---

132. Ibidem, pp. 96-102.

concepção de cópia, que regula não apenas as relações entre os registros do corpo e do psiquismo como também as relações entre o psiquismo e o universo das coisas, pois os órgãos sensoriais inscritos na periferia corporal projetariam também cópias fidedignas do universo das coisas no córtex cerebral, delineando assim a concepção realista do conhecimento e da significação.

Freud questionou a consistência teórica dessa leitura em seu ponto fundamental, tanto da perspectiva neurológica quanto da linguística: recusou assim o conceito neurológico de "projeção" e introduziu em seu lugar o conceito de *representação*. A periferia corporal não se projetaria, ponto por ponto, no córtex cerebral, mas seria apenas ali representada, na medida em que existiriam *delegados intermediários* neurofuncionais, entre a periferia e o centro nervoso.[133] Com isso, o discurso freudiano produziu uma transformação radical na forma de conceber as relações entre a periferia do corpo e o córtex cerebral.

A diferença radical entre a *projeção* e a *representação*, que revela a sua ruptura com a concepção teórica de Meynert, foi assim formulada por Freud, de forma rigorosa:

> Isto vale também para o córtex cerebral, e é desejável distinguir esses dois modos de reprodução central atribuindo-lhe nomes diferentes. Se a reprodução na medula espinhal se denomina uma projeção, talvez seja apropriado denominar a reprodução no córtex uma *representação*, e diremos que a *periferia do corpo não está contida no córtex ponto por ponto, mas que ela está aí representada de maneira menos detalhada por fibras selecionadas*.[134]

A argumentação de Freud é, assim, de ordem estritamente neurológica, sendo inclusive a formulação que se mostrou historicamente triunfante posteriormente, no campo da neuropatologia, com a constituição decisiva do conceito de *esquema corporal*. Ao lado disso, Freud criticou o modelo

---

133. Ibidem, pp. 100-101.
134. Ibidem.

elementar da linguagem num ponto decisivo: a impossibilidade de se pensar no complexo a partir do simples, nos impasses intransponíveis que se apresentam ao querer se pensar a totalidade a partir de suas pretensas partes. Portanto, Freud formulava em outro nível argumentativo a teoria que perpassa a totalidade de seu ensaio, isto é, que o modelo localizador poderia explicar perfeitamente a existência da linguagem repetitiva, mas não daria conta, em contrapartida, da linguagem espontânea, da possibilidade de representar propriamente dita:

> Queremos somente concluir que as fibras, chegando ao córtex após passarem pela substância cinzenta, conservam ainda uma relação com a periferia do corpo, mas não são mais capazes de apresentar para isso uma imagem topograficamente semelhante. Elas contêm a periferia do corpo como um poema contém o alfabeto – para ir buscar um exemplo do tema que nos ocupa aqui – num rearranjo que serve a outros fins, no qual os diversos elementos tópicos podem estar associados de maneira múltipla, um deles podendo estar aí representado muitas vezes, enquanto o outro não. Se alguém pudesse seguir em detalhe esse rearranjo que se efetua da projeção espinhal ao córtex cerebral, descobrir-se-ia provavelmente que ele repousa sobre um princípio puramente funcional e que os fatores tópicos apenas são conservados se concordam com as exigências da função. Já que nada prova que esse remanejamento é novamente retrógrado no córtex, a fim de dar uma projeção topográfica completa, podemos presumir que a periferia do corpo não está absolutamente *contida* nas partes superiores do cérebro, assim como no córtex, de *maneira tópica, mas apenas de maneira funcional*.[135]

Portanto, no fragmento do ensaio freudiano o argumento linguístico se articula intimamente com o argumento neurológico, destacando, ao mesmo tempo, que as letras do alfabeto não conseguem dar conta da produção

---

135. Ibidem, p. 103.

do poema, assim como o conjunto anatômico dos elementos sensoriais não está presente de forma biunívoca no córtex cerebral. A concepção freudiana, portanto, além de apontar para uma leitura combinatória da linguagem – superando, pois, a concepção elementar e criticando qualquer realismo no campo da significação –, formula também uma nova modalidade de relação entre os registros do corpo e do psiquismo, que se realizaria sob a forma da representação.

O registro do psiquismo não seria um simples epifenômeno mecânico do registro do corpo, como concebido no modelo localizador da linguagem, nem tampouco constituído pela reunião dispersa de imagens das coisas, mas representa o corpo e o universo das coisas segundo uma lógica específica, que é ao mesmo tempo representação e possibilidade de representar. Portanto, a linguagem se configura como o modelo por excelência do psiquismo. Daí por que, na genealogia do discurso freudiano, o conceito de aparelho de linguagem foi a condição para a constituição posterior do conceito de aparelho psíquico.

NO SOLO DO DISCURSO DE JACKSON

É ainda preciso considerar que a leitura de Freud sobre as afasias foi baseada na investigação de H. Jackson no campo da neuropatologia e em seu discurso específico sobre as afasias; em diferentes passagens de seu ensaio, Freud reconheceu devidamente a sua dívida teórica para com Jackson. De forma eloquente, no capítulo V, por exemplo, Freud atribui seu ponto de partida ao trabalho do pesquisador: "retomei as concepções em quase todas as novidades precedentes, para combater com sua ajuda a teoria localizadora das perturbações de linguagem."[136]

Vamos destacar agora, de forma esquemática, alguns dos pressupostos teóricos do discurso neurológico de Jackson, para que possamos delinear um dos contextos teóricos de referência de Freud, a fim de então indicar

---

136. Ibidem, p. 103.

o ponto onde o discurso freudiano deu decisivamente outro passo teórico – o que lhe possibilitou realizar a inflexão decisiva para realizar a superação da teoria de Jackson.[137]

As inovações introduzidas por Jackson na neuropatologia se fundaram na perspectiva metodológica que enunciou e subverteu a pesquisa neurológica, definindo-se pela atribuição do primado teórico ao holismo frente à concepção elementar na pesquisa sobre o sistema nervoso. Assim, para Jackson não seria possível decompor analiticamente uma função neural e um comportamento qualquer, organizados, de maneira complexa, em diferentes partes, para realizar posteriormente uma síntese, pois não apenas o todo não equivale à soma de suas pretensas partes como também porque desde o início as funções e os comportamentos do organismo seriam totalidades organizadas. Desse princípio metodológico decorre necessariamente um conjunto de consequências teóricas:

1. Seria impossível explicar qualquer função psíquica superior baseando-se na reunião de funções elementares. Como a decomposição do complexo no elementar, no campo neuropatológico de então, tinha como consequência a redução do elementar ao registro anatômico, depreende-se em Jackson uma crítica contundente à teoria da localização cerebral. Somente pela consideração da função na sua complexidade seria possível explicitar a sua funcionalidade enquanto tal e seus substratos anatômicos. Enfim, a função seria uma unidade e uma totalidade orgânica, de ordem funcional-anatômica, que não poderia ser submetida a uma operação de decomposição analítica em seus pretensos elementos, para que esses fossem então somados, de forma que o princípio holístico presidiria decididamente a leitura teórica;

---

137. Nós nos baseamos, nos comentários que se seguem, na leitura das seguintes obras: J. Forrester, *Le langage aux origines de la psychanalyse*, cap. I; J. Nassif, *Freud, L'inconscient*, cap. II; H. Hecaen, G. Lanteri-Laura, *Évolution des connaissances et des doctrines sur les localisations cérébrales*, cap. IV.

2. O princípio holístico, além disso, articula-se a uma concepção evolutiva do sistema nervoso, pois Jackson procura destacar a importância da evolução desse sistema na história do organismo e do indivíduo, construindo uma hipótese de pesquisa na qual, a partir de uma dialética entre o organismo e o meio ambiente, existiria a relação entre organismo e aprendizado;
3. Nessa concepção holística e evolutiva, o funcionamento nervoso atravessaria diferentes níveis de organização na história do organismo e do indivíduo, cada um deles estruturado como totalidade. Assim, nos níveis iniciais e mais primários do funcionamento neural já existiria uma organização totalizada que funcionaria de maneira *automática*. Porém, à medida que a evolução do organismo continua se processando, o funcionamento neural mais evoluído tende a perder progressivamente o seu automatismo, de forma que a organização de qualquer função nervosa e psíquica pode se romper com mais facilidade. Nessa perspectiva, qualquer função nervosa e psíquica passaria, na história do indivíduo, de um nível de maior automatismo para um nível de menor automatismo e maior plasticidade, mas continuaria a *mesma* função apesar da mudança de seu nível de estruturação. É evidente a inovação teórica introduzida pela leitura de Jackson. Porém, trata-se sempre de duas totalidades em níveis diversos de complexidade, e não, absolutamente, da passagem de elementos dispersos para a função-soma dos seus elementos básicos constituintes;
4. Foi nesse contexto holístico e evolutivo, na interpretação das funções nervosas, que foram compreendidas as diversas patologias do sistema nervoso, considerando-se de maneira rigorosa os diferentes níveis de organização neurofuncional. Para Jackson, a suposta desintegração da função complexa em seus elementos básicos, de acordo com a leitura elementar então dominante na neuropatologia, se deve à não consideração dos diferentes níveis evolutivos na organização funcional do sistema nervoso. A *desintegração* não produziria, assim, a multiplicidade de

elementos, mas outro nível de estruturação, considerado mais primário do ponto de vista evolutivo. Portanto, nas diferentes patologias nervosas recenseadas na neuropatologia, o funcionamento nervoso se deslocaria sempre de um nível estrutural mais elevado para outro, considerado menos elevado. O indivíduo consequentemente perde a plasticidade e a liberdade adaptativas, retornando ao nível primário do automatismo, mas a totalidade funcional se encontra presente em qualquer nível considerado.

Para Jackson, na leitura específica que realizou da afasia, seria preciso considerar individualmente as emissões linguísticas dos afásicos, de maneira que o pesquisador pudesse depreender por que em tal indivíduo afásico os *enunciados* formulados seriam esses e não outros. O neurologista inglês preocupava-se, de fato, com a constituição dos enunciados singulares do discurso e com a especificidade dos distúrbios da linguagem na afasia.

Articulando a dupla inovação metodológica que enunciou, Jackson formulou então que, nos níveis mais complexos de organização psíquica na normalidade, o discurso funcionaria nos registros *voluntário* e *intencional*, mas, na afasia, retornaria a níveis de estruturação caracterizados pelo automatismo. Portanto, a fala repetitiva e morta da afasia se contrapõe à fala espontânea e criativa do discurso comum, caracterizada pela invenção simbólica possibilitada pelos níveis mais complexos de estruturação da linguagem.

Para empreender essa inflexão no campo da afasia, Jackson teve que transformar radicalmente a leitura do que seria o ser da linguagem como objeto teórico, destacando assim o mesmo princípio holístico utilizado anteriormente para a explicação do organismo. Com efeito, a unidade da linguagem não seria a palavra, mas sim a *frase* e a *proposição*, não constituindo assim o discurso a soma de palavras consideradas suas unidades elementares como se pensava até então. Vale dizer, Jackson considerava unidade da linguagem a articulação entre o *sujeito*, o *verbo* e o *predicado*, sendo esta não apenas a *unidade de sentido*, mas também a unidade mínima capaz de produzir qualquer significação. Enfim, tal unidade não seria absolutamente redutível ao registro das palavras, como os seus elementos constituintes, mas à frase e à proposição.

Nesse contexto, seria possível distinguir estruturalmente *proposições dotadas de sentido*, como ocorrem no discurso comum, de *proposições destituídas de sentido*, que acontecem nas afasias. O *contexto de referência* e a *modalidade de uso* de uma dada proposição funcionariam como sua *referência de verdade*, isto é, como critério de oposição entre o que teria e o que não teria sentido. Portanto, nessa oposição entre sentido e não sentido, que remeteria ao contexto de referência e de uso de uma dada proposição, apresenta-se também um critério de definição do que seria o discurso normal. Dessa maneira, é a possibilidade psíquica do indivíduo de se deslocar em novos contextos e de se adaptar a novas situações o que definiria a *função discursiva normal*, já que a principal característica da normalidade discursiva seria a *mobilidade semântica*, de acordo com os novos contextos que se apresentam ao indivíduo.

Assim, na afasia o indivíduo perderia a mobilidade semântica em seu discurso, não conseguindo reordená-lo nos diferentes contextos que inevitavelmente se apresentam no horizonte de sua experiência. Para Jackson, o discurso afásico seria aparentemente destituído de sentido, mas seria preciso considerar que os seus enunciados remeteriam a *um único contexto*, já que não existiria deslocamento de referencial. Existiria, portanto, o congelamento da mobilidade semântica do discurso, de maneira que o afásico utilizaria sempre o mesmo enunciado, que teria sentido não só para um dado contexto, mas para todos os demais contextos de sua experiência. Logo, não existiria produção de novos sentidos na afasia, pois o afásico fica automaticamente imóvel no círculo repetitivo do sentido originário de sua proposição e não se adaptaria com flexibilidade aos novos contextos de sua experiência. Enfim, para Jackson, a chave para a significação dos enunciados do discurso do afásico estaria no contexto originário, no qual se constituiu a proposição em pauta, e não em seus novos contextos.

Foi a oposição estabelecida entre os registros do *sentido* e o do *não sentido* dos enunciados discursivos, assim como sua referência de verdade remetida aos conceitos de contexto e de uso, que o discurso freudiano deslocou, não apenas na leitura das afasias mas também na escuta da histeria e das outras estruturas psíquicas.

TRAUMA, PULSÃO E LINGUAGEM

A leitura freudiana das afasias está fundada em sua intepretação do psiquismo como linguagem e como discurso, em consequência da *escuta* que Freud realizou das estruturas neuróticas. Assim, além de revelar o efeito do discurso teórico de Jackson na constituição da psicanálise, tal leitura mostra como foi a experiência teórica e clínica de escuta da histeria, que possibilitou a Freud retomar criativamente a leitura de Jackson sobre a linguagem, o discurso e as afasias.

Portanto, trabalhando na oposição entre os discursos teóricos de Charcot e de Bernheim, entre a lesão funcional (modelo tópico) e a sugestão absoluta (modelo funcional), Freud já realizava processos terapêuticos fundados no discurso, destacando, pois, no sintoma histérico, o valor de sua mobilidade funcional e seu valor semântico. Porém, em qualquer uma dessas leituras alternativas, a necessidade teórica do discurso freudiano foi de representar o psiquismo segundo o modelo da linguagem e do discurso, como um aparelho de linguagem – e era esse, enfim, o objeto fundamental na leitura teórica de Freud.

Assim, a oposição entre os registros do sentido e do não sentido das proposições, bem como a articulação da proposição com o contexto de sua formação e de uso para definir o seu critério de verdade, foram formulações teóricas fundamentais para que Freud pudesse conceber a oposição entre o *sintoma* e a *palavra* na histeria. Com efeito, o sintoma teria a mesma estrutura que a linguagem e o discurso, sendo então uma materialidade dotada de sentido, na medida em que seria transformável pela ação do discurso. Portanto, o sintoma seria uma palavra aparentemente sem sentido, assim como o sintoma afásico seria igualmente uma palavra congelada em sua mobilidade semântica, no seu atual contexto de uso.

Desta maneira, os conceitos de *trauma sexual* e de *sedução*[138] foram meticulosamente constituídos por Freud segundo o modelo jacksoniano da afasia, posto que a cena traumática de sedução seria o contexto originário que poderia conferir sentido ao congelamento do discurso no sintoma histérico, deslocando-se, pois, o discurso da histeria do registro intencional da fala para o registro automático do sintoma.[139] Porém, em ambos os contextos nos inserimos no registro da linguagem e do discurso – e, por isso mesmo, o sintoma poderia, através da fala, ser transformado em palavra e discurso.

O campo teórico possibilitado por essa reestruturação conceitual tornou possível que Freud realizasse, desde o ensaio sobre "As psiconeuroses de defesa"[140] até a *Psicopatologia da vida cotidiana*[141] – através do "Projeto de uma psicologia científica"[142] e de *A interpretação dos sonhos*[143] –, uma *genealogia do sujeito* e de seu correlato teórico, uma *arqueologia do sintoma*, que desde a "Psicoterapia da histeria"[144] já se encontravam intimamente articulados. Com efeito, para que fosse possível estabelecer uma relação de fundação entre os registros do sujeito e do sintoma, de maneira a correlacionar a *genealogia do sujeito* e a *arqueologia do sintoma*, seria necessário postular que sujeito e sintoma estariam referidos a totalidades simbólicas, apesar de seus diferentes níveis de estruturação. Com isso, essa inflexão decisiva se contrapõe teoricamente à formulação de que o sintoma seria de ordem elementar, e, o sujeito, o efeito do somatório de elementos originariamente dispersos.

---

138. Sobre isso, vide: S. Freud, "Esquisse d'une psychologie scientifique" (1895), 2ª parte. In: *La naissance de la psychanalyse*; "L'étiologie de l'hystérie" (1896). In: *Névrose, psychose et perversion*.
139. Sobre esta interpretação brilhante, vide: J. Forrester, *Langage aux origines de la psychanalyse*, cap. I.
140. S. Freud, "Les psychonévroses de défense" (1894). In: *Névrose, psychose et perversion*.
141. Idem, *Psychopatologie de la vie quotidienne* (1901).
142. Idem, "Esquisse d'une psychologie scientifique" (1895), 2ª parte. In: *La naissance de la psychanalyse*.
143. Idem, *L'interprétation des rêves*.
144. Idem, "Psychothérapie de l' hystérie" (1895). In: S. Freud, J. Breuer, *Études sur l'hystérie* (1895).

Para realizar esse desdobramento conceitual, Freud tematizou a leitura de contexto no registro estritamente intersubjetivo, de maneira que, através da figura do Outro historicamente delineado e posicionado, fosse então possível representar a figura do sujeito. Com efeito, o psiquismo foi assim representado como uma estruturação histórica, na qual cada nível de estruturação e de totalização foi interpretado como um *sistema de signos*, levando a hipótese da existência de diferentes níveis de totalização estrutural às últimas consequências, lógica e linguística. Portanto, no contexto desses diferentes sistemas de signos foi inserida a genealogia sexual do sujeito, assim como foi estabelecida posteriormente a cartografia das trilhas de fixação das pulsões e da regressão psíquica, eixos fundamentais para a constituição da leitura psicanalítica das estruturas psicopatológicas.[145]

Como já destacamos, Freud se instrumentou conceitualmente dos avanços significativos realizados por Jackson nos campos da neuropatologia e das afasias, radicalizando sua concepção teórica. Dessa maneira, constituiu o conceito de aparelho de linguagem – genealogicamente o precursor teórico do conceito de aparelho psíquico, introduzido pela primeira vez no "Projeto de uma psicologia científica". Se a noção de aparelho já existia no discurso médico de então e havia sido utilizada por Meynert na psicopatologia como "aparelho da alma",[146] o conceito de aparelho de linguagem é uma invenção conceitual eminentemente freudiana, inexistente, pois, antes do ensaio sobre as afasias.

Apesar de sua evidente significação biológica e médica, a noção de aparelho indica em Freud uma crítica à concepção elementar do psiquismo, enunciando deste uma concepção holística. Além disso, o discurso

---

145. Podemos acompanhar estas formulações, nos seus titubeios e nas suas intuições iniciais, pela leitura dos textos iniciais de Freud. Sobre isso, vide: S. Freud, "Manuscrit K" (1896), "Lettres à Wilhelm Fliess, notes et plans" (1887-1902), In: *La naissance de la psychanalyse*, pp. 129-137; Carta de Freud a Fliess, 4 de maio de 1896, Ibidem, pp. 144-148; Carta de Freud a Fliess, 6 de dezembro de 1896, Ibidem, pp. 153-160; "Manuscrit L" (1897), Ibidem, pp. 174-177; "Manuscrit M" (1897), Ibidem, pp. 179-182; "Manuscrit N" (1897), Ibidem, pp. 183-186.
146. L. Binswanger, "Freud et la constitution de la psychiatrie moderne". In: *Discours, parcours et Freud*.

freudiano criticou incisivamente a ideologia médica que fragmentava o enfermo no ato clínico e o correlato estudo elementar das funções mentais, atribuindo assim a estas uma totalidade funcional e anatômica. De forma complementar, é preciso evocar ainda que Freud destacava numa carta a Fliess que criticava e se opunha assim ao discurso da medicina clínica, uma vez que esta não trata o homem como totalidade, mas o fragmenta como um amontoado disperso de territórios anatômicos e funcionais.[147] Enfim, mediante o conceito inicial de aparelho de linguagem e, posteriormente, de aparelho psíquico, o discurso freudiano destacava as concepções de totalidade e de sistema.

É preciso destacar agora a outra dimensão teórica em que o discurso freudiano radicalizou a concepção de Jackson. Com o conceito de aparelho de linguagem como totalidade e como sistema, constituiu-se a concepção de que o psiquismo seria representado basicamente sob a forma do funcionamento da linguagem e do discurso. Ambos, como registros fundamentais do ser, delinearam, então, o primeiro modelo construído por Freud para representar o psiquismo, sendo, pois, considerados *metáforas do psiquismo*.

Portanto, a possibilidade de superar a concepção da psicologia clássica – que centrava a leitura do psiquismo na categoria de consciência –, de forma a anunciar como eixo central do saber psicanalítico a existência do psiquismo fundado no inconsciente, foi uma derivação necessária da articulação entre os registros do psíquico, da linguagem e do discurso como o fundamento rigoroso para a construção teórica do registro psíquico. Enfim, considerar o psiquismo como representação, e representação originária do corpo, implicou assim opor radicalmente as categorias de representação e de projeção. Implicou, também, de forma crucial, considerar a linguagem e o discurso o modelo da representação por excelência.

Freud pôde assim superar o limiar de redução mecânica do registro psíquico ao registro somático e considerar metodicamente o psiquismo numa autonomia relativa em face do organismo. Para isso, na articu-

---

147. S. Freud, Carta a Fliess, 29 de agosto de 1888, "Lettres à Wilhelm Fliess, notes et plans". In: *La naissance de la psychanalyse*, pp. 52-54.

lação tópica e funcional do aparelho de linguagem, o polo dominante foi conferido ao registro funcional, o que deslocou definitivamente o psiquismo de uma localização cerebral estrita na anatomia cerebral. Por isso mesmo, Freud pôde considerar as diferentes modalidades de afasias como circuitos funcionais relativamente independentes da localização anatômica, isto é, podendo se realizar no campo definido pela diversidade tópica. Portanto, se é clinicamente óbvio que existem afasias grosseiras, inteiramente causadas por lesões cerebrais severas, existem também, em contrapartida, as afasias independentes de lesões anatômicas. Então, o critério que define a afasia não seria a lesão cerebral, mas a forma de funcionamento do aparelho de linguagem.

Nessa perspectiva, o discurso freudiano se encaminhou para a superação dos impasses colocados pelo paralelismo psicofísico e para a superação correlata do dualismo cartesiano entre o registro do corpo e o registro do espírito. Entretanto, uma passagem célebre desse ensaio afirma o postulado do paralelismo:

> A cadeia de processos fisiológicos no sistema nervoso não se encontra provavelmente numa relação de causalidade com os processos psíquicos. Os processos fisiológicos não se interrompem desde que começam os processos psíquicos. Ao contrário, a cadeia fisiológica prossegue, e não é senão a partir de certo momento que um fenômeno psíquico corresponde a um ou vários desses encadeamentos. O processo psíquico é assim paralelo ao processo fisiológico ("um dependente concomitante").[148]

Essa passagem se contrapõe não apenas a outras formulações do ensaio sobre as afasias, como também a seus desdobramentos teóricos no discurso freudiano imediatamente posterior. Com efeito, ao postular a dominância do registro funcional sobre o tópico nas afasias, Freud subsumiu o registro anatômico às exigências do registro funcional, da mesma forma que, em seguida, no "Projeto de uma psicologia científica", delineou a

---

148. S. Freud, *Contributions à la conception des aphasies*, p. 105.

cartografia da anatomia neuronal de base verdadeiramente fantasmática, mas construída a partir da funcionalidade das pulsões, que regularia a economia do aparelho psíquico.[149]

O discurso freudiano prosseguiu nessa direção teórica quando, no pequeno escrito em que realizou o estudo comparativo entre as paralisias motoras e histéricas, Freud formulou a existência de um *corpo representado* como fundamento da histeria, que não se confundiria absolutamente com o corpo do discurso anatômico, pois seria um corpo inscrito e configurado no imaginário social.[150]

Entretanto, a virada teórica do que se encontrava já esboçado no ensaio sobre as afasias somente se produziu *a posteriori*, quando Freud determinou que, para a psicanálise, o registro corporal que importa é o corpo configurado pelas pulsões, sendo este um dos polos constituintes do psíquico, ao lado da linguagem e do discurso. O sujeito no discurso freudiano se formaria então pela polarização entre o *corpo da pulsão* e a *linguagem*, entre os registros da *força* e da *representação*, os dois polos fundamentais do ser da pulsão destacados no ensaio metapsicológico sobre as pulsões de 1915.[151] O campo dessa polarização fundante do sujeito foi elaborado inicialmente no "Projeto de uma psicologia científica", em que se esboçou o conceito de pulsão, que já se contrapunha ao campo da linguagem e do discurso presente no ensaio sobre as afasias.

O efeito teórico dessa polarização foi a transformação do conceito de *aparelho de linguagem* em *aparelho psíquico*, na medida em que o corpo pulsional foi introduzido como o outro polo do psiquismo. No percurso desse desdobramento teórico, o dualismo psicofísico foi superado, o que implicou a fundação do sujeito no Outro, numa tessitura intersubjetiva de relações.[152] Enfim, a psicanálise foi constituída no momento em que

---

149. S. Freud, "Esquisse d'une psychologie scientifique", 1ª parte. In: *La naissance de la psychanaluse*.
150. Idem, "Some Points for a Comparative Study of Organic and Hysterical Paralyses" (1893). In: Standart Edition, vol. I.
151. Idem, "Pulsions et destins des pulsions" (1915). In: *Métapsychologie*.
152. S. Freud, "Esquisse d'une psychologie scientifique". In: *La naissance de la psychanalyse*.

o sujeito foi delineado entre o registro do corpo pulsional e o da linguagem, entre a força e a representação, sendo, pois, o "Projeto de uma psicologia científica" o esboço originário do saber psicanalítico, já que essa polaridade se inscreveu nas linhas de forças da sua problemática.

Anteriormente a essa figuração definitiva do saber psicanalítico entre o corpo pulsional e a linguagem, o discurso freudiano trabalhava nos impasses para superar os obstáculos colocados pelo dualismo entre o corpo e a alma. Assim, no ensaio intitulado "Tratamento psíquico", Freud já tratava diretamente dessa questão, de forma que podemos considerar esse texto o complemento clínico do ensaio sobre as afasias, já que abordava as mesmas questões com vistas a construir uma teoria da clínica do campo específico do psíquico.

Nessa perspectiva, Freud pôde formular de maneira inequívoca que o "tratamento psíquico" se realizaria inequivocamente *na* e *pela* linguagem:

> Tratamento psíquico denota de preferência o tratamento que toma o seu ponto de partida na mente, tratamento (seja de desordens mentais ou físicas) por meios que operam em primeira instância e imediatamente sobre a mente humana. *Antes de tudo, entre esses meios está o uso das palavras; e as palavras são o instrumento essencial do tratamento mental.*[153]

Freud, portanto, criticava no mesmo escrito o dualismo entre o corpo e o psiquismo, afirmando que o registro psíquico seria concebido pela linguagem e pelo discurso, de forma que estes teriam efeito decisivo sobre o corpo. Ao invés de enunciar a relação da consciência e do corpo – o que o colocaria na tradição teórica do dualismo cartesiano, remetendo-o aos impasses do paralelismo psicofísico –, o que Freud sublinhava, em contrapartida, foi a incidência da linguagem e do discurso sobre o corpo e as representações, sendo este o caminho metodológico para a leitura e para a terapêutica do psiquismo.

---

153. S. Freud, *Psychical (or mental) treatment* (1891), Standard Edition, vol. VII, p. 283. O grifo é nosso.

Portanto, o conceito de aparelho de linguagem desenvolvido nos registros teórico e clínico marcou decisivamente a ruptura epistemológica de Freud com a tradição da neuropatologia da segunda metade do século XIX, com a inauguração da concepção de psíquico fundada na linguagem e no discurso. Com isso, foi possível ao discurso freudiano superar os impasses teóricos do dualismo cartesiano e do paralelismo psicofísico, de forma a deslocar o registro psíquico do campo da consciência e inscrevendo-o, assim, nos registros da linguagem e do discurso.

Essa foi uma das condições para a constituição da psicanálise, pois, para que esta fizesse sua emergência histórica, ainda seria necessário que, além de se fundar na linguagem e no discurso, o psiquismo também se fundasse no corpo pulsional, pois no discurso freudiano a problemática do sujeito se articulou entre os polos da linguagem e do corpo pulsional, isto é, entre os registros da força e da representação.

2. O sentido da retórica: Sobre o corpo, o afeto e a linguagem em psicanálise

BORDAS E FRONTEIRAS

Para que se possa circunscrever a problemática do sentido em psicanálise, é preciso indagar o que esta efetivamente trouxe de novidade para se pensar a questão. Em outras palavras, é necessário enunciar *de que maneira* a psicanálise pôde relançar esse conjunto de questões quando se forjou o discurso freudiano e, além disso, perguntar como esse discurso pode indicar ainda caminhos criativos para sua elucidação, hoje.

Para a realização desse projeto teórico, no entanto, é necessário considerar, antes de tudo, que o discurso psicanalítico tem uma dimensão histórica, que não pode ser esquecida tampouco considerada secundária. Não faço menção a isso por razões retóricas e formais, mas porque a referência à espessura histórica da psicanálise é constitutiva do problema em pauta. Com efeito, o sentido evoca a temporalidade histórica, de maneira que é impossível se indagar sobre aquele e sobre a novidade trazida pela psicanálise sem se referir a esta dupla historicidade: a que diz respeito à psicanálise e a que concerne ao sentido.

Assim, proponho-me a desenvolver de maneira esquemática neste ensaio uma indagação sobre a questão do sentido na atualidade, considerando o que o discurso freudiano ainda oferece como instrumento conceitual para trabalhá-la de forma consistente. Além disso, pretendo sublinhar o que este discurso fornece como leitura inovadora sobre a *produção de sentido* pela subjetividade, redimensionando-a sob uma perspectiva original. Para que se possa efetivamente realizá-lo, porém, é necessário que nos perguntemos sobre as condições genealógicas de emergência da psicanálise como forma de discursividade, isto é, o que, historicamente falando, a tornou possível, vale dizer, a que tipo de questão presente ao longo do século XIX a psicanálise pretendeu responder, constituindo-se como discurso teórico.

Antecipando de maneira alusiva o que será desenvolvido ao longo deste ensaio, aconteceu, na passagem do século XVIII para o XIX, uma transformação na economia simbólica do sentido, à qual a psicanálise, como outras modalidades teóricas de discurso, procurou responder de maneira sistemática. Com efeito, o significado do *dizer* e o *sentido das coisas* se transformaram radicalmente nesse contexto histórico, desalojando a *referência* de seu território até então estabelecido e alocando-a de outra maneira no tempo da modernidade. Além disso, as coordenadas implicadas na experiência da significação foram modificadas, sendo produzida uma efetiva *descontinuidade* no que significava o dizer. Por fim, os sistemas de pensamento, que fundavam o campo do sentido, foram completamente reestruturados, passando a ser regulados por outras categorias e outros agenciamentos.

Foi nesse interstício, nos rangidos provocados pelas dobradiças rompidas da realidade histórica, que a psicanálise se inscreveu para se constituir como uma nova forma de discurso, enunciando alguns conceitos que tentaram dar conta dos ruídos provocados e costurar outra tessitura do mundo então dilacerado. O mundo que se ordenou, contudo, foi outro, porque as coordenadas usadas como seus novos andaimes já não eram as mesmas. Evidentemente, a psicanálise não foi a única artífice nessa nova costura significativa do mundo, atuando paralelamente a outros discursos. Havia, aliás, proximidade e parentesco nas formas pelas quais esses diferentes discursos procuraram responder as perguntas sobre o que significava o dizer e qual era o sentido das coisas e, portanto, é preciso aproximar essas respostas, para que se possa aquilatar devidamente sua inserção em um projeto antropológico mais abrangente – um projeto sobre a problemática do sentido da modernidade.

O SENTIDO DA RETÓRICA

Se até agora enfatizei a inscrição histórica da psicanálise e sua inserção nesse projeto antropológico mais abrangente, isso não significa que tenha perdido de vista sua especificidade discursiva. É preciso trabalhar, portanto, entre estes dois polos: insistir na inscrição da psicanálise no amplo projeto moderno sobre o sentido, por um lado, e retornar continuamente à singularidade de seu discurso no desafio imposto pela modernidade, pelo outro.

Um dos aspectos da especificidade da psicanálise servirá de eixo para o desenvolvimento deste ensaio. Como se sabe, a história da psicanálise é marcada por uma dupla leitura de sua modalidade discursiva. Em uma delas, insiste-se em sua condição de ciência da natureza; na outra, enuncia-se sua condição de ciência da cultura. Essa duplicidade de perspectivas constituiu diferentes versões e territorializações do legado freudiano – visões que merecem ser evocadas, já que, no cerne dessas escolhas epistemológicas, reside não só a problemática do sentido como também a interpretação deste, seu contraponto necessário.

De todo modo, reduzir a psicanálise à discussão de sua condição de ciência, seja da natureza, seja da cultura, talvez implique obscurecer a problemática do sentido forjada por aquela. Com efeito, para a leitura aqui desenvolvida, a originalidade do discurso freudiano está na sua concepção de subjetividade: o *sujeito* ocupa uma posição de *intervalo* entre sua condição de ser da natureza e sua condição de ser de cultura, isto é, o sujeito tematizado pela psicanálise sempre está inscrito *entre os polos da natureza e da cultura*. Nessa perspectiva, essa posição tensa e conflitiva em que se configura o sujeito permite não só revelar o que existe de *trágico* na subjetividade moderna como também evidenciar o que o discurso freudiano trouxe de novo para a problemática do sentido.

Além disso, essa posição de intervalo indica a pertinência da problemática da *pulsão* na elucidação do sentido. Como conceito-limite entre os registros do somático e do *psíquico*,[154] a pulsão também está no limite do sentido. Vale dizer, como exigência de trabalho feita ao psíquico pela sua

---
154. S. Freud, "Nouvelles remarques sur les psychonévroses de défense" (1895).

relação com o corporal, a pulsão está sempre nas bordas e nas fronteiras da produção de sentido para o sujeito. Por isso mesmo, a pulsão ocupa uma posição estratégica neste ensaio.
Iniciemos, pois, esse percurso.

DESEJO E SENTIDO

Desde seus primórdios, o discurso freudiano indicou de maneira concisa que a *interpretação* estava no centro da experiência clínica, sendo o instrumento por excelência da prática psicanalítica. Isso, contudo, certamente era insuficiente para caracterizar a especificidade da psicanálise como prática e como saber, além de bastante precário para definir a forma de ser da interpretação em psicanálise, uma vez que, no Ocidente, a interpretação se constituía como longa tradição, iniciada com a exegese bíblica e desdobrada posteriormente nas pesquisas literárias e históricas. Com efeito, essas pesquisas passaram a ocupar a cena da cultura nos séculos XVIII e XIX, de maneira que, no fim do século XIX, já existia uma profusão impressionante de trabalhos a esse respeito. Notava-se até mesmo a constituição de um *paradigma hermenêutico* propriamente dito, tecido nas fronteiras entre os estudos teológicos, filosóficos, históricos e literários, nos quais se destacaram Schleiermacher, Humboldt, Boeck e Drysen.[155] Enunciar que a psicanálise se inscrevia em uma tradição interpretativa era condição necessária, mas não suficiente, para sua caracterização. O discurso freudiano foi obrigado, portanto, a delinear e fundamentar a especificidade da interpretação que propunha como método de investigação e de terapêutica, para diferenciá-la, de maneira consistente e convincente, de outras concepções então existentes.

Inicialmente, a construção do método interpretativo se realizou na elucidação dos sintomas das psiconeuroses, identificando-se com a própria constituição da psicanálise como saber. Procurando definir as condições

---

155. G. Gusdorf, *Les origines de l'herméneutique*; R. E. Palmer, *Hermenêutica*; A. Laks & A. Neschke (orgs.), *La naissance du paradigme herméneutique*.

de possibilidade da emergência do *sintoma* na histeria, na neurose obsessiva, na fobia e na psicose, o discurso freudiano distinguiu tais formações clínicas,[156] denominadas de *psiconeuroses*, das neuroses atuais. Com isso, estabeleceu o campo das *psiconeuroses de defesa* e definiu as linhas de força da experiência psicanalítica.[157] Lançou, dessa forma, os andaimes e os fundamentos iniciais da categoria de interpretação em psicanálise, sem dar ainda um salto teórico significativo que permitisse reconhecer a inovação proposta pelo saber que estava então em gestação.

Com a elaboração de *A interpretação dos sonhos*,[158] contudo, Freud pôde enunciar com fôlego teórico a especificidade da interpretação em psicanálise. Transformando os sonhos em paradigma para a leitura do registro do inconsciente, deslocou para o seu exame tudo o que realizara anteriormente, na leitura do sintoma desde os anos 1890. Para Freud, do ponto de vista estritamente metapsicológico, os sonhos tinham a mesma tessitura dos sintomas: formações de compromisso, tecidas entre a insistência dos imperativos eróticos e as exigências de defesa do eu, para impedir a inserção das demandas sexuais no campo da consciência e da ação. Tais imperativos eróticos não podiam se manter no campo de visibilidade da consciência e do ato, a menos que apresentassem uma forma disfarçada e silenciosa, como na experiência onírica, já que seriam fonte de angústia para o eu. Consequentemente, o sintoma e o sonho teriam em sua arquitetura os traços desse embate infinito.[159]

Construído esse modelo teórico, a questão de Freud passou a ser de especificar a interpretação em psicanálise. Esta tinha de ser enunciada de forma a se manter homogênea e em harmonia com o paradigma metapsicológico já formulado, não podendo contradizer esse registro teórico. Em outras palavras, as coordenadas enunciadas para a leitura metapsicológica do sonho e do sintoma tinham que estar presentes na interpretação, uma vez que esta tinha sido alçada à condição de instrumento de elucidação tanto do sintoma quanto do sonho.

---

156. S. Freud, "Les psychonévroses de défense" (1894). In: *Névrose, psychose et perversion*; "Nouvelles remarques sur les psychonévroses de défense" (1895).
157. J. Breuer, S. Freud, *Études sur l'hystérie* (1893-95).
158. S. Freud, *La interprétation des rêves*.
159. Ibidem.

Para demonstrar tal homogeneidade de fundamento, contudo, o discurso freudiano teve de realizar um longo rodeio expositivo. Inicialmente, Freud procurou examinar as concepções de interpretação já existentes no que concernia estritamente ao campo dos sonhos, bastante próximo do registro da experiência clínica, não ousando se aproximar das contribuições trazidas por outros campos do saber. Sua única certeza inicial era de que os sonhos deveriam ser interpretados, como se dizia na tradição popular, uma vez que havia um sentido a ser evidenciado. Freud, portanto, afastava-se da tradição médica e científica, a qual afirmava que os sonhos nada queriam dizer, sendo formações neurais sem qualquer sentido e que mereceriam uma explicação de ordem biológica.[160]

De maneira indireta, definiu-se com isso a marca originária da interpretação no discurso freudiano. Ao recusar a *tradição científica* da explicação do sonho e aproximar-se da *tradição popular*, na qual haveria um sentido a ser interpretado, o discurso freudiano inscreveu o sentido no campo do *imaginário popular*, cujo registro o ordenaria. A aproximação com o imaginário popular já havia sido realizada anteriormente em dois momentos significativos nos anos 1890, para se referir precisamente à problemática do sentido. Ao formular que o tratamento psíquico era baseado nas palavras, Freud criticou a tradição médica e se aproximou decididamente do sentido das palavras na linguagem cotidiana;[161] procedeu da mesma forma quando enunciou que, nos sintomas histéricos, se encontravam presentes as representações populares do corpo, e não aquelas descritas pelo cientificismo do discurso da anatomia.[162] Dito de outro modo, o sentido e sua interpretação das formações psíquicas deveriam se pautar pelo que se tecia no campo do imaginário popular, incluindo todos os seus signos, linguísticos e não linguísticos, e não no repertório erudito da ciência.

Destacada essa marca básica do sentido para a psicanálise, o discurso freudiano procurou em seguida sublinhar as diferentes concepções de interpretação dos sonhos. Assim, existiria, de um lado, a *interpretação*

---

160. Ibidem, cap. I.
161. S. Freud, "Psychical (or mental) treatment". In: *Complete Works*, vol. II.
162. Ibidem.

simbólica, realizada com a pretensão de apreender o sonho como um todo e, do outro, a intepretação pelo *deciframento*,[163] na qual o sonho era fracionado em seus vários segmentos e reduzido a certas unidades de base, elucidadas pela existência de um código preestabelecido de significações. Se, na primeira concepção, o sonho era lido de maneira imediata pela intuição do intérprete, na segunda, fazia-se necessário um longo trabalho de fragmentação, orientado e mediado pelo código segmentar e diferencial dos signos de conhecimento do intérprete. Presente na primeira concepção, a subjetividade do intérprete estaria ausente na segunda, já que este teria de se valer das chaves de leitura caucionadas por um código de símbolos estabelecidos pela tradição. Entre a totalidade e a fragmentação, entre o imediato e o mediato da presença de um código semântico prévio, a interpretação simbólica se diferenciaria, assim, em seus mínimos detalhes, da interpretação pelo deciframento da experiência onírica.

O discurso freudiano inscreveria a interpretação psicanalítica na tradição do deciframento, já que a própria psicanálise, como experiência clínica, realizara um trabalho prévio de fragmentação dos sonhos, não os tomando imediatamente como uma totalidade. Foi justamente daí que surgiu o nome "psicanálise", uma vez que, do ponto de vista metodológico, se definia como uma *analítica*. Como se sabe, diversas polêmicas marcaram o movimento psicanalítico desde os seus primórdios, quando alguns autores quiseram privilegiar a síntese no lugar da análise, como na exemplar situação teórica de Jung.[164]

Contudo, se, por um lado, o discurso freudiano em princípio se identificava com a concepção do deciframento, por outro, recusava a existência de signos com significados preestabelecidos por um código. Os signos, ao contrário, seriam marcados pela *polissemia*, contendo em si múltiplas significações possíveis; as associações do sonhador seriam como as responsáveis pela circunscrição do campo polissêmico.[165] Consequentemente, houve uma abertura quase infinita da tessitura significativa do sonho, já que a *incerteza* e a *indeterminação* foram inscritas em seu cerne.

---

163. S. Freud, *L'interprétation des rêves*.
164. J. Birman, *Freud e a experiência psicanalítica*.
165. S. Freud, *L'interprétation des rêves*.

Seria, assim, a associação livre que poderia definir o sentido de cada um dos signos apresentados na formação onírica, delineando a significação feita pelo sonhador – as marcas da história do seu imaginário representariam a condição para a interpretação. Ora, isso implica dizer que o sentido do sonho teria a marca de *singularidade*, evidenciada pela especificidade do sujeito, razão pela qual o deciframento centrado na chave dos sonhos não interessaria ao discurso freudiano. A interpretação simbólica também seria recusada, pois não admitia a mobilidade do sentido onírico, centrando-se, da mesma forma que a concepção da chave dos sonhos, na fixidez do campo de referentes e sentidos. Em suma, nesse momento do discurso freudiano estava em questão uma concepção do sentido dos signos que remetesse à singularidade do sujeito, centrada na *incerteza* e na *indeterminação* dos signos em um campo orientado pela polissemia.[166]

De fato, o discurso freudiano considerou o sonho efetivamente uma produção do psíquico marcada pelo *enigma* para dar conta da mobilidade dos signos e do caráter enigmático presente no cenário onírico. Freud afirmou que o sonho era uma forma de *realização de desejo*: são os desejos a matéria-prima fundamental da produção onírica e também o que impulsionaria a sua ordenação.[167] Por isso mesmo, são tanto o que fundaria a mobilidade dos signos quanto o que pode dar conta dos enigmas presentes na cena onírica. Assim, o sonho se articulou ao sentido em um eixo bastante distante da cognição do sujeito, fazendo com que a psicanálise assumisse uma direção decididamente anti-intelectualista e se aproximasse do registro erótico. Por fim, seriam os desejos, sempre em posição estratégica no cenário onírico, que permitiriam delinear a singularidade do sujeito, tão enfatizada por Freud.

Em seguida, essa mesma estrutura conceitual, desenvolvida para explicar os sintomas e os sonhos, foi utilizada para a elucidação de outras produções psíquicas, que passaram a ser concebidas de acordo com a mesma tessitura. Freud, dessa forma, avançou no estabelecimento das coordenadas inovadoras pelas quais concebeu o psiquismo: sua fundação

---

166. J. Birman, *Freud e a interpretação psicanalítica*.
167. S. Freud, *L'interprétation des rêves*.

no registro inconsciente e sua regulação pela lógica do desejo. Não só os fenômenos oníricos, como também os lapsos,[168] os atos falhos[169] e as piadas[170] foram considerados a partir da mesma ordenação, ou seja, entendidos como produções orientadas pela lógica da realização do desejo.

Através dessas articulações fundantes do sujeito, o discurso freudiano se inscreveu na tradição do imaginário popular, contra as leituras cientificistas do espírito ditadas então pelos saberes eruditos. Sempre perpassado pela insistência desejante, o sentido ao mesmo tempo se singularizou e se multiplicou em suas apresentações sígnicas, sob a ordenação do desejo, meio pelo qual o sujeito realizaria um recorte no campo de significações polissêmicas autorizadas pelo dito imaginário popular e imprimiria sua marca no tecido do mundo.

Isso, no entanto, implicaria outra concepção a respeito da ordem do *pensamento* e da *lógica* que regula sua economia semântica. O que é pensar, quando a produção do sentido remete tanto ao registro do desejo quanto à singularidade da insistência desejante? E, além disso, o que quer dizer o pensar quando o sentido se torna concebido como algo perpassado pela incerteza e pela indeterminação dos referentes do mundo?

PENSAMENTO E REFLEXÃO

Desde as páginas inaugurais de *A interpretação dos sonhos*,[171] o discurso freudiano considerou que tanto no sintoma quanto no sonho, no lapso, no ato falho e no chiste, estaríamos certamente diante de coisas pertencentes à ordem do *pensamento*. Não só o sintoma e as demais formações do inconsciente, como também o sonho, são formas de pensamento, são produções do espírito que têm sentido e querem dizer alguma coisa, por mais enigmáticas que pareçam.

---

168. S. Freud, *Psychopathologie de la vie quotidienne* (1901).
169. Ibidem.
170. S. Freud, *Jokes and their relation to the unconscions* (1905). In: *Obras Completas*, vol. VIII.
171. S. Freud, *L'interprétation des rêves*.

Isso pode soar estranho, já que atribuir às formações do inconsciente o estatuto teórico de pensamento contraria nossa maneira habitual de conceber o pensar. Com efeito, no senso comum, acredita-se que o pensar se realiza no registro da consciência, sendo tecido por ideias claras e simples, regulado por uma lógica impecável e ordenado no mundo da visibilidade. Segundo esse senso, não existe qualquer traço de invisibilidade no pensamento; ao contrário, o entendimento não apenas se plasma na ordem do visível como também tem a potência de transformar em visível o que é invisível. A ultrapassagem da invisibilidade, portanto, seria uma função primordial do pensamento que, marcado pela luminosidade, teria no eu seu operador fundamental, e, no campo da consciência, o cenário privilegiado para sua existência.

Dito de outro modo, o discurso freudiano, contrariando o postulado cartesiano de que não existe pensamento fora do registro da consciência, enunciou que o pensamento não se identifica com a *reflexão* propriamente dita, mas que ela é apenas uma das suas formas de existência. Vale lembrar que essa identificação unívoca entre reflexão e pensamento ainda era vigente no século XIX, apesar das transformações introduzidas na filosofia pelo pensamento de Hegel[172] e pela dialética, fundada na contradição. Aliás, essa concepção permanece vigente na atualidade, toda vez que a reflexão é ainda identificada como aquilo que define o ser do pensamento, mesmo após o vendaval crítico lançado contra essa ideia desde o século XIX, pela psicanálise, pelo pensamento de Marx e pela filosofia de Nietzsche.[173]

Assim, antes de retomar a leitura de Freud sobre o sentido e sua interpretação, é necessário caracterizar um pouco mais o que está em questão nessa cruzada crítica *contra* a *filosofia do sujeito*, uma vez que, nesta, as formulações do discurso freudiano podem se evidenciar com maior rigor e precisão.

---

172. G. Hegel, *Phénoménologie de l'esprit* (1807).
173. Pode-se dizer que se iniciou aí uma tradição crítica da filosofia do sujeito que teve em Nietzsche, Freud e Marx seus maiores profetas (Ricoeur, 1965; 1969; Foucault, 1967), entre os quais alguns autores incluem Schopenhauer (Rosset, 1967). Nesse caso, a crítica da filosofia do sujeito se identifica com a constituição da *filosofia do trágico*, tendo nesses quatro autores os criadores dessa outra modalidade de *discursividade*, para utilizar um conceito de Foucault (1969).

HERMENÊUTICA E MODERNIDADE

Em um ensaio bastante esclarecedor, Ricoeur mostrou que, no contexto histórico do século XIX, se forjou uma grande transformação no campo do discurso filosófico, com a constituição decisiva do que ele denominou *filosofia da suspeita*. Se até então o lugar e o papel da consciência na produção da verdade eram inquestionáveis e constituídos por uma longa tradição que remontava ao pensamento filosófico de Descartes, a partir desse novo contexto não apenas essa certeza foi perdida como a própria ideia de verdade foi posta na berlinda, seja pela filosofia moral de Nietzsche e a economia política e a filosofia da história de Marx, seja pelo discurso freudiano.[174]

Nesse contexto, o projeto teórico de Ricoeur era o de tornar possível a restauração da tradição consciencialista e da filosofia do sujeito, ameaçadas pela hermenêutica, valendo-se para isso dos diferentes saberes que haviam contribuído para a produção de um saber centrado na interpretação. Não se podia mais deixar de reconhecer que no século XX, com efeito, ocorrera uma *virada semiológica* fundamental no campo das ciências humanas e que o discurso filosófico deveria incorporar em suas pesquisas. O campo da consciência, portanto, deveria ser reestruturado pelas diferentes contribuições dos saberes interpretativos, como a psicanálise, a linguística e a tradição religiosa do estudo dos símbolos. Mesmo que esses discursos fossem contraditórios e conflitantes entre si, parecia possível a constituição de uma hermenêutica geral que tornasse viável a restauração da filosofia do sujeito.

Ainda que situado no mesmo contexto histórico, Foucault radicalizaria este debate. Embora tenha formulado algo bastante próximo da crítica de Ricoeur, isto é, tenha falado dos mesmos temas e comentado quase os mesmos autores, sua perspectiva de leitura foi bem diferente, uma vez que assumiu a crítica do projeto filosófico posto sob suspeita no século XIX e pretensamente restaurado por Ricoeur.

Segundo Foucault, o campo do pensamento sempre é uma *leitura* do real e das coisas que o constituem, devendo a significante "leitura"

---

174. P. Ricoeur, "Le conflit des interprétations". In: *Essais d'herméneutique*.

ser tomada literalmente: não existe qualquer oposição entre o ser do pensamento e o ser da linguagem; estes se superpõem, sem que haja justaposição ou relação de exterioridade entre ambos. O ato de pensar, portanto, implica não apenas a presença da linguagem, mas também a maneira pela qual ela é concebida. Pensar é uma *técnica* que sempre pressupõe o sujeito, os signos e as coisas do real articulados de maneira específica e tomados em seu momento histórico, isto é, relativizável.

Com isso, impôs-se o projeto teórico de uma *arqueologia* do pensamento, uma maneira original de estabelecer o significado dos termos presentes nos diferentes contextos históricos e suas formas de articulação específicas. Em outras palavras, tratava-se de fazer uma leitura das *formas de pensamento*, estabelecendo suas funcionalidades específicas em diversos contextos, das quais dependia inequivocamente o que se entendia por sentido e verdade. Com base nas contribuições teóricas da pesquisa histórica realizada na França, principalmente a história das mentalidades, a história de longa duração e a nova história, Foucault estabeleceu a existência de três grandes momentos na história do pensamento do Ocidente e indicou, em cada um deles, a existência de três formas bastante diferentes do ser do pensamento. Seu objetivo era demonstrar como o sentido das coisas e a própria concepção de verdade se transformaram radicalmente de acordo com os *sistemas de pensamento* em jogo. Vale dizer, em sua *arqueologia do saber* estava em questão a constituição do pensamento ocidental na modernidade, em sua diferença e ruptura; para a organização dessa arqueologia era necessário, em primeiro lugar, evidenciar os sistemas de pensamento presentes no Renascimento, na Idade Clássica e na Modernidade. Para cada um desses períodos, entendidos em sua longa duração, Foucault definiu a existência de uma *episteme* que, em última instância, forneceria o arcabouço, o fundamento e a funcionalidade das formas de pensamento.[175]

A partir dessa refinada construção teórica, Foucault pôde demonstrar, com rigor, como o saber sobre a linguagem existente nos séculos XVII e XVIII não se identificava absolutamente com a linguística constituída

---

175. M. Foucault, *Les mots et les choses: une archéologie des sciences humaines*.

nos séculos XIX e XX. Da mesma forma, a biologia como ciência do organismo, forjada no século XIX, não tinha o mesmo fundamento da ciência natural dominante nos séculos XVII e XVIII. Ou ainda, o estudo sobre as riquezas na dita Idade Clássica não tinha qualquer semelhança com o que passamos a denominar economia política desde o século XIX.[176] Segundo ele, essas mudanças teriam ocorrido em razão da passagem de uma episteme centrada na categoria da *representação* e vigente na Idade Clássica para outra, fundada na categoria da *história* e presente na modernidade.[177]

Para o tema que abordamos, é preciso destacar as radicais transformações ocorridas no campo da interpretação no deslocamento da episteme da Idade Clássica para a modernidade, isto é, da episteme da representação para a da história. Essa transformação implicou uma mudança decisiva na economia dos signos e do sentido, que assumiram traços bastante diferentes, em particular pela especificidade e pela originalidade da concepção forjada pelo discurso freudiano.

Para Foucault, se houve, na Idade Clássica, uma *semiologia* que desapareceu na modernidade, nesta se constituiu uma *hermenêutica*, que não teria qualquer sentido para o pensamento clássico. Qual era, porém, a diferença entre essas formas de saber, uma vez que ambas trabalham sobre o signo? Justamente a transformação do estatuto do signo, em sua relação com seus referentes. Com efeito, enquanto no sistema clássico de pensamento havia uma busca incansável para promover a ligação entre o registro do pensamento e o registro das coisas, sendo aquele o signo e a representação deste, na modernidade tal possibilidade de articulação deixou de existir. As palavras já não podiam falar diretamente das coisas, tendo que fazer um longo e infinito rodeio para dizer algo sobre elas – ou seja, a interpretação como hermenêutica impôs-se diante da perda da ligação direta entre os signos e seus referentes.[178]

---

176. Ibidem.
177. Ibidem.
178. M. Foucault, "Nietzsche, Freud, Marx". In: *Dits et écrits*.

Dessa maneira, a hermenêutica se forjou como um processo infinito, já que a inexistência de um *objeto originário*, ao qual o processo interpretante remeteria, implica a ausência de um ponto final do trabalho interpretativo. Ou seja, dada a inexistência de um referente originário que suspenda o trabalho interpretativo, a interpretação sempre se realiza, sucessiva e ininterruptamente, sobre uma interpretação anterior.[179] Nesse sentido, *a infinitude* do trabalho interpretativo constitui a interpretação *temporal*, decorrendo dessa sucessão o estabelecimento da ordem *histórica*. O tempo de elucidação e de relançamento do sentido constrói assim a própria tessitura da história, vale dizer, o sentido constitui a história porque se forja no tempo e com o tempo, na ordenação de sua forma de ser.

Em contrapartida, a semiologia se inscreve na episteme fundamental na representação, já que nela os signos são representações das coisas, que, por sua vez, evidenciam a *origem* à qual os signos se referem. Na modernidade, porém, tendo sido perdida a ideia de origem e suspensa a noção de um início absoluto dos processos, tornamo-nos fadados à *interpretação infinita*, já que cada signo passa a se referir aos que o antecedem e sucedem, sem existir, como dissemos, um objeto originário capaz de suspender o processo interpretativo.[180]

A leitura de Foucault sugere que a recorrente identificação entre pensamento e reflexão se funda na episteme da representação, tendo esta sido construída nesse campo e permanecido no imaginário de nossa tradição, marcado pelos pressupostos da filosofia do sujeito. Com efeito, a representação implica a noção de *espelho* e remete à categoria de reflexão. De forma homóloga, a reflexão se identifica com a ideia de *especulação*, na qual se evidenciam igualmente tanto a noção de espelho como metáfora quanto a de categoria de representação. Também a existência de ideias claras – o que, para Descartes, era a exigência canônica para um trabalho do espírito[181] – está diretamente ligada às ordens da representação e da

---

179. Ibidem.
180. Ibidem.
181. R. Descartes, "Discours de la méthode pour conduire la raison et chercher la verité dans les sciences". In: *Oeuvre et lettres de Descartes*.

reflexão. Pode-se depreender desse desenvolvimento que a consciência ocupa um lugar estratégico no campo da reflexão, sendo o espaço para o enunciado da verdade justamente por funcionar como um espelho do real e do mundo das coisas. Além disso, pode-se ainda deduzir dessa leitura que reflexão e representação se fundam necessariamente na crença da existência de referentes seguros e consistentes para o trabalho do pensamento. Por isso mesmo, como *adequação* entre os registros do sujeito e do objeto, já enunciados na tradição tomista, a *verdade* tornou-se uma categoria possível na tradição clássica, indicando a reflexão dos objetos no campo dos signos do pensamento.

Por sua vez, a crise da filosofia da consciência e a emergência da filosofia da suspeita, sugeridas por Ricoeur, evidenciam o surgimento da hermenêutica e da constituição de uma episteme fundada na história. Nessa passagem, a verdade deixou de ser uma evidência apodíctica, deslocando-se do campo especular e representacional da consciência para o âmbito da *produção*, isto é, tornando-se algo forjado no trabalho interpretativo, mas sempre marcado pela suspeição e pela incerteza, visto que toda interpretação seria realizada sobre uma interpretação anterior e se tornaria necessariamente objeto de uma interpretação futura.

A construção teórica de Foucault sobre a oposição entre a hermenêutica da modernidade e a semiologia da Idade Clássica se baseou em uma leitura acurada do impacto dos discursos de Freud, Marx e Nietzsche no pensamento moderno. Ao passo que o sexual como fundamento dirige a sucessão infinita e errante dos signos da *cena psíquica* e as vicissitudes da economia política e da luta de classes orientam o desfilar de signos na *cena social*, as relações de força entre os homens definem o sentido e a verdade na *cena filosófica*.[182]

Em razão da perda, ocorrida no Ocidente, de um universo seguro de referentes e de objetos que pudessem ser o Outro para os signos do pensamento, o trágico não só é a marca da modernidade, mas também o traço fundamental do pensamento filosófico desde o século XIX. Fadado à interpretação infinita do seu ser, do mundo e das relações entre

---

182. M. Foucault, "Nietzsche, Freud, Marx". In: *Dits et écrits*.

os homens, perpassado pela insistência do desejo, pelos imperativos da economia política e da luta de classes e pelos confrontos de força que definem os diferentes registros daquilo que é considerado verdadeiro, o sujeito se viu presa de seu destino incerto e errante.

ESCRITA DO INCONSCIENTE

É do patamar crítico que inscreve o discurso freudiano na abrangência arqueológica da modernidade que podemos retomar a problemática do sentido e da interpretação em psicanálise, a fim de melhor circunscrevê-la em suas particularidades.

A leitura de *A interpretação dos sonhos* de Freud torna evidente a precisão dos comentários realizados por Foucault a respeito da posição estratégica ocupada pela interpretação no pensamento moderno assim como destaca a importância seminal da abordagem psicanalítica. Com efeito, em uma proposta ao mesmo tempo ousada e genial, o sonho foi concebido por Freud como um tecido intrincado de signos articulados de maneira precisa, mesmo que causasse uma estranheza inicial para o sonhador. A formulação freudiana de que o sonho deve ser decifrado decorre desse tecido intrincado de signos, uma vez que evidencia a presença de sentidos cifrados. A estranheza experimentada pelo sonhador é causada pela forma de apresentação do sonho, que, impondo-se como um corpo estranho, não assimilável pelas regras vigentes no eu e na consciência, contraria a maneira pela qual esses registros se ordenam. A produção onírica, contudo, é regulada por regras, responsáveis pela articulação precisa dos signos no cenário onírico – razão para as afirmações freudianas de que não apenas existe pensamento no sonho como esse é marcado por uma *lógica* irrefutável, distinta da que rege o eu e a consciência, por ser presidida pelo desejo.

Ao postular que o sonho é portador de sentido, que há pensamento na experiência onírica e lógica em sua ordenação, o discurso freudiano enunciou também que o sonho é uma interpretação, realizada no próprio ato de sonhar, uma vez que afirmar que o sonho tem um sentido equivale a dizer que nele há interpretação – duas categorias intimamente articuladas como as duas faces de uma mesma moeda. O sentido e a interpretação cifrados na escrita onírica são forjados sobre a matéria-prima do sonho, que é, por sua vez, uma interpretação da experiência do sujeito.[183] Evidenciam-se aí a *infinitude* e a *errância* presentes nas cadeias de sentido – precipitações e cristalizações pontuais de interpretações realizadas anteriormente –, que fundam e ordenam a experiência onírica.

Quando nos referimos à interpretação dos sonhos, tendemos a pensar que o intérprete enuncia o sentido no registro da palavra: ele transformaria a imagem presente na experiência onírica em palavras. Freud, no entanto, indicou com clareza que o registro condensado da imagem já é palavra, que foi transformada em imagem pelo movimento regrediente do aparelho psíquico.[184] Isso, contudo, não significa que se esteja aqui no universo das ideias claras e distintas presentes no eu e na consciência, mas sim em outra forma de discursividade, na qual a *intensidade* das pulsões e dos afetos também se inscreve em uma modalidade de *escrita* onírica. Eis por que o discurso freudiano comparou a escrita presente nos sonhos à *escrita hieroglífica*: para indicar que se trata, de fato, de um discurso, porém constituído por regras estranhas àquelas presentes nos registros do eu e da consciência.

De que *escrita* se trata? Freud afirmou que os signos presentes nos sonhos são constituídos de *representação-coisa*, não de *representação-palavra*, e que o trabalho interpretativo promove uma ligação entre essas duas formas de representação ao transformar a primeira na segunda. A representação-coisa, todavia, é uma forma de discursividade em que não existe qualquer diferença entre o registro do sujeito e o registro do objeto, permitindo que o sujeito seja imediatamente objeto e vice-versa. Ou seja, na *frase* da experiência onírica, o *verbo* é mais importante que o sujeito e o objeto, uma vez que os condensa. É apenas a representação-palavra que fragmenta essa frase, ao articular sequencialmente sujeito, verbo e

---

183. S. Freud, *L'interprétation des rêves*.
184. Ibidem, cap. V.

objeto, como na frase gramatical. Em outras palavras, na frase da escrita onírica o pensamento e a intensidade estão intrincados em uma unidade indissolúvel, representada pelo verbo como ação.

Evidentemente, o que foi dito sobre o sonho é igualmente válido para o sintoma, para o lapso, para o ato falho e para o chiste, uma vez que a frase, a escrita e a discursividade da escrita onírica são constitutivas do inconsciente e definem sua retórica. Se o processo secundário regula os registros do eu e da consciência, com efeito, o inconsciente é regulado pelo processo primário.[185] Seria isso o que define tão claramente uma nova forma de discursividade, de maneira que Freud utilizou o termo *língua fundamental*, desenvolvido por Schreber em seu delírio, para se referir à *escrita do inconsciente*.[186]

Assim, o discurso freudiano procurou demonstrar que o psiquismo funciona ininterruptamente como um *aparelho de interpretação*, forjando sentidos de maneira contínua e insistente, em um trabalho errante e infinito de interpretação sobre interpretações anteriores. Uma vez que, na modernidade, o referente e o originário se perderam para a subjetividade, esta está fadada a um interminável trabalho de tessitura semântica, com o objetivo de recriar permanentemente suas referências no mundo e nas relações com os outros. Por isso mesmo, o sujeito se vê preso a um processo de produção de representações-coisa para a insistente interpretação dos signos polissêmicos que o atingem. Cada representação-coisa pode, posteriormente, ser transformada em representações-palavra a fim de manter a circulação incessante da economia dos signos. Nessa imposição para a produção de representações-coisa, a pulsão está sempre presente, uma vez que, como exigência permanente de trabalho imposta ao psiquismo por sua ligação com o corpo,[187] a força pulsional como pura intensidade é a condição para a construção de cadeias de sentido e de interpretação.

Retomarei essa questão. Por ora, é importante salientar que a escrita do inconsciente implica *outra gramática* e outra *semântica* – a "língua

---

185. Ibidem.
186. S. Freud, "Remarques psychanalytiques sur l'autobiographie d'un cas de paranoïa (Le Président Schreber)" (1911). In: *Cinq Psychanalyses*.
187. Idem, "Pulsions et destins des pulsions" (1915). In: *Métapsychologie*.

fundamental" de que falava Freud a partir de Schreber –, assim como produz uma *retórica* distinta daquela ordenada nos registros do eu e da consciência. Caracterizemos um pouco mais as marcas constitutivas da escrita do inconsciente e de sua retórica.

RETÓRICA DO AUTOEROTISMO

Se a cena da realização do desejo é o que confere sentido ao sonho e às demais formações do inconsciente, é através dela que o sujeito constitui suas referências nas relações com os outros e com os objetos do mundo, interpretando pelos poros erráticos do desejo os signos potencialmente polissêmicos que tocam sua corporeidade. Essas interpretações, no entanto, transformam-se em representação-coisa. É a ação que está presente aqui, uma vez que, na união entre sujeito e objeto, um é o outro e vice-versa. Não existe o tempo da reflexão, no qual haveria a separação entre eles e a representação do objeto no sujeito. Estamos, portanto, em uma *cena antirreflexiva* por excelência.

Nessa cena antirreflexiva e marcada pela ação, formam-se pequenos enredos que escrevem uma *história*, uma *narração*, o relato condensado e enigmático de uma experiência. As formações do inconsciente são narrativas centradas no desejo, ordenando a errância e a combinatória dos signos que o constituem. A narrativa é a interpretação de uma história, ordenada em uma direção significativa.

As narrativas do inconsciente, em contrapartida, sempre se formam a partir de cenas que marcaram o imaginário do sujeito. Produzidas nos tempos passado e presente de sua existência, constituem os materiais fragmentários sobre os quais incide seu desejo, produzindo representações--coisa. Os fantasmas também ordenam o desejo e regem a articulação do material fragmentário em diferentes arranjos possíveis.

Podemos retomar o que foi dito indicando de maneira sumária qual era, na perspectiva freudiana, o arcabouço do pensamento, sua matéria-prima. Embora seja difícil reconhecer uma operação de pensamento que não a reflexão – desde Descartes, naturalizamos o conceito dessa forma –, a produção de sentido e a construção de narrativas inconscientes demonstram que há outra forma de pensamento, fundada estritamente em uma cena antirreflexiva. Para evidenciar ainda um pouco mais essa cena antirreflexiva, é preciso sublinhar seus outros atributos, que permitem delinear a retórica do inconsciente. Supor que no inconsciente o pensamento não separa sujeito e objeto e centra-se no verbo e na ação implica admitir que nele não há a dimensão de *interioridade* da subjetividade. Dito de outra maneira, a retórica do inconsciente se constitui *sem* o estabelecimento de *fronteiras* entre *interior* e *exterior*.

A reflexão, ao contrário, funda-se em limites bem estabelecidos entre sujeito e objeto, na diferença entre o interior e o exterior, como dois registros distintos da realidade que não se confundem. A própria ideia de consciência como espelho do universo das coisas o revela com clareza. O eu maneja signos dos objetos que representam, no espelho da consciência, as coisas do mundo, em uma concepção da subjetividade que pressupõe a interioridade do sujeito e seu centramento no eu.

Na cena antirreflexiva do inconsciente, ocorre o oposto, uma vez que a coisa já é a representação, e vice-versa. Resulta daí a fórmula que reúne ambas em um só termo, *representação-coisa* – não existe fronteira que separe o interior do que lhe é diferente. Não há especularização nem representação: o signo é a própria coisa em presença, ele pertence ao registro da *apresentação* (*Darstellung*), e não mais ao da representação (*Vorstellung*).

Nesse contexto, o pensamento assume as características da *espacialidade*. É regulado pela categoria de *espaço*, em detrimento da categoria de *tempo*. Obviamente, esta existe; porém, subsumida àquela. Trata-se, contudo, de uma forma de espacialidade que apresenta fronteiras móveis, sem cortes bruscos ou rupturas definitivas entre interior e exterior.

Essa concepção é similar ao que Freud, desde *Três ensaios sobre a teoria da sexualidade*,[188] denominou de *autoerotismo*, isto é, uma forma de retorno da força pulsional sobre o próprio corpo,[189] na qual a força e o objeto, como polos de operação, confundem-se, imbricam-se e se

---

188. S. Freud, *Três ensaios sobre a teoria da sexualidade*. In: *Obras Completas*, vol. VII.
189. Idem, "Pulsions et destins des pulsions" (1915). In: *Métapsychologie*.

alternam. Corpo e sujeito se fundem em um único plasma; intensidade e sentido se intrincam de maneira absoluta, sem fronteiras ou qualquer intervalo. Talvez seja esse o sentido privilegiado pelo discurso freudiano ao enunciar que o eu é antes de tudo corporal,[190] não o eu totalizado característico da unidade narcísica, mas sim a *dispersão* autoerótica, em que não existe na subjetividade centro ou eixo absoluto. Caso existisse, tal como presente no eu narcísico, as fronteiras entre a interioridade e a exterioridade já teriam se apresentado.

Ora, o fato de a escrita do inconsciente ser regida pela dispersão autoerótica permite apreender as implicações da tese freudiana de que a psicanálise demonstra o *descentramento* do sujeito. Com efeito, há uma sucessividade teórica entre a tese do descentramento do sujeito enunciado pela psicanálise e a do estabelecimento da retórica do inconsciente.

DESCENTRAMENTO

Como já foi dito, a autorreflexividade que marca a retórica do inconsciente indica a existência de uma forma de pensamento que se inscreve na exterioridade dos registros da consciência e do eu. Eis a formulação freudiana de que o sujeito não é centrado no eu como defendia outrora a filosofia do sujeito.

Em psicanálise, a categoria de sentido implica necessariamente o *descentramento do sujeito*. Para Freud, esse descentramento foi não só uma severa ferida narcísica no homem – uma vez que a formulação da tese sobre a existência do inconsciente retira dele a ilusão de domínio sobre si e sobre o mundo através do eu e da consciência[191] –, como também causa das resistências provocadas pela psicanálise às pessoas. O descentramento e a injúria narcísica provocados pela psicanálise seguiram-se às

---

190. Idem, "Le moi et le ça" (1923). In: *Essais de Psychanalyse*.
191. S. Freud, "Une difficulté de la psychanalyse" (1917). In: *L'inquiétante étrangeté et autres essais*.

perdas provocadas pelas revoluções científicas no campo da astronomia e da biologia. Com efeito, após a revolução copernicana ter removido a Terra do centro do sistema planetário e a revolução darwinista ter retirado o homem de sua pretensa superioridade no reino animal, a revolução psicanalítica o privou de seu último trunfo: acreditar-se soberano nos registros do eu e da consciência. A psicanálise completou, assim, os descentramentos sofridos pela humanidade inicialmente com o heliocentrismo e posteriormente com a teoria da evolução das espécies.[192]

Assim como a hermenêutica como técnica oposta à semiologia da representação, o descentramento não está presente apenas no discurso freudiano, mas também nos de Marx e Nietzsche, sendo portanto uma particularidade arqueológica da própria modernidade. Na verdade, hermenêutica e descentramento são duas faces de uma mesma moeda: forma de conceber o sujeito e o mundo em que inexiste a certeza dos referentes.

Para Marx, embora as cenas políticas sejam fundadas nos processos econômicos e na luta de classes entre os atores sociais, e apesar de os processos econômicos não apenas incidirem sobre eles como até mesmo impulsionarem suas ações, esses atores não apreendem imediatamente nos registros da consciência e do eu o que se processa no real. As noções de *alienação* e *ideologia* procuraram justamente dar conta dessa decalagem abissal entre os registros da economia e da luta de classes, e tudo aquilo que se apresenta na consciência dos sujeitos. O sentido da história, vale dizer, é constituído de forma descentrada daquilo que aparece na consciência humana, uma vez que esta adultera, sob a forma de ideologias, o real articulado nas cenas da economia e da política.

Da mesma forma, na filosofia de Nietzsche é a força que precipita a produção de sentido, ou seja, são os embates entre os homens que procuram ordenar o sentido e permitem o surgimento de uma verdade na cena do confronto. A força, no entanto, não se inscreve nem no campo da consciência clara e lúcida nem no campo do eu, mas sim em uma posição de exterioridade – ou seja, o embate de forças e os sentidos que ordenam como verdade também se realizam de maneira descentrada.

---

192. Ibidem.

No discurso freudiano, esse descentramento foi indicado pelo conceito de inconsciente e pela afirmação de que existe *Outra cena*, fundante da cena psíquica. É o intervalo existente entre ambas que mostra o descentramento do sujeito em relação à consciência e ao eu, evidenciando a *divisão* irremediável desse sujeito, e, resultante dela, seu destino fadado ao *conflito*. A ética trágica que marca a psicanálise[193] nasceu justamente do choque do sujeito com a impossibilidade de superar essa divisão, condenando-o à infinita tarefa de interpretação e ao objetivo de costurar essa distância; objetivo jamais realizado, uma vez que a origem e o referente se perderam para sempre. É, enfim, a mesma ética trágica encontrada na retórica de Marx e na filosofia moral de Nietzsche.

É preciso salientar, porém, que a divisão do sujeito entre consciente e inconsciente – cantada em verso e prosa pela tradição filosófica que reconheceu o impacto da psicanálise na tradição da filosofia do sujeito – foi apenas a primeira formulação psicanalítica sobre o descentramento. A segunda foi enunciada pela descoberta do narcisismo, segundo a qual o sujeito busca com todas as forças recentrar-se no eu.[194] A terceira foi expressa pela existência da pulsão de morte, que promove um descentramento ainda mais radical do que aquele levado a cabo pelo registro do inconsciente.[195]
É o que se verá em seguida.

DESAMPARO E PREMATURIDADE

Em seu ensaio sobre o narcisismo, Freud procurou demonstrar como o eu é constituído a partir do Outro e como conquista uma unidade inexistente nos primórdios da subjetividade, momento em que esta é marcada pela dispersão autoerótica. Em outras palavras, faz-se necessária uma ação psíquica agenciada pelo Outro e constitutiva do corpo como unidade, capaz de transformar essa dispersão autoerótica em narcisismo.[196]

---

193. S. Freud, *Malaise dans la civilisation* (1929).
194. S. Freud, *Pour introduire le narcissisme* (1914). In: *La vie sexuelle*.
195. Idem, *Au-delà du principe de plaisir* (1920). In: *Essais de psychanalyse*.
196. Ibidem, cap. I.

Com o advento do eu, o indivíduo se aferra a ele a fim de se contrapor à permanente possibilidade de dispersão, já que o autoerotismo jamais é totalmente superado pelo narcisismo unificante. Essa dispersão materializa o *desamparo* do sujeito, incapaz de dominar inteiramente a insistência da força pulsional que se impõe de modo permanente ao eu como exigência de trabalho. O desamparo se liga, portanto, à *prematuridade* da subjetividade humana, indicada tanto por Freud quanto posteriormente por Lacan.[197]

Colar-se ao eu como unidade contra a dispersão autoerótica inicial produz no indivíduo a crença em seu poder e em sua autossuficiência. Crença ilusória, pode-se dizer assim, visto que só foi possível constituir o eu como unidade pela intervenção do Outro. O infante, não obstante, acredita em seu poder de maneira onipotente e confere consistência a essa formação ilusória do psiquismo, alicerçado e incentivado tanto pelo efeito de domínio que o eu alcança contra a dispersão primordial quanto pelo investimento que as figuras parentais fazem na posição de soberania do infante, majestade e ideal que realizará tudo aquilo que não puderam fazer.[198]

Dessa forma, constitui-se o narcisismo primário, responsável pela construção do eu ideal. O indivíduo, como eu, nutre um *amor-de-si* desmesurado, que se contrapõe ao *amor-do-outro* e é a base para a efetivação do *eu-prazer*, por meio do qual o sujeito acredita que tudo que é bom e prazeroso é seu, e tudo que é mau e desprazeroso, do outro.[199] No entanto, como Freud enunciou, isso não passa de uma formação ilusória, pois o indivíduo tenta manter seu centramento no eu, custe o que custar, para se proteger do desamparo e da prematuridade sempre presentes e relançados pela exigência de trabalho das forças pulsionais. Portanto, o desamparo e a prematuridade são as novas figuras do descentramento, diante das quais o sujeito quer se acreditar sempre soberano, na posição de enunciador do sentido.

---

197. J. Lacan, "Le stade du miroir comme formateur de la fonction du Je" (1949). In: *Écrits*.
198. S. Freud, *Pour introduire le narcissisme* (1914). In: *La vie sexuelle*.
199. Idem, "Pulsions et destins des pulsions" (1915). In: *Métapsychologie*.

Pois bem, se a problemática do narcisismo indica como os registros do eu e da consciência se constituem e pretendem assumir a posição de domínio sobre a dispersão corporal e sobre o Outro, a formulação metapsicológica da pulsão como força e, posteriormente, o conceito de pulsão de morte sublinham a radicalidade do descentramento efetuado pelo discurso freudiano.

No contexto marcado pelo descentramento trágico, representado pelas figuras do desamparo e da prematuridade, o centramento do sujeito no registro do eu ainda alimentava as ilusões da semiologia. A hermenêutica, portanto, procurou ressonar acordes de sentido lançados permanentemente por esse sujeito desamparado e prematuro.

ENUNCIAÇÕES DO SENTIDO

Em "As pulsões e seus destinos",[200] a metapsicologia freudiana mostrou como as forças pulsionais possuem relativa autonomia em relação ao campo de seus representantes, uma vez que não estão imediatamente ligadas e inscritas no universo da representação. A ligação das forças pulsionais é sempre mediata e pode inclusive jamais ocorrer – ocasião em que, livres, causam uma série de efeitos e perturbações psíquicas sobre a subjetividade.

Freud denominou *destinos das pulsões* as inscrições das forças pulsionais no campo da representação. Seu discurso descreveu quatro destinos, sempre repetidos na mesma ordem, a partir do ciclo iniciado pelo impacto dessas forças sobre o psiquismo.[201] Vale dizer ainda que o discurso freudiano descreveu e fundou metapsicologicamente a perene reconstrução da subjetividade, tendo como ponto de partida a exigência de trabalho da força pulsional.[202] Com efeito, da *passagem do ativo* (expulsão) para o

---

200. Ibidem.
201. Ibidem.
202. J. Birman, "Le corps et l'affect en psychanalyse", *Che Vuoi?*, n. 7.

passivo (incorporação), dirigindo-se para o *retorno sobre o próprio corpo* e então refluindo no *recalque* e na *sublimação*,[203] Freud indicou como o sujeito se produz permanentemente, a partir da ordenação dos destinos da força pulsional.

Dito de outro modo, o discurso freudiano mostrou *como* o sentido decorre do impacto da força pulsional, em diferentes níveis de complexidade, sempre mediado pela experiência da satisfação promovida pela ligação dessa força com o objeto. Antes de tudo, isso significa que o sentido tem uma dupla dimensão, *semântica* e *intensiva*, e não pode ser reduzido nem à primeira nem à segunda. Ao passo que a pura força pulsional é responsável pela dimensão intensiva do sentido, o registro da representação funda a dimensão semântica. Ainda que, ao falar da escrita e da retórica do inconsciente, esse ensaio já tenha indicado a dupla dimensão do sentido, pode-se compreender agora como essa formulação se fundou na metapsicologia freudiana das pulsões. A partir desta, é possível então depreender que o sentido não se restringe ao registro cognitivo, já que também implica uma dimensão afetiva.

A formulação da autonomia da força pulsional em relação ao registro dos representantes, no entanto, tornou possível o enunciado do conceito de pulsão de morte em 1920,[204] uma vez que existiria uma forma de pulsão sem representação, que não seria permeada ou marcada pela linguagem. Como Freud afirmou, a pulsão de morte se caracteriza pelo *silêncio*[205] e reside no polo oposto a qualquer articulação linguageira. Isso, contudo, não quer dizer que sua inscrição no campo da linguagem não seja *ruidosa*. Os ruídos materializam a exigência de trabalho imposta ao psíquico por sua ligação com o corporal. A pulsão de morte, portanto, indica a pura pulsionalidade, a força em estado de pureza, a intensidade.

Nesse sentido, pode-se dizer que o enunciado da autonomia da força pulsional perante os representantes teve seu momento primordial na

---

203. Ibidem.
204. S. Freud, *Au-delà du principe de plaisir* (1920). In: *Essais de Psychanalyse*.
205. Idem, "Le moi et le ça" (1923). In: *Essais de Psychanalyse*.

elaboração teórica do conceito de pulsão de morte. Com efeito, a força pulsional e a pulsão de morte, na condição de movimentos voltados para a descarga e para a expulsão, definem o ser da pulsão em estado puro. É apenas pela inflexão que o Outro exerce sobre a expulsão que tal força assume outras direções possíveis, e, com isso, o sentido pode começar a se ordenar por meio da *oferta* de *objetos de satisfação* prodigalizados pelo Outro. Promovem-se, dessa maneira, o retorno da força sobre o próprio corpo e a passagem da atividade para a passividade, que constitui o autoerotismo, no qual se articula o *circuito da pulsão* propriamente dita. Nesse contexto, um *traço* é inscrito no somático, produzindo o corpo-sujeito, com um *objeto* que regula a intensidade da força pulsional. O recalque originário implica a constituição do narcisismo, unificando a dispersão autoerótica originária em torno do eixo do eu. Por sua vez, a sublimação é um destino que depende fundamentalmente do retorno do recalcado. Enfim, todo esse percurso, ordenador do circuito da pulsão e do sentido, depende da mediação do Outro, que agencia todas as transformações em pauta.[206]

É preciso destacar como essa nova metapsicologia da pulsão se diferencia daquela desenvolvida em *Três ensaios sobre a teoria da sexualidade*,[207] em que o conceito de pulsão se enunciava pela articulação imediata entre os registros da força, do objeto e da representação. Ou seja, havia a existência imediata do circuito da pulsão, não existindo, portanto, qualquer autonomia da força pulsional, fosse em relação ao registro do objeto ou ao campo da representação. O sentido, portanto, se estabelecia de maneira imediata e ordenada, sem acarretar diferentes momentos com níveis diversos de complexidade.

Essa metapsicologia inaugural da pulsão era baseada na posição originária conferida ao *princípio do prazer*, de forma que a pulsão sexual se constituiria de maneira imediata desde a constituição do infante.[208]

---

206. J. Birman, "Le corps et l'affect en psychanalyse", *Che Vuoi?*, n. 7.
207. S. Freud, *Três ensaios sobre a teoria da sexualidade* (1905). In: *Obras completas*.
208. Idem, *L'interprétation des rêves* (1900).

Posteriormente, Freud diria que o princípio do prazer é secundário e que a posição originária seria ocupada pelo *princípio do nirvana*.[209] Assim, o movimento da pulsão como força passou a ser inaugurado no ser, como potência de expulsão. O sentido, portanto, não seria articulado imediatamente, mas apenas em um momento secundário, tecido pelo princípio do prazer que regularia, assim, a ordenação dos destinos da força da pulsão.

Nessa perspectiva, o descentramento do sujeito seria ainda mais radical do que Freud pensara inicialmente, já que a pura força pulsional não teria mais qualquer inscrição significativa – noção desdobrada em 1920 no conceito de pulsão de morte. O sujeito procura se autocentrar no eu para se contrapor assim ao dilaceramento, ainda mais radical, provocado pelo descentramento. Isso, contudo, indica também que o sentido não é dado imediatamente, mas produzido constantemente, em diferentes níveis de complexidade, pela exigência da força pulsional e pelos destinos dados a ela pela mediação do Outro.

É nesse contexto que se pode definir o conceito de *compulsão à repetição*, enunciado na formulação da pulsão de morte.[210] Embora o discurso freudiano já tivesse indicado a presença de fenômenos da ordem da *repetição*, foi somente nesse contexto que estes puderam ser transformados em *compulsão* propriamente dita. Com efeito, a repetição como compulsão remete ao movimento da força pulsional que visa a se inscrever na ordem do sentido através da mediação do Outro, tracejando com intensidade esboços de cena e rascunhando croquis de narrativas que acabarão por ser escritas na tessitura do psíquico. É apenas por esse viés que o efeito sempre traumático da força pulsional pode ser ultrapassado, e daí resultam finalmente as narrativas sobre esse embate. A retórica do inconsciente seria tecida como resultante desse processo.

Fica patente em tudo isso a existência de um intervalo entre os registros da força pulsional e da representação, uma distância jamais interrompida

---

209. Idem, "Le problème économique du masochisme" (1924). In: *Névrose, psychose et perversion*.
210. Idem, *Au-delà du principe de plaisir* (1920). In: *Essais de psychanalyse*.

entre esses registros do ser. Por mais que, pelas vias que indicamos, se realize a produção de sentido, o intervalo sempre permanece em aberto, de maneira insofismável. Com efeito, o que está em questão aqui é o intervalo sempre presente entre os registros da *natureza* e da *cultura* pela insistência da força pulsional em produzir exigência de trabalho. Essa distância pode ser *provisoriamente* superada por um paciente trabalho de ligação entre esses registros, por um longo percurso constituído com o circuito da pulsão. O sentido, então, seria algo da ordem da *produção*, realizado sempre entre a força pulsional e o Outro, constituindo-se como tessitura por uma longa passagem. Como a força da pulsão se impõe sempre como exigência de trabalho, o tecido da produção do sentido permanentemente se refaz.

Como, porém, defrontar-se com essa distância e esse intervalo entre os registros da natureza e da cultura referidos pelo discurso freudiano e metaforizados pelo conceito de pulsão? Como podemos interpretá-los? A longa tradição naturalista presente no pensamento psicanalítico sempre atribuiu a isso um sentido ontológico e fatalista, como se fosse uma marca estrutural da condição humana, existente desde sempre. Não estou certo disso. Suponho, aliás, o oposto, em uma perspectiva decididamente antinaturalista. O que quero dizer com isso, afinal das contas?

A distância e a fratura que marcam o ser da pulsão, dilacerada entre os registros da força e da representação e remetendo ao intervalo insuperável entre os planos da natureza e da cultura, revelam a condição do sujeito na modernidade. É esse mesmo intervalo que produz o descentramento do sujeito, marca insofismável que o discurso freudiano reconheceu na subjetividade dilacerada pela insuperável divisão. Por isso mesmo, o sujeito na modernidade é obrigado a um trabalho infinito de interpretação, destinado à tessitura do sentido que procura costurar essa ruptura que sempre se reapresenta. Foi a perda da coalescência imediata entre sujeito e coisa produzida pela modernidade que se evidenciou tanto no discurso freudiano quanto em outros discursos teóricos como um intervalo insuperável entre natureza e cultura. É o que se verá agora, à guisa de conclusão.

DESAMPARO E MORTE DO PAI

A modernidade é caracterizada pelo processo que promoveu a impossibilidade de junção entre sujeito e coisa, os quais estavam articulados na Idade Clássica, o que Foucault denominou de *episteme da representação*. O tema do referente estava manifesto pela possibilidade de o sujeito representar o objeto a partir de signos do pensamento, de maneira a poder realizar a adequação entre o signo e a coisa. A natureza já não falava, como ocorria no Renascimento, mas a articulação entre as palavras e as coisas ainda era possível. A quebra do referente marcou o fim da possibilidade de representação, obrigando o sujeito a produzir sentido ininterruptamente, como um intérprete. Contudo, como a origem foi perdida para sempre, o sentido não se completará jamais, destinando o sujeito a um trabalho interminável de produção do sentido, em um processo marcado pela temporalidade e fundante da história.

Essa ruptura entre os registros do sujeito e do objeto fundou-se naquilo que Nietzsche denominou de *morte de Deus*.[211] Com efeito, era um universo regulado pela palavra divina que *ainda* organizava o mundo na Idade Clássica e que permitia pensar na adequação entre sujeito e objeto, isto é, entre sujeito e referente. No Renascimento, a harmonia desses registros era absoluta, muito maior que no Classicismo, ecoando o pensamento da Antiguidade e da Idade Média, regulados pela retórica divina. A morte de Deus significou a ruptura definitiva dessa harmonia preestabelecida, de forma que, na modernidade, enfim, o sujeito foi tragicamente lançado ao paciente trabalho de tecelão, isto é, daquele que costura o sentido.

A morte de Deus foi tematizada no discurso freudiano pelo viés da problemática da *morte do pai*,[212] que não poderia mais proteger os filhos em um mundo sem referentes seguros e consistentes. Sempre nostálgicos da figura inexistente do pai protetor, os filhos estariam, assim, inevitavel-

---

211. F. Nietzsche, *Généalogie de la morale* (1887).
212. S. Freud, *Totem et tabou* (1913).

mente lançados no *mal-estar da civilização*.²¹³ É por isso que no discurso freudiano a problemática da morte do pai e a consequente nostalgia dos filhos se articulam intimamente com as questões do desamparo, jamais superado pelas subjetividade moderna, sempre dominadas pelo mal-estar. As diferentes figuras do descentramento enunciadas pelo discurso freudiano – inconsciente, desamparo, pulsão como força e pulsão de morte – indicam a demanda e a insistência para a produção de sentido impostas à subjetividade moderna fraturada.

Contudo, é preciso evocar que, nos primórdios do discurso freudiano, com a teoria do trauma e da sedução,²¹⁴ existia ainda a intenção de se estabelecer uma origem absoluta para o sujeito, de acordo com os cânones da Idade Clássica. Porém, com a desistência de Freud desse projeto teórico, o sujeito perdeu suas origens no real, sendo obrigado a tecer *fantasmas* sobre suas origens. Com efeito, com os fantasmas da *sedução*, da *cena primária* e da *castração*,²¹⁵ o sujeito busca fantasmar suas origens, justamente porque estas não podem mais ser diretamente capturadas no real.

Além disso, Freud desistiu da teoria inicial do trauma por não poder admitir que à figura do pai pudesse ser imputada qualquer sedução ou perversidade. Para proteger o pai, Freud arquivou a teoria do trauma e se voltou para a teoria do fantasma. Porém, quando retornou à problemática do trauma,²¹⁶ em 1920, este se impôs como condição de possibilidade do sentido. Isso implica dizer que, não podendo mais contar com a figura do pai protetor, o sujeito ficaria em uma condição vulnerável e traumatizável por excelência, condenado ao desamparo e à nostalgia do pai. Em tudo isso, o sujeito fica fadado a ter de dominar as intensidades das forças pulsionais pela mediação do Outro e pela compulsão de repetição, para produzir insistentemente o sentido de sua história.

---

213. Idem, *Malaise dans la civilisation* (1929).
214. Idem, "L'etiologie de l'hystérie" (1896). In: *Névrose, psychose et perversion*.
215. S. Freud, "Un cas de paranoïa qui contredisait la théorie psychanalytique" (1913). In: *Névrose, psychose et perversion*.
216. Idem, *Au-delà du principe de plaisir* (1920). In: *Essais de psychanalyse*.

Feito esse percurso teórico, pode-se reconhecer que, sendo a hermenêutica um *paradigma* para pensar o sentido dos enunciados e das proposições – sejam eles filosóficos, científicos, estéticos ou pertencentes ao senso comum –, a *retórica* se inscreve também no campo do sentido, sem qualquer exterioridade em relação a ele. Nesses termos, o que o discurso freudiano inscreveu, na já longa tradição crítica dessa problemática na modernidade, foi que também existe o *sentido da retórica*, ao lado, é claro, da *retórica do sentido*, e que o sentido da retórica é constitutivo do sujeito na modernidade.

PARTE II Escrita

3. A escrita em psicanálise

PREÂMBULO

O que está em pauta neste ensaio é a circunscrição teórica do tema da *escrita em psicanálise*. Para a leitura pertinente dessa questão, é preciso indagar fundamentalmente, como eixo norteador, se existe uma *especificidade dessa escrita, de fato e de direito*,[217] que a tornaria marcada por uma *singularidade* e a diferenciaria de outras modalidades, sejam estas a *literária*, a *filosófica* e a *científica*. Busca-se compreender, enfim, se a escrita em psicanálise teria uma *diferença* eloquente em relação a outras modalidades de escrita. No entanto, se essa especificidade não existe efetivamente, é preciso se perguntar, em seguida, se a dita escrita em psicanálise seria similar a alguma das diversas modalidades de escrita acima mencionadas.

No que concerne ao tema, é preciso perguntar, inicialmente, se a escrita em psicanálise seria similar à da *literatura*, nas suas características *poética* e *ficcional*. É preciso indagar, em seguida, se a escrita em psicanálise seria similar à escrita em *filosofia*, marcada pela dominância eloquente da *argumentação*. Contudo, deve-se indagar ainda se a escrita em psicanálise seria próxima à que se empreende no campo da *ciência*. Nesse caso, porém, é preciso saber se a escrita em psicanálise seria similar

---
217. E. Kant, *Critique de la raison pure*, pp. 20-40.

àquela que se encontra no campo das *ciências naturais*, caracterizada pela *matização dos enunciados* e a *verificação das provas*, ou, então, à do campo das *ciências humanas*, nas quais existiriam a *consistência teórica dos enunciados* e a *referência a um campo de empiricidade*, e não existiriam, em contrapartida, as marcas da matematização dos enunciados tampouco os procedimentos de cálculo.

Evidentemente, por ser carente de qualquer enunciado matemático, a escrita em psicanálise não se pauta efetivamente pelos procedimentos existentes nos diversos discursos das ciências naturais, mas é realizável nas situações em que a verificação das provas é de ordem *qualitativa* e não *quantitativa*. Dessa maneira, essa modalidade de escrita seria mais próxima da que se encontra no campo das diferentes ciências humanas. Porém, pela presença de alguns procedimentos ficcionais, a escrita em psicanálise poderia ser próxima do discurso literário, sendo enfatizados aqui tanto o discurso psicanalítico sobre a clínica quanto o discurso da metapsicologia. No entanto, a presença de um estilo argumentativo, na metapsicologia, aproximaria a escrita em psicanálise da escrita filosófica.

Estas considerações preliminares nos permitem orientar e pensar na questão da escrita em psicanálise, caso esta não seja caracterizada pela especificidade e pela singularidade. Contudo, supondo que exista a dita especificidade da escrita em psicanálise, a pergunta que se coloca em seguida é se a comunidade psicanalítica tem exercido a singularidade dessa escrita. Se a resposta para essa indagação for negativa, a pergunta que se impõe, necessariamente, é: quais seriam as razões disso? Com efeito, como se poderiam situar efetivamente os impasses presentes na comunidade psicanalítica para o exercício pleno da escrita em psicanálise?

Assim, essas três indagações vão me orientar neste percurso teórico, e uma delas condensa a minha questão fundamental: existe ou não uma escrita psicanalítica propriamente dita? As duas outras questões são subsidiárias e complementares a essa, certamente, mas são também cruciais para se delinear a problemática na sua complexidade.

RUÍDOS E DESENTENDIMENTOS

Para iniciar este percurso, o meu ponto de partida é o comentário inicial de Freud, na "Correspondência com Fliess"[218] e no ensaio "A psicoterapia da histeria",[219] nos quais dizia que as suas *narrativas clínicas* eram lidas por seus colegas médicos como se fossem *narrativas literárias* e não como *narrativas científicas* de casos clínicos. Freud estava assim se referindo às suas narrativas clínicas realizadas nos ensaios intitulados "As psiconeuroses de defesa"[220] e os "Novos comentários sobre as psiconeuroses de defesa",[221] publicados em 1894 e 1896, respectivamente, assim como às diversas narrativas clínicas presentes nos *Estudos sobre a histeria*,[222] de 1895.

O que este comentário coloca em evidência? Antes de tudo, a amargura de que o discurso teórico e o dispositivo clínico que Freud estaria então forjando, que desembocariam logo em seguida na psicanálise, não fossem reconhecidos como modalidades do discurso científico, de fato e de direito – o que implica dizer que Freud gostaria que seu discurso teórico fosse reconhecido efetivamente como inserido nos campos do discurso da ciência e da medicina. Além disso, é preciso destacar que Freud ironizava os seus colegas neurologistas por esta surdez e pelo não reconhecimento de seu trabalho científico, ao considerá-lo, pois, uma produção literária, similar à *narrativa romanesca*.

Logo em seguida, na publicação, em 1905, do "Fragmento de uma análise de um caso de histeria", Freud se defrontou com a mesma proposição, evidenciando a igual amargura e ironizando da mesma forma os seus colegas médicos. Com efeito, enunciava, então, que os neurologistas consideravam as suas narrativas clínicas similares às romanescas, sem qualquer semelhança com narrativas clínicas, de cunho estritamente

---

218. S. Freud, "Lettres à Wilhelm Fliess, notes et plans" (1887-1902). In: *La naissance de la psychanalyse*, pp. 240-242.
219. Idem, "La psychothérapie de l'hystérie" (1895). In: S. Freud, J. Breuer, *Études sur l'hystérie*, pp. 250-252.
220. Idem, "Les psychonévroses de défense" (1898). In: *Névrose, psychose et perversion*.
221. Idem, "Nouvelles remarques sur les psychonévroses de défense" (1896), ibidem.
222. Idem, J. Breuer, *Études sur l'hystérie*.

científico.²²³ Ao lado disso, na conferência pronunciada na Sociedade Médica de Viena, em 1896, e publicada em seguida sob o título "A etiologia sexual da histeria",²²⁴ Freud escutou do importante neuropsiquiatra e sexólogo austríaco Krafft-Ebing que aquilo que apresentara não passava de um "conto de fadas científico".²²⁵

Com a publicação de *A interpretação dos sonhos*²²⁶ em 1900, obra na qual Freud sustentou não apenas que o sonho tinha um *sentido*, mas que este era centrado na *realização do desejo*²²⁷ – criticando de maneira sistemática a tese da neuropsiquiatria de então, segundo a qual o sonho não teria sentido e que seria resultante das descargas nervosas oriundas do estado de sono –, a recepção da obra colocou em destaque a sua dimensão *estética* e não científica. Com efeito, Havelock Ellis e William Stern, entre outros, destacaram os procedimentos estéticos presentes em sua leitura dos sonhos, as quais não apresentavam qualquer rigor científico.²²⁸

Assim, no espaço de poucos anos nos quais o discurso psicanalítico estava efetivamente se constituindo, um conjunto de desentendimentos se forjou entre a comunidade médica e a pretensão de Freud no que concerne à cientificidade da psicanálise. Esses ruídos se concentravam em duas frentes: a primeira estudava o *estilo* presente na escrita clínica de Freud – aproximando-a da escrita literária, especificamente da escrita do romance, não da escrita presente na comunidade e na clínica médica; a segunda indicaria a proximidade da teoria freudiana com os campos da arte e da literatura, fosse nos contos de fadas ou na metodologia elaborada por Freud para a leitura do sonho. Portanto, da escrita sobre a experiência psicanalítica à escrita inicial da metapsicologia, o discurso freudiano foi considerado *estranho* aos cânones teóricos então presentes nos discursos da neurologia e da clínica médica.

---

223. S. Freud, "Fragment d'une analyse d'hystérie" (Dora) (1905). In: *Cinq psychanalyses*.
224. Idem, "L'étiologie de l'hystérie" (1896). In: *Névrose, psychose et perversion*.
225. E. Jones, *La vie et l'oeuvre de Sigmund Freud*, vol. 1, pp. 113-116.
226. S. Freud, *L'interprétation des rêves* (1900).
227. Ibidem, cap. II.
228. Ibidem, cap. VII.

Trata-se de um *mal-entendido*? A comunidade médica não entendeu que o discurso freudiano se inscreveria no campo teórico da medicina, não obstante as diferenças existentes nos seus campos e nas ações escriturais? Ou, então, trata-se efetivamente de um *bem entendido*, uma vez que o campo da medicina científica reconhecia desde então que os cânones teóricos presentes no discurso psicanalítico não se adequavam aos cânones teóricos da medicina científica? Nessa perspectiva, a diferença existente na composição psicanalítica da escrita, em oposição ao discurso da medicina científica, não evidenciaria justamente isso?

Será pela ênfase colocada na polêmica entre o mal-entendido e o bem entendido existentes entre os discursos da medicina e da psicanálise que vou centrar inicialmente o desenvolvimento deste ensaio. No entanto, o debate teórico sobre a especificidade teórica da psicanálise e de sua escrita em relação à medicina se desdobrou num outro debate: a relação da psicanálise com o discurso da ciência. Se Freud insistiu durante muito tempo que o discurso psicanalítico seria de ordem estritamente científica e seguia os pressupostos presentes no discurso da ciência, em contrapartida, as comunidades científicas e filosóficas enunciavam que a psicanálise não se inscreveria efetivamente naqueles pressupostos epistemológicos.

Retomemos, separadamente, esse duplo embate teórico – as oposições psicanálise/medicina e psicanálise/ciência –, para conjugá-lo em seguida ao impasse sobre a escrita em psicanálise.

LINGUAGEM, FANTASMA E INTENSIDADE

Para sublinhar ainda mais a pertinência da oposição entre os discursos da psicanálise e da medicina no interior do discurso freudiano, vou enfatizar agora como essa oposição foi relançada posteriormente no percurso teórico de Freud, não se circunscrevendo ao seu momento inicial. Com efeito, no ensaio publicado em 1923 sob o título de "Uma neurose demoníaca do século XVII"[229] e no livro publicado em 1926, intitulado *A questão*

---

229. S. Freud, "Une névrose démoniaque au XVIIe siècle" (1923). In: *Essais de psychanalyse appliquée*.

da análise profana,[230] Freud colocou em destaque as *diferenças* entre a psicanálise e a medicina, pela ênfase em diversos critérios.

Assim, no ensaio "Uma neurose demoníaca do século XVII", Freud enunciou uma tese surpreendente: a de que existiria mais verdade na teoria demonológica do que na medicina científica, pois naquela se reconhecia efetivamente a presença dos "espíritos" na experiência da possessão, tese colocada em suspensão pelo positivismo médico moderno.[231] Seria, portanto, por esse viés, segundo a tese formulada por Freud, que haveria uma proximidade teórica entre a psicanálise e a demonologia, pois na psicanálise os ditos "espíritos" seriam representados pela valoração conferida ao *fantasma* no psiquismo.[232] Em decorrência disso, a psicanálise se distanciaria da medicina científica, que não reconhece a pertinência efetiva do fantasma nas perturbações corporais.[233] Assim, numa estrita perspectiva genealógica, existiria a articulação entre a demonologia e a psicanálise, além da ruptura teórica da psicanálise e da medicina científica, pela ênfase colocada no critério diferencial do fantasma.[234]

No ensaio sobre a análise profana, Freud enfatizou a oposição da psicanálise em relação à medicina pelo destaque conferido à *linguagem* e ao *discurso* na experiência psicanalítica.[235] Retomou então uma tese já enunciada em 1891, no ensaio "Tratamento psíquico",[236] na qual afirmava que o tratamento psíquico se sustentava no campo do *discurso* em virtude da condição básica do psiquismo, a de se constituir em um *aparelho de linguagem*.[237] Essa foi a primeira versão metapsicológica do psiquismo, na medida em que Freud transformou a ideia de aparelho *da*

---

230. Idem, *La question de l'analyse profane* (1926).
231. S. Freud, "Une névrose démoniaque au XVIIᵉ siècle" (1923). In: *Essais de psychanalyse appliquée*.
232. Ibidem.
233. Ibidem.
234. Ibidem.
235. S. Freud, *La question de l'analyse profane* (1926).
236. Idem, "Traitement psychique" (1891). In: *Résultats, idées, problèmes*: 1890-1920, vol. I.
237. Idem, *Contribution à la conception des aphasies* (1891).

alma, formulada por Meynert, no conceito de *aparelho de linguagem*.[238] No entanto, no ensaio "Projeto de uma psicologia científica", escrito em 1895, Freud concebeu o *aparelho psíquico* pela articulação existente entre os registros da linguagem e da *intensidade*.[239]

A oposição do discurso freudiano ao discurso da medicina, nos primórdios da psicanálise, implicou a retomada estratégica da linguagem no campo da experiência psicanalítica, que tinha sido decididamente abolida do âmbito da clínica médica, com a constituição da medicina científica.[240] A partir da emergência do discurso da *anatomoclínica* na aurora do século XIX – que estabeleceu as relações de fundação existentes entre os registros da *lesão* e da *enfermidade* –, a medicina científica havia abolido qualquer referência à linguagem na experiência clínica tal como se concebia na Idade clássica.[241] Portanto, foi com a medicina pré-moderna que a psicanálise se articulou para conferir à linguagem uma posição estratégica na experiência analítica.[242]

Porém, o registro da intensidade seria articulado pelo viés do registro do fantasma, da mesma forma que Freud o introduziu de maneira sistemática na metapsicologia desde *A interpretação dos sonhos*[243] e em oposição à teoria inicial da sedução. Foi esse critério diferencial, em face do discurso da medicina científica, que Freud evocou posteriormente no já indicado comentário sobre "A neurose demoníaca do século XVII".[244] Enfim, foi pela *conjunção* entre os registros da linguagem, da intensidade e do fantasma que o discurso freudiano se definiu, contrapondo-se ao discurso da medicina moderna e marcando, então, as dissonâncias existentes nas suas diferentes experiências clínicas.

---

238. Ibidem.
239. S. Freud, "Esquisse d'une psychologie scientifique" (1895). In: *La naissance de la psychanalyse*.
240. Idem, "Traitement psychique". In: *Résultats, idées, problèmes*: 1890-1920, vol. I.
241. M. Foucault, *Naissance de la clinique*. Une archéologie du regard medical.
242. S. Freud, "Traitement psychique". In: *Résultats, idées, problèmes*: 1890-1920, vol. I.
243. Idem , *L'interprétation des rêves*.
244. Idem, "Une névrose démoniaque au XVIIe siècle". In: *Essais de psychanalyse appliqué*.

INCONSCIENTE E ESCRITA

Todas essas questões nos indicam, portanto, o caminho teórico para pensar na diferença existente entre a escrita psicanalítica e a da clínica médica desde os primórdios da psicanálise, uma vez que, inicialmente, os registros da palavra e da intensidade demarcaram os dois campos teóricos, e, em seguida, o registro do fantasma passou a delinear a diferença, em conjunção com os outros fatores já destacados. Pode-se afirmar, nesse contexto, que a comunidade médica tinha razão em estranhar a escrita teórica e clínica de Freud, que não se adequava aos cânones da medicina científica. Existia, portanto, um mal-entendido entre o discurso freudiano e o discurso da medicina científica, não obstante a amargura de Freud por não obter o reconhecimento científico para o novo discurso que estava então forjando.

Como delinear devidamente a diferença em pauta?

Se examinarmos as narrativas clínicas forjadas pela clínica médica e pela neurologia, o que estava em pauta em ambas era a posição estratégica conferida à figura da *enfermidade* a partir dos *sintomas* e dos *sinais* da figura do enfermo, para que fosse devidamente estabelecida a relação causal existente entre aquela e o registro da lesão, de acordo com os pressupostos do discurso da anatomoclínica.[245] Em contrapartida, o que estava em pauta nas narrativas psicanalíticas forjadas inicialmente por Freud era a possibilidade de circunscrever a figura do *sujeito* a partir do campo do sintoma, de maneira a interpretar os caminhos pelos quais a figura da *histeria* foi efetivamente constituída, segundo o método que Freud estabeleceu de maneira sistemática desde o ensaio "Psicoterapia da histeria".[246] Posteriormente, com a crítica da teoria da sedução e o estabelecimento da teoria do fantasma, o registro do fantasma também se inscreveu na narrativa clínica, marcando as diferentes variações clínicas na histeria e no sujeito.

---

245. M. Foucault, *Naissance de la clinique*: une archéologie du regard médical.
246. S. Freud, "La psychothérapie de l'hystérie" (1895). In: S. Freud, J. Breuer, *Études sur l'hystérie*.

No campo dessas diferentes narrativas clínicas, o sintoma assumia conotações opostas. Com efeito, se, na clínica médica, o sintoma tinha valor *negativo* – signo que seria de uma lesão do organismo a ser regulada pela intervenção médica de caráter terapêutico –, na experiência analítica, em contrapartida, o sintoma tinha valor *positivo*, pois seria a partir dele que a *interpretação* da experiência da histeria poderia ser realizada[247] para colocar em evidência o sujeito e os seus impasses em face do mundo.

Em consequência dessas diferenças cruciais, as narrativas em questão foram *composições* textuais diversas e até mesmo opostas, uma vez que a psicanálise estaria centrada na figura do sujeito, enquanto a medicina científica se voltava à enfermidade. Daí por que o discurso freudiano se valeu do modelo de *romance* na narrativa psicanalítica, para colocar em evidência o registro do sujeito e de seus impasses. Além disso, a composição da narrativa psicanalítica enfatiza ainda o registro da *ficção*, ausente na narrativa da clínica médica, pois esse seria o contraponto necessário de uma experiência clínica norteada pela interpretação e pela elucidação sistemática da trama fantasmática que marcaria o sujeito.

Foi em decorrência dessa articulação entre os registros da interpretação, do fantasma e da ficção que Freud pôde conceber, desde o livro sobre a interpretação dos sonhos,[248] o aparelho psíquico fundado na *realidade psíquica* e não na *realidade material*, de maneira a cadenciar pelo fantasma as intensidades que permeariam o psiquismo.[249] Em contrapartida, desde os *Três ensaios sobre a teoria da sexualidade*, obra publicada em 1905, Freud concebeu o registro das intensidades pelo viés do conceito da *pulsão* como a exigência de trabalho feita ao psiquismo em função da articulação com o organismo.[250] Portanto, a escrita em psicanálise teria como coordenadas fundamentais os registros da linguagem (interpretação), da ficção (fantasma) e das intensidades (pulsão). Porém, se essa escrita procura evidenciar a condição do sujeito

---

247. Ibidem.
248. S. Freud, *L'interprétation des rêves*, cap. VII.
249. Ibidem.
250. Idem, *Trois essais sur la théorie de la sexualité* (1905), 1º ensaio.

na experiência analítica, também o coloca em evidência nas diferentes *formações do inconsciente*,[251] quais sejam, o *sintoma*, o *sonho*,[252] o *lapso*,[253] o *ato falho*[254] e a *piada*.[255]

Para enfatizar ainda mais a questão da narrativa clínica no discurso freudiano é preciso evocar que Freud publicou uma enorme quantidade de narrativas sobre a experiência psicanalítica. Publicou certamente muito mais do que qualquer outro analista ao longo da história da psicanálise, mesmo entre aqueles que constituíram novas teorias e forjaram outras tradições psicanalíticas, como Ferenczi, Melanie Klein, Lacan e Winnicott. Com efeito, Freud publicou as experiências analíticas de Dora, do Pequeno Hans,[256] do Homem dos Ratos,[257] do Homem dos Lobos[258] e da jovem homossexual,[259] assim como transformou a sua leitura das *Memórias de um doente dos nervos*[260] numa narrativa psicanalítica[261] ao destacar as articulações existentes entre a psicose e a história infantil de Schreber.[262]

O que caracterizava todas essas narrativas clínicas era a articulação existente entre o registro dos sintomas e a história fantasmática dos analisandos, articulação essa norteada pela colocação em primeiro plano das coordenadas presentes no campo transferencial. Por isso mesmo, Freud pôde publicar narrativas analíticas que não tiveram êxito, como foi

---

251. J. Lacan, *Les formateurs de l'inconscient. Le Séminaire*, vol. V.
252. S. Freud, *L'interprétation des rêves*.
253. Idem, *Psychopathologie de la vie quotidienne* (1901).
254. Ibidem.
255. S. Freud, *Le mot d'esprit et sa relation à l'inconscient* (1905).
256. Idem, "Analyse d'une phobie chez un petit garçon de cinq ans (le petit Hans)" (1909). In: *Cinq psychanalyses*.
257. S. Freud, "Remarques sur un cas de névrose obsessionnelle (L'homme aux rats)" (1909). In: *Cinq psychanalyses*.
258. Idem, "Extrait de l'histoire d'une névrose infantile (L'homme aux loups)" (1918). In: *Cinq psychanalyses*.
259. Idem, "Sur la psychogénèse d'un cas d'homosexualité féminine" (1920). In: *Névrose, psychose et perversion*.
260. P. Schreber, *Mémoires d'un névropathe* (1903).
261. S. Freud, "Remarques psychanalytiques sur l'autobiographie d'un cas de paranoïa (Dementia Paranoides) (Le Président Schreber)" (1911). In: *Cinq Psychanalyses*.
262. Ibidem.

com as análises de Dora,[263] da jovem homossexual[264] e do Homem dos Lobos,[265] uma vez que o fundamental era a colocação em evidência das experiências analíticas balizadas no contexto transferencial em pauta, no qual seria possível sublinhar os impasses dos sujeitos em questão. É claro que o imperativo inicial dessas publicações clínicas era o de realizar a *transmissão* da experiência analítica, com vistas a formar jovens analistas e, além disso, a difundir a psicanálise.[266]

No entanto, a composição textual dessas narrativas clínicas remete ao *estilo* do romance, sem ser uma diegese, pois existem considerações de ordem metapsicológica e sobre o delineamento do campo transferencial que se inscrevem nessas composições. O estilo de composição romanesca se deve ao fato de essas narrativas clínicas terem como pauta o registro do sujeito, articulado intimamente aos registros do fantasma e das intensidades, tal como na escrita literária. Seria em decorrência disso que, em sua grande maioria, tais textos são intitulados pelo *nome do sujeito* em questão na experiência analítica em pauta, como se fossem *personagens* de um romance (Fräulein Emmy von N.,[267] Fräulein Lucy R.,[268] Katharina,[269] Fräulein Elisabeth von R.,[270] Dora[271] e Schreber)[272], ou pelo *nome da cena fantasmática originária* que nortearia a história do sujeito em questão pelo outro (Homem dos Ratos[273] e o Homem dos Lobos).[274]

---

263. Idem, "Fragment d'une analyse d'hystérie (Dora)" (1905). In: *Cinq psychanalyses*.
264. Idem, "Sur la psychogénèse d'un cas d'homosexualité féminine" (1920). In: *Névrose, psychose et perversion*.
265. S. Freud, "Extrait de l'histoire d'une névrose infantile (L'homme aux loups)" (1918). In: *Cinq psychanalyses*.
266. J. Birman, *Freud e a interpretação psicanalítica*.
267. S. Freud, "Fräulein Emmy van M". In: S. Freud, J. Breuer, *Études sur l'hystérie*.
268. Idem, "Fräulein Lucy R". Ibidem.
269. Idem, "Katrina". Ibidem.
270. Idem, "Fräulein Elizabeth Von R". Ibidem.
271. Idem, "Fragment d'une analyse d'hystérie". In: *Cinq psychanalyses*.
272. Idem, "Remarques psychanalytiques sur l'autobiographie d'un cas de paranoïa (Dementia paranoides) (Le Président Schreber)". Ibidem.
273. Idem, "Remarques sur un cas de névrose obsessionnelle (L'homme aux rats)" (1909). Ibidem.
274. Idem, "Extrait de l'histoire d'une névrose infantile (L'homme aux loups)" (1918). Ibidem.

Portanto, a dívida da psicanálise em relação à *literatura* é evidente, pois esta forneceu um modelo de escrita pelo qual o discurso freudiano se norteou para empreender as suas narrativas clínicas, balizado pelos critérios teóricos anteriormente destacados. No entanto, a *dívida simbólica* em relação à literatura não se restringiu ao registro da escrita clínica, mas se fez também presente na escrita da metapsicologia, na qual Freud procurou articular o registro da *interpretação* (linguagem) com o do *fantasma* (ficção), promovendo assim uma escrita permeada pelas intensidades. Não foi justamente isso o que disseram os críticos iniciais da psicanálise, que não a reconheceram como inscrita no campo do discurso da ciência e a aproximaram então do campo da literatura (Krafft-Ebing) e da estética (Havelock Ellis)?

Dessa maneira, certamente não foi por acaso que o método das *associações livres*, que delineia o campo da experiência psicanalítica, tenha uma inspiração literária, originando-se no Romantismo alemão. Com efeito, Freud acabou por confessar a Ferenczi, em 1920, que tinha lido na adolescência as obras de Borne, entre as quais a que ensinava como se tornar escritor e escrever obras. Para isso, necessário seria deixar as ideias fluírem livremente na imaginação, sem censura e sem que o escritor se preocupasse com os critérios de realidade imediata da existência cotidiana.[275] Portanto, pela suspensão provisória da realidade material e pela ênfase colocada no livre curso da imaginação, uma obra poderia ser forjada pelo escritor. Foi dessa referência literária que Freud concebeu a técnica da livre associação na experiência analítica, mas recalcou as suas origens e a rememorou apenas quando Ferenczi lhe apontou a similaridade existente entre o procedimento de Borne e o da técnica psicanalítica.[276]

Pelo procedimento da livre associação o sujeito em análise seria colocado numa posição que possibilitasse a fluência dos seus pensamentos, deixando-os ao léu, dando então livre curso para a sua imaginação e sem contrapor a isso qualquer censura. Dessa forma, assim como um escritor,

---

275. S. Freud, "Sur la préhistoire de la technique analytique" (1920). In: *Résultats, idées, problèmes*, vol. I.
276. Ibidem.

o analisando poderia criar ficções sobre a sua existência e a sua história, levado pelo fluxo de seus fantasmas. Enfim, o sujeito reinscreveria a história de sua existência, atravessando os seus impasses e as suas angulações vertiginosas, tal como a produção romanesca.

Por conta dessa composição do aparelho psíquico – centrada na linguagem, na ficção e nas intensidades, e que remeteria efetivamente às condições para a realização escrita literária –, Derrida conceituou o modelo freudiano desse aparelho como a cena da escrita, uma vez que os traços psíquicos seriam inscrições pelas quais circulariam as intensidades moduladas pelos fantasmas.[277] No ensaio intitulado "Freud e a cena da escrita", com efeito, Derrida conceituou o modelo do aparelho psíquico na obra de Freud, desde o "Projeto de uma psicologia científica"[278] até o ensaio sobre "Nota sobre o bloco mágico",[279] para demonstrar não apenas que o inconsciente se constituiria como uma cena escriturária, mas também para propor que o aparelho psíquico seria uma *máquina de escrever*, pela qual as ditas inscrições seriam efetivamente produzidas.[280] Contudo, se no "Projeto de uma psicologia científica" o discurso freudiano já anunciara um discurso sobre o psiquismo centrado no *traço*, foi com *A interpretação dos sonhos* que o traço se transformou numa *escrita*, visto que Freud valeu-se de hieróglifos egípcios e da escrita chinesa para conceber o campo do inconsciente.[281]

É claro que, com essa formulação teórica, Derrida empreendeu a crítica indireta à teoria de Lacan sobre a psicanálise, posto que este enunciara, desde 1953, que a psicanálise seria o *campo da fala e da linguagem*.[282] Para Derrida, com efeito, a psicanálise seria o campo da escrita e da linguagem, de forma que o campo da fala seria o desdobramento e a derivação do campo da escrita e que esta seria, assim, constitutiva do inconsciente.

---

277. J Derrida, "Freud et la scène de l'écriture". In: *L'écriture et la différence*.
278. S. Freud, "Projet d'une psychologie scientifique". In: *La naissance de la psychanalyse*.
279. S. Freud, "Notes sur le bloc-note magique" (1925). In: *Résultats, idées, problèmes*.
280. J. Derrida, "Freud et la scène de l'écriture." In: *L'écriture et la différence*.
281. Ibidem.
282. J. Lacan, "Fonction et champ de la parole et du langage en psychanalyse". In: *Écrits*.

ROMANTISMO E NEOPOSITIVISMO

Nos registros da metapsicologia e da narrativa clínica, o discurso freudiano indicava os ruídos que essa escrita produzia, em contraponto com o discurso da ciência, uma vez que os embates com o campo da medicina científica colocavam em cena o *não reconhecimento* da psicanálise como um discurso científico, de fato e de direito. Como já vimos, a forma de recepção do discurso freudiano, por Krafft-Ebing e Havelock Ellis, colocava isso em evidência. Enfim, o discurso freudiano foi aproximado assim dos campos da literatura e da estética.

É claro que Freud buscou de maneira insistente o reconhecimento científico da psicanálise, não obstante a impossibilidade que experimentou em relação a isso durante quase todo o seu percurso teórico. No ensaio sobre o narcisismo,[283] publicado em 1914, e no ensaio sobre a pulsão,[284] publicado em 1915, Freud procurou sustentar que os conceitos fundamentais de qualquer disciplina científica não se enunciavam no tempo histórico inicial de sua constituição, mas apenas posteriormente, quando o campo científico em questão tivesse já acumulado as suas evidências empíricas e estivesse em franco desenvolvimento teórico. Arguia então que se exigia paradoxalmente da psicanálise essa consistência conceitual desde os seus primórdios, quando isso não estava presente na história dos demais discursos científicos, nos campos da física, da química e da biologia; mas era o que se exigia, em contrapartida, no campo da psicanálise, afirmou Freud de maneira perplexa.

No entanto, o que estava em questão nesse debate sobre o não reconhecimento científico da psicanálise era o *modelo de cientificidade* que começava a se impor como um *paradigma epistemológico* desde o início do século XX, que culminou na constituição do Círculo de Viena nos anos 1920.[285] Esse modelo *neopositivista* de ciência teve em Carnap um

---

283. S. Freud, *Pour introduire le narcissisme* (1914). In: *La vie sexuelle*.
284. Idem, "Pulsions et destins des pulsions" (1915). In: *Métapsychologie*.
285. P. Jacob (org.), *De Vienne à Cambridge*.

de seus sistematizadores maiores, pela formulação de suas teses epistemológicas fundamentais.[286]

Qual era o argumento crucial enunciado por Carnap? Segundo ele, seria preciso opor devidamente os enunciados *com sentido* e os *sem sentido* dos diferentes discursos teóricos, nos quais os primeiros poderiam ser reduzidos e analisados em enunciados *mais simples*, e teriam então uma *referência empírica* segura. Somente assim os enunciados teriam sentido, o que não ocorreria com os enunciados considerados sem sentido, nos quais a operação de decomposição enunciativa e a referencialidade empírica não seriam produzidas.[287] Se os enunciados com sentido seriam considerados *verdadeiros*, os enunciados sem sentido não seriam nem verdadeiros nem falsos, mas indecididos.

Nessa perspectiva, o discurso da ciência seria constituído por enunciados com sentido, enquanto os discursos da filosofia, da literatura e das diversas ciências humanas seriam formados por enunciados sem sentido que não poderiam, rigorosamente falando, ser inseridos no discurso da ciência. Portanto, o discurso freudiano não era reconhecido como um discurso científico propriamente dito, uma vez que seria constituído por enunciados sem sentido, isto é, sem referência empírica consistente e rigorosamente estabelecida.

Esse debate epistemológico atravessou o século XX, de fio a pavio, de forma que a psicanálise não foi reconhecida efetivamente como ciência – concebida segundo os critérios epistemológicos do discurso do neopositivismo. Na tradição anglo-saxônica, a psicanálise jamais foi reconhecida como ciência, por não se pautar pelos critérios teóricos de neopositivismo. No início dos anos 1950, em "Função e campo da fala e da linguagem",[288] Lacan enfatizava que a psicanálise não era ainda uma

---

286. J. Bouveresse, "La théorie et l'observation dans la philosophie des sciences du positivisme logique". In: F. Châtelet, *Le XXᵉ siècle*. Histoire de la philosophie, vol. VII, pp. 76-134.
287. J. Lacan, "Fonction et champ de la parole et du langage en psychanalyse" (1953). In: *Écrits*.
288. J. Lacan, "Fonction et champ de la parole et du langage en psychanalyse" (1953). In: *Écrits*.

ciência, mas que poderia seguramente vir a ser no futuro, desde que fosse orientada pelos pressupostos teóricos das *ciências conjecturais*, isto é, das ciências com fundamento lógico, matemático e probabilístico. Porém, entre final dos anos 1950 e início dos anos 1960, Lacan não propunha mais que a psicanálise deveria ser uma ciência, pois começou a assumir uma nova proposta, a de que a psicanálise seria um discurso teórico inscrito no campo da *ética*.[289, 290]

O que me interessa enfatizar é que Freud buscou o reconhecimento teórico da psicanálise como uma ciência, pelos critérios epistemológicos do neopositivismo. Com efeito, norteado pelo critério da referência empírica dos enunciados exigido pelo discurso científico – isto é, o critério da *verificação* dos enunciados –, Freud publicou fartamente as suas narrativas clínicas como nenhum outro analista realizou na história da psicanálise, porque pensava que as ditas narrativas poderiam ser consideradas a verificação empírica dos enunciados metapsicológicos da teoria psicanalítica. Não obstante, as comunidades científica, filosófica e epistemológica não reconheceram essa pretensão da psicanálise à cientificidade.

Porém, nos anos 1930, Freud desistiu definitivamente dessa demanda de reconhecimento científico. Com efeito, na obra intitulada *Novas conferências introdutórias da psicanálise*, publicada em 1934, Freud enunciou, em capítulo dedicado ao tema, que o conceito de pulsão era um *mito* da teoria psicanalítica.[291] Isso implica dizer, bem entendido, que ao sustentar que o conceito fundamental da metapsicologia, o de pulsão, era da ordem do mito, no contexto teórico triunfante do neopositivismo, Freud assumia efetivamente que a psicanálise não era um discurso da ordem da ciência, pois os seus enunciados conceituais não poderiam ser verificados por critérios empíricos, como se exigia nos cânones do discurso epistemológico do neopositivismo.

---

289. Idem, *L'éthique en psychanalyse*. Le Séminaire, livre VII.
290. Idem, *Les quatre concepts fondamentaux de la psychanalyse*.
291. S. Freud, "La vie pulsionelle". In: *Nouvelles conférences sur la psychanalyse* (1934).

No entanto, se examinarmos o discurso freudiano por outra perspectiva teórica, podemos afirmar que a metapsicologia se adequava às regras teóricas de cientificidade presentes no Romantismo alemão, que se contraporia frontalmente aos imperativos epistemológicos do neopositivismo. Com efeito, a vasta obra de Gusdorf sobre o Romantismo alemão colocou em destaque outra tradição de cientificidade, na qual a *imprecisão* dos enunciados era positivamente valorizada, e não desvalorizada, como o foi na tradição cientificista de neopositivismo.[292, 293]

Dessa maneira, podemos afirmar que o discurso teórico da metapsicologia freudiana se norteia pelos critérios de cientificidade do Romantismo alemão e não da tradição neopositivista, que teve em Goethe um de seus teóricos inaugurais. Por isso mesmo, essa marca simbólica da tradição romântica permeia efetivamente o discurso freudiano, tanto no registro da metapsicologia quanto no da narrativa clínica, de forma que o discurso freudiano pode ser aproximado dos campos da literatura e da estética desde o início de seu percurso teórico. Estaria, assim, caracterizada a marca estilística inconfundível presente na escrita psicanalítica, enfim, no discurso freudiano.

A tradição psicanalítica pós-freudiana não se pautou, contudo, por essas marcas do Romantismo alemão, inconfundíveis no discurso de Freud. As narrativas clínicas da psicanálise pós-freudiana passaram a ser pautadas pelas regras da *psicopatologia geral* (Jaspers) e, mais recentemente, pelas normas da *psicopatologia fundamental* (Fédida), pelas quais a comunidade psicanalítica procurou se adequar aos critérios de cientificidade presentes no discurso da psiquiatria.

Além disso, as longas narrativas clínicas se tornaram *raras* na história da psicanálise pós-freudiana. A escrita psicanalítica passou a se valer da experiência clínica de forma periférica, já que esta passou a se transformar em *vinheta clínica*, isto é, passou a ser utilizada como exemplificação de certo conceito teórico. Ou, então, a apresentação das narrativas clínicas nas associações de psicanálise se transformou num simples ritual de reco-

---

292. G. Gusdorf, *Le romantisme*, vols. I e II.
293. Idem, *Fondements du savoir romantique*.

nhecimento formal e burocrático dos jovens analistas, sem ter qualquer valor metapsicológico ou pretensão teórica.

Porém, se o discurso psicanalítico se transformou tão radicalmente na sua escrita, dos tempos primordiais da constituição da psicanálise, quando se forjou o discurso freudiano, até a atualidade, isso se deve ao imperativo teórico, presente na comunidade psicanalítica, de se pautar pelos critérios de cientificidade do neopositivismo e pela interminável busca de reconhecimento científico da psicanálise. Enfim, seria por isso mesmo que a psicopatologia geral e a psicopatologia fundamental se transformaram na atualidade em modelos teóricos na história pós--moderna da psicanálise.

4. A escrita e os destinos da psicanálise

A *escrita* em psicanálise é uma questão atual – sem ainda estar na moda, pelo menos na atualidade. É no *prêt-à-porter* que penso quando me refiro à moda, uma vez que em certas oficinas de alta-costura psicanalítica já existem certamente interrogações sobre isso. Curiosamente, essas oficinas se inscrevem principalmente no campo institucional da universidade, e não no das sociedades de psicanálise, seja nos departamentos de psicanálise, de psicologia, de literatura e de filosofia.

Esse fato indica de forma eloquente que a *pesquisa* em psicanálise na atualidade se deslocou *paradoxalmente* das instituições psicanalíticas, onde se realizava outrora, para a instituição universitária. É no campo desta, com efeito, que a pesquisa psicanalítica se condensa com maior rigor e vigor, em diferentes formações sociais, em escala internacional, no qual o discurso psicanalítico se inscreve e se dissemina.

Como problema *teórico e ético*, o tema da escrita em psicanálise se esboçou inicialmente de maneira insidiosa, mas evidenciando seguramente marcas instigantes e sedutoras. Em contrapartida, existe já na atualidade certa eloquência na forma pela qual essa questão é tematizada como objeto teórico de investigação.

Se essa *problemática* não é ainda um produto de consumo para os analistas ávidos de novidade, não existe qualquer dúvida de que se imporá logo como um dos pontos cruciais da cena psicanalítica. Portanto, o *problema* da escrita deve ser uma prioridade para aqueles para quem os destinos da psicanálise são preocupantes. É para a *problematização* dessa questão que pretendo me voltar frontalmente neste ensaio.²⁹⁴

ARGUMENTO E IMAGEM

Indaga-se há algum tempo se existe algo que se possa denominar de *escrito psicanalítico*, de forma que suas características possam se distinguir daquelas que são próprias a outras formas de escrita. Com efeito, é preciso se perguntar, como já foi feito no capítulo anterior a este, se o escrito analítico se estruturaria segundo traços formais inegáveis, que o diferenciariam do escrito filosófico, científico, literário ou jornalístico. Ou, então, se não se pode falar do escrito psicanalítico no registro do *fato*, mas no registro do *direito*, para evocar Kant em *Crítica da razão pura*,²⁹⁵ existiria pelo menos um *estilo* próprio da escrita psicanalítica?

Entre estes dois polos que delineiam a problemática em pauta – a especificidade da escrita psicanalítica e o estilo psicanalítico de escrita –, algumas possibilidades de reflexão teóricas podem ser realizadas, diferentes tanto nas suas composições quanto nos seus resultados.

Certamente, essas questões se situam e se inscrevem em registros teóricos diversos. Num primeiro registro, essas questões se referem à *crise* atual da escrita, que é não apenas abrangente, mas também diversificada, e incide no campo psicanalítico. Num segundo registro, as questões em pauta se remetem ao campo psicanalítico no sentido restrito do termo.

No primeiro registro, essa questão revela a incidência, no campo teórico da psicanálise, de problemas colocados originariamente em outros espaços teóricos de referência, tais como a filosofia e a literatura.²⁹⁶ Trata-se de uma pesquisa angustiante sobre o que é a escrita e, principalmente, sobre o que ainda significa hoje escrever. Há ainda algum sentido

---

294. Para a elaboração dos conceitos de *problema*, *problemática* e *problematização*, vide: M. Foucault, *Dits et écrits*, vol. IV; G. Deleuze, F. Guattari, *Mille Plateaux, Capitalisme et schizophrenie*, vol. V.
295. E. Kant, *Critique de la raison pure*.
296. Sobre isso, vide: M. Blanchot, *L'Entretien infini*.

escrever na atualidade? Ou, então, a prática da escrita é algo de outrora e que não teria mais nenhum sentido na atualidade?

Trata-se de uma questão certamente crucial num mundo mergulhado de maneira acelerada e vertiginosa, desde os anos 1980, na cultura da *imagem*.[297] A revolução operada nos meios de comunicação de massa, já delineada desde os anos 1950,[298] acelerou-se radicalmente com a emergência dos computadores e a multiplicação progressiva dos instrumentos audiovisuais, de forma que, na atualidade, nos registros individual e coletivo, estamos imersos nas tecnologias audiovisuais, nos seus menores detalhes.

Uma criança de 9 anos disse recentemente em voz alta o que muitos adultos pensam há muito tempo, mas em silêncio. Sem a Internet o mundo seria não apenas entediante e vazio, mas, sobretudo, deixaria de existir, me disse a bela criança charmosa, de maneira impertinente e decisiva, manejando com habilidade o seu computador de bolso. Vocês podem imaginar, portanto, como ficaria o mundo dos adultos sem toda essa parafernália audiovisual!

Nesse contexto, é essencial se interrogar sobre o que significa ainda a escrita, sobre a sua validade e legitimidade, indagar-se: como uma prática tão arcaica como a escrita teria ainda um sentido qualquer? Essa questão tem uma acuidade particular para a comunicação tradicional, como o jornalismo e a edição, e nela se revelam ainda outras dimensões, mais fundamentais certamente, com os efeitos mais finos que engendram sobre a produção teórica?

O que está verdadeiramente em discussão, com efeito, é a crise que afeta a cultura do *argumento*, que dominou a tradição ocidental durante séculos. Esse é o ponto essencial, porque coloca em questão o futuro da escrita na sua especificidade, num tempo histórico no qual essa modalidade de cultura se encontra gravemente ameaçada pelo imperialismo da cultura icônica.

---

297. W. Benjamin, "L'oeuvre d'art à l'époque de sa reproductibilité technique". In: *Oeuvres*, vol. III, pp. 269-316.
298. T.W. Adorno, M. Horkheimer, *Kulturindustrie. Raison et mystification des masses*.

Esse ponto fundamental incide igualmente sobre o campo psicanalítico nas suas relações com as culturas da imagem e do argumento, na medida em que algo se delineia também aqui: uma ameaça pesaria também sobre o futuro da psicanálise, em um contexto histórico específico, em que se acumulam os obstáculos e os impasses para a sua efetiva transmissão.

As formas instituídas e até então legítimas de transmissão da psicanálise foram certamente desestabilizadas. Quero me referir aqui tanto aos critérios de formação dos analistas elaborados pela International Psychoanalytical Association, que se encontra em crise desde os anos 1970 e 1980, quanto aos novos critérios de autorização forjados pelo *campo lacaniano*, igualmente balançados nas suas certezas nos últimos anos, de maneira decisiva.

Portanto, se o problema da especificidade da escrita psicanalítica se impõe hoje como crucial na comunidade analítica, isso se deve ao imperativo de que, por esse viés, seria possível delinear a possibilidade teórica de transmissão legítima da psicanálise. Vale dizer, um analista poderia ser efetivamente reconhecido não apenas pelo que ele escreve, isto é, o seu tema de exposição escrita (ordem do fato), mas também pela maneira de escrever sobre a psicanálise (ordem do direito).

Se a expansão e a disseminação dos discursos teóricos das *neurociências* e do *cognitivismo* colocaram em questão as certezas sobre a eficácia da psicanálise como prática clínica,[299] impondo-se assim como alternativa às práticas psicanalíticas, o que se impõe, em contrapartida, para a psicanálise, é a sustentação teórica de sua perspectiva. Essa questão inclui certamente no debate a problemática específica da escrita em psicanálise, além, é claro, de uma problemática de ordem propriamente *epistemológica*, sobre a pertinência teórica do discurso psicanalítico.

MÉTODO

Enunciar algumas proposições críticas concorrentes à escrita em psicanálise coloca de maneira frontal a questão da existência de um escrito

---

299. F. Castel, A. R. Lovell, *La société psychiatrique avancée: le modèle américain*.

psicanalítico, não apenas no sentido estrito do termo, mas também no de sua funcionalidade. Trata-se de saber se existem *marcas formais*, por um lado, e *regras de composição*, por outro, que poderiam diferenciá--la de outras formas de escrita. Além disso, o que se impõe também é a indagação sobre a finalidade desta questão, isto é: para que serve isso?

Assim, diversos problemas se enunciam inicialmente e se inscrevem em registros teóricos diferentes. É preciso se perguntar, em seguida, em quais níveis esses registros se articulam. Dito de outra maneira, indagar se a articulação entre esses diferentes registros da escrita psicanalítica implica a realização de pesquisas sobre a forma que assume essa articulação na ética psicanalítica, e não nos registros literário e filosófico. Uma última questão, enfim: é preciso se perguntar se essa eventual articulação se realiza no campo psicanalítico.

O que estou propondo, então, é estudar esses diferentes registros de questionamento e suas metodologias, de maneira a colocar em evidência os laços possíveis desses diferentes níveis de questionamento. A partir daí procuraremos circunscrever a problemática do escrito psicanalítico.

FORMA E CONTEÚDO?

A leitura estritamente psicanalítica de um texto coloca importantes problemas, como destaquei anteriormente. Antes de tudo, qual é a sua singularidade em relação a outras modalidades de escrita? Existe um escrito teoricamente psicanalítico? Essas indagações nos conduzem a outra pergunta, tão importante quanto a última: segundo quais critérios pode-se decidir que uma forma determinada de escrita é ou não é psicanalítica?

No que tange a isso, a clássica distinção entre *forma* e *conteúdo*, ou ainda, entre *forma* e *tema*, que todos conhecemos e que é oriunda do discurso literário, não nos é de qualquer utilidade. Assim, se supormos que o escrito psicanalítico possui uma forma específica, é preciso que nos perguntemos, em seguida, qual é essa forma e segundo quais critérios ela pode ser definida, para que se possam pesquisar devidamente e descrever as suas regras fundamentais.

EXPERIÊNCIA DO INCONSCIENTE

Para começar a responder a essas indagações, gostaria de considerar que todo e qualquer texto que promove uma *experiência do inconsciente* no seu leitor tem uma marca estritamente psicanalítica, que o perpassa. Nesse caso, o texto constituiria, com o seu leitor, um campo particular de *evocação* similar a uma experiência analítica.

Dessa maneira, enuncio a existência de uma relação de fundação entre os registros da *linguagem* e do *inconsciente*, de forma que a linguagem não teria apenas a função de *comunicação e de circulação de informação*, mas principalmente de evocação, como formulou corretamente Lacan no ensaio "Função e campo da fala e da linguagem em psicanálise".[300] Portanto, tal como a linguagem e o discurso, o inconsciente faria a sua emergência efetiva pela evocação do sujeito, a partir de algo que seria enunciado.

Além disso, proponho que existe a constituição de uma relação de *interlocução* estabelecida entre o leitor e o texto, numa perspectiva *dialógica*, por um lado, e *intertextual*, pelo outro. Com efeito, o leitor é permeado intensivamente por um texto, que lhe atravessa de forma que a evocação acontece a partir do texto, que também configura o *sujeito* em questão, no registro psíquico do inconsciente, no campo do leitor.

A característica *pontual* e *conjuntural* da leitura, comparada à extensão temporal da experiência do inconsciente na análise, não retira em nada o rigor teórico dessa comparação, na medida em que não estou afirmando que uma leitura pode consubstanciar uma experiência psicanalítica. Com efeito, enunciar uma identidade dessa ordem seria um erro grosseiro. Contudo, parece-me que uma experiência do inconsciente, de forma pontual e fugidia, ocorre com a leitura.

É preciso, nesse contexto, destacar que a experiência do inconsciente é estritamente marcada por essa dimensão pontual, uma vez que o inconsciente é por excelência caracterizado pela *descontinuidade*. Com efeito, ele rompe com a *continuidade* do campo da consciência e funciona

---

300. J. Lacan, "Fonction et champ de la parole et du langage en psychanalyse." In: *Écrits*.

por irrupções pontuais.[301] Essa descontinuidade, que cadencia e regula a emergência do inconsciente, articula-se aos *movimentos rítmicos da pulsão*, que, como força contínua, faz uma exigência de trabalho sobre o psiquismo[302] e se inscreve neste pela tessitura das cadeias de representações-coisa,[303] constitutivas do inconsciente. Portanto, o inconsciente configurado como *Outra cena* se inscreve nos *interstícios* e nos *intervalos* da consciência, rompendo com a continuidade desta. Pode-se afirmar, assim, que a experiência da análise é atravessada de maneira descontínua pelo inconsciente, que desarticula decididamente a continuidade da consciência de forma irruptiva e pontual, para desaparecer logo em seguida, como num lusco-fusco, no momento em que se restabelecem a temporalidade e a causalidade do ser da consciência.

Admitindo essa possibilidade inicial de leitura, somos confrontados com duas perspectivas de desdobramento que podem nos conduzir a interpretações diferentes. Com efeito, como é que essa experiência do inconsciente pode ser produzida a partir da escrita?

Na primeira perspectiva, o texto possuiria, em si mesmo, por suas próprias características, essa possibilidade de produção, e a escrita seria então marcada pela virtualidade da experiência do inconsciente. Na segunda perspectiva, a experiência pontual se produziria principalmente pelo *encontro singular* do leitor com um texto específico. A partir desse encontro se realizariam uma união e uma conjunção cruciais entre leitor e texto, independentemente do caráter formal do texto. Enfim, o encontro possível é assim *arbitrário* e *imprevisível*.

Essas perspectivas não são excludentes. Pode-se afirmar ainda que podem ser até mesmo complementares. Entretanto, é necessário admitir que essas possibilidades se caracterizam por marcas totalmente contrárias, que não devemos perder de vista em nenhum momento. Com efeito, teríamos, por um lado, o destaque conferido às características da escrita, marcadas pela *universalidade*, enquanto, pelo outro, o que se destaca é

---

301. J. Laplanche, S. Leclaire, "L'inconscient: une étude psychanalytique". In: *L'inconscient. VI Coloque de Bonneval*, pp. 95-180.
302. S. Freud, "Pulsions et destins des pulsions" (1915). In: *Métapsychologie*.
303. Idem, "L'inconscient" (1915). In: *Métapsychologie*.

a dimensão *singular* de encontro do leitor com o texto, destacando-se a *singularidade* da experiência. Portanto, universalidade formal da escrita e singularidade de um encontro são os primeiros critérios que se impõem neste exame crítico.

ESCRITA DO SONHO

Universalidade da escrita psicanalítica? Escrito cujo universalismo se inscreveria na estrutura do inconsciente? Existiria no discurso psicanalítico algum *modelo* conceitual para isso? Com efeito, é o sonho o que se enuncia seguramente como exemplo privilegiado dessa ideia no discurso freudiano.

Segundo Freud, o sonho seria a "via real" de acesso ao inconsciente.[304] Ele não seria o inconsciente, nem por consequência a sua substancialização, mas seria indubitavelmente e por excelência o caminho privilegiado que conduziria ao inconsciente. Pois, como se sabe, o inconsciente não é em absoluto uma substância, mas um *efeito do discurso*[305] e por isso mesmo não seria algo de caráter *ontológico*: o inconsciente não é da ordem do *ser*, e o desejo inconsciente se caracteriza pela *falta-a-ser*, isto é, pela *falta*.[306] Portanto, para que se possa ter acesso ao inconsciente seria necessário que o sujeito pudesse *decifrar* o sonho, pela tradução de sua linguagem de hieróglifos.[307] Enfim, seria somente desta maneira que se poderia ter acesso ao campo do desejo, condição para a produção onírica.[308]

Contudo, o sonho não é a única via de acesso ao inconsciente, mas ocupa, certamente, no discurso freudiano, a posição *estratégica* do *paradigma* teórico na leitura do inconsciente. Isso porque, para aquele discurso teórico, o sonho seria uma modalidade privilegiada para a *realização do desejo*.[309]

---

304. S. Freud, *L'interprétation des rêves* (1900), cap. VII.
305. J. Lacan, "Fonction et champ de la parole et du langage en psychanalyse". In: *Écrits*.
306. Idem, *Les quatre concepts fondamentaux de la psychanalyse*. Le Séminaire, livre XI.
307. S. Freud, *L'interprétation des rêves* (1900).
308. Ibidem.
309. Ibidem.

É preciso ainda considerar devidamente que essa construção interpretativa não poderia ter qualquer sentido teórico e clínico se o acontecimento *sonho* não pudesse ser inscrito num *sistema de equivalências* que fosse capaz, assim, de fundamentar seu valor paradigmático. Foi por isso mesmo que Freud, desde a introdução de *A interpretação dos sonhos*, considerou o registro do sonho equivalente ao *sintoma*, pois este e aquele seriam norteados pelo desejo, perpassados pelas mesmas forças e pela mesma significação.[310] Em seguida, Freud circunscreveu outras construções psíquicas que teriam as mesmas características metapsicológicas do sintoma e do sonho, como o *lapso*,[311] o *ato falho*[312] e a piada.[313] Desta maneira, o discurso freudiano circunscreveu a sua descoberta, conferindo à categoria do desejo inconsciente a posição crucial de constituir estas diversas formas psíquicas – que Lacan denominou posteriormente, da forma englobante, nos anos 1950, de *formações do inconsciente*.[314]

De qualquer maneira, entre as diversas formações do inconsciente, o sonho assumiria uma posição paradigmática no que concerne à problemática da escrita, pois pelo sonho o inconsciente se inscreve efetivamente como uma modalidade de escrita. Derrida, no ensaio intitulado "Freud e a cena da escrita",[315] colocou em destaque não apenas a dimensão da escrita presente no sonho, mas também caracterizou o inconsciente pelo viés da estrutura da escrita.

A pergunta que se impõe de forma imediata é: seria possível reencontrar e reproduzir o escrito do sonho em outras modalidades de escrita? Dito de outra forma, seria possível produzir outras formas de escrita efetivamente promovidas como se fossem da ordem do sonho? Ou, ainda, existiriam formas de escrita similares à do sonho, pelas quais se poderia destacar a existência de estruturas *analógicas* ao sonho, como se fossem formações do inconsciente?

---

310. Ibidem.
311. S. Freud, *La psychopathologie de la vie quotidienne* (1901).
312. Ibidem.
313. S. Freud, *Le mot d'esprit et sa relation à l'inconscient* (1905).
314. J. Lacan, *Les formations de l'inconscient* (1958-1959). Le Séminaire, livre V.
315. J. Derrida, "Freud et la scène de l'écriture". In: *L'écriture et la différence*.

ESCRITA AUTOMÁTICA

Sabe-se que o movimento surrealista procurou realizar praticamente essa possibilidade de produção escriturária, sob a forma denominada de *escrita automática*. Com efeito, foi concebida uma modalidade inovadora de escrita que exigia do poeta uma postura *antirreflexiva* e *anticognitiva*. Num procedimento oposto ao da posição racional da Idade Clássica e do Realismo do século XIX, a dimensão surrealista do mundo era colocada no primeiro plano da escrita literária. O que estava então em pauta era outra maneira pela qual o sujeito poderia se enunciar e habitar o mundo, de forma que a experiência corpórea pudesse se inscrever intensivamente no campo do texto, colocando em destaque, assim, o *descentramento* do sujeito e o seu caráter eminentemente *fragmentário*. O texto condensaria, desta maneira, a forma narrativa desordenada e sem conexão realista entre as suas diferentes passagens. As ligações entre os diferentes fragmentos e enunciados do texto apenas seriam possíveis pela mediação do desejo, no registro do inconsciente.[316, 317]

Esse modelo de escrita literária e poética se estendeu também às outras modalidades artísticas, como a pintura,[318, 319] o teatro e o cinema, nos quais o procedimento do automatismo escriturário se empreendeu igualmente, com produções artísticas de alto coturno. Se a tradição pictórica do surrealismo é bastante conhecida, nos campos estéticos do teatro e do cinema as produções de Artaud e a filmografia de Buñuel dos anos de 1930 se destacam também nessa tradição estética.

Contudo, é preciso evocar devidamente que Freud não se reconheceu na escrita automática e se mostrou mesmo insensível ao projeto estético de Breton, não obstante a procura deste pela legitimação teórica de Freud ao projeto do surrealismo. Com efeito, Breton aproximava o procedimento da escrita automática ao da *livre associação*, inventado por Freud para o empreendimento clínico da experiência analítica. No entanto, Freud não

---

316. A. Breton, *Manifestes du surréalisme*.
317. M. Behac, M. Carrasson, *Le surréalisme*.
318. A. Breton, *Le surréalisme et la peinture*.
319. R. Passeron, *Histoire de la peinture surréaliste*.

se identificava esteticamente com o movimento surrealista, apesar das proximidades existentes entre estes procedimentos de criação artística e a prática clínica em psicanálise.

O que estaria em pauta aqui, afinal das contas? Classicismo estético de Freud? Talvez. Temor do escândalo que o surrealismo poderia provocar, de forma a macular a recente reputação de seriedade do projeto científico da psicanálise, sustentado por Freud? Certamente. Pode-se dizer que Freud não queria ver a sua descoberta científica misturada e confundida com o surrealismo provocador dos anos 1930, quando a psicanálise constatava o crescimento e a disseminação do seu movimento em escala internacional, de forma a macular a sua influência e seu prestígio. Além disso, não se deve esquecer do conservadorismo das concepções literárias e artísticas de Freud, pois este desempenhava também o seu papel no afastamento de Freud em relação ao movimento surrealista.

Entretanto, não é necessário que compartilhemos a leitura estética de Freud e ainda menos suas apreciações literárias e posições políticas em matéria de arte. O que é importante é saber se a escrita automática, articulada ao procedimento metodológico da associação livre, possibilitaria uma modalidade de escrita que seria próxima da escrita onírica e que representaria, então, de *fato* e de *direito*, um caso legítimo de formação do inconsciente.

CONSTRUÇÃO DA ESCRITA

Parece-me que a escrita automática se revela como uma modalidade efetiva de formação do inconsciente, pois seria permeada pelos mecanismos da *condensação*, do *deslocamento* e da *simbolização*,[320] recenseados pelo discurso freudiano como *formas de funcionamento do inconsciente*. Além disso, a escrita automática seria regulada pelo *processo primário*, pois colocaria o poeta na condição de perda de controle psíquico da *censura*, assim como

---

320. S. Freud, *L'interprétation des rêves* (1900), caps. IV, V e VI.

dos fluxos da consciência e do eu.[321] Nesse contexto, outra versão do discurso, na qual o sujeito se encontraria incontestavelmente marcado pelo processo primário, poderia se apresentar e ser enunciada não obstante os vestígios que o *processo secundário*[322] imprime no campo da escrita.

Com efeito, o que se evidenciaria, pela escrita automática e pelo procedimento clínico da livre associação, seria o registro da *enunciação* e não o do *enunciado*, que seria assim constitutivo da estrutura do inconsciente.[323] Para isso, contudo, seria preciso enunciar com Lacan, ainda em "Função campo da fala e da linguagem em psicanálise", que o inconsciente seria não apenas de ordem *transindividual*, não se identificando então com o registro psíquico do eu, mas seria constituído como uma linguagem.[324]

Entretanto, é necessário ir além destas formulações e se perguntar sobre o que possibilita efetivamente a promoção da escrita automática. O que o procedimento da escrita automática indica, principalmente, é que não é importante considerar a escrita resultante, e sim a forma específica de composição do texto, isto é, as *estratégias* e as *táticas* para a sua produção.

No que concerne a isso, é importante destacar na escrita automática a sua composição, construída pelas associações livres, de forma que, sem se preocupar com as mediações lógicas e temporais de seus enunciados, permite sublinhar a produção de laços inusitados e inesperados entre os fragmentos do texto. Portanto, é o registro linguístico da enunciação o que se impõe na cena da escrita, de forma eloquente.

Nessa perspectiva, são as marcas do sujeito do desejo que seriam assim inscritas no primeiro plano do discurso: fantasmas, marcas, acontecimentos, evocações etc. O que é colocado, então, em relevo é a forma da produção da escrita, de caráter nitidamente associativa, o que permitiria, assim, inscrever, de forma tangível, o desejo inconsciente na literalidade textual. Enfim, o que estaria então em pauta são as condições concretas de possibilidade da produção da escrita.

---

321. Ibidem.
322. Ibidem.
323. E. Benveniste, *Problèmes de linguistique générale*, vol. 1.
324. J. Lacan, "Fonction et champ de la parole et du langage en psychanalyse". In: *Écrits*.

Assim, a construção da escrita automática nos reenvia a uma das regras fundamentais do dispositivo analítico proposta ao analisante – tudo falar do que lhe vem ao espírito, sem qualquer censura –, que se caracteriza pelas livres associações, revelando em ato o desejo inconsciente do sujeito. Consequentemente, a posição do poeta na produção da escrita automática se aproximaria da condição do sujeito na experiência analítica: para reencontrar a sua dimensão produtora de desejo, deve necessariamente romper com os imperativos do processo secundário, regulado pelo *princípio da realidade* e não pelo *princípio do prazer*,[325] o qual norteia o registro do entendimento e os processos da cognição. Seria assim que a produção da escrita poderia se encaminhar decisivamente em direção à imaginação e ao registro do surreal do psiquismo, onde se inscreve o sujeito na sua condição inconsciente.

Portanto, não foi por acaso, dos pontos de vista histórico e epistemológico, que Lacan tenha, no início do seu percurso teórico e clínico na psicanálise, realizado um encontro decisivo com o movimento surrealista, que marcou de forma inequívoca a sua leitura do discurso psicanalítico e da experiência analítica.[326] Em decorrência disso, pôde formular outra leitura sobre a *paranoia* e sobre a *psicose*,[327] formulando, assim, outra concepção de sujeito.[328] Nos rastros estéticos de Salvador Dalí, Lacan conferiu à paranoia, delineada como paradigma clínico da psicanálise, a posição estratégica de repensar a constituição do inconsciente e do eu, pelos quais as relações deste com o Outro ofereceriam os signos teóricos decisivos para pensar de forma original a constituição do corpo libidinal, pelo viés crucial da experiência especular, na relação originária do infante com a figura da mãe.[329, 330]

---

325. S. Freud, *L'interprétation des rêves* (1900), cap. VII.
326. E. Roudinesco, *Jacques Lacan. Esquisse d'une vie, Histoire d'un système de pensée*.
327. J. Lacan, *De la psychose paranoïaque dans ses rapports avec la personalité. Suivi de Premiers écrits sur la paranoïa* (1932).
328. B. Olivie, *Lacan. La formation du concept de sujet* (1932-1949).
329. J. Lacan, "Le stade du miroir comme formateur de la fonction du Je" (1949). In: *Écrits*.
330. Idem, "L'agressivité en psychanalyse" (1948). In: *Écrits*.

DA ESTÉTICA AO MÉTODO PSICANALÍTICO

Contudo, esse encontro aparentemente inusitado entre o método de produção do texto e o funcionamento do dispositivo psicanalítico não é tão surpreendente. Com efeito, podemos encontrar essas articulações decisivas, entre discursos aparentemente opostos, nas premissas históricas e estruturais da psicanálise, de maneira que tais articulações delinearam até mesmo uma das dimensões originais do discurso freudiano.

Assim, já é hoje fartamente conhecido que apenas tardiamente Freud reconheceu que a construção teórica do método psicanalítico era tributária de suas leituras de juventude, as quais teria, até então, recalcado. Foi pela instigação de seu discípulo Ferenczi que Freud pôde reconhecer alto e bom som a natureza desse recalque e enunciar, assim, a sua dívida com a literatura.[331] Nesse momento, um véu foi rasgado e uma máscara foi definitivamente retirada, possibilitando delinear de maneira indelével os liames existentes entre o discurso psicanalítico e o discurso literário, suspendendo definitivamente qualquer marca cientificista na constituição teórica do discurso psicanalítico.

Tudo isso coloca em evidência certa modalidade de funcionamento da narrativa conceitual e de certas passagens do discurso freudiano, no registro eminentemente teórico, e que pode provocar em seu leitor algumas perturbações inesperadas. Um exemplo flagrante disso é uma passagem célebre na qual Freud enuncia a existência do masoquismo feminino, no ensaio intitulado "O problema econômico do masoquismo" (1924), mas passa, logo em seguida, a se referir a casos clínicos de homens, sem qualquer explicitação mediadora e crítica, como se a passagem de uma frase para a outra e a mudança da condição de gênero do sujeito em questão fossem evidentes e óbvias.[332] Outro exemplo está em quando Freud enuncia hipóteses e desenvolve intuições eminentemente

---

331. S. Freud, "Sur la préhistoire de la technique analytique" (1920). In: S. *Résultats, idées, problèmes*, vol. I, pp. 225-238.
332. Idem, "Le problème économique du masochisme" (1924). In: *Névrose, psychose et perversion*, p. 284.

metapsicológicas quase que sobre o *vazio* e sem qualquer fundamento tangível, para retomá-las posteriormente em outros textos, sem fazer as conexões necessárias com os seus enunciados anteriores. Enfim, tudo isso ocorre, no registro discursivo, sem que exista no discurso freudiano qualquer sistematização conceitual tangível, para orientar devidamente o seu futuro leitor.

Pode-se enunciar assim que existe uma descontinuidade insistente e repetitiva no discurso freudiano, na *forma* pela qual uma *questão* é abordada e trabalhada, de maneira que seu estilo é composto, sobretudo, de rupturas, sem que isso se acompanhe necessariamente de uma argumentação cerrada e exaustiva. O leitor é colocado, então, na posição incerta de um intérprete que escuta a sinfonia desarmônica da escrita freudiana e é obrigado a juntar e costurar com paciência os fragmentos dispersos, pela mediação de uma operação interpretativa. Nesse sentido, é bastante frequente que o leitor incida de modo inesperado na sua leitura com intuições teóricas de Freud que são fulgurantes, de forma que é necessário o fluxo do tempo de leitura para que se possa empreender, apenas posteriormente, o devido trabalho teórico de simbolização conceitual.

É necessário, portanto, que o leitor faça um trabalho efetivo de *perlaboração* na sua leitura do discurso freudiano – para retomar o conceito metapsicológico de Freud, enunciado no ensaio "Rememoração, repetição e perlaboração", publicado em 1914.[333] Sendo assim, seria por esta perlaboração que a costura do que está despedaçado pode se realizar efetivamente e se avolumar, forjando uma rede e um tecido propriamente narrativo. Contudo, não se pode perder de vista que esse trabalho do leitor é sempre *inacabado* e *infinito*, na medida em que permanecem sempre, como restos da leitura, múltiplas intuições desconcertantes, que não foram jamais delineadas sobre o plano teórico no discurso freudiano.

---

333. S. Freud, "Remémoration, répétition et élaboration" (1914). In: *La technique psychanalytique*.

Podemos constatar a mesma questão, igualmente presente e imperativa, nos diversos seminários realizados por Lacan.[334] Não obstante o desejo explícito deste em desenvolver sempre uma argumentação teórica sólida, pode-se evidenciar com certa facilidade e sem nenhum esforço da parte do leitor a existência, nos *Seminários*, de um texto paralelo. Com efeito, esse texto paralelo se caracteriza pela multiplicação de intuições lançadas sem a menor justificação teórica, e apenas algumas entre estas constituíram a matéria-prima para elaborações posteriores. Outras, em contrapartida, permanecem para sempre em estado de esboço, mesmo que algumas delas sejam geniais, à espera de um leitor/intérprete que possa relançá-las posteriormente no registro do discurso e submetê-las, assim, a um trabalho paciente de elaboração conceitual.

Podemos reconhecer nessas duas referências discursivas fundamentais do campo psicanalítico que, nos discursos teóricos de Freud e de Lacan, diversas intuições fulgurantes foram enunciadas com regularidade e não foram nem imediata nem mediatamente desenvolvidas. Em um momento posterior, algumas o foram, mas muitas delas permaneceram fadadas ao silêncio, inquietando sempre os leitores desses dois psicanalistas. De qualquer maneira, é preciso enfatizar ainda que nem o discurso freudiano nem o lacaniano realizaram uma construção teórica que fosse efetivamente *totalizante*, pois as brechas e os intervalos permanecem, de forma eloquente, nos interstícios dessas escritas.

Essa forma de construção discursiva materializa, portanto, o que seria o espírito teórico da psicanálise propriamente dita, no seu investimento decisivo no que é particular e fragmentado em qualquer modalidade de discurso, em decorrência do imperativo dos processos inconscientes de enunciação. Estamos, desse modo, colocando em evidência a presença, nesses discursos teóricos, de certa paixão pelo pequeno detalhe, por uma mínima inflexão e modulação na ordem do discurso, pela qual se revela o desejo permanente de evitar uma modalidade causal e explicativa de

---

334. Os *Seminários* são publicados em francês pela editora Seuil, mas apenas uma parcela deles foi organizada por J. A. Miller. Existem ainda as edições que são consideradas piratas pelos detentores dos direitos autorais das obras de Jacques Lacan.

pensamento, tanto em Freud quanto em Lacan. Enfim, é possível formular que marcas formais idênticas se encontram igualmente presentes em outras referências discursivas do campo psicanalítico, contemporâneas e posteriores a Freud, de modo a se poder caracterizar uma marca distintiva da escrita psicanalítica.

Como já enunciei, o que estaria em pauta na cena da escrita psicanalítica é a posição estratégica assumida pelo registro linguístico da enunciação, que cadenciaria as inflexões e as pulsações do sujeito do inconsciente, e que se evidenciaria sempre, de forma eloquente, pela descontinuidade.

UNHEIMLICH

Pode-se formular, assim, que um escrito é psicanalítico, no sentido estrito da palavra, quando permite realizar em *ato* a *crítica* de uma forma totalizante e exaustiva de narrativa, que seria centrada numa argumentação supostamente indiscutível e que remeteria sempre à conexão e à conjunção dos enunciados, articulados pelos princípios da lógica formal, pela causalidade e pelo imperativo cognitivo. Seria o registro da enunciação, em contrapartida, o que estaria sempre em causa naquele de maneira indiscutível.

Assim, no escrito psicanalítico, a construção do texto se realizaria sempre por intuições e pela leitura fascinada pelos detalhes, pelos quais o campo da questão que lhe orienta poderia se articular e ser formulado, mas permitindo, ao mesmo tempo, a exibição ostensiva de suas brechas. Essas seriam então apresentadas para o leitor como feridas abertas, queimaduras e lacerações na pele da escrita, que funcionariam à maneira de um convite para participar ativamente do universo que lhe é apresentado. Dito de outro modo, essas feridas abertas e sangrentas, formas de mutilação na escrita, funcionariam como possibilidade concreta para que o leitor possa nela se inscrever decididamente, obrigando-o a pensar a partir do que falta no texto.

Com efeito, ao leitor é oferecida, assim, a posição estratégica de participar *ativamente* na composição da escrita que lhe é apresentada, perpassada que esta é por intervalos eloquentes, na medida em que essa escrita tem a densidade *intensiva* da obra de arte, caracterizada como *obra aberta* por Umberto Eco, no seu livro homônimo.[335]

No que concerne a isso, é possível avançar ainda mais na interpretação proposta e afirmar que a escrita assim construída funciona como algo da ordem do *Unheimlich*, isto é, do *sinistro* e da *inquietante estranheza*.[336] Seria esta a modalidade de escrita que, de acordo com Freud, ressoa como *familiar*, por um lado, mas produz, ao mesmo tempo, a sensação de ser algo *não familiar* e efetivamente estranho, pelo outro. Daí o motivo por que, como resultante desse *paradoxo* entre o que é familiar e o que é não familiar, se produza no leitor a sensação de inquietante estranheza, na medida em que essa oposição não seria submetida à *lógica dialética da superação*, mediada pela operação da *negação*.[337]

Portanto, é nessa diferença crucial entre o familiar e o não familiar que se ordena para o sujeito uma experiência da ordem do insólito e do surpreendente. Nós, como leitores, somos conduzidos imperativamente a pensar, e não podemos escapar disso, pois essa experiência insólita é inevitável. Somos engolidos e tragados pelo fluxo inebriante e inesperado dessa modalidade de escrita, que nos engolfa pelas bordas, de maneira irremediável.

A indagação que se coloca então, em seguida, é: que modalidade de pensamento e de desejo se impõe na experiência do leitor? Pode-se enunciar que essa maneira de *pensar* se caracteriza pelo desejo de se apropriar avidamente do texto em cena e de querer fazê-lo falar com a sua própria linguagem. Seria assim que se iniciaria a composição do texto como *obra aberta*, com a participação efetiva do leitor na sua produção.[338] Seria dessa maneira que passamos a escrever o texto em pauta nos termos do nosso discurso e passamos a reescrever o texto ao mesmo tempo, procurando ultrapassar as "feridas abertas", assim como as suas lacerações.

Com efeito, existe nessa experiência decisiva um movimento do sujeito para *canibalizar* o texto em questão, para que o leitor possa

---

335. U. Eco. *Obra aberta*. (1980).
336. S. Freud, "L'inquiétante étrangeté" (1919). In: *L'inquiétante étrangeté et autres essais*.
337. Ibidem.
338. U. Eco, op. cit.

passar a *dizer* algo com as entranhas de seu discurso, pela incorporação e pela devoração dos fragmentos do texto, norteados pela lógica da enunciação. Enfim, seria justamente como efeito crucial desse conjunto de procedimentos de leitura que podemos afirmar que lemos efetivamente um texto e que este finalmente nos pertence, deixando de ser um corpo estranho para nós.

Não é um acaso, certamente, que o ensaio de Freud "A inquietante estranheza" tenha no subtítulo a referência decisiva de que se tratava de um texto sobre a *estética psicanalítica*.[339] Foi o único texto, entre seus diversos ensaios sobre a literatura e a arte, que Freud enunciou tratar da estética em psicanálise. Pretendia dizer com isso, portanto, que seria pela experiência impactante do *Unheimlich* que o inconsciente fala na sua enunciação eloquente, evidenciando a *emergência em ato* do sujeito do inconsciente e do desejo como o seu correlato, cadenciados que seriam pelos impactos da força da pulsão. Em decorrência, seria pelo privilégio conferido à experiência da inquietante estranheza que o discurso psicanalítico poderia participar efetivamente do discurso da estética e oferecer instrumentos teóricos para a composição da obra aberta.

Contudo, é preciso que nos perguntemos agora, de maneira imperativa: as marcas até aqui destacadas caracterizariam um escrito psicanalítico? Esses traços formais expressariam a dimensão específica de um texto psicanalítico? Não creio. No entanto, é preciso delinear com certo vagar o sentido dessa negação. Com efeito, é preciso enunciar que essa questão não se resolve com a afirmação peremptória do sim ou do não, nem nos termos do tudo ou do nada. É preciso nuançar qualquer afirmação sobre isso.

Para não sermos ingênuos é preciso reconhecer que qualquer texto literário, moderno e contemporâneo, que não tenha um estilo estritamente realista, pode ser construído e se apresentar efetivamente com essas características. O surrealismo e a proposição da escrita automática constituíram certamente um momento crucial de refle-

---

339. S. Freud, "L'inquiétante étrangeté" (1919). In: *L'inquiétante étrangeté et autres essais*.

xão crítica sobre a escrita e a literatura na modernidade estética.[340] Contudo, o que o surrealismo propôs, como método de criação e de produção estéticas, correspondia a alguma coisa que já existia certamente na literatura moderna, mas que ele impulsionou até as bordas da caricatura e mesmo do impossível. Se essas características formais fossem confrontadas com as que estão presentes nos textos filosóficos e científicos, além das narrativas literárias de estilo realista, a distinção seria ainda mais evidente, pois esses últimos pretendem se apoiar sobre uma argumentação sem falhas e cerrada, com a pretensão de ser totalizante.

É preciso reconhecer que diversos textos literários modernos e contemporâneos, que são certamente cruciais para a revolução da escrita literária, podem produzir os mesmos efeitos desconcertantes sobre o leitor, sem serem construídos necessariamente pelo método da escrita automática. No que concerne a isso, é preciso evocar alguns autores célebres como Proust, Kafka, Joyce, Beckett e Virginia Woolf, dos quais os três primeiros foram ostensivamente demonizados pelo imperativo estético e pela filosofia literária do *realismo crítico*,[341] pois não se pautaram pelo estilo da *narrativa*, valorado por Lukács[342] na sua sustentação discursiva do *realismo socialista*. Contudo, os textos desses autores podem provocar igualmente no leitor um encontro singular. A escrita deles funciona como uma modalidade de interpretação para o leitor, na medida em que enuncia algo fundamental para o sujeito do inconsciente, de maneira insólita e estranha, sem, no entanto, ter sido necessariamente composta pelo método da *colagem de fragmentos*, como na proposição surrealista da escrita automática.

Com essa mistura inesperada que acabei de realizar no jogo, mudando a ordem das cartas e colocando decididamente o insólito em cena, é preciso dizer que se impõe outra modalidade de consideração teórica

---

340. W. Benjamin, "Le surréalisme, dernier instantané de l'intelligence européenne". In: *Oeuvres*, vol. II, pp. 115-134.
341. G. Lukács, *Realismo crítico hoje*.
342. Idem, "Narrar ou descrever?". In: *Ensaios sobre Literatura*, pp. 47-99.

que já anunciei com certa insistência. Fiz já alusão a isso quando falei da metodologia e quando destaquei a oposição existente entre os registros da singularidade e da universalidade.

LEITURA, ACASO E INCONSCIENTE

É preciso enunciar que o texto funciona como um *intérprete*, como algo que captura inesperadamente o leitor numa modalidade especial de armadilha, de forma que o texto tem a potência de suspender momentaneamente o leitor nas suas referências fundamentais. Numa linguagem prosaica, pode-se dizer que o leitor perde o chão onde pisa, ameaçado a ponto de cair no chão e quebrar, literalmente, a cara. Seria dessa maneira que o texto diria ao leitor algo de forma inesperada, sendo esse encontro imprevisível a condição para a emergência da experiência do inconsciente. Portanto, esse efeito de enunciação é movido pela *singularidade*, pois o critério em pauta não é a *universalidade* formal das marcas presentes na escrita em questão, já que o encontro seria sempre *fortuito* e determinado pelo *acaso*. Pode-se afirmar, assim, que qualquer texto literário pode em princípio delinear na sua tessitura as linhas de força que permitem a construção de um *campo transferencial* com um dado leitor, na sua singularidade, como sujeito do inconsciente.

Podemos ir mais longe ainda, enunciando outra dimensão dessa problemática e destacando agora não o texto em si mesmo, na sua imanência, mas a relação do leitor com o texto. Assim, o leitor se apropria sempre de um texto à sua maneira, de forma singular, para transformar o familiar em não familiar e o não familiar em familiar, de maneira duplamente *Unheimlich*. Delineia-se a figura comum de qualquer leitor que sempre lê os textos com seus próprios olhos, ouvidos e tripas, de maneira sempre encorpada. Com efeito, mesmo que o texto tenha sido construído de forma organizada e bem concatenada, como uma narrativa aparentemente sem falhas e sem brechas, modulada pelo uso impecável da lógica formal, o leitor sempre vai construir sobre ele a sua ordem discursiva e lhe imprimir inevitavelmente a sua leitura, norteado pelas valências de seu desejo e de suas enunciações.

Essa seria a razão pela qual nós podemos sustentar, desde o advento histórico da modernidade, que apenas lemos efetivamente um texto quando nos apropriamos dele de nosso jeito e o dispomos de forma que nos diga algo que ultrapassa de longe a literalidade de seus enunciados. Seria assim, movido pela enunciação e pelo desejo, que qualquer leitor se apropria de um texto, caminhando pelos interstícios ruidosos de sua rede semântica de enunciados. Essa modalidade de leitura seria constitutiva da *crítica*, enfim, uma prática teórica propriamente moderna.

Portanto, o leitor funciona sempre como a figura do analista que fragmenta de forma interminável o que é oferecido pela figura do analisante, para produzir a descontinuidade, romper liames existentes no *campo* textual de enunciados e fazer emergir a *temporalidade* do desejo, de maneira a poder reescrever o texto. Seria esse procedimento, delineado agora no campo da figura do analista, que Freud denominou de *atenção flutuante*: a contrapartida, no registro do analista, do procedimento da associação livre presente no registro do analisante.[343]

São essas leituras que permanecem efetivamente na nossa memória como leitores e que evocamos sempre, justamente porque o texto em questão nos possibilitou um encontro singular com o registro do desejo, sendo assim reescrito *no* e *pelo* inconsciente. As demais leituras, aquelas que não nos capturam efetivamente e não fazem cócegas no fluxo do nosso desejo, nós as esquecemos; não ficam marcadas na memória inconsciente de maneira indelével, permanecem na exterioridade do nosso campo do desejo.

A problemática em pauta, desse modo, se desloca e muda radicalmente de registro. Com efeito, além da *condição necessária* ao texto – a de promover uma experiência do inconsciente para o sujeito, por ação imanente de certas marcas na sua estrutura –, o texto pode produzir o mesmo efeito pelo *encontro fortuito* que ocorre com o leitor, pela forma como este se apropriaria de sua leitura, regulado e norteado pela enunciação e pelo desejo inconsciente.

---

343. S. Freud, *La technique psychanalytique*.

A ESCRITA E OS DESTINOS DA PSICANÁLISE

Nos dois casos, delineados aqui como *tipos ideais* inscritos em polos opostos no campo da leitura, critérios diferentes de avaliação estão evidentemente em causa. No primeiro, o que estaria em questão é algo da ordem da *surpresa*, pois o texto surpreende e produz um impacto inesperado do campo do desejo do leitor, como ocorre numa *interpretação psicanalítica*. No segundo, em contrapartida, o que está em pauta é o movimento do desejo do leitor, que se apropria do texto e o fragmenta de maneira frontal, de forma a propiciar inicialmente a sua *desterritorialização* e a sua *reterritorialização* em seguida – para evocar conceitos teóricos de Deleuze e de Guattari.[344] Evidentemente, essas duas possibilidades lógicas não se excluem e podem perfeitamente existir de maneira articulada, a primeira conduzindo à segunda, não obstante o seu funcionamento diferenciado e relativamente autônomo.

ISSO BASTA?

O que está em causa, nas duas possibilidades destacadas, é algo da ordem da experiência do inconsciente. Esses critérios, no entanto, são muito genéricos para caracterizar um escrito psicanalítico na sua especificidade, é preciso reconhecer isso efetivamente. Com efeito, se ambas certamente constituem as *condições necessárias* para essa modalidade de escrita, não são dessa, contudo, *condições suficientes*.

Introduzir o critério temático – para que o escrito seja psicanalítico, a psicanálise deve ser seu tema – não muda e não acrescenta qualquer fator que faça avançar teoricamente a leitura dessa problemática. É necessário ainda se indagar de qual maneira a psicanálise poderia se inscrever, na sua especificidade, no registro da escrita.

Em contrapartida, outra questão deve ser devidamente considerada na elucidação dessa problemática, e concerne aos planos *teórico*, *ético* e *político* da psicanálise. Mais de cem anos após a descoberta e a invenção do inconsciente, a psicanálise não pode mais se dar ao luxo de

---
344. G. Deleuze, F. Guattari, *Mille Plateaux. Capitalisme et Schizophrénie*, vol. II.

permanecer nesse nível de generalidade nas suas formulações teóricas. Nos momentos heroicos de sua história, esses argumentos teriam sido seguramente suficientes, pois estava em pauta sustentar a pertinência, legitimidade e disseminação dessa descoberta. Na atualidade, contudo, a palavra "inconsciente" está banalizada por todas as modalidades de mídias e vulgarizada também pela linguagem corrente, de forma que ninguém coloca mais em dúvida a sua existência. O *inconsciente* existe, não há mais qualquer dúvida sobre isso, pois a expressão "Freud explica" é enunciada como uma verdade inquestionável, cantada em prosa e verso em quase todos os recantos do Ocidente.

Porém, isso não significa que as pessoas sabem do que estão dizendo quando falam disso, pois sob o termo "inconsciente" reina uma grande inflação semântica e, principalmente, uma ignorância total sobre o que significa efetivamente uma experiência real dessa ordem. Além disso, é preciso destacar que existe uma grande resistência à psicanálise, não obstante o uso barulhento dessa palavra. Embora exista hoje no Ocidente a inflação de uma retórica vazia que não cansa nunca de falar do inconsciente, mas que, em contrapartida, esvazia este conceito da intensidade da experiência afetiva que nele necessariamente se inscreve.

A problemática colocada atualmente é a de circunscrever a especificidade e a singularidade da experiência psicanalítica, pois podemos constatar a disseminação da resistência à psicanálise e ao inconsciente como correlata desta experiência. Daí por que na atualidade a caracterização de um escrito como psicanalítico não poderia se limitar apenas ao critério formal da construção do texto, tampouco ao encontro singular de um leitor com um texto, nem mesmo ao critério da apropriação de um texto por um leitor. Ainda que se possa definir devidamente a especificidade da experiência do inconsciente, os critérios teóricos não são suficientes para identificar a marca estilística de um escrito psicanalítico. Enfim, o problema teórico que se pressupõe hoje não é somente o de determinar se o texto, na sua especificidade, e a leitura realizada promovem uma experiência do inconsciente propriamente dito, mas se, além disso, algo a mais se inscreve no corpo do texto, para transformá-lo num escrito psicanalítico propriamente dito.

TRANSMISSÃO E FILIAÇÃO

Depois desse percurso é possível falar especificamente da problemática do texto e afirmar que um escrito psicanalítico deve necessariamente ter, no seu sentido estrito, a psicanálise como tema. Vimos, contudo, que isso não basta para a caracterização de um escrito psicanalítico, pois a cultura de massa contemporânea evidencia uma grande resistência à psicanálise – embora só fale dela de maneira inflacionada, de forma paradoxal. Enfim, o escrito psicanalítico deve necessariamente provocar uma experiência do inconsciente no leitor, além de o seu tema ser efetivamente a psicanálise. Portanto, essas são as duas condições necessárias para circunscrever um escrito psicanalítico propriamente dito.

No entanto, como poderia se produzir essa articulação? Qual é o *catalisador* que assegura e garante tal regulação? Para responder adequadamente a essas questões é necessário pensar que os comentários concernentes ao conteúdo teórico presente no texto estão estritamente ligados à sua funcionalidade. Dito de outra maneira, é preciso considerar devidamente o conteúdo do texto nos seus liames com a *função* que o escrito assume como tal.

Assim, o escrito psicanalítico *deve* realizar de alguma maneira uma modalidade de *transmissão* da psicanálise, como experiência ao mesmo tempo singular e universal. Seria isso, portanto, o que constitui a sua razão de ser. Com efeito, como a psicanálise não pode ser objeto de *ensino*, algo que já se sabe desde Freud, o escrito analítico deve ter a *transmissão* da psicanálise como sua *função paradigmática*. Isso implica efetivamente uma *filiação*, garantida pela autoridade simbólica de quem assume o risco de articular, pela escrita, a singularidade de sua descoberta e da sua incidência sobre a leitura do discurso psicanalítico.

Portanto, transmitir a psicanálise hoje não se limita mais a afirmar apenas que o inconsciente existe. Além disso, refere-se ao modo como um psicanalista pode dizer algo de forma singular sobre a sua experiência analítica, para os seus pares, para os jovens analistas e para o público em geral. Isso implica que sua experiência, como analista e como analisante, conduza-o a expressar algo sobre a própria experiência do inconsciente e a dizer algo sobre o discurso teórico da psicanálise, ao mesmo tempo. O psicanalista deve, assim, imprimir a marca do seu desejo e de sua descoberta singular sobre o inconsciente, de maneira específica, inventiva e criativa, em vez de repetir chavões e lugares-comuns sobre a psicanálise no sentido genérico dessa palavra.

A *escrita psicanalítica* se constitui dos traços nela inscritos por um analista e da possibilidade de transmissão da psicanálise delineada a partir dessa escrita. Depois de décadas de impasses insuperáveis promovidos pelos processos formais de *formação psicanalítica*, tanto na tradição da International Psychoanalytical Association quanto na do campo lacaniano, parece-me que uma maneira de repensar a transmissão da psicanálise e o reconhecimento de um analista na sua especificidade seria a maneira como este se inscreve efetivamente nos seus escritos, no que eles evidenciam de sua singularidade como sujeito e de sua descoberta da experiência do inconsciente – e como tudo isso marca de forma indelével a sua leitura do discurso psicanalítico.

Portanto, é preciso romper definitivamente com a função psicanalítica *ideal* que, em nome da boa adaptação do indivíduo ao espaço social e da suposta pureza do desejo inconsciente, nas diferentes tradições psicanalíticas acima mencionadas, acabou por conduzir irresistivelmente a comunidade psicanalítica a práticas perversas na avaliação de seus membros e a uma manipulação infinita dos jovens analistas. A resultante mais ostensiva e nefasta disso é a falta de criatividade e de invenção que reina no campo psicanalítico há muito tempo, de forma que esse se transforma num exército composto de soldados que repetem as fórmulas de seus mestres, desgastadas na atualidade. É imperativo romper com esse modelo no campo psicanalítico, que é o correlato da disseminação da *normalização*[345] no campo da psicanálise.

Além disso, é preciso reconhecer que a experiência psicanalítica se evidencia pela possibilidade de produzir o sujeito na sua *diferença* para com outros sujeitos, marca que evidenciaria algo de seu desejo e de sua

---

345. M. Foucault, *Surveiller et punir*.

singularidade e que se inscreve de maneira indelével no seu *corpo* e no seu *estilo de existência*.[346, 347] Seria assim, pela mediação desse estilo, que definiria a singularidade de sua escrita. O analista poderia, enfim, realizar efetivamente a transmissão da psicanálise, fora das ficções perversas e dos valores do anonimato que as grandes burocracias psicanalíticas internacional instituíram.

---

346. J. Birman, *Por uma estilística da existência*.
347. Idem, *Estilo e modernidade em psicanálise*.

PARTE III Ficção

5. Escrita e ficção em psicanálise

ESCRITA CLÍNICA E ESCRITA TEÓRICA

A intenção primordial deste ensaio é a de abordar de outra maneira as características fundamentais da *escrita* em psicanálise. Essas características podem ser devidamente enunciadas no registro da narrativa clínica, que pode ser destacada de modo específico por colocar em cena o percurso do *sujeito* na experiência psicanalítica.

Uma vez que se pretende inicialmente com essa experiência é a elucidação e a suspensão consequente de uma dada perturbação psíquica – na qual a produção sintomática se conjuga com a presença da dor e do sofrimento para o sujeito –, o caminho para tal empreitada se realiza necessariamente pela revisão e reconstrução da *história* de uma dada existência, de forma que o sujeito é efetivamente colocado em questão, na sua *singularidade*. No entanto, a reconstrução dessa história não se modula como uma *biografia* no sentido estrito, considerando que seja forjada a partir de um conjunto de eventos reais. Ao contrário, essa reconstrução seria sempre permeada por *fantasmas* que atravessariam o sujeito e pelas *interpretações* que esse realizaria de sua existência. Ambos estariam inscritos na temporalidade: se os fantasmas modularam a produção de sentido de uma existência e esboçaram a construção de uma matriz interpretativa, essa matriz será permanentemente relançada e reinterpretada ao longo da história do sujeito. O que se evidencia, assim, seria a dimensão de *ficção* que constituiria necessariamente a experiência analítica e que se revelaria na composição da narrativa clínica.

Dessa forma, a marca ficcional presente no aparelho psíquico se apresentaria de forma flagrante na cena da narrativa clínica. Nessa construção ficcional, são o registro psíquico do inconsciente e a transformação da pulsão em inscrições inconscientes,[348] ambos regulados pela compulsão à repetição,[349] que estariam em cena como "ingredientes dessa escrita", como diria Freud. Seria possível dizer, com Lacan, que estaria em pauta o sujeito do inconsciente[350] e a sua constituição, pelas transformações impressas pela operação da repetição no campo do real.[351] Com efeito, a *repetição do mesmo* e a *repetição da diferença* empreenderiam esse trabalho de inscrição psíquica da pulsão.[352]

Para Derrida, em contrapartida, os registros da *força* e do *sentido* estariam sempre em ação no processo de produção de qualquer escrita,[353] da mesma forma que estariam no engendramento do inconsciente como cena da escrita,[354] na leitura que nos propôs da obra de Freud. Porém, pode-se dizer ainda, com Foucault, que estaria em questão a constituição de *formas de subjetivação*,[355] as quais seriam produzidas pela incidência dos *jogos de verdade*[356] nas intensidades corporais. As *escritas de si*, forjadas na Antiguidade tardia e na civilização helenística, se apresentariam como resultantes dessa conjunção e seriam constitutivas da hermenêutica do sujeito.[357]

Contudo, as mesmas características fundamentais que estão presentes nos escritos e narrativas clínicas podem também ser evidenciadas

---

348. S. Freud, "Pulsions et destins des pulsions" (1915). In: *Métapsychologie*.
349. Idem, *Au-delà du principe de plaisir* (1920). In: *Essais de psychanalyse*.
350. J. Lacan, "Fonction et champ de la parole et du langage en psychanalyse" (1953). In: *Écrits*.
351. Idem, *Les quatre concepts fondamentaux de la psychanalyse*. Le Séminaire, vol. XI.
352. Ibidem.
353. J. Derrida, "Force et signification". In: *L'écriture et la différence*.
354. Idem, "Freud et la scène de l'écriture". In: *L'écriture et la différence*.
355. M. Foucault, *La volonté de savoir*.
356. Idem, "Les techniques de soi-même". In: *Dits et écrits*, vol. IV.
357. Idem, *L'herméneutique du sujet* (1981-1982).

nos escritos teóricos em psicanálise. Isso porque a dimensão ficcional estaria aqui também em pauta, ainda que de maneira indireta e alusiva. Não seria justamente por isso que, na tradição da filosofia neopositivista, a psicanálise nunca foi reconhecida como uma ciência, de fato e de direito?[358] Não obstante a pretensão e os esforços de Freud para obter tal reconhecimento pelas comunidades científica e filosófica, a ironia e o silêncio foram aquilo que sempre obteve como resposta.

Assim, se os escritos teóricos e clínicos na psicanálise evidenciam marcas ficcionais de maneira patente, não obstante as diferenças formais evidentes entre as duas produções discursivas, isso remete à leitura do aparelho psíquico realizada pela psicanálise, que se evidencia de forma eloquente na experiência psicanalítica. O que estaria então em pauta seria a face e o verso da mesma *problemática*, reveladas em duas modalidades de escrita, de maneira correlata.

O que vou realizar, então, neste ensaio é a demonstração dessa proposição, tomando a construção do discurso freudiano como objeto de leitura, para evidenciar a formulação da problemática colocada em questão.

DO REAL AO FANTASMA

Numa carta enviada a Fliess, no ano de 1897, Freud afirmou de maneira peremptória e sem qualquer vacilação: "não acredito mais na minha neurótica."[359] Esse enunciado se transformou num divisor de águas para a constituição da psicanálise. Por isso mesmo, todos os historiadores desse campo do saber e os comentadores de Freud se referiram à afirmação de maneira eloquente, colocando em destaque a *descontinuidade* que se inscreveu no discurso freudiano. Isso porque essa formulação condensava a *ruptura* efetiva do discurso freudiano com tudo o que enunciara até então, nos registros teórico e clínico.

---

358. Sobre isso, vide: J. Birman, "Os impasses da cientificidade no discurso freudiano e seus destinos na psicanálise"; "Leituras sobre a cientificidade na psicanálise". In: *Psicanálise, ciência e cultura*.
359. S. Freud, "Lettres à Wilhelm Fliess, notes et plans" (1887-1902). In: *La naissance de la psychanalyse*.

O que estava em questão, com efeito, era o deslocamento estratégico da teoria da *sedução* para a teoria do *fantasma*, na leitura do aparelho psíquico. Contudo, o que esse deslocamento colocou em evidência foi a presença inequívoca da *dimensão ficcional* no fundamento do psiquismo.

Quais foram as coordenadas presentes nessa descontinuidade? Entre 1894 e 1896 o discurso freudiano formulou de maneira sistemática não apenas o conceito de *defesa* – pelo qual o psiquismo procurava se proteger das experiências de dor e de sofrimento resultantes do conflito psíquico –, mas também a ideia de que esta seria forjada a partir de um *acontecimento* bem circunscrito, oriundo da ordem do *real*. De fato, as diferentes psiconeuroses de defesa, sejam essas a histeria, a neurose obsessiva ou a psicose alucinatória, seriam decorrentes de uma sedução real ocorrida efetivamente na infância do sujeito, de forma que as ditas neuroses teriam uma etiologia francamente traumática. Vale dizer, a teoria da sedução estaria fundada em um *trauma*, sendo esse de caráter especificamente *sexual* – apenas o que fosse de ordem sexual seria capaz de engendrar um efeito traumático no aparelho psíquico.[360, 361]

Nesse contexto, Freud ainda era um teórico do século XIX, marcado pela tradição no que concerne à sexualidade das crianças, ou seja, pela ideia de que essas seriam seres *assexuados* e que a sexualização humana seria necessariamente dependente da maturação das glândulas sexuais, que ocorreria apenas na puberdade. Contudo, a condição assexuada das crianças não impedia que essas pudessem ser objeto da manipulação erótica realizada por seres já sexuados, de forma que a dita sedução ficaria como um *corpo estranho* no psiquismo da criança, carente de instrumentos de leitura do que se passava na experiência do abuso sexual. Porém, o corpo estranho poderia ser reativado na adolescência, desde que o agora jovem fosse confrontado com uma experiência sexual e real que pudesse

---

360. S. Freud, "Les psychonévroses de défense" (1894). In: *Névrose, psychose et perversion*.
361. Idem, "Nouvelles remarques sur les psychonévroses de défense" (1896). In: *Névrose, psychose et perversion*.

evocar o acontecimento infantil no aparelho psíquico. Com isso, a nova *cena* funcionaria como *interpretante* da cena inicial, caracterizando-a então como uma cena efetivamente sexual, de forma a conduzir o sujeito a uma experiência de *culpa* e de *vergonha* pelo que lhe acontecera outrora. Em decorrência disso, se constituiria uma *defesa* psíquica que, para evitar a angústia, conduziria o sujeito à *divisão* psíquica, ao recalque e à constituição de um sintoma.

A variabilidade do sintoma estaria na estrita dependência não apenas da defesa que seria utilizada, mas também do momento da história real da criança no qual teria ocorrido a experiência traumática. Com isso, o discurso freudiano poderia diferenciar, por um lado, a histeria, a neurose obsessiva e a psicose alucinatória, assim como distinguir, pelo outro, o conjunto das *psiconeuroses* do que denominou de *neuroses atuais*, nas quais o acontecimento traumático não teria configurado uma cena psíquica.[362] Freud, porém, acabou por formular que cada uma das psiconeuroses teria como o seu correlato uma neurose atual, que condensaria o tempo inicial do ato traumático, condição necessária para o engendramento posterior daquelas.[363]

Não pretendo entrar mais nos detalhes clínicos dessa interpretação, pois esse desenvolvimento não interessa ao que se pretende encaminhar nesse ensaio. O que importa destacar é que o discurso freudiano sustentava efetivamente o caráter decisivo de um acontecimento da ordem do real e que este produziria a divisão psíquica e a psiconeurose. Por conta disso, o tratamento psíquico se centraria na *catarse*, pela qual Freud visava à restauração da cena original que fora excluída dos registros da consciência e do eu, para que o sujeito pudesse então elaborar o que lhe acontecera, de forma a eliminar o sintoma e restaurar a unidade psíquica.[364]

É preciso destacar também, no que concerne a isso, como Freud era ainda neste contexto um autor pré-moderno, ao pressupor a identidade e a equivalência entre a *coisa* e o *signo*, isto é, entre o real do trauma e

---

362. S. Freud, "La psychothérapie de l'hystérie" (1895). In: S. Freud, J. Breuer, *Études sur l'hystérie*.
363. Ibidem.
364. Ibidem.

a cena psíquica, como se existisse reversibilidade entre esses dois registros. O campo teórico de Freud era ainda marcado pela *episteme* da Idade Clássica, na leitura arqueológica proposta por Foucault, centrada na categoria da *representação e da semiologia*, pela qual o signo seria o efeito especular da coisa, em que esta seria então a *origem* daquela.[365] Vale dizer, Freud ainda não tinha se inscrito na episteme da modernidade, marcada pela *hermenêutica* e pela *história*, conforme a perspectiva teórica de Foucault.[366, 367]

Não obstante, o discurso freudiano lança mão do conceito de *interpretação*, pela qual uma nova cena psíquica poderia efetivamente realizar a leitura da cena inaugural traumática, conduzindo à divisão psíquica do sujeito, com a finalidade de eliminar o corpo estranho. Porém, tal interpretação seria da ordem da *semiologia*, como denominou Foucault à técnica de leitura presente na Idade Clássica,[368] e não da *hermenêutica*, que passou a caracterizar a interpretação na modernidade.[369]

Além disso, deve-se colocar ainda em evidência como Freud lança mão de categorias teóricas da *dramaturgia*, para realizar a sua leitura da experiência psíquica, de forma que a categoria da *cena* ocupa uma posição estratégica na sua leitura. Por conta disso, a sua teoria da cura se vale da concepção de catarse, oriunda que é da *Poética* de Aristóteles,[370] para se referir à depuração e à elaboração da experiência traumática.

REALIDADE MATERIAL E REALIDADE PSÍQUICA

De todo modo, Freud acabou por realizar a crítica sistemática da *teoria da sedução*, desde que afirmara "não acreditar mais na sua neurótica". Porém, não o fez pela razão evocada por Krafft-Ebing, mas para enfa-

---

365. M. Foucault, *Les mots et les choses*.
366. Ibidem.
367. M. Foucault, *Nietzsche, Freud, Marx* (1967). In: *Dits et écrits*, vol. I.
368. M. Foucault, *Les mots et les choses*.
369. Ibidem.
370. Aristóteles, *Poétique*.

tizar a dimensão ficcional presente no psiquismo. Isso porque, quando enunciou a descrença na "sua neurótica", queria dizer que não acreditava mais no que os seus pacientes lhe relatavam *literalmente*, isto é, naquilo que lhe afirmavam sobre a sedução real. No entanto, Freud não queria dizer com isso que nada tinha acontecido, mas que aqueles eram enunciados inscritos e modelados pelos fantasmas dos sujeitos.

Vale dizer, os cuidados a que eram submetidos quando crianças, da parte das figuras parentais e de outros adultos, eram transformados posteriormente, pelos fantasmas dos sujeitos, em carícias eróticas e em sedução real. Com efeito, os indivíduos transformavam as carícias dos adultos, inscritas no campo dos *cuidados*, em atos efetivos de sedução, na medida em que seriam *erotizados* pela criança. Nessa medida, o fantasma faria necessariamente a *leitura* e a *mediação* entre o sujeito e o acontecimento real, forjando então uma *ressemantização* do que teria efetivamente ocorrido. Foi por esse viés decisivo, portanto, que o discurso freudiano formulou uma leitura ficcional do psiquismo.

Nessa perspectiva, o signo inscrito no psiquismo não era mais a *cópia especular* e a *representação* da coisa, pois uma *transformação* interpretante seria agora realizada pelo fantasma. Vale dizer, o discurso freudiano se inscrevia no registro da hermenêutica e não mais no da semiologia, como ocorria no tempo da teoria da sedução, para me valer ainda da leitura arqueológica de Foucault.[371, 372] Por isso mesmo, em *A interpretação dos sonhos*, Freud constituiu a diferença entre os registros da *realidade psíquica* e da *realidade material*, que estavam superpostas e confundidas à época da teoria da sedução, para inscrever decisivamente os fantasmas no registro da realidade psíquica.[373] Os fantasmas, com efeito, seriam a incorporação dos desejos dos sujeitos, de forma que o registro do *desejo* seria fundante da realidade psíquica, diferenciando-se do registro da *realidade material*.[374]

---

371. M. Foucault, *Les mots e les choses*.
372. Idem, *Nietzsche, Freud, Marx* (1967). In: *Dits et écrits*, vol. I.
373. S. Freud, *L'interprétation des rêves* (1900), cap. VII.
374. Ibidem.

Portanto, a realidade psíquica seria de ordem sexual e atravessada pelo desejo. Foi em decorrência da transformação do cuidado em sedução, no psiquismo do infante, que Freud formulou, nos *Três ensaios sobre a teoria da sexualidade*, obra publicada em 1905, a ideia de que a *figura da mãe* ocupava, no aparelho psíquico do infante, a posição estratégica de *sedutora originária*.[375] Este fantasma, no entanto, se apoiaria na condição *real* de ser a mãe quem se ocupava dos cuidados do infante, de forma que esses funcionariam para o infante como investimento e como fonte primária para a erotização do seu corpo.

Nessa perspectiva, o fantasma passou a ser caracterizado como *originário* e fundante do aparelho psíquico, modelador do desejo e do erotismo do infante. Por isso mesmo, no ensaio intitulado "Um caso de paranoia em contradição com a teoria psicanalítica",[376] que foi publicado em 1915, Freud formulou o conceito de *fantasmas originários*. Esses seriam as matrizes constituintes de todos os fantasmas no psiquismo. Enunciou então a existência de três fantasmas originários, quais sejam, o da *cena primária*, o da *sedução* e o da *castração*. Qual foi sua intenção teórica ao denominar tais fantasmas como originários?

Freud pretendia dizer com isso que tais fantasmas buscavam solucionar e responder às três questões constituintes do sujeito, numa relação direta e indireta com o registro da sexualidade. Com efeito, se o fantasma da cena primária procurava responder à questão de *onde* se originaria *o sujeito*, em contrapartida o da sedução buscava responder à questão de *qual* seria a *origem da* sexualidade, enquanto o da castração procurava solucionar o enigma da *diferença sexual*.[377, 378]

Pode-se depreender disso o modo como, no discurso freudiano, o registro do fantasma seria o canal pelo qual o aparelho psíquico seria constituído pela ficção. Isso porque seria pelo fantasma que a experiên-

---

375. S. Freud, *Trois essais sur la théorie de la sexualité* (1905), 2º ensaio.
376. S. Freud, "Communication d'un cas de paranoïa en contradition avec la théorie psychanalytique" (1915). In: *Névrose, psychose, et perversion*.
377. Ibidem.
378. J. Laplanche, J. B Pontalis, *Fantasia originária, fantasias das origens, origens da fantasia* (1985).

cia da satisfação se configuraria como cena psíquica, de maneira que o fantasma seria a encenação da erotização do sujeito e de sua satisfação efetiva: fantasmar o erotismo seria o campo pelo qual o psiquismo poderia aceder à *simbolização*. Para isso, no entanto, os fantasmas originários deveriam responder aos três *enigmas* que seriam constitutivos do sujeito, a saber, de onde me originei, como me sexuei e como sou sexualmente diferenciado. Enfim, seria pela simbolização, realizada pelas indagações fundamentais do sujeito, que o aparelho psíquico seria configurado pela ficção.

No entanto, para formalizar teoricamente e tornar consistente esse enunciado, o discurso freudiano teve que construir outros conceitos. Antes de mais nada, que o aparelho psíquico teria no *desejo* o seu movente fundamental – desejar seria aquilo que o colocaria em movimento. Seria essa a condição, necessária e suficiente, para a *produção* e para a *reprodução* do aparelho psíquico, ao mesmo tempo. Em seguida, seria necessário demonstrar que o corpo seria fundamentalmente *erógeno*, formulando então a existência da *sexualidade infantil*, que, como vimos, não era considerada e reconhecida por Freud no tempo inicial da teoria da sedução.

Essa dupla articulação conceitual se realizou entre 1900 e 1905, isto é, entre a publicação de *A interpretação dos sonhos* e dos *Três ensaios sobre a teoria da sexualidade*, respectivamente.

FORMAÇÕES DO INCONSCIENTE

Freud enunciou inicialmente a tese, em *A interpretação dos sonhos*, de que o *sonho* seria uma modalidade de realização do desejo.[379] Dessa maneira, contrapunha-se à tese então dominante, nos campos da neurologia e da neurobiologia, de que o sonho seria o signo ostensivo da desconstrução do psiquismo e que esta ocorreria em decorrência do estado do sono.

---

379. S. Freud, *L'interprétation des rêves* (1900), cap. II.

Na formulação de Freud, em contrapartida, existiria experiência psíquica no *sono* e não apenas no estado de *vigília*, como supunham os discursos da neurologia e da neurobiologia, os quais, ao dar relevância apenas à vigília, identificavam o psiquismo com o funcionamento da consciência.[380] O critério concebido por Freud para a leitura do psiquismo, em oposição a essa formulação, seria o da *imanência do desejo*, constante e invariante, tanto na vigília quanto no sono. Portanto, em decorrência disso, o aparelho psíquico seria fundamentalmente *inconsciente*, tendo no desejo a sua matéria-prima.[381]

Nessa perspectiva, o desejo promoveria a produção de fantasmas e o agenciamento de cenas psíquicas, montagens construídas com a finalidade de sustentar a experiência de satisfação. Isso porque a busca do prazer e o evitamento do desprazer realizariam a regulação do aparelho psíquico, fundado na hegemonia do princípio do prazer. Enfim, o que estaria em cena com a produção onírica seria a realização do desejo, que promoveria a ficcionalização no aparelho psíquico, pela mediação da encenação fantasmática.

Contudo, desde a introdução do livro *A interpretação dos sonhos*, Freud já enunciava que apenas pôde formular a tese de que o sonho seria uma modalidade de realização do desejo a partir da leitura prévia que realizara das psiconeuroses.[382] Nessas, o *sintoma* não seria mais considerado o efeito tardio da traumática experiência sexual infantil, mas o signo ostensivo de conflitos psíquicos, delineados entre o *imperativo do desejo* e os *movimentos defensivos* – estes pretenderiam impedir que aquele pudesse se realizar, de maneira direta e franca.[383] Os sintomas seriam, então, formações do compromisso forjadas entre os registros do desejo e da defesa, que se consubstanciariam de forma estritamente ficcional.

Em seguida, em 1901, no livro intitulado *Psicopatologia da vida cotidiana*, Freud destacou como os atos falhos teriam a mesma consistência

---
380. Ibidem, cap. I.
381. Ibidem, caps. III, IV, V, VI e VII.
382. Ibidem, introdução.
383. Ibidem.

psíquica que os sonhos e os sintomas.[384] Porém, no *ato falho* o desejo se realizaria diretamente, pela forma de *ação*. Por isso mesmo, Lacan pôde dizer que o ato falho seria, rigorosamente falando, uma ação *exitosa*, pois o desejo do sujeito se realizaria como ato.[385] Portanto, no ato falho a ficção se inscreveria no registro do ato propriamente dito, promovendo um efeito efetivo no real, pela produção de uma cena.

Ainda nessa mesma obra, Freud nos falou da produção do *lapso*, pelo qual o indivíduo enunciaria algo impróprio dos pontos de vista do discurso e do código social, de forma a se surpreender com o que falara. Porém, essa dissonância seria apenas aparente, pois o sujeito realizaria efetivamente o seu desejo, com o enunciado impróprio que lançou para o outro.[386] Pode-se depreender facilmente disso que no lapso ocorreria o mesmo que no ato falho, pois aquele se inscreveria decisivamente no real da rede comunicacional, na relação efetiva do sujeito com o outro, pela promoção de uma cena e de um mal-entendido.

Portanto, a leitura que o discurso freudiano realizou foi a de realçar o que não era até então valorizado, nos registros psíquico e social, com outra interpretação proposta para o ato falho e o lapso. Com efeito, para Freud, esses teriam a consistência semântica do desejo e da ficção, como o sonho, apesar de serem produções impróprias, no que concerne à adaptação do indivíduo à cena social. Porém, seria o desejo do sujeito o que promoveria os ruídos nas redes comunicacionais e intersubjetivas, inscrevendo-se em ato na cena social. Enfim, de figurações aparentemente sem sentido e sem valor performático, Freud transformou ato falho e lapso em figuras do desejo, pelas quais o sujeito se enunciaria em ato, impulsionado pelo registro da ficção.

Da mesma forma, em *O chiste e suas relações com o inconsciente*, livro publicado em 1905, Freud formulou a tese de que a *piada* seria também produzida pelo imperativo do desejo. A resultante disso seria uma produção ficcional específica como a *comédia*, que teria na

---

384. S. Freud, *Psychopathologie de la vie quotidienne* (1901).
385. J. Lacan, "Fonction et champ de la parole et du langage en psychanalyse" (1953). In: *Écrits*.
386. S. Freud, *Psychopathologie de la vie quotidienne*.

produção estridente do riso a sua efetiva promoção do gozo.[387] Da mesma maneira que nas produções psíquicas já destacadas, Freud resgatou na piada uma modalidade de experiência até então desqualificada, dos pontos de vista psíquico e social, atribuindo-lhe uma magnitude semântica e ficcional.

No entanto, é preciso afirmar ainda que existiria uma *equivalência* entre essas diferentes produções psíquicas, uma vez que, em todas essas, seria sempre o desejo, na sua positividade, o que se realizaria e o que se inscreveria na cena psíquica. Por isso mesmo, Lacan pôde enunciar que o sintoma, o sonho, o ato falho, o lapso e o chiste seriam *formações do inconsciente*, enfatizando que nessas produções o que estaria sempre em pauta seria o desejo e o inconsciente.[388] Portanto, em decorrência dessa equivalência, o sujeito poderia se enunciar igualmente nessas diferentes formações do inconsciente, de acordo com as circunstâncias, pelo registro ficcional do fantasma.

PULSÃO, CORPO E DESEJO

A posição estratégica conferida ao desejo e ao fantasma impunha como correlato uma nova teoria da sexualidade, na cartografia teórica do discurso freudiano. Foi por conta disso que, em 1905, Freud enunciou a teoria da *sexualidade infantil*, nos *Três ensaios sobre a teoria da sexualidade*.[389] Vale dizer, o registro do sexual não ficaria mais restrito ao campo da *reprodução*, como se formulara anteriormente no cristianismo, mas se inscreveria agora num espaço bem mais amplo e disseminado, modelado pelo desejo. Dessa maneira, o erotismo seria a forma pela qual a regulação entre o prazer e o desprazer incidiria sobre o organismo, constituindo o corpo e o aparelho psíquico, ao mesmo tempo.

---

387. S. Freud, *Le mot d'esprit et sa relation à l'inconscient* (1905).
388. Idem, *Trois essais sur la théorie de la sexualité* (1905), 1º ensaio.
389. Ibidem.

Assim, o que caracterizaria a dita sexualidade infantil seria a condição de ser *perverso-polimorfa*.[390] O que significa essa dupla denominação da sexualidade? Antes de mais nada, enunciar o critério da *perversão* é afirmar que a sexualidade visaria à obtenção do prazer e não teria na reprodução a sua finalidade primordial, isto é, o desejo pretenderia a afirmação do prazer, pela realização de uma montagem fantasmática.[391] Em seguida, enunciar a dimensão *polimorfa* da sexualidade é sustentar que existiriam múltiplas formas para o exercício da sexualidade, e não apenas a delineada pela genitalidade.[392]

Em decorrência disso, Freud sustentava que o corpo seria constituído por um conjunto de *zonas erógenas*, de maneira que cada zona erógena funcionaria como um *órgão* erógeno.[393] As diferentes zonas erógenas seriam os suportes das pulsões sexuais, pela mediação das quais seria sustentado o imperativo do prazer e a circulação do desejo.[394]

Assim, se Freud afirmava que a finalidade da *pulsão sexual* seria sempre a obtenção do prazer, esse alvo poderia ser atingido pela mediação de diferentes objetos – o que implica dizer que o objeto é o que é *mais variável* na pulsão,[395] de maneira que as diferentes pulsões sexuais seriam equivalentes. Com efeito, as pulsões seriam sempre *parciais*, pois o prazer seria *limitado* e *momentâneo*, não existindo, então, pulsão *total*, nem tampouco *gozo absoluto*.

Portanto, pela formulação dos conceitos de corpo erógeno e de pulsão sexual, o que o discurso freudiano pretendia delinear era o solo para a construção do campo do desejo. Dessa maneira, o registro do *corpo* se oporia ao do *organismo*, uma vez que aquele seria sempre erógeno e perpassado por pulsões parciais, enquanto esse seria estritamente de ordem biológica. Nessa perspectiva, o registro psíquico se inscreveria no corpo erógeno, não existindo qualquer oposição entre os registros

---

390. Ibidem.
391. Ibidem.
392. Ibidem.
393. Ibidem.
394. Ibidem.
395. Ibidem.

do corpo e do psíquico. Enfim, o psiquismo seria *encorpado* e resultante de um processo de *incorporação*, em consequência de sua regulação pela oposição prazer/desprazer.

MARCAS E INSCRIÇÕES

Contudo, o que caracterizaria especificamente o registro psíquico é a existência de *marcas* e de *inscrições* – estas seriam a resultante da *conjunção* daquelas. As marcas, com efeito, seriam o efeito primário e imediato da experiência de satisfação no psiquismo, delineando como esta ocorre e evidencia a sua *presença* (*Darstellung*); enquanto a inscrição seria o efeito da conjugação de diferentes marcas, constituindo o campo da *representação* (*Vorstellung*).[396] Seria por esse viés que os registros do corpo e do psiquismo se articulariam, face e verso da experiência de satisfação.

Foi por conta disso que Freud enunciou posteriormente, no ensaio intitulado "O eu e o isso", publicado em 1923, que o registro do *eu* se constituiria e teria como função a *captura* das excitações pulsionais.[397] Assim, num aparelho psíquico perpassado pelas pulsões, estas teriam os seus *destinos* no campo das inscrições psíquicas.[398]

Por isso mesmo, ao formular inicialmente o conceito de pulsão, Freud enunciou que essa seria "uma exigência de trabalho imposta ao psiquismo em decorrência de sua relação com o corpo".[399] Essa exigência de trabalho implicaria a realização da experiência da satisfação, por um lado, e na produção de marcas e de inscrições psíquicas, pelo outro. Essa dupla condição pressuporia a articulação da força (*Drang*) da pulsão com o *objeto* e a constituição da *experiência de satisfação*, assim como a promoção de marcas e de inscrições psíquicas.

---

396. S. Freud, "L'inconscient" (1915). In: *Métapsychologie*.
397. Idem, "Le moi et le ça" (1923). In: *Essais de psychanalyse*.
398. Idem, "Pulsions et destins des pulsions" (1915). In: *Métapsychologie*.
399. Idem, *Trois essais sur la théorie de la sexualité* (1905), 1º ensaio.

Para avançar na leitura dessa problemática, Freud nos falou nos diferentes destinos da força da pulsão no psiquismo. Esses destinos seriam as resultantes da *incorporação*[400] e da *subjetivação*[401] da força da pulsão, que deixariam *trilhas* e *rastros* no psiquismo. Freud formulou, então, a existência de diferentes destinos, quais sejam, a *transformação da atividade em passividade*, o *retorno sobre o próprio corpo*, o *recalque* e a *sublimação*.[402] A força da pulsão se deslocaria assim do registro das intensidades para o das inscrições psíquicas, pela mediação dessas diferentes operações regulares e repetitivas.

As inscrições seriam constitutivas dos diferentes registros psíquicos: o *inconsciente*, o *pré-consciente* e a *consciência*. O inconsciente seria um *sistema* específico, regulado pelo *processo primário*, enquanto o pré-consciente/consciência constituiria um outro sistema, regulado pelo *processo secundário*.[403] A operação do *recalque* separaria os dois sistemas, funcionando como um divisor de águas.[404]

No que concerne à especificidade das inscrições, Freud enunciou que o inconsciente seria constituído por *representações-coisa*,[405] isto é, a conjunção das diversas marcas da experiência de satisfação. Em contrapartida, as *representações-palavra* se inscreveriam no registro pré-consciente,[406] de forma que a experiência da consciência propriamente dita seria a resultante da conjunção do registro da representação-coisa com o da representação-palavra.[407] Vale dizer, a tomada de consciência implicaria uma *nomeação* da representação-coisa pela representação-palavra.

Lacan, contudo, já concebeu a representação-coisa como sendo da ordem da *linguagem*, diferentemente de Freud. Assim, a representação-coisa teria a consistência do *significante*, enquanto a representação-palavra seria

---

400. Idem, "Pulsions et destins des pulsions" (1915). In: *Métapsychologie*.
401. M. Foucault, *La volonté de savoir*.
402. S. Freud, "Pulsions et destins des pulsions" (1915). In: *Métapsychologie*.
403. S. Freud, "L'inconscient". In: *Métapsychologie*.
404. Ibidem.
405. Ibidem.
406. Ibidem.
407. Ibidem.

da ordem do *significado*.⁴⁰⁸ Porém, no fundamental, o psiquismo seria da ordem da linguagem, de maneira que Lacan pôde enunciar não apenas que o inconsciente seria *transindividual*, mas também ordenado *como* uma linguagem.⁴⁰⁹ Vale dizer, o registro do inconsciente não se identificaria com o do eu, de forma que o campo da linguagem constitutivo daquele se oporia ao da imagem, constitutivo desse.

Freud afirmara também, desde o início de seu percurso teórico, que as inscrições psíquicas seriam constitutivas da *memória*.⁴¹⁰ Existiriam, assim, a memória consciente e a memória inconsciente, como dois diferentes registros psíquicos. Além disso, Freud formulara que seria a memória o que constituiria o psiquismo na sua especificidade,⁴¹¹ da mesma forma que Bergson.⁴¹²

Na sua leitura de Freud, Derrida formulou duas teses rigorosamente complementares. Primeiro, a de que as redes de inscrições psíquicas constituiriam o psiquismo como uma *escrita*, de forma que o psiquismo seria a *cena da escrita*.⁴¹³ Em seguida, formulou que a cena da escrita se forjaria como um *arquivo*.⁴¹⁴ É o que se verá em seguida.

MEMÓRIA, ESCRITA E ARQUIVO

No "Projeto de uma psicologia científica", de 1895, Freud já sustentava que as inscrições psíquicas seriam as resultantes da circulação das excitações no sistema nervoso, na medida em que não poderiam ser eliminadas pela descarga e pela via reflexa, como acontecia nas espécies animais

---

408. J. Lacan, "Fonction et champ de la parole et du langage en psychanalyse" (1953). In: *Écrits*.
409. Ibidem.
410. S. Freud, "Esquisse d'une psychologie scientifique" (1895). In: *La naissance de la psychanalyse*, 1ª parte.
411. Ibidem.
412. H. Bergson, "Matière et Mémoire" (1896).
413. J. Derrida, "Freud et la scène de l'écriture". In: *L'écriture et la différence*.
414. Idem, *Mal d'archive*.

inferiores.⁴¹⁵ Portanto, o que constituiria a particularidade da condição humana, em oposição às outras espécies animais, era a constituição de um *aparelho de memória*.⁴¹⁶

Uma vez que não podem ser eliminadas pela descarga reflexa, as ditas excitações deveriam ter um destino, moduladas pela experiência da satisfação. Isso porque as excitações em causa seriam a fonte de dor e de desprazer, e, para evitá-los, deveriam buscar percorrer as *trilhas* e as *linhas de facilitação* já existentes no sistema nervoso, forjadas em anteriores experiências de satisfação. Dessa maneira, a memória seria formada por esse conjunto de inscrições neurais, organizadas por uma *rede de conexões* que, como *sulcos* no sistema nervoso, evidenciariam os *rastros* da experiência de satisfação.⁴¹⁷

Foi por conta disso que Derrida, na interpretação brilhante que formulou dessa obra de Freud, enunciou não apenas que existia no discurso freudiano a exigência de conceber o registro psíquico como memória, mas também que essa era delineada como um *sistema de traços*. Com efeito, esses traços se inscreveriam numa *rede* neural e num *conjunto*, sendo permeados por *diferenças* entre si, de maneira que a arquitetura diferencial dos traços seria o que caracterizaria a memória propriamente dita.⁴¹⁸

Na "Carta 52", escrita para Fliess, Freud complexificou a leitura desse sistema de traços, conferindo-lhes maior mobilidade e possibilidade de transformação. Assim, as *redes diferenciais de traços* poderiam ser recompostas em *novos contextos* da experiência do sujeito, marcados pela *temporalidade*. Com efeito, os traços seriam, então, *ressignificados* pela operação psíquica da *posterioridade* (*Nachträglich*), adquirindo maior mobilidade pelos imperativos das novas experiências forjadas na ordem do tempo.⁴¹⁹

---

415. S. Freud, "Esquisse d'une psychologie scientifique" (1895), 1ª parte. In: *La naissance de la psychanalyse*, 1ª parte.
416. Ibidem.
417. Ibidem.
418. J. Derrida, "Freud et la scène de l'écriture". In: *L'écriture et la différence*.
419. S. Freud, "Carta 52", de Freud a Fliess. In: "Lettres à Wilhelm Fliess, notes et plans" (1887-1902). In: *La naissance de la psychanalyse*.

Nessa perspectiva, Derrida colocou em destaque a transformação do registro do traço no registro da escrita, de forma que a cena psíquica, como memória, foi transformada em uma cena *escriturária*, isto é, em uma cena caracterizada pela escrita.[420] A palavra *gramma*, de origem grega, remeteria à ideia de memória pela noção de *engrama*, e a reenviaria à questão específica da escrita.[421] Enfim, a memória seria modelada pela escrita.

Com efeito, quando, em *A interpretação dos sonhos*, a descrição das inscrições psíquicas foi retomada por Freud, o modelo para conceber a configuração do sonho, e do inconsciente como o seu correlato, foi, principalmente, o do *hieróglifo* egípcio e, secundariamente, o do *ideograma* da língua chinesa,[422, 423] numa leitura efetiva do psiquismo fundado na escrita. De forma que, entre o "Projeto de uma psicologia científica" e *A interpretação dos sonhos*, Freud transformou o sistema de traços numa escrita, para conceber então o inconsciente numa cena da escrita.[424] Enfim, nessa cena da escrita o registro da força se articularia de maneira cerrada com o registro do sentido,[425] para configurar o campo das inscrições psíquicas.

No desdobramento final de sua interpretação do discurso teórico de Freud e do inconsciente como cena da escrita, Derrida se voltou para a leitura do ensaio de Freud intitulado "Nota sobre o bloco de notas mágico", publicado em 1924. Nesse texto, o psicanalista austríaco encontrou no então recente brinquedo infantil "bloco mágico" uma materialização efetiva de sua leitura e descrição do psiquismo, concebido como sistema de inscrições psíquicas.[426]

Assim, se o que se escreve na folha de rosto do dito brinquedo não deixasse marcas, essa "folha em branco" seria o equivalente do *sistema*

---

420. J. Derrida, "Freud et la scène de l'écriture". In: *L'écriture et la différence*.
421. Ibidem.
422. Ibidem.
423. S. Freud, *L'interprétation des rêves*, cap. V e VII.
424. J. Derrida, "Freud et la scène de l'écriture". In: *L'écriture et la différence*.
425. Idem, "Force et signification". Ibidem.
426. S. Freud, "Note sur le 'Bloc-notes magique'" (1925). In: *Résultats, idées, problèmes* (1921-1938), vol. II.

de percepção-consciência, que, para Freud, receberia as excitações, mas não deixaria marcas – isto é, Freud estabeleceu a oposição cortante entre os registros psíquicos da *recepção* e da *memória*. Sustentava essa ideia com a finalidade teórica de conceber a necessária adaptação do psiquismo ao meio ambiente, de forma que o registro psíquico deveria ficar sempre *aberto* e *poroso* às excitações, mas, para isso, na sua periferia não poderia incorporar marcas. Porém, na folha subsequente do brinquedo apareceriam já as marcas das excitações, as quais seriam os equivalentes das representações psíquicas iniciais.[427]

Para Derrida, o que este ensaio de Freud colocou em evidência, e o que complementaria a sua leitura do psiquismo como cena da escrita, é que o aparelho psíquico seria também uma *máquina de escrever*.[428] Os diferentes fios do processo escriturário seriam assim amarrados e costurados por Derrida, numa tessitura de conjunto, pois, para que o psiquismo fosse concebido como cena da escrita, necessário seria que fosse também uma máquina de escrever.[429] Com isso, a cena da escrita, delineada como *condição necessária* para conceber o psiquismo como sistema de inscrição, teria como o seu correlato o imperativo de que o psiquismo fosse também uma máquina de escrever, como *condição suficiente*. Enfim, o modelo inicial do psiquismo como sistema de traços foi transformado decididamente numa escrita, o que supunha, em contrapartida, a existência do psiquismo como máquina de escrever.

Posteriormente, em *Mal de arquivo*, Derrida retomou a leitura que realizou do discurso freudiano para conceber, então, o psiquismo como cena da escrita e como máquina de escrever, segundo a ideia de arquivo.[430] A intenção de Derrida foi a de questionar a concepção positivista de arquivo, presente no discurso teórico da história, para enunciar que a escrita seria não apenas perpassada pelo *poder*, mas também pela *ficção*.

---

427. Ibidem.
428. Ibidem.
429. Ibidem.
430. J. Derrida, *Mal d'archive*.

Isso porque a escrita e o arquivo seriam atravessados por *espectros*,[431] maneira de Derrida denominar literariamente o registro do fantasma que foi desenvolvido por Freud.

Além disso, para Derrida, qualquer arquivo suporia não apenas a sua *renovação*, como também o seu *apagamento*, de acordo com os imperativos do *poder*.[432] Dessa forma, o conceito de pulsão de morte, formulado por Freud, seria aquilo que estaria no fundamento tanto do apagamento quanto da renovação do arquivo.[433] Por isso mesmo, a pulsão de morte representaria a figura do *mal de arquivo*. Nessa outra leitura de Freud, a cena da escrita, relançada agora como arquivo, foi inscrita em uma perspectiva *genealógica* e numa crítica contundente ao discurso positivista da história.

Nessa perspectiva, o paradigma teórico freudiano, ao conceber o psiquismo como um sistema de inscrições, formulou um modelo possível não apenas para a escrita literária – na medida em que, pelo atravessamento fantasmático, o sistema de inscrições seria caracterizado pela ficção e pela espectralidade –, mas também para qualquer escrita. Isso porque, se o psiquismo como cena da escrita funcionasse como um arquivo, as diferentes ciências humanas seriam modeladas pelo mesmo sistema de inscrições, a começar pelo discurso da história. No entanto, a história teria uma marcação cadenciada pela genealogia, já que seria sempre permeada pela ficção e não pela literalidade dos documentos.

Porém, da mesma forma que a história perderia a dimensão estrita das regras do positivismo documental, a biografia seria também permeada pelo registro da ficção. Por isso mesmo, a biografia seria sempre autobiografia, e qualquer *autobiografia* seria necessariamente da ordem da *autoficção*, e o sujeito ficcional estaria sempre em pauta. Essa modalidade de sujeito estaria em cena não apenas na experiência psicanalítica, como também nas narrativas realizadas sobre essa experiência, como se verá em seguida.

---

431. Ibidem.
432. Ibidem.
433. Ibidem.

ESCRITA E FICÇÃO EM PSICANÁLISE

EXPERIÊNCIA PSICANALÍTICA E COMPOSIÇÃO LITERÁRIA

Ao opor a realidade psíquica e a realidade material de maneira cortante em *A interpretação dos sonhos*,[434] Freud delineou que o aparelho psíquico seria não apenas constituído por um conjunto de inscrições permeado por ficções espectrais, mas também que tais inscrições não seriam as estritas *cópias* das coisas, oriundas da realidade material. Submetidas à *refração* dos fantasmas presentes na realidade psíquica, as inscrições seriam então *simulacros*[435] da dita realidade material, subsumidas à produção do sujeito no *campo diferencial*,[436] estabelecido este entre as marcas pelo próprio sistema de inscrição. Enfim, as inscrições psíquicas seriam forjadas em um campo imantado por diferenças, como nos disse Derrida na leitura do inconsciente como cena da escrita.[437]

Foi por conta disso que Freud concebeu a constituição do *espaço analítico*,[438] pelo estabelecimento de coordenadas específicas. De um lado existiria a regra da *livre associação*, do analisante, e do outro, a regra da *atenção flutuante*, do analista.[439] Visava com isso a suspender o domínio do eu sobre a realidade material, para deixar que a realidade psíquica se impusesse e se disseminasse na cena analítica. Dessa maneira, os simulacros poderiam circular no espaço analítico, pela suspensão das cópias da realidade material.

Nesse contexto, a censura e a atenção se afrouxariam, de forma que a realidade psíquica poderia se inserir na cena analítica: o eu entraria num estado próximo ao do sono, de forma que a narrativa associativa do analisante se aproximaria do que ocorreria na experiência do sonho. Portanto, a narrativa do analisante seria similar à narrativa onírica, na qual é a realidade psíquica o que se imporia de maneira surreal e espectral sobre a realidade material.

---

434. S. Freud, *L'interprétation des rêves*, cap. VII.
435. G. Deleuze, *Différence et répétition*.
436. Ibidem.
437. J. Derrida, "Freud et la scène de l'écriture". In: *L'écriture et la différence*.
438. S. Viderman, *La construction de l'espace analytique*.
439. S. Freud, *La technique psychanalytique*.

Nesse contexto, a experiência psicanalítica seria o desdobramento da constituição do espaço analítico, que colocaria em evidência a realidade psíquica, em toda a sua eloquência. A transferência que se estabeleceria entre as figuras do analisante e do analista possibilitaria que a história do sujeito pudesse ser construída na cena analítica, na sua densidade fantasmática, com vistas ao relançamento do sujeito em face do futuro. Essa *antecipação do futuro*, contudo, estaria fundada no desejo como possibilidade, que direcionaria o sujeito pelas vias ficcionais de seu sistema de inscrições psíquicas.

ESCRITA DE SI E ESCRITA CLÍNICA

Portanto, o que se constrói na experiência analítica não é da ordem da biografia de um indivíduo, pela recomposição de sua história a partir de suas marcas patentes, mas uma ficção, na qual os fantasmas permitiriam sua composição. Isso porque as marcas não seriam realistas, cópias especulares das coisas, mas permeadas pelos fantasmas. Nessa narrativa, o sujeito estaria no centro da construção, que se realizaria pela tensão estabelecida entre o registro do *tempo presente* e do *tempo passado*, com vistas a construir um *futuro* possível para a sua história.

Por isso mesmo, Freud pôde construir efetivamente outro modelo de escrita clínica, pela qual o que estaria em pauta não era mais a reconstrução real da história de uma *doença*, a partir de seus sintomas e de sua etiologia, mas a *genealogia de um sujeito*. Estaria justamente aqui a dimensão fundante da narrativa clínica; a inovação introduzida por Freud, com a invenção da psicanálise, de uma outra modalidade de escrita clínica, que rompeu com suas características estabelecidas no século XIX.[440]

Em decorrência disso, Freud dizia desde o início de seu percurso na psicanálise, em "Psicoterapia da histeria", que o relato de seus escritos clínicos era lido pela comunidade científica não como monografias

---

440. J. Birman, *Freud e a interpretação psicanalítica*.

clínico-científicas, mas como narrativas literárias. Vale dizer, as narrativas clínicas de Freud eram lidas como *romances* e não como monografias científicas.[441] Freud reiterou esta mesma formulação, aproximando literatura e psicanálise, pela especificidade de suas narrativas, quando realizou a publicação de "Fragmento de uma análise de histeria", em 1905.[442]

Nessa perspectiva, a escrita clínica em psicanálise, tal como Freud a realizou e construiu as coordenadas para a sua composição, estaria fundada na relação do sujeito com o campo de seus fantasmas, ao longo de sua história, isto é, nos seus avanços, vacilos, impasses e impossibilidades. Por isso mesmo, Freud denominou algumas de suas narrativas clínicas pelos fantasmas de seus analisantes, como "O homem dos ratos"[443] e "O homem dos lobos",[444] para enfatizar o que estava no fundamento da construção do sujeito em questão. Ou, então, intitulava o seu escrito clínico com o nome do analisante em questão, como foi o caso de Dora,[445] do Pequeno Hans[446] e de Schreber.[447]

Portanto, a articulação entre a narrativa clínica, a experiência psicanalítica e a leitura do psiquismo fundado no sistema de inscrição/fantasmatização coloca em evidência a similitude entre a escrita psicanalítica e a escrita literária. Enfim, a narrativa clínica em psicanálise é uma *escrita de si* realizada inicialmente pela figura do analisante e que pode ser transformada posteriormente numa escrita clínica realizada pela figura do analista, que deve dividir então com o analisante a *autoria* da dita composição literária.

---

441. S. Freud, "La psychothérapie de l'hystérie" (1895). In: S. Freud, J., Breuer, *Études sur l'hystérie*.
442. Idem, "Fragment d'une analyse d'hystérie (Dora)" (1905). In: *Cinq psychanalyses*.
443. Idem, "Remarques sur un cas de névrose obsessionnelle (L'Homme aux rats)" (1909).
444. Idem, "Extrait de l'histoire d'une névrose infantile (L'homme aux loups)" (1914). In: *Cinq psychanalyses*.
445. Idem, "Fragment d'une analyse d'hystérie (Dora)". In: *Cinq psychanalyses*.
446. Idem, "Analyse d'une phobie chez un petit garçon de cinq ans (Le petit Hans)" (1909). In: *Cinq psychanalyses*.
447. S. Freud, "Remarques psychanalytiques sur l'autobiographie d'un cas de paranoïa (Dementia Paranoides) (Le Président Schreber)" (1911). In: *Cinq Psychanalyses*.

6. Cartografias da morte e do desejo: do trauma à escrita e à ficção

A PROBLEMÁTICA

A intenção inicial deste ensaio é buscar estabelecer quais seriam os laços existentes entre os registros da *escrita*, do *trauma* e da *violência* em psicanálise, tecidos ao longo do discurso freudiano. No entanto, os laços existentes entre esses registros devem sofrer uma inflexão crucial; não serão considerados *contingentes* e *acidentais*, mas *necessários*. Isso implica dizer que esses laços não podem ficar restritos à dimensão descritiva do discurso freudiano, mas devem ser destacados como constitutivos do campo psicanalítico, no tempo de sua emergência histórica.

Portanto, os laços entre as questões da escrita, do trauma e da violência serão deslocados do registro do *fato* para o registro do *direito*, se formos nos valer da retórica do discurso filosófico de Kant.[448] Enfim, na leitura que será aqui sustentada tais laços se transmutam de *conjunções* em *articulações* efetivas, na medida em que o imperativo da lógica passa a regular as conjunções entre esses diferentes registros.

Dessa maneira, nas articulações tecidas entre os registros da escrita, do trauma e da violência, ao longo do discurso freudiano, existiria não apenas a constatação e o reconhecimento de uma coincidência e até

---

448. E. Kant, *Critique de la raison pure*.

mesmo de uma casualidade, mas se evidenciaria também uma *declinação* profunda no corpo desse discurso. Essa declinação promoveria a costura sutil de tais registros de forma insofismável. Em última instância, a pretensão teórica deste ensaio é evidenciar esse deslocamento efetivo, entre os registros superficial e profundo, na leitura de Freud.

Porém, para apreender essas articulações constitutivas do discurso freudiano é preciso ficar atento às *oscilações* apresentadas por aquelas questões no registro *patente* do discurso, uma vez que as questões se fazem presentes em certos contextos teóricos do discurso freudiano mas desaparecem em outros. A indagação que se impõe aqui é sobre a operação conceitual que regularia esses aparecimentos e desaparecimentos, em contextos teóricos diferentes, pois existe uma cadência e até mesmo uma regularidade nesses movimentos, que são características significativas na economia simbólica desse discurso. Portanto, é para o imperativo incontornável que regularia essas *presenças* e *ausências* que devemos ficar atentos, para que possamos apreender qual é a lógica *latente* que as preside efetivamente, no percurso longitudinal do discurso freudiano.

Nessa perspectiva, podemos afirmar que as questões do trauma e da violência se apresentam, mas também desaparecem e voltam a se apresentar posteriormente ao longo do discurso freudiano, em tempos e contextos diversos dessa constituição. Contudo, tais aparecimentos, desaparecimentos e reaparecimentos são regulados por certos imperativos teóricos, que devem ser devidamente circunscritos e colocados em evidência. Em contrapartida, essas oscilações remetem para o registro da escrita, que também se transforma efetivamente. Com efeito, da *escrita do inconsciente* à *escrita do trauma*, o discurso freudiano esboçou diferentes economias para a escrita do psíquico, indicando não apenas a constituição do problema da *enunciação* em psicanálise como também o que lhe é correlato, qual seja, as *condições de possibilidade* para a enunciação em pauta.

É preciso dizer desde o início que o registro do Outro recebe uma relevância crucial para que se possa pensar nas condições de possibilidade da enunciação em psicanálise. Seria então em relação ao Outro que a enunciação se configuraria, de fato e de direito. Isso implica dizer que se o trauma é uma violência e intrusão efetiva na experiência do sujeito, a sua contrapartida é a *suspensão* da *posição estratégica* ocupada pelo Outro na economia psíquica do sujeito.

Podemos, então, depreender facilmente disso tudo que a conjugação entre os diferentes registros da escrita, do trauma e da violência no discurso freudiano, como algo necessário e da ordem do direito, delineia-se como uma *problemática* determinante desse discurso.[449, 450] É a circunscrição dessa problemática, nas suas *bordas* e no seu *campo*, que este ensaio pretende realizar, a partir da leitura sistemática do discurso de Freud.

LINGUAGEM E DISCURSO

No entanto, é preciso sublinhar que a ruptura freudiana com a narrativa clínica centrada na enfermidade e o remanejamento dessa narrativa em direção à figura do sujeito se fundou numa inflexão teórica que fora empreendida anteriormente pelo discurso freudiano, pelo qual a *experiência analítica* foi inscrita decisivamente nos campos do *discurso* e da *linguagem*, de fato e de direito.

Assim, em 1891, Freud publicou dois ensaios complementares: pelo primeiro esboçou as linhas de força que delineavam o tratamento psíquico e pelo segundo buscava forjar uma teoria em que se inscreveria o dito tratamento psíquico. Eu me refiro ao texto "Tratamento psíquico",[451] por um lado, e ao livro intitulado *Contribuição à concepção das afasias*,[452] pelo outro. Se o primeiro ensaio é de ordem estritamente *metodológica* e se volta para outra leitura da clínica, o segundo é de ordem francamente *metapsicológica*.

---

449. M. Foucault, *Dits et écrits*, vol. IV.
450. G. Deleuze, F. Guattari, *Mille Plateaux*.
451. S. Freud, "Traitement psychique" (1891). In: *Résultats, idées, problèmes* (1890-1920), vol. I.
452. Idem, *L'Interprétation des rêves* (1900), cap. VII.

No ensaio "Tratamento psíquico", Freud concebeu a terapêutica nos campos da linguagem e do discurso,[453] que não visaria ao registro do somático nem ao da consciência. Portanto, aquilo que Freud denominaria posteriormente, em *A interpretação dos sonhos*,[454] de *realidade psíquica* em oposição à *realidade material* – e de *inconsciente*, em oposição aos registros do *pré-consciente* e da *consciência* – teria na linguagem e no discurso os seus correlatos.

Porém, o dito tratamento psíquico não seria voltado apenas para as perturbações psíquicas, mas também para as somáticas, incidindo então, terapeuticamente, de maneira eficaz, sobre ambas as modalidades de enfermidade.[455] Além disso, Freud sustentava sem qualquer embaraço a tese de que aquilo que era efetivamente eficaz, do estrito ponto de vista terapêutico, nas práticas religiosas e populares que se disseminariam ao longo do século XIX, devia-se à fundamentação dessas práticas nos registros da linguagem e do discurso.[456]

Qual seria a operação teórica que Freud estaria então realizando, ao enfatizar a potencialidade terapêutica da linguagem e do discurso? Nada mais, nada menos do que empreender uma leitura do *dispositivo hipnótico-sugestivo*, instituído na segunda metade do século XIX no tratamento da histeria, pelo viés da linguagem e do discurso. Com efeito, se, por um lado, esse dispositivo se fundara na existência de uma *diferença de forças* entre as figuras do terapeuta e do paciente, pendendo o *poder* do primeiro sobre o segundo, por outro, o dispositivo funcionaria ainda pela mediação da linguagem e do discurso. Vale dizer, aquilo que Freud denominou de *influência* do médico sobre o doente nos escritos técnicos[457] estaria, no dispositivo hipnótico-sugestivo, fundado na relação de poder do primeiro sobre o segundo, que se faria pela mediação da palavra.

---

453. Idem, "Traitement psychique" (1891). In: *Résultats, idées, problèmes* (1890-1920).
454. Ibidem.
455. S. Freud, "Traitement psychique" (1891). In: *Résultats, idées, problèmes* (1890-1920), vol. I.
456. Ibidem.
457. S. Freud, *La technique psychanalytique*.

Assim, Freud descartou a leitura baseada na fisiologia do sistema nervoso central para explicar a hipnose e a sugestão, em voga na segunda metade do século XIX, e para interpretá-las pelos registros do poder, da linguagem e do discurso. Contudo, a sua questão posterior, para diferenciar teoricamente o dispositivo hipnótico-sugestivo e o *dispositivo transferencial*, será a de se indagar sobre a diferença existente entre a *transferência* e a *sugestão*, no que concerne à influência.

Com efeito, nos escritos técnicos, Freud sustentou que se a transferência seria uma modalidade de sugestão e que a sugestão se faria pela mediação da transferência, seria necessário pensar no que diferenciaria efetivamente os dois dispositivos.[458] Para que essa diferença existisse seria preciso que, na experiência analítica, a figura do analista pudesse analisar a posição que ocupara no campo da transferência, para *suspender* e *desconstruir* os efeitos da análise promovidos pela relação de poder estabelecida pelo analista sobre o analisante, para que este pudesse se *singularizar* e sustentar o seu *desejo* de maneira específica, sem se submeter à influência do analista.[459]

Porém, é preciso evocar ainda que a terapêutica psíquica centrada na linguagem pressupõe uma metapsicologia. Foi essa justamente que Freud construiu pela elaboração do livro intitulado *Contribuição à concepção das afasias*.[460] Nesse contexto, o discurso freudiano concebeu inicialmente o psiquismo como um *aparelho de linguagem*, de maneira a transformar radicalmente o conceito de *aparelho da alma*, que tinha sido forjado por Meynert para se referir ao registro psíquico.[461] Portanto, para que o tratamento psíquico se realizasse efetivamente pela linguagem e pelo discurso necessário seria preciso, em contrapartida, que o psiquismo fosse concebido como linguagem, como fundamentação teórica para a dita prática clínica linguageira. Enfim, a articulação teórica presente no discurso freudiano seria consistente, pela costura que empreendeu entre os registros da clínica e da metapsicologia.

---

458. Ibidem.
459. Ibidem.
460. S. Freud, *Contribution à la conception des aphasies* (1891).
461. Ibidem.

CRÍTICA DA MEDICINA

O discurso freudiano realizava efetivamente a transformação do conceito de *lesão anatômica*, presente no discurso da anatomoclínica, no conceito de um *traço psíquico* que se inscreveria no aparelho de linguagem. Um salto teórico foi assim empreendido, pois um deslocamento decisivo se realizou do registro da anatomia para o da linguagem. Seria em decorrência disso que a concepção de que o corpo falante pudesse existir se tornou então possível e pensável, como já indiquei.

No entanto, é preciso destacar ainda o que está em pauta nesse projeto teórico num sentido mais abrangente. É preciso dizer que o que estava em questão na proposição de um tratamento psíquico centrado na linguagem, que se fundaria na existência do aparelho de linguagem, era a *crítica* sistemática da medicina moderna que a conduzia à *objetivação* do ser da enfermidade, na qual o *signo* teria primazia e seria dominante em face do *sintoma*. O desdobramento dessa crítica foi a aproximação efetiva da psicanálise da *medicina pré-moderna*, na qual as práticas linguageiras se inscreviam na prática médica, tal como Freud formulou no ensaio "Tratamento psíquico".[462] Por esse viés, o discurso freudiano restaurava o registro do sintoma em face do signo, pelo qual a figura do sujeito seria restabelecida em face da enfermidade.

Essa crítica à medicina moderna, enunciada desde os primórdios do discurso freudiano, foi relançada positivamente em múltiplos contextos teóricos, de forma a empreender a conjunção da psicanálise com a medicina pré-moderna. A insistência dessa crítica evidencia a consistência teórica do discurso freudiano nesta crítica, como já vimos nos capítulos anteriores.

Finalmente, em 1926 o discurso freudiano retomou o mesmo tema no ensaio "A questão da análise leiga", no qual procurava sustentar que o discurso psicanalítico seria não apenas irredutível ao discurso médico, como também que essa diferença se fundava no tratamento psíquico, centrado

---

462. S. Freud, "Traitement psychique" (1891). In: *Résultats, idées, problèmes* (1890-1920), vol. I.

na linguagem, realizado pela psicanálise.[463] Portanto, Freud afirmava mais uma vez a efetividade da terapêutica analítica fundada na linguagem e no discurso, como sustentara no início do seu percurso teórico.

DESEJO, FANTASIA E INTERPRETAÇÃO

No entanto, entre 1893 e 1895 o discurso freudiano passou a enfatizar a existência de *intensidades* que perpassariam também o psiquismo, de forma a *investir* os traços psíquicos. Com efeito, do ensaio intitulado "Considerações preliminares"[464] ao intitulado "Projeto de uma psicologia científica"[465] o discurso freudiano sublinhou a importância crucial assumida pelas intensidades no campo do aparelho de linguagem, de maneira a reconfigurar a metapsicologia.

Pelo destaque conferido às intensidades, o aparelho de linguagem passou a ser denominado de *aparelho psíquico*, no ensaio "Projeto de uma psicologia científica",[466] na medida em que as intensidades investiriam os traços psíquicos. Em decorrência disso, o dito aparelho psíquico passou a ser concebido pela referência à *memória*, representada pelo *conjunto de traços psíquicos*. Isso porque, desde o ensaio sobre as "Considerações preliminares", o discurso freudiano passou a sustentar que "os histéricos sofrem de reminiscências".[467]

Porém, nesta *cartografia* da memória cada traço psíquico se inscreveria no conjunto de traços psíquicos, com os quais estabeleceria relações pautadas pelas *diferenças*. No entanto, tais relações diferenciais seriam fundadas na *oposição prazer-desprazer*, que marcaria os diferentes traços

---

463. Idem, "The question of lay analysis" (1926). In: *The Standard Edition of the Complete psychological works of Sigmund Freud*, vol. XX.
464. S. Freud, "Considérations préliminaires" (1893). In: S. Freud, F. Breuer, *Études sur l'hystérie*.
465. Idem, "Esquisse d'une psychologie scientifique". In: *La naissance de la psychanalyse*.
466. Ibidem.
467. Idem, "Considérations préliminaires" (1893). In: S. Freud, F. Breuer, *Études sur l'hystérie*.

psíquicos[468] e que delinearia o campo psíquico por *facilitações* e *inibições*.[469] Para isso, contudo, seria necessário pressupor ainda que o *princípio do prazer* seria dominante no aparelho psíquico, de forma que este visaria a *obtenção* do prazer (facilitações) e o *evitamento* do desprazer (inibições).[470] Vale dizer, o aparelho psíquico seria construído para evitar, custe o que custar, a presença e o impacto inevitáveis da *dor*.

Portanto, entre a ordem vital e a ordem psíquica se configuraria o aparelho psíquico, constituído pelo conjunto de traços psíquicos permeados pela oposição prazer-desprazer e que procuraria evitar o impacto da dor. Assim, seria o *desejo* o que investiria a cartografia dos traços psíquicos, pois seria o registro do desejo o que sustentaria a afirmação do prazer contra a presença e o impacto da dor.[471]

Seria em decorrência disso que Derrida sustentou a tese, no ensaio "Freud e a cena da escrita", de que existiria já no "Projeto de uma psicologia científica" um *pensamento do traço* no discurso freudiano,[472] mas que este seria transformado, logo em seguida, numa *escrita*, no livro sobre os sonhos.[473] Em 1995, no ensaio intitulado "Mal de arquivo", Derrida retomou o conceito de cena da escrita para transformá-lo no conceito de *arquivo*.[474] No entanto, o arquivo supõe a existência prévia da escrita, pela qual seria interpretada a cartografia dos traços psíquicos. Além disso, o arquivo/escrita seria perpassado por fantasmas que, como *espectros*, permeariam os traços psíquicos.[475]

Assim, ao criticar à teoria inicial da *sedução* e ao propor em seguida a teoria da *fantasia*,[476] em 1896, o discurso freudiano passou a formular

---

468. S. Freud, "Esquisse d'une psychologie scientifique". In: *La naissance de la psychanalyse*.
469. Ibidem.
470. Ibidem.
471. Ibidem.
472. J. Derrida, "Freud et la scène de l'écriture". In: *L'écriture et la différence*.
473. Ibidem.
474. J. Derrida, *Mal d'archive*.
475. Ibidem.
476. S. Freud, "Carta à Fliess de 1887", "Lettres à Wilhelm Fliess, notes et plans" (1887-1902). In: *La naissance de la psychanalyse*.

que esta regularia o conjunto de traços psíquicos, de maneira a forjar múltiplas cenas e a configurar diversos personagens regulados pela mediação do desejo. As narrativas clínicas dos sujeitos seriam então produzidas pelo desejo, mas promoveriam as fantasias como a sua matéria-prima. Vale dizer, seria na conjugação entre os registros da fantasia e do desejo que as formações psíquicas seriam engendradas, promovendo as narrativas clínicas dos sujeitos.

Foi em decorrência disso que o discurso freudiano construiu o *dispositivo psicanalítico*,[477] centrado na transferência, em oposição ao *dispositivo catártico*.[478] Seria pelo deslocamento do analisante pelos seus traços psíquicos – e que teria como seu correlato o deslocamento do analista pelos seus traços psíquicos, a que Freud denominou de *associações livres* e de *atenção flutuante*, respectivamente –, que a cartografia dos traços psíquicos galvanizados pelo desejo poderia ser devidamente configurada nas cenas psíquicas. Além disso, foi ainda neste mesmo contexto teórico que a psicanálise se constituiu inicialmente como uma prática clínica centrada na *interpretação*,[479] pela qual se procurava empreender o deciframento dos sintomas dos analisantes, pela colocação em questão das fantasias e dos desejos que lhes seriam subjacentes. Enfim, foi pela conjugação entre os registros da interpretação, da fantasia e do desejo que as narrativas clínicas forjadas pelo discurso freudiano se constituíram efetivamente, nas suas similaridades com as narrativas literárias, à medida que o sujeito foi colocado decididamente em cena.

SUJEITO, CENAS E PERSONAGENS

As diversas narrativas clínicas forjadas pelo discurso freudiano foram pautadas pela colocação em destaque do sujeito, que se inscreveria em diversas cenas e em diferentes personagens. Seria por conta disso que a

---

477. Idem, *L'interprétation des rêves*, cap. II e VII.
478. Idem, J. Breuer, *Études sur l'hystérie* (1895).
479. Idem, *L'interprétation des rêves*, cap. II e VII.

similaridade daquelas com as narrativas literárias foi colocada no primeiro plano pelos leitores do discurso freudiano. O que estava sempre em pauta eram *estórias* que se transformavam em *histórias*, pela modulação da interpretação, do desejo e da fantasia, que constituiriam efetivamente a troca do sujeito.

Com efeito, as diferentes narrativas clínicas publicadas por Freud têm como título ou como subtítulo o nome de um personagem – Dora,[480] Hans[481] e Schreber[482] –, ou, então, a ênfase colocada no fantasma em pauta: "O Homem dos ratos"[483] e o "Homem dos lobos".[484] De qualquer maneira, em todas estas narrativas clínicas o que estava sempre em questão era a articulação cerrada que existiria entre personagens, cenas e fantasias, *pelas* quais e *entre* as quais o sujeito se enunciaria.

Seria ainda em decorrência da articulação existente entre interpretação, fantasia e desejo, pressuposta pelo discurso freudiano para circunscrever o sujeito em diferentes cenas e personagens, que Freud pôde legitimamente empreender a leitura de narrativas literárias, como a *Gradiva*, de Jensen,[485] e *Ficção e verdade*, de Goethe.[486] Contudo, se o discurso freudiano empreendeu tais leituras, isso se deveu à similaridade existente entre as narrativas literária e psicanalítica.

Porém, o discurso freudiano empreendeu ainda a leitura de obras de arte que não fossem literárias pelo mesmo pressuposto teórico, isto é, para surpreender as peripécias do sujeito entre os registros da interpretação, da fantasia e do desejo. Este foi o caso da leitura de Freud da produção

---

480. S. Freud, "Fragment d'une analyse d'hystérie (Dora)" (1905). In: *Cinq psychanalyses*.
481. Idem, "Analyse d'une phobie chez un petit garçon de cinq ans (Le petit Hans)" (1909). In: *Cinq psychanalyses*.
482. Idem, "Remarques psychanalytiques sur l'autobiographie d'un cas de paranoïa (Dementia paranoides) (Le Président Schreber)" (1911). In: *Cinq psychanalyses*.
483. Idem, "Remarques sur un cas de névrose obsessionnelle (L'homme aux rats)" (1909). In: *Cinq psychanalyses*.
484. Idem, "Extrait de l'histoire d'une névrose infantile (L'homme aux loups)" (1918). In: *Cinq psychanalyses*.
485. S. Freud, *Delire et rêves dans la* Gradive *de Jensen* (1907).
486. Idem, "Un souvenir d'enfance dans *Fiction et Vérite* de Goethe" (1917). In: *Essais de psychanalyse appliquée*.

pictórica de Leonardo da Vinci, no ensaio "Uma recordação de infância de Leonardo da Vinci", publicado em 1910.[487]

Todas estas leituras foram teoricamente trabalhadas e pressupostas pelo discurso freudiano no ensaio intitulado "A criação literária e o devaneio", publicado em 1908. Neste ensaio Freud procurou articular os registros do desejo e da fantasia como condição de possibilidade para a produção efetiva da narrativa literária.[488] Além disso, procurou conceber o *jogo infantil* como o registro originário para a constituição do registro da fantasia e como a sua condição de possibilidade.[489] Com efeito, do jogo à fantasia uma série de cenas seriam forjadas, nas quais as dimensões da *ação* e da *mise-en-scène* seriam devidamente colocadas em pauta.[490]

Assim, do *jogo* ao *pensamento* existiria uma *série* contínua de *transformações*, efetivamente mediadas pela constituição das fantasias. Estas, no entanto, seriam imantadas pelo desejo, da mesma forma que o registro do jogo e do pensamento. Portanto, da ação ao pensamento existiria uma série diferenciada de formações psíquicas a ser forjadas, em que todas seriam imantados pelo desejo.[491]

Contudo, se tudo isso coloca em evidência a *similaridade* e até mesmo o *isomorfismo* existentes entre as narrativas literária e psicanalítica, em virtude da conjunção entre os registros da interpretação, do desejo e da fantasia pelos quais o sujeito se enuncia, Freud nos revelou tardiamente como o método psicanalítico foi efetivamente construído pela transposição, para a cena analítica, de um procedimento utilizado frequentemente pelos escritores para forjar as suas narrativas literárias. Com efeito, num ensaio sobre a pré-história da técnica analítica, publicado em 1920, Freud formulou como a técnica das associações a que os analisantes deveriam obedecer na experiência analítica se baseava no livre uso da imaginação

---

487. Idem, "Un souvenir d'enfance de Leonard da Vinci" (1910).
488. Idem, "La création littéraire et le rêve éveillé" (1902). In: *Essais de psychanalyse appliqué*.
489. Ibidem.
490. Ibidem.
491. Ibidem.

realizado pelos escritores para forjar as suas produções literárias.[492] Enfim, o isomorfismo e a similaridade existentes entre as escritas literária e psicanalítica remeteriam a um mesmo procedimento *metodológico* utilizado pelos dois discursos, pelas quais seria possível declinar o desejo e a fantasia pela chave da interpretação, para evidenciar as posições diferentes psíquicas do sujeito.

Porém, a fundamentação metapsicológica desta problemática apenas se realizou efetivamente em 1915, no ensaio intitulado "As pulsões e seus destinos",[493] na medida em que foi apenas neste contexto teórico que a dita declinação foi estabelecida de maneira teoricamente consistente e que possibilitou evidenciar a similaridade e o isomorfismo existentes entre as narrativas literária e psicanalítica, que teriam no registro da escrita o seu campo de convergência.

PULSÃO E SUBJETIVAÇÕES

Assim, foi apenas no ensaio metapsicológico "As pulsões e seus destinos" que o discurso freudiano pôde estabelecer a existência de uma escrita da pulsão como a condição de possibilidade para a *escrita psíquica*. Com efeito, na polarização que foi então estabelecida entre a *força* da pulsão e os seus *destinos*,[494] a escrita da pulsão se constituiria efetivamente para empreender a configuração da escrita psíquica. Além disso, a questão do sujeito foi também inscrita decididamente no campo desta escrita.

Contudo, se o conceito de pulsão foi apenas constituído, nas suas múltiplas implicações teóricas, no ensaio metapsicológico de 1915, o discurso freudiano o percorrera previamente em diversos contextos teóricos. Desta maneira, devem ser evocados aqui dois destes contextos, a

---

492. S. Freud, "Sur la préhistoire de la technique analytique" (1920). In: *Résultats, idées, problèmes* (1890-1920), vol. 2.
493. S. Freud, "Pulsions et destins des pulsions" (1915). In: *Métapsychologie*.
494. Ibidem.

saber, "O projeto de uma psicologia científica"[495] e os *Três ensaios entre a teoria da sexualidade*,[496] pela importância crucial que tiveram para a constituição do conceito de pulsão.

Assim, se o conceito da pulsão foi apenas enunciado nos *Três ensaios sobre a teoria da sexualidade*,[497] podem-se depreender as condições de possibilidade para a sua enunciação, contudo, no "Projeto de uma psicologia científica". Com efeito, a formulação do conceito de pulsão como uma "exigência de trabalho imposta ao psíquico em função de sua relação com o corpo"[498] alude à existência de uma força incoercível e à inserção do registro psíquico no registro do corpo. Desta maneira, esta definição impõe necessariamente a *leitura econômica* do ser da pulsão, por um lado, mas delineia que seria pela ligação da *força* da pulsão com o *objeto* que a *experiência de satisfação* seria produzida e que promoveria apaziguamento da dita força incoercível, pelo outro.[499] Contudo, o lugar crucial ocupado pelo *Outro* no campo deste *circuito* pulsional, constituído pela articulação entre os registros da força e do objeto com vistas à experiência da satisfação, fica certamente obscurecido neste texto.

Porém, no "Projeto de uma psicologia científica" o discurso freudiano explicita não apenas como as excitações orgânicas seriam a fonte de *dor* e de *inquietude* para o *protossujeito*, que não teria meios funcionais para aplacá-las, como também que seria o Outro que, pelo *acolhimento* do protossujeito, poderia apaziguar a dor alheia pela promoção da experiência de satisfação e transformá-lo efetivamente num sujeito.[500] Vale dizer, seria pela oferta dos objetos promovida pelo outro que a dor e a inquietude do protossujeito seriam apaziguadas, como também o sujeito seria o produto desta *ligação* e deste apaziguamento excitatório.

---

495. S. Freud, "Esquisses d'une psychologie scientifique" (1895). In: *La naissance de la psychanalyse*.
496. S. Freud, *Trois essais sur la théorie de la sexualité* (1905).
497. Ibidem.
498. Ibidem.
499. Ibidem.
500. Ibidem.

Assim, ao enunciar no "Projeto de uma psicologia científica" que "o choro do bebê é a fonte de todos os motivos morais",[501] o discurso freudiano enuncia, antes de mais nada, que o choro do protossujeito seria a condição concreta de existência da dor e de sua inquietude originárias. Contudo, é preciso dizer ainda que o protossujeito chora por desespero, colocando em evidência a sua impotência, pela sua carência de reguladores funcionais, para lidar com a dor e a inquietude originárias.[502] Vale dizer, o discurso freudiano enuncia efetivamente a condição de *desamparo* presente do protossujeito, a que não restam saídas senão o choro e a descarga da excitação perturbadora.[503]

No entanto, o Outro transforma o choro e a descarga num *apelo* efetivo do protossujeito, em decorrência de *algo* que lhe *falta*, de forma que, pela interpretação disso que falta, lhe oferece um objeto para apaziguar a dor/choro do infante, promovendo então a experiência de satisfação e a produção do sujeito, ao mesmo tempo. Desta maneira, a *alteridade* seria constitutiva do aparelho psíquico, pois sem a decidida conjunção do Outro não existiria certamente a transformação do protossujeito num sujeito.

Pode-se depreender facilmente disso como o discurso freudiano, no "Projeto de uma psicologia científica", enunciou as condições de possibilidade para a transformação da força da pulsão (excitação, dor) no circuito da pulsão, pela oferta de um objeto para promover a experiência da satisfação. Contudo, foi apenas nos *Três ensaios sobre a teoria da sexualidade* que Freud enunciou não apenas os conceitos de pulsão e de circuito da pulsão, como também nomeou os diferentes componentes da pulsão.[504]

Evidentemente, todo este processo implica a dominância do princípio do prazer no psiquismo, pela transformação do desprazer em prazer, por um lado, assim como pela instauração da experiência da satisfação, pelo

---

501. S. Freud, "Esquisse d'une psychologie scientifique" (1895). In: *La naissance de la psychanalyse*.
502. Ibidem.
503. Ibidem.
504. S. Freud, *Trois essais sur la théorie de la sexualité* (1905), 1º ensaio.

outro. Além disso, coloca em evidência como o desejo entra em cena quando o *imperativo da necessidade* se impõe novamente como falta, de forma que o sujeito busca restaurar o circuito da pulsão, que promovera anteriormente a dita experiência da satisfação, pelo investimento das marcas existentes no psiquismo. Em decorrência disso, o sujeito desejante percorre os *trilhamentos* psíquicos pelas vias da fantasia, de maneira a articular os registros do desejo e da fantasia.

Entretanto, no ensaio "As pulsões e seus destinos" o discurso freudiano empreendeu a conjunção dos dois textos anteriores, assim como avançou decisivamente na problemática em questão, no que concerne principalmente ao registro do sujeito. Este passou a ser concebido não apenas como destituído de qualquer substancialidade e como *efeito* e *produção* estritos do circuito da pulsão, mas também como *subjetivação*.[505] Com efeito, ao enunciar os conceitos de *eu real originário*, de *eu do prazer-desprazer* e de *eu realidade definitivo*, o discurso freudiano não apenas evidencia a existência de diferentes modalidades de subjetivação no aparelho psíquico, como também indica que estas estão na estrita dependência das *inflexões* produzidas pelo circuito da pulsão.[506]

Assim, se os dois destinos iniciais da pulsão (*passagem da atividade à passividade e retorno ao que lhe é próprio*) implicam, por um lado, o acolhimento prévio do outro à descarga da força da pulsão pelo protossujeito e a invaginação/retorno da força da pulsão ao seu ponto inicial no organismo, pela promoção da experiência da satisfação, implicam também, por outro lado, que um traço psíquico seria produzido no organismo neste retorno. Este traço psíquico seria então o eu real originário, como modalidade originária de satisfação.[507] Contudo, pela própria condição da força da pulsão de ser *constante* e a *repetição* correlata desta na experiência, seriam então produzidos diversos traços psíquicos e diferentes formas de eu real originário como modalidades efetivas da

---

505. M. Foucault, *La volonté de verité*.
506. S. Freud, "Pulsions et destins des pulsions". In: *Métapsychologie*.
507. Ibidem.

subjetivação.⁵⁰⁸ Porém, o conjunto destes traços psíquicos destacados, correlatos dos diversos eu real originário, constituiria o que o discurso freudiano denominou, nos *Três ensaios sobre a teoria da sexualidade*, de *autoerotismo*.⁵⁰⁹

No entanto, pela operação do *recalque originário*, constitutivo que seria do *narcisismo primário* e do eu do prazer-desprazer como o seu correlato, os diferentes traços psíquicos e as diferentes zonas erógenas do autoerotismo seriam transformados em *equivalentes*, de forma que o todo corporal estaria presente em cada uma das partes e que cada uma dessas representaria desde então a *totalidade* do corpo.⁵¹⁰ Pela operação da *sublimação*, o eu realidade definitivo seria então produzido, indicando a presença do princípio da realidade como regulador do aparelho psíquico.⁵¹¹

Porém, como a pulsão é uma força constante e que insiste sempre no seu imperativo de se impor ao psiquismo, este não teria uma forma definitiva e substancial, pois as diferentes modalidades de subjetivação seriam permanentemente produzidas no campo psíquico. Vale dizer, o discurso freudiano *não* forjou uma *teoria genético-evolutiva* do psiquismo, pois as modalidades posteriores de subjetivação conviveriam lado a lado com as que lhes são anteriores, dos pontos de vista lógico e histórico.

Contudo, a indagação que se impõe agora é: como se delineia a escrita psíquica em decorrência da escrita da pulsão?

ESCRITA DO INCONSCIENTE

A constituição do circuito da pulsão, relacionado à exigência de trabalho promovido pela força da pulsão, tem na figura do Outro a sua condição concreta de possibilidade. Sem a inflexão produzida pelo Outro na descarga da excitação não existiria a constituição do circuito da pulsão

---

508. Ibidem.
509. S. Freud, *Trois essais sur la théorie de la sexualité* (1905), 2° ensaio.
510. Idem, "Pulsions et destins des pulsions" (1915). In: *Métapsychologie*.
511. Ibidem.

a partir da força da pulsão, nem tampouco a produção de um traço psíquico no organismo e a transformação deste num corpo autoerótico. Porém, é preciso sublinhar que o circuito da pulsão é uma escrita da pulsão propriamente dita, que apresenta uma *gramática* e uma *sintaxe* próprias, constitutivas da escrita do inconsciente.

No entanto, esta escrita da pulsão, que tem na figura do Outro a sua condição concreta de possibilidade, não segue a ordem da *frase* e da *proposição* lógica convencionais, nas quais o *sujeito* se articularia com o *predicado* pela mediação do *verbo*, mas se constitui numa outra ordem de *enunciação*, na qual o verbo seria o operador fundamental que ligaria e ofereceria um objeto, para que o sujeito como modalidade de subjetivação pudesse efetivamente se constituir. Com efeito, a figura do verbo seria marcada pela *ação* do Outro, que acolheria a descarga da força pulsional promovendo seja a passagem de atividade à passividade, seja o retorno sobre o organismo, pela oferta do objeto como predicado. Ao lado disso, o sujeito seria então produzido como modalidade de subjetivação, pela promoção de uma inscrição no organismo que o transformaria num corpo autoerótico. Esta inscrição seria o sujeito como forma de subjetivação, e que marcaria o retorno transformado da força da pulsão no organismo.

Portanto, a escrita psíquica se ordena pela *inversão* na composição dos enunciados, pela qual a figura sintática do verbo seria primeira e crucial para a articulação do predicado, para que o sujeito pudesse ser então engendrado como modalidade de subjetivação. Na restauração e afirmação desejante do sujeito, acossado posteriormente pelo imperativo da necessidade, a mesma ordem sintática será seguida literalmente. Isso porque existe sempre a *expectativa* de que o Outro, como verbo, vai promover a oferta de um objeto para que finalmente a experiência da satisfação se institua e enfatize a composição do sujeito como resultante de totalidade do processo.

Ao estabelecer a posição crucial da figura do Outro na experiência psicanalítica o discurso freudiano restaurava, em contrapartida, no registro do dispositivo analítico, a posição do Outro como operador fundamental para a produção das enunciações do inconsciente. Com efeito, se a *transferência* seria o operador crucial para a promoção daquela experiência, isso se deve ao lugar primordial conferido ao Outro, seja para a produção das enunciações do inconsciente, seja para a colocação em questão permanente destas enunciações e do sujeito do inconsciente em pauta.

VIOLÊNCIA E TRAUMA

Porém, se é possível entrever pelo viés da escrita do inconsciente o ponto de convergência existente entre as narrativas psicanalítica e literária, na medida em que seriam os registros do desejo e da fantasia que as comandariam, pela produção de cenas e de personagens como suportes efetivos para a escrita do inconsciente, é preciso dizer ainda que a promoção desta escrita supõe a exclusão efetiva da violência no campo do psiquismo. Com efeito, a construção teórica deste percurso pelo discurso freudiano pressupôs não apenas a *positivação* do campo da fantasia, como contrapartida para o registro do desejo, como também a *exclusão* ostensiva e a *negativização* da teoria traumática da sedução.

Pela crítica da teoria traumática inicial o que o discurso freudiano pretendia era a restauração da figura do *pai protetor*, isto é, daquele que poderia não apenas proteger do pior a figura do infante, mas também que jamais perpetuaria o mal contra o infante, como estava proposto pela teoria da sedução. Esta figura maléfica do pai foi colocada em estado de suspensão e silenciada pelo discurso freudiano, com a constituição da teoria da fantasia. Por esta, com efeito, a figura do pai seria mediadora por excelência, promovendo a *mediação* no psiquismo pelo viés da produção das fantasias. Seria justamente esta figura que estava já prefigurada no "Projeto de uma psicologia científica", na situação paradigmática do infante na condição do desamparo originário e no acolhimento correlato pelo outro do choro/dor do infante.

Contudo, esta figura do pai protetor caiu por terra com o retorno da questão do trauma no discurso freudiano, em 1920, com *Além do princípio do prazer*.⁵¹² Isso porque aquilo que caracterizaria a experiência traumática seria não apenas a suspensão do princípio do prazer e a emergência do *princípio do nirvana*,⁵¹³ mas também a colocação em evidência de que a figura do pai não poderia proteger a figura do infante, pois a figura do pai seria *falha*.

Seria por conta disso que na experiência traumática existiria uma falha no funcionamento da *angústia-sinal* e a disseminação da *angústia do real*, o correlato da experiência do trauma. Isso porque seria a presença ostensiva da figura do pai, como Outro e como mediação, o que ofereceria subsídios para o infante empreender a antecipação dos perigos, sejam estes reais, sejam estes virtuais. Seria então a falha na figura do pai o que conduziria à não antecipação do perigo e ao impacto desconstrutor do trauma, sob a forma da disseminação da angústia do real.⁵¹⁴

Foi ainda no contexto teórico do *Além do princípio do prazer* que o discurso freudiano enunciou a existência de uma nova oposição pulsional, delineada pela polarização entre a *pulsão de vida* e a *pulsão de morte*, para indicar a oposição entre uma potência de *união* e uma outra de *discórdia*.⁵¹⁵ Desta maneira, o trauma representado pela disseminação da angústia do real no psiquismo teria como contrapartida a disseminação da discórdia sobre o *amor* e do registro da desunião sobre o da união, promovido pela desintricação da pulsão de morte e da pulsão de vida.⁵¹⁶

Porém, é preciso evocar ainda que no discurso freudiano de então a pulsão de morte seria representada pelo *silêncio* e não pela palavra,⁵¹⁷ de maneira que o trauma como experiência de discórdia e de desunião, que promoveria a disseminação da angústia do real, implicaria a suspensão da linguagem e do discurso no aparelho psíquico. Isso

---

512. S. Freud, *Au-delà du principe de plaisir* (1920). In: *Essais de psychanalyse*.
513. Idem, "Le problème économique du masochisme" (1924). In: *Névrose, psychose, perversion*.
514. S. Freud, *Inhibition, symptôme et angoisse* (1926).
515. Ibidem.
516. Ibidem.
517. S. Freud, *Au-delà du principe de plaisir* (1920). In: *Essais de psychanalyse*.

implica dizer, portanto, que a experiência traumática implicaria uma suspensão temporária da escrita psíquica e que esta suspensão se fundaria na anulação de posição do Outro na experiência psíquica. Esta anulação da posição do Outro no aparelho psíquico remete evidentemente tanto à falha da mediação a que aludi quanto à falibilidade da figura do pai protetor.

No entanto, em face da experiência desnorteante do trauma e à disseminação correlata da angústia do real no aparelho psíquico, este lança mão ostensivamente do procedimento da *compulsão à repetição*,[518] para procurar superar a condição traumática. Neste contexto, se esboça uma outra modalidade de escrita no psiquismo, que podemos denominar de *escrita do trauma*.

ESCRITA DO TRAUMA

Pela compulsão à repetição o aparelho psíquico procura, pela repetição ostensiva da cena traumática que já teria acontecido anteriormente, forjar a antecipação que não se realizou quando ocorreu a experiência traumática, com vistas a restaurar a angústia-sinal e suspender a disseminação da angústia do real. A contrapartida disso seria a restauração do princípio do prazer em face da dominância assumida pelo princípio do nirvana no psiquismo. Em decorrência disso, os registros do desejo e da fantasia seriam também restaurados, como correlatos do sujeito de inconsciente. Enfim, como resultante da totalidade deste processo a escrita da pulsão passaria a inscrever a escrita do inconsciente.

Para isso, no entanto, a condição concreta de possibilidade para o psiquismo seria a restauração da figura do Outro, que foi quebrada e desacreditada temporariamente pela experiência traumática. Portanto, o restabelecimento da *confiança* no Outro seria crucial, a condição necessária para que a compulsão à repetição pudesse ser instaurada efetivamente. Quando a compulsão à repetição começa a acontecer isso implica dizer

---

518. Ibidem.

que a *confiança* na figura do Outro foi instaurada, mesmo que seja de maneira vacilante e insegura pelo psiquismo.

Em seguida, com a restauração da figura do Outro a produção da escrita se iniciaria ostensivamente como verbo, mas que promoveria a *repetição do mesmo*, isto é, a cena do trauma em estado aparentemente puro, mas já temperada pela *repetição da diferença*, que começaria a inscrever outros predicados na cena traumática, que acabariam por convergir para a produção da função sujeito, como desdobramento do processo de repetição em pauta. Em tudo isso, o que estaria em questão seria a tentativa de restaurar o princípio do prazer, enunciado conceitualmente como *princípio da ligação*, como nos disse Deleuze em "Diferença e repetição".[519]

A produção da escrita do trauma se inscreve decididamente no campo do *jogo*, de maneira que a *ritualização* da cena traumática como *ação* seria a condição de possibilidade para a produção do desejo e da fantasia, como efeitos da repetição diferencial sobre a repetição do mesmo. Por isso mesmo, o discurso freudiano retomou o jogo da criança com o carretel como paradigmático da experiência da compulsão à repetição no ensaio *Além do princípio do prazer*,[520] aludindo assim ao que já desenvolvera inicialmente no ensaio "A criação literária e o devaneio".[521]

Porém, no ensaio sobre a "Inquietante estranheza",[522] publicado em 1919, Freud indicou os efeitos da escrita do trauma não apenas nas narrativas clínicas, mas também nas narrativas literárias. Não obstante ser este ensaio cronologicamente anterior ao do *Além do princípio do prazer*, no qual a retórica conceitual da anterior teoria das pulsões estaria ainda em pauta, não resta qualquer dúvida: o que está já em jogo neste ensaio, denominado de estética psicanalítica, é a experiência do trauma e o novo dualismo pulsional.

---

519. G. Deleuze, *Différence et répétition*.
520. S. Freud, *Au-delà du principe de plaisir* (1920). In: *Essais de psychanalyse*.
521. S. Freud, "La création littéraire et le rêve éveillé" (1902). In: *Essais de psychanalyse appliqué*.
522. S. Freud, "L'inquiétante étrangeté" (1919). In: *Essais de psychanalyse appliqué*.

Assim, o que nos descreve Freud neste ensaio enigmático é como algo que é do registro do familiar no sujeito (o trauma) se torna não familiar pela suspensão na escrituração psíquica daquilo que ocorreu ao sujeito na experiência traumática. Com efeito, a escrita do trauma se evidencia não apenas pela angústia real que se dissemina no aparelho psíquico, mas também nos efeitos de suspensão da predicação dos enunciados (*desrealização*) e da produção do sujeito (*despersonalização*). Em tudo isso a angústia do real se evidencia pela fragmentação corporal, que incide ostensivamente nas predicações e na produção do sujeito. No entanto, se a despersonalização e a desrealização evidenciariam a repetição do mesmo, por um lado, evidenciam também o trabalho da repetição diferencial, pelo outro, indicando, assim, novas produções e novas modalidades de subjetivação.[523]

Além disso, o que se pode depreender deste ensaio de Freud sobre a estética psicanalítica é a indicação de que a escrita do trauma remete a uma *construção literária fragmentar* e não mais totalizante, como ocorria anteriormente na *narrativa romanesca* e na *narrativa épica*, que dominaram as referências literárias do discurso freudiano até então. Desta maneira, a escrita do trauma nos possibilita uma aproximação efetiva com a produção literária da *modernidade avançada*, em contraponto à modernidade (*romance*) e à *pré-modernidade* (*épica*), na qual a descrição fragmentar inovadora do *Homem sem qualidades*[524] de Musil começara já a se disseminar no Ocidente, no contexto do *modernismo* vienense, na contemporaneidade de Freud.

Para concluir é preciso sublinhar de maneira sintética as diferentes trilhas que foram delineadas neste ensaio. Assim, em todo este percurso teórico que se realizou entre os polos do trauma e da escrita no discurso freudiano, o que fica patente é que no tempo desconstrutor do trauma na experiência do sujeito é a dimensão ficcional do aparelho psíquico que entra literalmente em pane, silenciando temporariamente a produção fabulatória do sujeito e a mobilidade do desejo inconsciente, de forma que

---

523. Ibidem.
524. R. Musil, *O homem sem qualidades*.

então o sujeito fica na condição radical e limite da paralisia, confrontado com a experiência possível da morte.

Em contraponto a isso, a operação da compulsão à repetição começa a relançar decisivamente esboços fragmentários de escrita, na qual, inicialmente, a iminência da morte seria revivida radicalmente pelo sujeito, numa escrita caracterizada pela aridez e pela ausência de qualquer coloração e matização das formas (repetição do mesmo), para apenas, em seguida, começar a imprimir progressivamente as pequenas variações na cena traumática e infundir colorido ficcional à cena em questão (repetição diferencial). Relança assim em cena outra possibilidade de escrita, modulada e matizada agora por sua articulação intrincada com a promoção dos fantasmas e com a potência afirmativa do desejo inconsciente. Desta maneira o aparelho psíquico se desloca decididamente, enfim, do registro do trauma aos registros da escrita e da ficção.

PARTE IV Sublimação

7. Fantasiando sobre a sublime ação

INQUIETUDES

O que significa a criação em psicanálise? Ou, então, dito de uma outra maneira, o que se quer dizer precisamente quando se afirma que existe *em* psicanálise algo da ordem da criação? Em psicanálise se declina aqui como *pela* psicanálise – isto é, esta promoveria, na sua experiência, um processo criativo. É isso o que se afirma, à boca pequena, na comunidade analítica, como uma obviedade indiscutível. Seria assim mesmo? Não vou responder a isso por ora, mas deixar a questão em aberto, pelo menos por enquanto. De qualquer maneira, estas são as interrogações fundamentais que vou procurar encaminhar ao longo deste ensaio. Serão estas que vão me acompanhar, como interpelações surdas e virtuais, neste percurso.

É preciso reconhecer, antes de mais nada, que são indagações de resposta difícil e de desenvolvimento complicado. Isso porque não existe uma tradição teórica consistente, no campo psicanalítico, que tenha afrontado tais questões de maneira direta e sem rodeios. Pelo contrário, sempre que tais interpelações percorreram a escrita analítica a preocupação de seus autores adquiriu sempre um caráter nitidamente *formal* e um tanto quanto *pontual*. Evitava-se, assim, um confronto mais agudo com a questão que se impunha de modo lancinante. Em contrapartida, esvaziava-se dessa maneira fácil a problemática que se colocava. Entre formalismo e pontualidade, portanto, constituía-se um círculo vicioso que conduzia ao silenciamento da questão inquietante.

Com efeito, tanto pela leitura de obras bem circunscritas – comparadas frequentemente a casos clínicos ou, então, reenviadas aos seus autores como algo da ordem dos seus sintomas –, quanto pela repetição estereotipada do conceito freudiano de sublimação – como se esse fosse óbvio e evidente na tradição freudiana, sem polissemia e equivocidade nos seus enunciados –, a aventura teórica que a interpelação impunha era rigorosamente evitada. Pelo formalismo e pela pontualidade exemplar, enfim, chegava-se sempre ao grau zero de qualquer possibilidade de elucidação teórica.

Seria possível perguntar, no entanto, se não se trata de uma estratégia de prudência? Quanto a isso não existe qualquer dúvida. É preciso saber, contudo, qual é o limite que se pode ter em face dessa prudência e quando o seu excesso não pode se transformar em paralisação e mesmo em franca esterilidade. Examinemos isso esquematicamente, de forma rápida.

Assim, voltar-se para a leitura do particular sempre foi uma posição metodológica da psicanálise, para evitar que se caia nas generalizações abusivas e nas universalizações fáceis. Estaria aqui a virtude de se ater à pontualidade do objeto, a sua riqueza inequívoca. A própria noção de análise se articula a essa preocupação com a particularidade e o fragmento, estando no fundamento da psicanálise enquanto tal. É preciso que se reconheça isto vivamente, em nome mesmo do rigor metodológico. Porém, o contrassenso se coloca aqui, em contrapartida. Com efeito, se valer formalmente do conceito de sublimação, após a interpretação pontual da particularidade, soa estranho, na medida mesmo em que existe uma opacidade preocupante na leitura desse conceito em psicanálise. Estamos diante de uma das caixas-pretas do pensamento freudiano. Por isso mesmo, a sublimação não pode ser tematizada de maneira formalista e repetitiva, como se fosse algo líquido e certo. Existe um impasse real na ideia do sublimar, na medida em que a noção de dessexualização pulsional é problemática por múltiplas razões. De qualquer forma, não se pode tomar isso como uma obviedade, pois embaralha as cartas do jogo de maneira desnecessária. Conjugar, enfim, a particularidade e a universalidade desta forma, pelas vias da pontualidade e do formalismo, nos coloca num verdadeiro impasse.

É preciso que se reconheça, no entanto, a grandeza da dificuldade que está em questão nisso tudo, para que se possa dar o ponto de partida consistente para a sua leitura. Por que me refiro à grandeza e à real dificuldade da questão em pauta? Simplesmente porque enunciar qualquer proposição sobre a criatividade em psicanálise implica dizer algo que possa ser válido, ao mesmo tempo, para a experiência analítica e para aquilo que se processa nos diversos campos da produção artística propriamente dita.

Pode-se vislumbrar já aqui as dificuldades imensas que tudo isso coloca. Com efeito, seria preciso afirmar não apenas que a psicanálise teria a possibilidade de formular uma teoria da criatividade, como também que seria a mesma coisa que estaria presente nos processos artísticos de produção. Dupla indagação e dificuldade, portanto, que estão presentes desde as minhas interrogações iniciais.

Devo enfrentar, então, a dupla inquietação que se impõe aqui. É o que vou encaminhar no que se segue, num mapeamento inicial de toda esta problemática.

MOVIMENTANDO INTENSIDADES

Estou pressupondo aqui que a psicanálise tenha a possibilidade de formular uma teoria da criatividade fundada no psiquismo. Por que suponho isso, já que não se trata de algo evidente? Essa afirmação se justifica porque a psicanálise trabalha num horizonte clínico no qual a *mudança* psíquica seria a sua finalidade primordial.[525] A concepção de cura em psicanálise se baseia numa mudança do funcionamento mental da subjetividade. Seria isso que o processo analítico pretende produzir nos indivíduos que a esse

---

525. D. Widlöcher, *Freud et le problème du changement*.

se submetem. Vale dizer, a psicanálise pretende remanejar o funcionamento psíquico das subjetividades em que incide, não sendo, pois, um processo de contemplação neutra daquilo que se passa nas individualidades que buscam os cuidados de um analista. Por isso mesmo, a experiência analítica supõe necessariamente uma *ética*, justamente porque a mudança psíquica está implicada no processo em questão.

Porém, a bem da verdade, a problemática da criatividade em psicanálise não se restringe a isso. Com efeito, na leitura que o discurso analítico propõe do psiquismo, este estaria numa condição não apenas de *movimento*, mas também de criação, sendo aquele a condição de possibilidade desta. Dito de uma outra maneira, o psiquismo seria ao mesmo tempo um aparelho de *processamento* e de *transformação*, suas marcas indeléveis. Vale dizer, sendo o *conflito* o *a priori* do psiquismo para a psicanálise, o movimento imanente nos diversos polos conflitivos, em confronto permanente, seria a matéria-prima por excelência para as mais diversas produções psíquicas. Aludir ao processo e à transformação no aparelho psíquico é uma maneira de se referir às formas pelas quais os polos conflituais se remanejam no psiquismo e que redundam em produções marcadas sempre pela complexidade.

Assim, dos sonhos[526] aos lapsos,[527] passando pelos sintomas,[528] delírios[529] e efeitos de humor,[530] a conflitualidade psíquica estaria em permanente processo de transformação de suas materialidades, sendo aqueles os seus resultantes maiores. Isso porque as exigências de compromisso, negociadas pelas polaridades conflituais inconciliáveis, se inscrevem como materialidades nas produções mentais. As formações psíquicas, enfim, seriam sempre soluções de compromisso entre os oponentes conflituais, como nos ensinou o discurso freudiano desde os seus primórdios.[531]

---

526. S. Freud, *L'interprétation des rêves* (1900).
527. Idem, *Psychopathologie de la vie quotidienne* (1901).
528. Idem, J. Breuer, *Études sur l'hystérie* (1895).
529. S. Freud, "Les psychonévroses de défense" (1894); "Nouvelles remarques sur les psychonévroses de défense" (1896). In: *Névrose, psychose et perversion*.
530. Idem, "Jokes and their relation to the unconscious" (1905). In: *The Standard Edition of Complete psychological works of Sigmund Freud*, vol. VIII.
531. S. Freud, J. Breuer, *Études sur l'hystérie*.

Pode-se entrever disso tudo que seria apenas ao perder a potencialidade de se movimentar e de articular a conflitualidade em negociações constantes que a subjetividade estaria perturbada no seu ser. Quando não conseguisse mais processar e transformar a conflitualidade em produção psíquica é que a subjetividade evidenciaria algo da ordem da perturbação. Seria estabelecida aqui uma paralisia, que retiraria a vivacidade psíquica, conjugando-se com a esterilidade da produção mental. Seria apenas nesta condição limite que uma pessoa demandaria uma ajuda psicanalítica, impossibilitada de se manter viva e em movimento.

Pode-se considerar ainda, no entanto, outra possibilidade de demanda de análise. Esta estaria ligada agora às *intensidades* presentes no jogo conflitivo. Com efeito, quando a conflitualidade pende excessivamente para um dos polos das forças em confronto, pela maior intensidade de um dos oponentes sobre o outro, a processualidade entra em colapso e a transformação psíquica se tornaria então impossível. Com isso, não existiria mais movimento mental e não se forjariam as formações psíquicas.

Em ambas as possibilidades teóricas esboçadas de demanda de análise, porém, pode-se reconhecer com facilidade que aquilo que está sempre em pauta é a perda da processualidade conflitiva do psiquismo e a consequente estagnação da subjetividade. Portanto, a transformação criativa do psíquico se paralisa enquanto tal, perdendo esse a sua riqueza produtiva. Instala-se, pois, o psiquismo na miséria e na indigência simbólicas. A precariedade se institui de maneira infinita e ilimitada, produzindo uma devastação psíquica com efeitos incalculáveis.

Tudo isso nos indica que a criatividade é a finalidade da experiência analítica, sendo aquilo que é visado nesta experiência. Pela sua mediação pretende-se, pois, que o psiquismo possa funcionar de maneira criativa, restaurando a potência conflitiva dos opostos, para que estes então forneçam a matéria-prima para as suas produções. Dizer, enfim, que a experiência analítica busca promover a mudança psíquica, implica afirmar que tem como intenção estratégica propiciar o engendramento da criatividade na subjetividade.

A VOLTA DO PARAFUSO

Se até agora me restringi apenas a considerações específicas de ordem psicanalítica, é necessário que, agora, possa me indagar se esta criatividade possibilitada pela psicanálise seria da mesma ordem daquela que se faz presente nos processos artísticos de produção. É esta "volta do parafuso" que se impõe de maneira iminente, parafraseando H. James.[532]

No que concerne a isso, qualquer generalização poderia ser perigosa na sua audácia, até mesmo porque os diversos processos artísticos se realizam pela mediação de diferentes materialidades artísticas colocadas em cena. Não se pode dizer, com efeito, que algo da mesma ordem aconteça nos campos da literatura, das artes plásticas, do teatro, do cinema e da música. Além disso, escrever prosa ou poesia implica formas bem diferentes de manejo da palavra, da mesma forma que pintar e esculpir pressupõem materialidades e procedimentos diferenciados. Estamos, aqui, diante de dificuldades de grande monta e que, por isso mesmo, não podem ser tratadas de maneira leviana.

Considerando tudo isso, pois, a psicanálise não teria nada a propor como uma teoria geral da criatividade. Existem diferenças marcantes nos vários campos da produção artística que devem ser devidamente levadas em conta, para que não se caia em ingenuidades e em propostas abusivas. Estas diferenças se fundam nas naturezas diversas das materialidades utilizadas como matéria-prima da criação, que definem, ao mesmo tempo, os limites e os horizontes da experiência criativa nos vários registros estéticos acima referidos. É claro que estes registros se imbricam cada vez mais na produção da experiência estética, não obstante a referida diferença das materialidades em questão. Apesar disso, contudo, a especificidade de cada campo se mantém incólume, considerando não apenas as diferentes *materialidades* em questão, mas também os *instrumentos* diversos que mediatizam a experiência criativa.

Quero dizer com isso que a psicanálise não tem a pretensão e muito menos a possibilidade teórica de enunciar uma estética, estando isso

---

532. H. James, *The turn of the screw and other short fiction*.

absolutamente fora de seu alcance. Refiro-me à estética agora, já que pretender formular uma teoria geral da criatividade, que permearia os diferentes campos da produção artística, seria o equivalente de se propor uma teoria da estética fundada na psicanálise. Não é por este viés que a psicanálise poderia contribuir para esta elaboração, já que por este caminho estaríamos nos dirigindo para um beco sem saída.

O discurso psicanalítico poderia contribuir, contudo, para a produção de uma teoria da criatividade, ao lado de outros saberes. Seria este o seu lugar nesta empreitada gigantesca, na qual se conjugariam os esforços múltiplos de diversas disciplinas. O que estaria em questão aqui seria um projeto *interdisciplinar* de pesquisa, com vistas a explicitar a experiência da criação humana.

Para isso, no entanto, necessário seria definir devidamente as *regiões* diversas nas quais os diferentes saberes poderiam se inscrever neste projeto. Seria apenas por este viés que se poderia destacar a contribuição de cada um dos saberes de maneira específica e bem delimitada. Qualquer ultrapassamento de *fronteiras* de um dado saber, legítimo numa dada região, seria abusivo e teoricamente inaceitável neste projeto de cunho interdisciplinar.

Assim, é preciso definir de antemão o que se entende como a região legítima de cada um dos saberes nesta empreitada. Por região de *legitimidade* de um dado discurso teórico quero me referir ao seu *campo epistemológico*, isto é, ao *objeto teórico* que é construído por cada um dos saberes em pauta. Este é o único critério consistente para evitar os abusos e as ultrapassagens de fronteiras das regiões concernidas. Além disso, é o que permitiria esboçar os espaços dialógicos, entre os diferentes saberes e regiões, a partir de *problemáticas* que lhes sejam comuns. Seria neste conceito de diferenças e proximidades fronteiriças afins que um projeto teórico interdisciplinar como este seria possível.

Considerando tudo isso, é preciso que se possa definir agora qual é a região de pertinência teórica da psicanálise neste projeto abrangente. Esta é a questão que devemos percorrer neste momento, para delimitar a legitimidade epistemológica como um horizonte ideal de realização possível.

O que a psicanálise tem a oferecer para isso? Uma leitura da *subjetividade* na qual a criatividade se destaque como produção efetiva do psiquismo. Este é o campo de pertinência do discurso psicanalítico neste projeto ideal. Para isso, a psicanálise se funda nos conceitos metapsicológicos de inconsciente[533] e de pulsão,[534] para descrever não apenas a subjetividade como objeto teórico, mas também a produção criativa como uma de suas marcas insofismáveis.

Vale dizer, o que a psicanálise tem a propor aqui é uma leitura da subjetividade criadora – o que pressuponho ser a condição de possibilidade da experiência artística da criação. Com efeito, não pode existir experiência de criação sem a participação de uma subjetividade criadora, ao mesmo tempo sua agente e a sua agenciadora. Estas são as condições necessárias, mas não suficientes para a experiência da criação. Sobre estas a psicanálise nada tem a dizer, não se inscrevendo, pois, na sua região epistemológica de pertinência. Devemos esperar a contribuição de outras disciplinas.

Se a região teórica de legitimidade da psicanálise quanto a isso se centra no campo da subjetividade, fundado nos registros do inconsciente e da pulsão, é preciso que se reconheça que isso não é pouco. É o mínimo que se pode dizer. É bastante abrangente o que pode oferecer de fato para uma leitura dos processos criativos. Na dependência do vértice em que se esboce a interpretação psicanalítica sobre esses processos, é possível superar talvez os campos estritos das diferentes práticas artísticas com vistas a uma teoria da criação, na qual se buscará circunscrever o lugar preciso do sujeito.

Desenhando as questões, pois, nesta perspectiva, pode-se até mesmo dizer que uma teoria da criação, fundada na psicanálise, permitiria incluir a produção das ciências no seu campo teórico de legitimidade, não se restringindo esta indagação, portanto, ao campo estrito da produção artística. Isso porque existiria uma verdadeira estética da experiência criadora, no registro subjetivo, que estaria igualmente presente nos diferentes campos das ciências e das artes. Estes campos

---

533. S. Freud, "L'inconscient" (1915). In: *Métapsychologie*.
534. Idem, "Pulsions et destins des pulsions" (1915). In: *Métapsychologie*.

são efetivamente diversos, tanto nas suas linguagens quanto nos seus gestos de invenção e nas materialidades que manejam. O que existe em comum aqui, no entanto, seria certa posição e postura da subjetividade criadora, que transcenderia as diferenças presentes nas diversas práticas artísticas e científicas. Seria apenas deste lugar específico que a psicanálise poderia, de fato e de direito, oferecer subsídios para uma teoria da experiência criadora.

Dito tudo isso, nesta outra "volta do parafuso", podemos desenredar os fios de uma leitura possível da criatividade no discurso psicanalítico.

PUXANDO FIOS

Para empreender este percurso vou começar por enunciar os impasses presentes na tradição psicanalítica quando esta se voltou a formular algo sobre a criatividade. Disse em um momento anterior que quando a psicanálise procurou tratar esse tema, se limitou a uma interpretação pontual e formal. Este é inequivocamente o fio inicial dessa meada que precisa ser desenovelada aqui, para que se possa empreender este percurso.

As leituras psicanalíticas sobre a criação estética se concentraram em geral na leitura pontual de algumas obras nas quais se fazia alusão aos mecanismos psíquicos presentes na experiência criadora. Não vou me referir a nenhum trabalho específico sobre isso, já que são muitos. Vou me limitar, em contrapartida, a delinear a *matriz de pensamento* que se articula como eixo dessas empreitadas.

Se a pontualidade busca enfatizar a particularidade, a alusão aos mecanismos psíquicos destaca a universalidade, como já enumerei. Porém, o mecanismo psíquico em questão é sempre a *sublimação*, que se refere aos *fantasma*s primordiais do criador. A psicanálise, nestas leituras, busca os rastros da obra no fantasma que a organiza enquanto tal. Estaria aqui a matriz de pensamento que preside e norteia tais leituras das obras de arte. Por isso mesmo, tais leituras são eminentemente formalistas, na medida em que convergem todas para o mesmo ponto, qual seja, a operação sublimatória como mecanismo cardeal da experiência da criação.

Pode-se, pois, constatar com isso que a pretensa pontualidade inicial se desdobra numa generalização bem precisa, já que o que se procura provar é que a sublimação estaria no fundamento da experiência de criação. O formalismo seria então a contrapartida necessária dessa generalização. Seria este o ponto de estrangulamento e de impasse destas interpretações que conduzem sempre ao mesmo. Estaria, pois, aqui o limite destas leituras.

Por que digo isso? Por que afirmo isso de maneira enfática? Por diversas razões.

Antes de tudo, porque se pressupõe nesta matriz de pensamento que a sublimação implica uma *dessexualização da pulsão*. Vale dizer, para que se realize uma efetiva experiência de criação, necessário seria que o sujeito pudesse suspender qualquer veleidade erótica. Dito de outra maneira, o ato criativo pressuporia a suspensão do erotismo, de maneira a conduzir a subjetividade para o horizonte da *espiritualização*. Seria assim que um fantasma estaria sempre presente na arquitetura de uma obra, mas sob a modalidade final da suspensão, isto é, sem qualquer erotização efetiva. Portanto, o fantasma teria a condição de uma *presença ausente*, deixando rastros virtuais na ordenação da obra. Enquanto *ausência*, enfim, o fantasma deixaria marcas no corpo da obra, mas sem qualquer efetividade sexual.

Assim, existiria nesta suposição teórica a oposição radical entre *criar* e *erotizar*, de forma que para que a primeira experiência acontecesse necessário seria colocar a segunda entre parênteses. Portanto, a criação seria, rigorosamente falando, um ato de espiritualização, na medida em que o corpo erógeno seria colocado provisoriamente de lado e impedido de se manifestar.

Além disso, tal suspensão erótica, que materializaria o tal ato de espiritualização, seria um esforço da ordem da *civilização*. Pressupõe-se, pois, que o processo civilizatório se daria na direção da espiritualização e contra a erotização. Com efeito, a dita civilidade espiritualizante seria, enfim, inscrita no registro da *ordem* que se contraporia à *desordem* do sexual.

Examinando esta matriz de pensamento de perto pode-se descobrir facilmente como esta leitura da sublimação se funda no que denomino como a primeira teoria freudiana sobre essa temática. Porém, desde que a enunciou formalmente,[535] Freud mostrou-se já francamente insatisfeito com a solução apontada, indicando de pronto os impasses e as contradições que acabaram por conduzi-lo inequivocamente a uma segunda teoria da sublimação, nos anos 1930.[536] Nesta, em oposição à primeira formulação, sublimar não mais se oporia a erotizar, na medida em que a sublimação suporia sempre a presença da erotização.

É bem curioso constatar como o discurso psicanalítico pós-freudiano reteve a primeira formulação de Freud e recalcou a segunda, quando não a ignorou pura e simplesmente. Com a única exceção de poucos intérpretes de Freud, como Lacan[537] e Laplanche,[538] que assumiram a versão freudiana final, os demais segmentos da tradição psicanalítica focaram na versão inicial e construíram a matriz de pensamento que apresentei em linhas gerais. Nesta adesão ao enunciado inicial de Freud algo de fundamental se excluiu no discurso freudiano, o que implicou uma concepção problemática do que seja a experiência psicanalítica.

Voltarei ainda a tudo isso neste ensaio, mas posteriormente. Quero me voltar agora, no entanto, para o exame das duas diferentes teorias freudianas sobre a sublimação, para situar a problemática da criatividade.

SUBLIMAR, ESPIRITUALIZAR, CIVILIZAR

A *palavra* sublimação apareceu muito cedo no discurso freudiano, estando nos primórdios deste desde a correspondência de Freud com Fliess. Assim, no manuscrito L este termo foi introduzido, inscrito num campo semântico balizado pelos conceitos de fantasma e de defesa.[539] Neste

---

535. S. Freud, "La morale sexuelle 'civilisée' et la maladie nerveuse des temps modernes" (1908). In: *La vie sexuelle*.
536. S. Freud, *Nouvelles conférences sur la psychanalyse* (1932).
537. J. Lacan, *L'éthique de la psychanalyse*. Le Séminaire, vol. VIII.
538. J. Laplanche, *La sublimation*. Problématiques III.
539. S. Freud, "Lettres à Wilhelm Fliess, notes et plans" (1887-1902). In: *La naissance de la psychanalyse*.

contexto, a sublimação seria uma operação de *refinamento* psíquico, criando as grandes produções do espírito, pelas quais a *defesa* afastaria a presença brutal de fantasmas sexuais. Como refinamento, pois, a sublimação seria uma *decantação* e *purgação* da sexualidade horrenda e imunda que se inscreveria no coração da condição humana, de forma que as mais elevadas produções do espírito indicariam as suas origens bem pouco nobres.

Logo em seguida, a palavra retorna de maneira direta num importante ensaio clínico, em contraposição ao sintoma. Assim, em "Fragmento de uma análise de histeria" a sublimação se oporia ao sintoma histérico, já que neste a presença direta do gozo sexual se contraporia à operação refinada do sublimar.[540] Esta seria uma defesa contra aquele, marcada, além do refinamento, pela espiritualização, que colocaria entre parênteses o imperativo do gozo erótico. Portanto, a palavra sublimação manteve incólume o mesmo *campo semântico* que estava presente no discurso freudiano inaugural.

Porém, o *conceito* de sublimação foi enunciado apenas em 1908, num ensaio intitulado "A moral sexual 'civilizada' e a doença nervosa dos tempos modernos".[541] O campo semântico em pauta anteriormente, adquire uma precisão mais rigorosa, assumindo o contorno de um conceito. Com isso, foram formuladas as suas características metapsicológicas.

Ressaltava-se então que o mais abjeto dava origem ao que existia de mais sublime, isto é, as grandes produções do espírito humano. Foi nesta contraposição paradoxal entre o *sublime* e o *abjeto* que o conceito de sublimação encontrou as condições concretas de possibilidade para o seu enunciado. Com efeito, o abjeto se referia às formas de existência da sexualidade humana, aos olhos da consciência e dos valores morais, evidentemente. Seria disso que provinham as mais nobres produções intelectuais da humanidade. Contudo, o discurso freudiano não se referia a toda e qualquer forma de erotismo, mas se circunscrevia às suas

---

540. Idem, "Fragment d'une analyse d'hystérie (Dora)" (1905). In: *Cinq Psychanalyses*.
541. S. Freud, "La morale sexuelle 'civilisée' et la maladie nerveuse des temps modernes". In: *La vie sexuelle*.

modalidades perverso-polimorfas.[542] Seriam abjetas, nesse contexto, as formas de ser da sexualidade infantil que se materializariam como perverso-polimorfas.[543]

Nesta perspectiva, a sublimação implicaria uma *dessexualização* das pulsões perverso-polimorfas, que perderiam a sua dimensão abjeta e se transformariam nas sublimes produções do espírito humano, isto é, nas diversas modalidades de discursividade artística e científica. Porém, o mesmo *objeto* da pulsão se manteria ainda em ação, mas transformado pela mudança de *alvo da pulsão*, que de sexual se transmutaria em não sexual. Portanto, o objeto erótico se transformaria diretamente num objeto espiritualizado, desinvestido agora de qualquer *aura* sexual anteriormente presente.

Essa constatação implica dizer que a construção da civilização se fundaria na dessexualização da perversidade polimorfa, grau zero da existência sexual. Tal construção se faria pela mediação da sublimação, que, ao dessexualizar a perversidade polimorfa, promoveria apenas a sexualidade genital.[544] Fundado então em sublimações, o projeto civilizatório exigiria a construção da monogamia e a promoção do erotismo genital, com a exclusão decisiva da sexualidade perverso--polimorfa.[545]

Nesta tese freudiana, a sublimação seria necessariamente a resultante da operação do recalque sobre a sexualidade perverso-polimorfa, já que sua ação implicaria a dessexualização da pulsão. O pressuposto presente aqui seria de que a construção civilizatória se fundaria numa despossessão da sexualidade infantil, de forma que o discurso freudiano enunciava uma relação de *paradoxo* entre os registros da civilização e da sexualidade. Vale dizer, para que aquela fosse construída necessário seria o recalque do polimorfismo sexual, sendo admitidas apenas as formas de genitalização do erotismo.

---

542. Ibidem.
543. S. Freud, *Trois essais sur la théorie de la sexualité* (1905).
544. S. Freud, "La morale sexuelle 'civilisée' et la maladie nerveuse des temps modernes". In: *La vie sexuelle*.
545. Ibidem.

O argumento sobre a genitalização do erotismo pode ser enunciado pelo viés do valor atribuído à reprodução da espécie às expensas do erotismo perverso-polimorfo. Contudo, a reprodução da espécie se inscreve na concepção civilizatória de *reprodução social da família* e das *formas monogâmicas de conjugalidade*. Tudo isso transformaria o valor destacado, na civilização ocidental, na aurora da modernidade, ao *amor* e não mais ao *puro erotismo*. Esboça-se assim a oposição cerrada entre *amor* e *paixão*, na medida em que o primeiro seria tributário da genitalidade, do ideário familiar e do projeto monogâmico, enquanto a segunda implicaria uma forma errática de erotismo, na qual a sexualidade perverso-polimorfa estaria diretamente presente.

Neste contexto, a subjetividade na modernidade deveria ser coartada do polimorfismo sexual, de maneira a infletir decididamente o seu erotismo para os polos monogâmico e genital, em nome, sempre, do amor e da construção da *família nuclear burguesa*. A sublimação seria ao mesmo tempo o operador e a resultante disso, pela mediação do recalque e da dessexualização que este promoveria da sexualidade perverso-polimorfa. A civilização moderna teria sido constituída, enfim, pelas diversas formas de espiritualização, materializadas nos diferentes registros da arte, da ciência e da tecnologia.

Contudo, esta *renúncia* erótica da modernidade, em nome da civilização, teria exigido um alto custo para as individualidades. O *mal-estar* psíquico seria a sua resultante maior, e se manifestaria na multiplicação devastadora das "doenças nervosas" – o preço escorchante que a subjetividade teria pago para usufruir do paradigma moderno da civilização.

Porém, logo ao formular o conceito de sublimação nestes termos Freud indicou imediatamente a sua insatisfação com o que havia enunciado. Isso porque ao examinar a *condição trágica* do homem na modernidade, devastado que seria pela *proliferação massiva de enfermidades nervosas*, pode-se depreender rapidamente que o conceito de sublimação enunciado não consegue dar conta daquilo que se propunha, a produção do processo civilizatório. Por que não? A resultante maior disso tudo foi a produção de uma modalidade de subjetividade marcada não apenas pela *pobreza erótica* – como se esperaria, é claro, pela ação do recalque –, mas também por um *empobrecimento simbólico* inesperado, considerando-se a efetiva positividade da sublimação. Estaria aqui, pois, a contradição flagrante do conceito enunciado, já que este teria sido formulado para dar conta precisamente da produção das formas superiores de espiritualidade e seu resultado foi justamente o contrário.

O discurso freudiano procurou responder a isso do ponto de vista metapsicológico, afirmando que a sublimação não poderia se fazer jamais pela renúncia da perversidade polimorfa. Isso porque seria da sua energia precisamente que o processo sublimatório poderia se articular enquanto tal, sem a qual não poderia existir sublimação propriamente dita. Daí as consequências trágicas de sua ausência na condição humana na modernidade, quais sejam, a pobreza erótica e o empobrecimento simbólico.[546]

Porém, isso ainda não é tudo. O pensamento freudiano procurou indicar, logo em seguida, outros impasses desta leitura. Assim, ao contrapor os *discursos da ciência e da arte* Freud considerou que a *renúncia* à pulsão sexual poderia ser válida talvez para a primeira, mas jamais para a segunda. Com efeito, seria pensável que o cientista pudesse abrir mão de suas demandas eróticas em nome da produção científica, mas seria impossível pensar isso no que tange ao mundo da produção artística.[547]

Pode-se entrever como, desde o momento inaugural de formulação do conceito de sublimação, o discurso freudiano indicou um conjunto de impasses cruciais que tornaram inviável a consistência teórica deste conceito assim enunciado. Estes impasses seriam mais da ordem do *paradoxo* do que da *contradição*, evidenciando esse a retificação impossível pela operação da *negatividade* e a exigência de um recomeço outro na produção do conceito em questão.

Com efeito, tanto do estrito ponto de vista metapsicológico, isto é, da lógica energética da pulsão, quanto pela comparação entre os modelos científico e estético das produções do espírito, o conceito em questão não

---

546. Ibidem.
547. Ibidem.

conseguia dar conta daquilo que propunha, as criações superiores do dito processo civilizatório na modernidade. Nesta, paradoxalmente, o que se produzia em grande massa eram formas de subjetividades empobrecidas erótica e simbolicamente, devastadas que seriam pelas ditas enfermidades nervosas e esvaziadas então no seu potencial de criatividade.

Por isso mesmo, o discurso freudiano esboçou logo em seguida um outro caminho para a elaboração do conceito de sublimação, preocupado em superar os impasses nos quais estava mergulhado e em que tinha se atolado. Foi o que se empreendeu no ensaio sobre Leonardo da Vinci,[548] em 1910.

POROS NA COMPLETUDE

Numa direção *oposta* à que foi realizada no ensaio de 1908, o discurso freudiano enunciou, na leitura sobre Leonardo da Vinci, que a sublimação poderia ser concebida de outra maneira, qual seja, como uma *transformação direta* da pulsão perverso-polimorfa numa produção do espírito. Esta foi agora esboçada como uma forma de plasmação direta, sem qualquer superação da sexualidade infantil.

Vale dizer, nesta outra hipótese freudiana de trabalho a sublimação não implicaria mais uma dessexualização da perversidade polimorfa originária. Portanto, aquela não seria a resultante de uma operação anterior do recalque, já que a sexualidade perverso-polimorfa seria a matéria-prima da produção sublimatória. O discurso freudiano imprimiu, enfim, um giro de 180 graus na sua formulação inicial, numa transformação radical de sua intuição primeira.

Pode-se depreender facilmente disso como foram os impasses decorrentes da energética pulsional que conduziram inapelavelmente o discurso freudiano para esta nova formulação. Como já indiquei, na *hipótese repressiva* a subjetividade estaria fadada ao duplo empobrecimento, ao mesmo tempo erótico e simbólico. Além disso, seria necessária a energia

---

548. S. Freud, *Un souvenir d'enfance de Léonard de Vinci* (1910).

da pulsão perverso-polimorfa para que a produção sublimatória fosse possível. Pela ideia original de uma transformação direta do polimorfismo sexual num ato de sublimar o discurso freudiano procurou superar estes impasses fundamentais.

Pretendeu-se interpretar então a presença direta da sexualidade perverso-polimorfa, na criação artística de Leonardo da Vinci, como um suposto fantasma primordial de devoração da figura materna pelo infante,[549] evidenciando as marcas e cicatrizes que permaneceriam como rastros psíquicos indeléveis da experiência fundamental de aleitamento infantil. Procurou contextualizar esta leitura por considerações de ordem biográfica da personagem em questão, na medida em que Leonardo da Vinci foi deixado às garras sedutoras da figura materna sem qualquer presença da figura paterna que pudesse interditá-la. Ao lado disso, Freud buscou rastrear as pegadas e sombras daquele fantasma originário nas imagens que se materializaram posteriormente nas telas magistrais pintadas por Leonardo da Vinci.[550]

Sabe-se que a leitura de Freud foi questionada, do ponto de vista pictórico, por Shapiro, nos anos 1960, colocando em questão a sua precisão, numa interpretação, aliás, bastante rigorosa.[551] O historiador da arte norte-americano colocou em questão e mesmo indicou a impropriedade do sentido atribuído a certas imagens pelo discurso freudiano. Porém, não é isso que me interessa colocar aqui em relevo. Isso porque Shapiro não questionou o conceito de sublimação enunciado por Freud, restringindo os seus comentários às imagens pictóricas que este queria atribuir às telas de Leonardo da Vinci.

Assim, o que me importa ressaltar é apenas que, certa ou erradamente baseado nas imagens da pintura de Leonardo da Vinci, o discurso freudiano passou a interpretar a sublimação por um outro viés, no qual

---

549. Ibidem.
550. Ibidem.
551. Sobre isso, vide: M. Shapiro, "Two slips of Leonardo and a slip of Freud", *Psychoanalysis, Journal of the National Psychoanalytical Association for Psychoanalysis* 2, p. 3; M. Shapiro, "Leonard and Freud, an art-hysterical study", *Journal of the History of Ideas*, 17, pp. 147-178.

a perversidade polimorfa se plasmaria numa valorizada produção do espírito. Tudo isso mediado por uma formação fantasmática. É apenas a consequência que esse discurso procurou dar à sua hipótese nova o que me interessa sublinhar, para indicar a sua tentativa de ruptura com a sua formulação inicial.

Porém, não é apenas disso que trata a arquitetura conceitual desta obra no que concerne à sublimação. Além disso, o pensamento freudiano procurou repensar as *diferenças* entre os discursos da *arte* e da *ciência*, que, como vimos, indicaram outras contradições para a interpretação freudiana inicial. Assim, não é certamente um acaso que o discurso freudiano tenha escolhido como personagem de sua análise uma figura paradigmática como Leonardo da Vinci. Por que paradigmática? Porque este seria ao mesmo tempo a condensação das figuras do artista e do cientista, conjugando nas suas produções as duas diferentes dimensões do processo sublimatório. Com efeito, Leonardo da Vinci representava as grandes figuras do humanismo renascentista, marcando a passagem da Antiguidade para o mundo moderno, no qual estas conjugações entre os diferentes campos da ciência e da arte vão se mostrar progressivamente impossíveis de ser realizadas.

Além disso, Leonardo da Vinci seria um personagem que teria migrado do mundo da produção artística para o da científica, na medida em que a primeira produziu um certo mal-estar que não estava presente na segunda. Com efeito, a realização artística provocava uma sensação de *incompletude* que Da Vinci não encontrava na sua produção científica.[552]

Pode-se reconhecer, pois, sem muita dificuldade como a figura de Leonardo da Vinci seria paradigmática para a leitura de Freud, porque permitiria desvendar todos os impasses para a elucidação do processo sublimatório, tal como estavam estabelecidos no seu ensaio de 1908. Por esta mediação, as possíveis diferenças entre a sublimação presente nas produções artística e científica poderiam ser então elucidadas e enunciadas – se é que tais diferenças existam, bem entendido. Ou, então, nesta perspectiva de leitura, poderiam ser encaminhadas de uma outra maneira.

---

552. S. Freud, *Un souvenir d'enfance de Léonard de Vinci*.

FANTASIANDO SOBRE A SUBLIME AÇÃO

Assim, Leonardo da Vinci teria se deslocado do registro da produção artística para o da produção científica, na medida em que na sua atividade na pintura existia sempre a sensação de incompletude quando contemplava o resultado de seu trabalho. Algo o incomodava, o que não era o caso em sua produção científica posterior. A *completude* teria seduzido Leonardo da Vinci na sua permuta de atividade e na sua escolha final. Portanto, enquanto a sublimação deixaria uma marca de *incompletude* na produção artística, a *completude* seria o seu traço maior no registro da produção científica.

O discurso freudiano realizou algumas indagações importantes sobre a atividade do sujeito na produção do conhecimento, perguntando-se principalmente sobre a existência de uma *pulsão de saber*.[553] Retomou assim o que desenvolvera num ensaio anterior sobre as *teorias sexuais infantis*, que, como verdadeiras teorias produzidas pelo imaginário infantil, procuravam decifrar as origens da existência da subjetividade e de onde provinham os bebês.[554] Seria a mesma pulsão de saber que estaria ainda em ação, como eixo constitutivo dos processos sublimatórios, nas buscas e realizações de Leonardo da Vinci.

Contudo, uma questão ainda permanece quanto a isso. Qual a leitura possível desta oscilação entre a completude e a incompletude, quando Leonardo da Vinci se confronta com as suas produções científica e artística, respectivamente? O que existiria na incompletude da experiência artística que conduziria Leonardo da Vinci inapelavelmente para o seu abandono e à escolha da prática científica? A que se deve esta diferença fundamental?

Parece-me que o que está em questão é a presença do *falo* como referência de regulação da experiência. Assim, a oposição completude/incompletude seria regulada pela *presença/ausência* do falo no campo da experiência. Com efeito, este configuraria, na produção científica, uma imagem de *totalidade* e de *fechamento*, ausente no campo artístico. Neste, o que prevaleceria seria a *não totalidade* e o *não fechamento* da

---

553. Ibidem.
554. S. Freud, S. "Les théories sexuelles infantiles" (1908). In: *La vie sexuelle*.

experiência da criação. Daí por que na primeira o criador não teria o mal-estar da incompletude, experimentando, pois, uma completude na realização. A pretensão totalizante estaria sempre presente no campo da produção científica, enquanto a não totalização estaria no campo das práticas artísticas.

Suponho que foi justamente por isso que o discurso freudiano acreditou que a *renúncia* seria possível na produção científica e impossível na artística em "A moral sexual 'civilizada' e a doença nervosa dos tempos modernos". Com efeito, a referência ao falo nos permite compreender como pelo recalque e pela dessexualização das pulsões perverso-polimorfas, bem entendido, o discurso totalizante da ciência seria, enfim, possível. Porém, o mesmo não ocorreria com a produção artística, que exigiria justamente o oposto. A resultante maior desta oposição se plasmaria nas sensações matizadas de Leonardo da Vinci em face da sua produção, que se deslocariam decisivamente entre os polos da completude e da incompletude.

Portanto, o que o discurso freudiano nos sugere, nas suas entrelinhas, é a oposição cerrada existente entre duas modalidades de sublimação. A primeira seria fundada na *estética*, sem qualquer referência ao falo, e se plasmaria pela incompletude no criador. Não existiriam aqui, pois, nem recalque nem dessexualização pulsional. A segunda, em contrapartida, se fundaria na *ciência*, seria referida ao falo como operador e se materializaria como completude no registro pático.

Neste discurso outro sobre a sublimação, em oposição cerrada ao que foi enunciado em "A moral sexual 'civilizada' e a doença nervosa dos tempos modernos", o discurso freudiano pôde contrapor dois *paradigmas inconciliáveis* da experiência sublimatória, um fundado na ciência e outro na arte. Ambos seriam válidos, é claro, como processos sublimatórios. Porém, desta maneira o discurso freudiano estaria procurando sair dos impasses que encontrou na sua anterior solução repressiva. A problemática do falo faria a operação decisiva desta diferença, opondo a completude e a incompletude no registro *pático* do criador.

Porém, o significado mais abrangente desta oposição conceitual, no que tange ao processo sublimatório, é claro, deve aguardar ainda o desdobramento da obra freudiana para se revelar na sua total pertinência. Por ora me resta indicar apenas como o discurso freudiano foi encaminhando esta problemática da criação, no registro estrito da subjetividade, até o seu desenlace final. Outras peças deste quebra-cabeça foram ainda enunciadas posteriormente, e fariam da problemática em pauta ao mesmo tempo algo mais preciso e bem mais complexo.

QUASE ISSO

Em *Totem e Tabu*, o discurso freudiano empreendeu outro passo importante no que tange ao processo sublimatório. Privilegiou agora algumas analogias existentes no registro estritamente clínico, traçando uma articulação entre as diferentes formas de funcionamento psicopatológico e modalidades sublimatórias diversas. Estaria aqui a sua novidade. Além disso, inscreveu os discursos da religião e da filosofia nesta problemática, não se restringindo mais apenas aos da ciência e da arte. Estaria aqui a sua outra novidade.

Assim, na formulação precisa que foi então enunciada se dizia que a *histeria* seria *quase* uma obra de *arte*, da mesma forma que a *neurose obsessiva* seria quase uma *religião*, e a *paranoia*, quase uma *filosofia*.[555] Pode-se depreender disso como o discurso freudiano pretendeu traçar as fronteiras entre os registros do normal e do anormal, que se superporiam aos registros do civilizado e do anticivilizado, do sublimado e do não sublimado. Tudo isso se superporia ainda à oposição existente entre o público e o privado, que complementaria a arquitetura conceitual do que estaria em questão.

Com efeito, a histeria (anormal, não civilizada, não sublimada e privada) poderia ser uma obra de arte (normal, civilizada, sublimada e pública), pela maneira bela como se materializaria, marcada pela plasticidade dos gestos e das produções corporais refinadas. Porém, fica no registro do

---

555. S. Freud, *Totem et Tabou* (1913).

quase isso, pela impossibilidade dialógica e comunicação privada em que se apresenta. Por isso mesmo, seria quase uma obra de arte, mas não é, em última instância. Pode nos comover pelo seu espetáculo de belo horror, mas não nos transmitiria algo que transcenderia a miséria privada da personagem inscrita na experiência conversiva.

Da mesma maneira, pela sua forma de ser, a obsessão poderia se aproximar analogicamente do discurso religioso pelos traços de imperativo e de dever que a caracterizavam. Porém, nada disso teria a marca de transcendência que delinearia o discurso religioso, que constituiria uma comunidade de fiéis em torno de um *ethos*. Além disso, a filosofia poderia se aproximar analogicamente da paranoia pela sistematicidade e a lógica perfeita que a caracterizam nos seus argumentos. Porém, enquanto o discurso filosófico se inscreve no registro público e no campo da civilidade, a paranoia seria apenas da ordem de um delírio sistematizado.

Pode-se perceber assim como o discurso freudiano opera metodologicamente pela via da *analogia* – o que não é uma novidade absoluta nas suas operações interpretativas, pelo menos desde *A interpretação dos sonhos*.[556] Porém, as enuncia agora como analogias metapsicológicas *entre* processos normais e anormais, traçando as fronteiras entre os registros da civilização e da anticivilização, regulados pela presença/ausência da sublimação. Portanto, a histeria, a obsessão e a paranoia não fariam parte dos registros das obras de arte, da religião e da filosofia, mas quase isso, apesar das similaridades entre os funcionamentos metapsicológicos.

Estas dimensões da anormalidade, no entanto, teriam uma irrefutável marca criativa, como indica, aliás, a própria comparação realizada. Não seriam, pois, algo puramente negativizado como processo criativo. Essa seria a maneira pela qual o discurso freudiano pôde valorar o *sintoma* (conversão histérica, compulsão obsessiva e delírio paranoico) como eixo efetivamente criativo na subjetividade, dando-lhe, pois, um estatuto efetivo de positividade.

---

556. S. Freud, *L'interprétation des rêves*.

Pode-se reconhecer ainda como a civilização assim delineada não se restringe apenas aos discursos da ciência e da arte, mas se realiza também nos registros discursivos da religião e da filosofia. O processo sublimatório se alarga bastante agora, envolvendo ainda outras instituições culturais. Além disso, mesmo com o questionamento do sintoma como processo sublimatório, se ressaltaria a criatividade na sua produção.

ANTI-IDEALIDADE ERÓTICA

Nos ensaios metapsicológicos de 1915 o discurso freudiano retoma o conceito de sublimação. Parece que, neste contexto, Freud teria escrito um texto original sobre o tema, mas o material teria se perdido entre vários outros,[557] restando apenas o que se referia às neuroses de transferência.[558] Com esta perda a problemática da sublimação aparece apenas como uma alusão, em "As pulsões e seus destinos".[559] Nesta aparição fugaz, no entanto, a mudança no enunciado do conceito fica evidente, indicando outra leitura metapsicológica.

A passagem em que isso se realizou se destaca precisamente, do ponto de vista metapsicológico, justamente porque *diferencia* agora de forma nítida o *recalque* e a *sublimação*, como dois destinos distintos da pulsão. O discurso freudiano indica mais uma vez – se necessário é ainda insistir nisso – como não superpõe mais ambos os conceitos, como fazia no ensaio de 1908.

Assim, na constituição do que denomino de circuito pulsional, a partir justamente da força (*Drang*) da pulsão e do Outro como dimensões originárias do psiquismo, o discurso freudiano enuncia os diferentes *destinos* da força pulsional como modalidades diversas de regulação desta. Com efeito, das passagens do interior para o exterior e do ativo para o passivo, a força pulsional se transformaria necessariamente pelos

---

557. I Grubrich-Simitis, "Note liminaire". In: *Vue d'ensemble des névroses de transfert. Un essai métapsychologique.*
558. S. Freud, *Vue d'ensemble des névroses de transfert.*
559. Idem. "Pulsions et destins des pulsions". In: *Métapsychologie.*

destinos do recalque e da sublimação.⁵⁶⁰ Neste contexto, esta implicaria obrigatoriamente a suspensão do recalque, isto é, a sua anulação.⁵⁶¹

Portanto, se o recalque estaria na origem da produção do sintoma que, como formação de compromisso, articularia os diferentes polos da pulsão e da defesa, a sublimação implicaria a retirada da pulsão dessa situação. Isso porque pressuporia o retorno do recalcado como sua matéria-prima primordial, isto é, a suspensão do recalque estaria então em jogo. Vale dizer, se sugeriria assim que a sublimação se fundaria na erotização da pulsão, pelo viés precisamente do retorno do recalcado como sua materialidade.

Não se discute aqui a natureza deste erotismo, bem entendido. A fugacidade do fragmento resta silenciosa sobre isso. Porém, pode-se supor que o erotismo não teria mais o caráter autoerótico formulado no ensaio sobre Leonardo da Vinci, pela própria transformação imposta pela operação do recalque. O que é indiscutível, no entanto, é o reconhecimento de que a sublimação teria na pulsão sexual a sua matéria-prima.

Pode-se entrever, pois, como o discurso freudiano retoma agora, numa outra perspectiva, a formulação enunciada no texto sobre Leonardo da Vinci, quando não mais existiria qualquer oposição entre erotismo e sublimação. Vale dizer, ambos pertenceriam agora ao mesmo campo, imantados pelo erotismo, apesar de suas diferenças evidentes. Assim, sublimar implicaria colocar novamente o erotismo na cena psíquica de maneira destacada, processo que teria sido coartado pela operação do recalque.

Porém, o erotismo em questão não se desdobraria na *idealização* do objeto. Seria esta a transformação que o recalque imprimiu na economia da pulsão: em função disso a matéria-prima erótica da sublimação não teria mais a característica autoerótica. Por isso mesmo, no ensaio de 1914 sobre o narcisismo o discurso freudiano procurou discriminar bem as diferenças fundamentais existentes entre *sublimar* e *idealizar*, mostrando que em ambos estariam em questão processos

---
560. Ibidem.
561. Ibidem.

psíquicos bastante diversos.[562] Portanto, diversas economias libidinais se permeariam nos processos psíquicos da sublimação e da idealização, não existindo na primeira, pois, qualquer exaltação e engrandecimento do objeto presente na segunda.

A sublimação se conjugaria sempre agora, enfim, com a erotização, mas esta não implicaria mais qualquer idealização do objeto constituído na experiência da criação.

SILÊNCIO, RUÍDOS, MURMÚRIOS

Porém, seria mesmo com a construção do conceito de pulsão de morte,[563] em 1920, que o conceito de sublimação e a concepção psicanalítica da criação não apenas ficaram mais evidentes, como também deixariam de se opor definitivamente ao erotismo.

O conceito de pulsão de morte foi enunciado como a forma da pulsão sem representação e que se oporia nos seus detalhes à pulsão de vida, como modalidade ao mesmo tempo ligada e representada da pulsão,[564, 565] e herdeira, no registro metapsicológico, da força pulsional concebida como antônoma dos processos representacionais, tal como foi enunciado no ensaio "As pulsões e seus destinos".[566] Enquanto modalidade não linguageira do ser da pulsão, a pulsão de morte teria uma ação disruptiva marcada pelo *silêncio* (fora do campo da linguagem), mas que, por sua irrupção, produziria *ruído*. Este, emanação direta da *disrupção* da força pulsional, funcionaria como exigência de trabalho imposta ao psiquismo pela ligação deste ao corporal.[567] Esta exigência de trabalho, imposta ao Outro, seria a condição de possibilidade para a constituição dos diferentes destinos da força da pulsão, que foram

---

562. S. Freud, *Pour introduire le narcissisme* (1914). In: *La vie sexuelle*.
563. Idem, *Au-delà du principe de plaisir* (1920). In: *Essais de Psychanalyses*.
564. Ibidem.
565. S. Freud, "Le moi et le ça" (1923). In: *Essais de Psychanalyse*.
566. Idem, "Pulsions et destins des pulsions". In: *Métapsychologie*.
567. Ibidem.

indicados no ensaio de 1915, e do circuito pulsional como a sua materialidade mais complexa.[568]

Porém, diante da morte como possibilidade e imperativo real da condição humana,[569] o psiquismo se valeria de duas modalidades complementares para a sua evitação e regulação: a erotização e a sublimação. Assim, erotizar seria uma forma verbal intransitiva do psiquismo: este se oporia ao movimento do ser para a morte pela ligação da força pulsional aos objetos de satisfação propiciados pelo Outro. Sublimar, em contrapartida, implicaria a reutilização da força pulsional, agora erotizada, na criação de novos objetos de satisfação possível.

Nas *Novas conferências introdutórias à psicanálise*, de 1932, o discurso freudiano afirmou que existiria na sublimação a criação de *novos objetos* de investimento e de ligação da força pulsional.[570] Isso implica dizer que, pela sublimação, existiria a criação de outros objetos para o circuito pulsional e não mais apenas a manutenção do mesmo objeto, como no ensaio de 1908.

O que se depreende disso? O que o discurso freudiano nos leva a pensar, na medida em que não é evidente o que formula desta maneira? Esta passagem do discurso freudiano exige, por isso mesmo, um trabalho de interpretação, dada a sua opacidade. Trabalho crucial de interpretação, bem entendido, para colocar a teoria psicanalítica em movimento, isto é, fazê-la avançar e se desdobrar.

A hipótese de trabalho que proponho é que a sublimação seria uma *ruptura* com as *fixações* eróticas originárias, pela mediação das quais o psiquismo teria se constituído *contra* o movimento primário para a morte, pela promoção e criação de *novas ligações* e objetos possíveis de satisfação. Por isso mesmo, a sublimação não seria uma forma de idealização, precisamente porque possibilitaria o *triunfo* da vida contra a morte. Contudo, a erotização continuaria a ser a matéria-prima do processo sublimatório, mas uma erotização sem qualquer marca de idealização, presente no objeto de fixação originário.

---

568. Ibidem.
569. S. Freud, *Au-delà du principe de plaisir*. In: *Essais de Psychanalyse*.
570. S. Freud, *Nouvelles conférences sur la psychanalyse* (1932).

A sublimação seria agora, então, uma renovação do erotismo, pela reabertura que possibilita de novos campos de investimento objetal e de outras modalidades possíveis de ligação da força pulsional. A sublimação permitiria, pois, a *flexibilização* do circuito pulsional originário, retificando a *compulsividade* presente nas fixações originárias. Seria isso justamente que estaria presente na possibilidade de criação para a subjetividade, pois pela sua ação o psiquismo poderia se contrapor à *fixação* e à *repetição*. Estas estariam sempre presentes nas formas originárias de gozo, mas a sublimação indicaria *novas* possibilidades de gozar.

Pelo movimento sublimatório, de ruptura com as fixações originárias, a *diferença* seria a marca por excelência do psiquismo, ao retificar os traços do *Mesmo* presentes nas fixações primordiais.

RENASCER NO RECOMEÇO

Nesta leitura outra da sublimação é preciso, no entanto, encontrar as novas referências tópicas, em outros operadores do discurso freudiano deste contexto. Vale dizer, é preciso considerar agora as novas *formas de subjetivação*[571] nas quais se inscrevem os processos de erotização e sublimação. É necessário deslocar a problemática em pauta do registro único da pulsão para o engendramento dos processos de subjetivação. Tudo isso se impõe para tornar menos abstrata a demonstração em curso, como costuma ocorrer quando se permanece no registro da pulsão.

Assim, o *desamparo* seria a condição psíquica originária evidenciada pela potência irruptiva da pulsão de morte, na qual o psiquismo se defronta com o fascínio nas excitações da figura da morte para tentar se livrar do que existiria de insuportável nas excitações que a assaltam, considerando a ausência de instrumentos de que dispõe para se livrar destas.[572] O desamparo seria, assim, o *grau zero* da subjetivação, a sua

---

571. M. Foucault, *La volonté de savoir*.
572. S. Freud, *Au-delà du principe de plaisir*. In: *Essais de Psychanalyse*.

ausência total. Em contrapartida, seria a fonte interminável de suas potencialidades, dada a sua condição de tábula rasa. Seria, então, a partir do desamparo que as formas de subjetivação poderiam se inscrever no psiquismo, sempre contra a voragem imperativa e insistente da morte.

No desamparo o psiquismo estaria permeado pelo impacto da *angústia do real*,[573] evidência pática maior da irrupção da pulsão de morte. A transformação da angústia do real em *angústia do desejo*[574] seria o caminho decisivo pelo qual o psiquismo se ordenaria contra o fascínio exercido pela morte e constituiria as formas outras de subjetivação, pelos caminhos estruturantes do erotismo e da sublimação. Esta implicaria, no entanto, a desconstrução das formas originárias de erotismo, marcadas sempre pela fixação e idealização, de maneira a promover novas formas de erotização e outros investimentos objetais.

A fixação do circuito pulsional originário e a idealização do objeto correlato que implica se devem ao triunfo do psiquismo contra a morte. Por isso mesmo, este se aferra a tais mecanismos em virtude do terror da morte e do desamparo equivalente: para não cair na voragem do desamparo, o psiquismo prefere a repetição compulsiva do circuito pulsional e a restauração do objeto idealizado regulador deste. Com isso, porém, se rigidifica e perde a sua mobilidade, ficando sem qualquer possibilidade de descobrir outras modalidades de gozar e de se confrontar com a morte.

Portanto, para que o processo sublimatório possa operar, é necessário desconstruir as erotizações autoeróticas iniciais, rompendo com o circuito vicioso das fixações e idealizações, de maneira a poder reorientar o circuito pulsional noutras direções possíveis. Entretanto, para isso é preciso relançar a subjetividade no desamparo originário, para que novas ligações possam se fazer possíveis. A sua matéria-prima seria sempre, no entanto, o erotismo, lançado agora em outros circuitos e em outras relações com o mundo dos objetos. Neste retorno mítico às origens do psiquismo, ao território do desamparo, a sublimação seria assim o engendramento

---

573. S. Freud, *Inhibition, symptôme et angoisse* (1926).
574. Ibidem.

de um *outro mundo*, no qual a subjetividade estaria aquém e além das fixações e idealizações. Seria tudo isso, enfim, a experiência de criação para a subjetividade, na medida em que naquela esta operaria um ato de *renascimento* e constituiria um outro mundo possível – renascimento e criação de um outro mundo que estão sempre presentes como metáforas nos mitos da criatividade.

Nesta perspectiva, o desamparo como *espaço* fundamental do psíquico, sobre o qual todos os territórios podem ser construídos, remete diretamente ao que Freud denominou, no final de seu percurso, de *feminilidade*.[575] Isso porque ambos seriam caracterizados pela ausência do referencial fálico e pelo *horror* como *pathos*. Não ser permeado pelo falo seria a contraface do horror para a subjetividade, na medida em que seria sempre pelo falo que o circuito pulsional se ordenaria nas suas fixações primordiais e nas idealizações dos objetos promotores do gozo. Retomar, pois, o espaço da *atopia* do desamparo e da feminilidade implica, para a subjetividade, o confronto com a angústia do real, já que se promove, assim, a ruptura com as fixações originárias e os objetos idealizados pelos quais o psiquismo realizou o *domínio* sobre a morte e sobre as excitações transbordantes. Desta maneira, a subjetividade pode *recomeçar*, maneira outra de dizer que pode renascer e criar um mundo novo.

Assim, a feminilidade seria a *posição* pela qual a subjetividade não apenas reconhece a sua condição originária de desamparo, mas assume a atopia como a sua forma primordial de ser. Seria apenas neste limiar de recomeço possível que a sublimação se faria possível, costurando novos territórios psíquicos como modalidades outras de subjetivação, caracterizadas pela ausência do falo como operador do processo e das defesas contra o desamparo.

Pode-se dizer então, interpretando a rede de conceitos produzidos pela viragem do discurso freudiano, que se a feminilidade como desamparo corresponderia ao *masoquismo erógeno*[576] – isto é, a forma fundamental da

---

575. S. Freud, "L'analyse avec fin et l'analyse sans fin" (1939). In: *Résultats, Idées, Problèmes* (1921-1938), vol. II.
576. S. Freud, "Le problème économique du masochisme" (1924). In: *Névrose, psychose et perversion*.

dor de existir que seria erotizada pela criação de novos objetos de ligação da pulsão –, os masoquismos *feminino* e *moral*[577] seriam maneiras pelas quais a subjetividade procura fugir e se defender da posição da feminilidade ao lançar mão do falo como instrumento de poder e de domínio. Desse modo, a subjetividade se submeteria *servilmente* ao Outro para não conviver com a sua condição desamparada,[578, 579] apesar de querer crer ilusoriamente que exerceria o poder e o domínio sobre o Outro.

Ao chegar a este limiar de interpretação do discurso freudiano, para circunscrever melhor o conceito de sublimação e a problemática da criação que lhe é correlata, posso dizer agora que nesse discurso a sublimação e a criação passaram a ser paulatinamente concebidas pelo *paradigma estético* e não mais pelo *paradigma científico*, sendo o modelo preferencial a partir do qual se pode melhor pensar a sublimação e a criação em psicanálise. O que quero dizer com isso, afinal das contas?

Não que o discurso freudiano tenha se desinteressado do discurso da ciência em nome do discurso da arte, o que seria uma bobagem. Com efeito, Freud não deixou de perseguir a ideia da ciência e mesmo de pretender que a psicanálise fosse uma ciência, de fato e de direito. Diversos ensaios, no final do seu percurso, demonstram isso com uma certa facilidade.[580, 581] Não seria essa, pois, a questão aqui. Porém, quando considerou que a religião e a filosofia seriam também modalidades legítimas de sublimação, além da arte e da ciência, o discurso freudiano queria retirar desta o privilégio de ser a forma de conhecimento por excelência e a marca insofismável do processo civilizatório, conforme os cânones do pensamento iluminista. Existiria assim aqui uma *relativização* da ciência como a única forma de conhecer, já que o conhecimento poderia também se realizar pelos caminhos da arte, da religião e da filosofia. O

---

577. Ibidem.
578. J. Birman, "La psychanalyse et la critique de la modernité". In: C. Boukoloza, *Où en est la psychanalyse. Psychanalyse et figures de la modernité*.
579. Idem, *Cartografias do feminino*.
580. S. Freud, *Nouvelles conférences sur la psychanalyse*.
581. J. Birman, *Psicanálise, Ciência e Cultura*.

discurso freudiano se aproximaria assim da tradição do Romantismo,[582] que concebeu outra ideia de conhecimento em geral e da ciência em particular,[583] diferentes do Iluminismo.

Porém, isso ainda não é tudo, no que concerne ao deslocamento do paradigma científico para o estético na problemática da sublimação no discurso freudiano. Existiria ainda a concepção de que a experiência da criação poderia ser mais bem concebida a partir do paradigma estético do que daquele fornecido pela ciência. Seria possível dizer ainda que o paradigma estético poderia explicitar melhor o que seria a criação científica, existindo assim uma estética da criação que estaria igualmente presente nos registros da ciência e da arte. E, por que não, nos registros da religião e da filosofia?

Para que se possa aproximar disso com mais pertinência e consistência teóricas, é necessário examinar os *modelos* de sublimar que nortearam o discurso freudiano na construção de conceito psicanalítico de sublimação.

CONFUSO, ESTÉTICO, SUBLIME

Pode-se dizer que se encontram presentes no discurso freudiano dois diferentes *modelos teóricos* para se conceber o processo sublimatório. Cada um deles remete a genealogias diversas para a palavra e o conceito em questão. No primeiro modelo a sublimação se inscreveria no modelo da *alquimia*, remetendo ao mundo da Idade Média e do Renascimento. O segundo, em contrapartida, reenviaria a sublimação ao modelo das *belas-artes* e da *literatura*, tendo se constituído nos séculos XVIII e XIX, no discurso filosófico sobre a estética e no Romantismo alemão.

Assim, na alquimia a sublimação remeteria à transformação direta de algo existente no estado *sólido* para o estado *gasoso*, sem passar pelo estado *líquido*. A mesma substância se manteria então como *invariável* nos estados inicial e final, mudando apenas o seu *estado*.

---

582. Ibidem.
583. Ibidem.

Seria este modelo de alquimia que o discurso freudiano utilizou no início de sua obra, apesar de se valer de termos retirados da estética, como o refinamento e a depuração, e de procurar sempre exemplos literários. Assim, em "A moral sexual 'civilizada' e a doença nervosa dos tempos modernos",[584] Freud insistia não apenas na dessexualização (mudança direta de estado, do sólido para o gasoso) mas também na manutenção do mesmo objeto (substância invariável).

Portanto, uma mesma substancialidade existente num estado sexual se retiraria do registro do sólido, na materialidade corpórea da natureza, e se tornaria algo gasoso e evanescente no mundo espiritual das ideias e das formas, sem passar absolutamente pelo registro líquido intermediário. Do material ao espiritual estaríamos sempre diante da mesma substância que se transformaria somente na sua apresentação, perdendo, no entanto, a sua marca erótica.

A alusão à alquimia se manteve ainda na química, que continuou a descrever a sublimação nos mesmos termos anteriores. Com isso, o discurso freudiano se valeu também das metáforas da química como ciência para conceber a sublimação como um processo de dessexualização da pulsão, mas com a manutenção do mesmo objeto inicial. A espiritualidade do pensamento e as belas formas da arte adviriam então deste processo de *decantação* do erógeno à corporeidade.

Porém, é claro que pelo viés da alquimia a operação sublimatória, como desnaturalização e espiritualização do sexual, indica uma dimensão de idealização. Não apenas porque a espiritualização gasosa seria o triunfo do processo civilizatório sobre a barbárie natural, mas também pelo viés de que se buscava a *produção do ouro*. Este seria a *pedra filosofal* enquanto tal. Com efeito, o ouro condensaria na sua materialidade brilhante as dimensões da *riqueza*, do *poder* e da *beleza*. Com isso, o ouro seria a idealização por excelência, o que existiria de mais precioso. Retomando esta metáfora, nos seus desdobramentos posteriores, pode-se dizer que a espiritualidade civilizatória seria a herdeira do ouro alquímico, seja

---

584. S. Freud, "La morale sexuelle 'civilisée' et la maladie nerveuse des temps modernes". In: *La vie sexuelle*.

pelo caminho da riqueza das ideias, seja pelo da beleza estética. Ambas, enfim, seriam emanações e materializações do poder.

Contudo, pelo modelo estético as construções não se faziam desta maneira. O conceito de estética foi introduzido na filosofia no século XVIII, no discurso teórico demarcado pela *não clareza das ideias* e pela não discriminação dessas,[585] em contraposição ao que se enunciava no *cogito cartesiano*, no qual o método enunciava o imperativo de se formularem *ideias simples e claras*. Nas ideias confusas, presentes no pensamento estético, não existiria, pois, a simplicidade produzida pela análise exaustiva.

Como se sabe, Kant retomou a proposição de Baumgarten, mas infletiu-a numa direção outra, para enunciar a *estética transcendental* na *Crítica da razão pura*.[586] Neste contexto, as ditas ideias confusas remeteriam agora aos dados da *sensibilidade*, anteriores, portanto, aos *esquemas da imaginação* e à *síntese do entendimento*.[587] Seriam reguladas então pelos *a priori* do *espaço* e do *tempo*, referentes respectivamente aos sentidos externo e interno, que ordenariam a sensibilidade.[588] As ideias confusas ficariam, enfim, restritas ao polo da sensibilidade, reguladas pelo espaço e pelo tempo, ocupando uma posição restrita no processo de constituição da razão pura e do conhecimento.

Porém, com Burke a reflexão sobre a arte assumiu uma outra direção de indagação teórica, que antecedeu a Kant e que foi retomada por este numa outra inflexão. Assim, ao contrapor os sentimentos do *belo* e do *sublime*, Burke definiu duas posições diferentes da subjetividade em face dos acontecimentos que se acompanhariam por afecções opostas. Com efeito, na experiência da beleza algo sempre se repete e se mantém invariável, não havendo qualquer surpresa da subjetividade frente ao que acontece. Dessa estabilidade provém a certeza de que se dominam as coisas e o mundo. Em contrapartida, na experiência do sublime algo da ordem da *ruptura* se inscreve no registro do acontecimento, provocando

---

585. J. Rancière, *L'inconscient esthétique*.
586. E. Kant, *Critique de la raison pure*.
587. Ibidem.
588. Ibidem.

incerteza e insegurança na subjetividade. O sentimento da tristeza e a ameaça de morte passam então a estar presentes no sujeito, não tendo mais este qualquer domínio sobre o mundo.[589]

Na sua *Crítica do juízo*, Kant trabalhou longamente estas categorias de Burke, procurando retirá-las do registro fisiológico, na qual este as descreveu. O sublime agora indicaria um *desacordo entre as faculdades da imaginação e do entendimento*, uma vez que a imaginação engendraria algo que não poderia ser reduzido ao conceito e às categorias do entendimento. Seria isso que Kant denominou de *juízo reflexivo*. Nada disso estaria presente na experiência da beleza.[590]

Pode-se enunciar então que no sublime existiria a experiência de *ultrapassamento de fronteiras* que a imaginação imporia ao entendimento, rompendo com o seu território e impondo novas formas de conceber as coisas que ultrapassariam o campo da razão pura.[591] No sublime aconteceria, enfim, uma experiência de *transgressão*, pelo desconcerto (desarmonia das faculdades), que a imaginação imporia ao entendimento.

Nesta perspectiva, pode-se dizer que na segunda teorização freudiana sobre a sublimação esta seria um *ato sublime* propriamente dito, não apenas pelo desvanecimento limite no qual a subjetividade seria lançada e pela ameaça de morte que acompanharia a experiência – referidos conceitualmente no discurso freudiano pelos conceitos de pulsão de morte, desamparo e feminilidade –, mas também pela ultrapassagem de fronteiras que promoveria. Por isso mesmo, os circuitos pulsionais marcados pelas fixações e repetições seriam transgredidos, em nome de outras satisfações possíveis. Além disso, as idealizações seriam descartadas, sendo estas as encarnações do *falo* como a figuração do *belo*, possibilitando outras ligações possíveis com os objetos. Enquanto *ato* de ruptura a sublimação seria então uma *sublime ação* e um *ato sublime*, mediante a qual, a partir do desamparo e da feminilidade, outras

---

589. E. Burke, *Recherche philosophique sur l'origine de nos idées du sublime et du beau* (1757).
590. E. Kant, *Critique de la faculté de juger* (1790), 1ª parte.
591. J. L. Nancy, "L'ofrande sublime". In: *Du Sublime*.

possibilidades de erotização seriam possíveis. A criação se faria então como uma operação à ordem do ato, que romperia com as fixações e idealizações presentes no circuito pulsional.

É preciso evocar que, para o discurso freudiano, no começo era o *ato* e não o *verbo*.[592] Na formulação final de *Totem e Tabu*, Freud evoca o aforisma de *Fausto* de Goethe (*no início era o ato*), contrapondo-o precisamente ao "Evangelho segundo São João", que diria justo o oposto (*no início era o verbo*). Com efeito, o ato inaugural da criação passaria então pela morte daquilo que estaria fixado nas cadeias de satisfação, reguladas nos circuitos pulsionais pelo falo como materialização das idealizações, de maneira a relançar a subjetividade na aventura infinita da criação. Pela ação sublime e pela sublimação o mundo seria recriado novamente pela subjetividade, que talharia as coisas presentes no real numa outra direção possível, anunciando ainda, com isso, novos mundos e novas formas de satisfação.

DIFERENÇAR NO DESCENTRAMENTO

Se o paradigma estético funda e seria a condição de possibilidade do segundo conceito de sublimação no discurso freudiano, pode-se perguntar agora, num outro registro de interpretação, como isso seria possível no campo da experiência psicanalítica. Além disso, como, por este viés outro de leitura, seria possível ainda retomar o discurso freudiano na sua coerência sobre esta problemática.

Seria preciso demonstrar como o ato sublime marcaria no fundamental a experiência psicanalítica, regulada e cadenciada nas suas torções e contrações pelas possibilidades e impasses da sublime ação. Seria isso que estaria em questão quando se afirma que a psicanálise como prática clínica pretende produzir na subjetividade uma mudança, que se refere evidentemente ao campo da economia libidinal. Além disso, que esta

---

592. S. Freud, *Totem et Tabou*, cap. IV.

mudança suposta seria algo da ordem da criação, pela qual existiriam um renascimento e um real recomeço para a subjetividade.

No ensaio "A inquietante estranheza" o discurso freudiano trabalhou esta problemática de maneira frontal, indicando a sua pertinência.[593] Como se sabe, esse ensaio foi publicado entre 1915 e 1920, precisamente em 1919, na passagem crucial entre os ensaios metapsicológicos e o enunciado do conceito de pulsão de morte. Foi neste salto mortal de referências teóricas que Freud procurou circunscrever o sentimento *paradoxal* do *Unheimlich,* como algo que oscilaria entre o que seria *familiar* e o que seria *não familiar* para a subjetividade em face de um acontecimento psíquico. O discurso freudiano estaria descrevendo aqui algo que provocaria o desconcerto para a subjetividade, pelo deslocamento do familiar para o não familiar, mas que, ao mesmo tempo, pela desorientação e desarticulação que provocaria, seria a condição concreta de possibilidade para a rearticulação e a reorientação da subjetividade frente ao *imponderável* que se colocaria assim de maneira insofismável.

Não se pode esquecer que a descrição metapsicológica de Freud da dita "inquietante estranheza" se realiza no registro pático, isto é, no plano da afetividade. O que é familiar e o que não é familiar, que inquieta a subjetividade, se enunciam como afetações que denotam então os acontecimentos. A partir disso, a subjetividade pode reconhecê-los ou não como familiares ou estranhos, sendo então tomada pela inquietude e pelo sinistro nesta última possibilidade. Em função disso tudo, não é certamente por acaso que este ensaio aluda a uma estética psicanalítica,[594] não apenas pela referência ao mundo pático, mas também porque, como se verá logo, é a sublimação que está em pauta nesta sinistra experiência.

Assim, o *Unheimlich* se refere a algo que desconcerta a subjetividade no registro do eu, na medida mesmo em que aquilo que parecia ser familiar para esse se transforma imediatamente em algo não familiar.

---

593. S. Freud, "L'inquiétante étrangeté" (1919). In: *Essais de Psychanalyse Appliquée.*
594. Ibidem.

O familiar que não deveria nos surpreender e inquietar se transforma, subitamente, naquilo que não é familiar. O horror que a experiência provoca seria produzido justamente porque a subjetividade perde momentaneamente as suas referências e os seus signos de orientação, de maneira que parece que o mundo foge aos seus pés. Tudo se desarticula com o *terror* que se instala. Com isso, a angústia do real faz a sua emergência na cena psíquica, anunciando algo da ordem do traumático para a subjetividade.

Pode-se entrever aqui que a descrição de Freud nos fala de algo que não foi previsto e antecipado pela angústia-sinal.[595] Consequentemente, a angústia do real, como anúncio possível da morte iminente, se impõe. Isso porque o eu não mais se reconhece nas suas fronteiras e na sua consistência, sendo desestabilizado então nos seus eixos de sustentação. Vale dizer, se perde a unidade narcísica do eu, pela qual este se reconhece e seria reconhecido. Decorreriam daí os sentimentos de horror, de terror e de sinistro. Portanto, na estranheza inquietante estaria em jogo uma experiência de *desconstrução narcísica do eu*, impondo-se, pois, momentaneamente, o antinarcisismo na subjetividade.

Como interpretar isso, efetivamente? Pode-se dizer, antes de mais nada, que nesta *economia antinarcísica* o eu não mais se reconhece e que teme que o Outro não o reconheça na sua particularidade. Existe então um desvanecimento momentâneo do eu, que perde as suas referências habituais. Isso porque a imagem especular se desintegra, rompendo com as certezas e manifestando o que existe de imponderável na existência. Porém, pode-se enunciar, além disso, que o circuito da satisfação pulsional se interrompeu, isto é, que o objeto capaz de atender à excitação da força pulsional e regular ao mesmo tempo sua satisfação não mais comparece na cena do acontecimento. Ou, dito de uma outra maneira, o circuito fixado da repetição pulsional se rompeu em pedaços e um outro objeto se anunciou como possível no circuito em questão. O falo como figura idealizada, por excelência, do eu e do objeto ao mesmo tempo, se desvaneceu e entrou em estado de suspensão. Adviria daí o sentimento

---

595. S. Freud, *Inhibition, symptôme et angoisse*.

de horror e de estranhamento, pelo desaparecimento do belo materializado pelo falo. Com isso, a subjetividade pode ser relançada numa outra direção, na qual deve se articular numa sublime ação.

Portanto, algo da ordem da *diferença* se impõe como resultante deste processo no território do *Mesmo*, de maneira que a *heterogeneidade* do inesperado rompe decisivamente com o campo da *homogeneidade* narcísica. Um ultrapassamento de fronteiras aconteceu, impondo-se, pois, para a subjetividade a formulação de outros *enunciados de existência*, para que aquela possa criar novos signos de reconhecimento. Seria por este viés, enfim, que a subjetividade se transformaria em *ato* e denotaria outro mundo possível, numa experiência decididamente sublime pela qual possa se enunciar segundo outras modalidades de dizer.

Nesta experiência antinarcísica de desconhecimento e de desconstrução do eu, a subjetividade seria lançada no desamparo radical, no registro do grau zero da subjetivação, como já disse. No campo vazio e silencioso da feminilidade, permeado pelos ruídos provocados pela desarticulação do circuito pulsional, o falo não mais regula nada, neste grau zero de qualquer idealização possível. Seria pelos *murmúrios* provocados pelos *ruídos* que outras percepções e outros horizontes do mundo poderiam ser forjados. Novos *jogos de linguagem*[596] e outros *jogos de verdade*[597] poderiam então ser articulados a partir destes murmúrios não semânticos. Seria por aqui que algo da ordem da criação poderia ocorrer de fato, na medida em que novos jogos de linguagem e de verdade possibilitariam construir de maneira sublime outros enunciados sobre a subjetividade e o mundo.

Pode-se esboçar ainda, no desdobramento da leitura que proponho, como a concepção da subjetividade formulada no discurso freudiano, marcada pelo *descentramento* – na qual o eu não teria qualquer hegemonia e domínio sobre o psiquismo, submetido a outros registros psíquicos (inconsciente)[598] e a outras instâncias psíquicas (isso e super-eu)[599] –, encontraria no processo de produção da inquietante estranheza o seu

---

596. L. Wittgenstein, *Investigações filosóficas*.
597. M. Foucault, "Les technologies de soi-même". In: *Dits et écrits*, volume IV.
598. S. Freud, "L'inconscient". In: *Métapsychologie*.
599. Idem, "Le moi et le ça". In: *Essais de Psychanalyse*.

engendramento e a sua condição de possibilidade. Vale dizer, o descentramento do psiquismo dos registros do eu e da consciência, numa direção eminentemente antinarcísica pela desconstrução da ficção fálica de domínio daqueles sobre o psiquismo, encontraria na estranheza inquietante a sua condição concreta de possibilidade de produção. Seria por este viés descentrado que a criatividade poderia se engendrar na subjetividade, já que pela sublime ação se suspenderiam os enunciados de existência do eu com vistas à produção de outros enunciados possíveis.

JOGO, FICÇÃO, PENSAMENTO

Porém, as alusões que fiz aos jogos de linguagem e verdade, referindo-me a Wittgenstein e Foucault, respectivamente, não são mera retórica. Isso porque tanto Foucault como Wittgenstein insistiram na dimensão de *jogo* que estaria presente nos processos de produção da linguagem e da verdade. Pretenderam dizer com isso que os processos de produção de sentido e de verdade não são coisas intangíveis e misteriosas, mas materialidades perfeitamente definidas nas práticas sociais, definidas por *regras* arbitrárias como ocorre com qualquer regra social. Ao lado disso, se os jogos têm regras bem definidas para que os parceiros possam jogar juntos, têm também uma dimensão de *ficção* pelo próprio fato de que as regras são enunciadas também de forma arbitrária.

Seria por estas dimensões justamente que poderemos encontrar no discurso freudiano uma referência sistemática ao jogo como processo de criação para a subjetividade. Assim, nos dizia Freud, num de seus ensaios inaugurais sobre esta problemática, seria pela *mise-en-scène* presente inicialmente no jogo que a subjetividade encontraria o paradigma da criação. Com efeito "O criador literário e a fantasia", de 1908, Freud procurou mostrar como seria pelo modelo do jogo infantil que seria possível conceber genealógica e metapsicologicamente o devaneio e o sonho, isto é, os sonhos diurno e noturno.[600]

---

600. S. Freud, "La création littéraire et le rêve éveillé" (1908). In: *Essais de Psychanalyse Appliquée*.

Nesta equivalência metapsicológica entre diversas formações psíquicas o discurso freudiano procurou indicar como a subjetividade lida com a conflitualidade que necessariamente a atravessa de fio a pavio, transformando-a em experiência de satisfação e em realização de desejo. Para isso, no entanto, o eu tem que entrar num estado de suspensão e de desvanecimento, experimentando a sua reinvenção ficcional numa *mise-en-scène* polimorfa. Personagens múltiplos são então agenciadas na cena lúdica, substituindo o eu propriamente dito. Novas ficções sobre o mundo e outros roteiros de percursos na existência são assim inventados e colocados em cena, suspendendo o juízo de existência do jogador/sonhador com vistas a engendrar outra subjetividade possível, pela criação de novas marcas psíquicas e objetos outros de satisfação.

Pode-se dizer que o *pensamento* seria também equivalente, do ponto de vista metodológico, ao sonho, ao devaneio e ao jogo. Ao operar no *vazio* das certezas, articulando os possíveis hipotéticos a partir da virtualidade e do imponderável, o pensamento teria uma marca efetivamente ficcional no discurso freudiano, podendo ser aproximado a um jogo propriamente dito. Como qualquer jogo, teria as suas regras, reguladas pelo princípio da realidade, assim como as suas ficções, reguladas pelo princípio do prazer. Por causa disso a concepção do pensamento em psicanálise poderia ser aproximada daquilo que Wittgenstein e Foucault denominaram de jogos de linguagem e de verdade, na medida em que pensar seria jogar com outros possíveis, reinventando novos enunciados sobre si próprio e sobre o mundo.

Para isso, no entanto, é preciso que se corram riscos. Vale dizer, a subjetividade tem que ter coragem de colocar os seus signos de reconhecimento em questão, ao lado de duvidar sobre as certezas dos enunciados mundanos. Seria preciso desconstruir as certezas narcísicas, que nos remetem sempre ao *Mesmo* numa repetição infinita, para que o *Outro* como diferença possa acontecer efetivamente. Desta maneira, sonhar, devanear, jogar e pensar são experiências de alto risco, nas quais, de forma trágica e alegre, realizamos efetivamente algo da ordem da transgressão. Estaria aqui, pois, a matriz de qualquer criatividade possível, assim como da sublime ação.

FANTASIANDO SOBRE A SUBLIME AÇÃO

Tudo isso estaria presente na experiência psicanalítica. Como se sabe, Freud reconheceu bem posteriormente, ao ser interpelado por Ferenczi, como o método psicanalítico, centrado na figura das livres associações, foi inventado a partir de um modelo estético de criação.[601] Baseando-se num livro de preceitos literários de como os poetas deveriam fazer para criar, Freud transpôs o método para o dispositivo analítico.

Em que consistiriam, então, os métodos psicanalítico e poético de criação? A subjetividade deveria colocar a sua imaginação em livre movimento e fruição, sem se preocupar nem com os entraves colocados pelos signos da realidade nem pelas reflexões do entendimento racional. Neste contexto, o *fantasma* começa a operar sem obstáculos, por caminhos inesperados na sua *errância* ociosa, delineando novos possíveis. Para isso, contudo, necessário seria que as figuras do analisante e do poeta pudessem suspender as certezas do seu eu, para que, pelo fantasmar insistente, outras possibilidades de ser possam se delinear no horizonte.

Para fazer isso é preciso correr riscos, repito, como em qualquer experiência transgressiva. Porém, pode-se apreender aqui, em estado nascente, os caminhos errantes pelos quais a sublime ação se materializa pelo fantasmar livremente, tornando possível a experiência da criação para a subjetividade.

---

601. S. Freud, "Sur la préhistoire de la technique analytique" (1920). In: *Resultáts, Idées, Problèmes* (1890-1920).

8. Criatividade e sublimação em psicanálise

A MESMA PROBLEMÁTICA?

A intenção fundamental deste ensaio é indicar não apenas a diferença, mas sobretudo a proximidade entre o conceito de *sublimação*, enunciado por Sigmund Freud nos primórdios da psicanálise, e o de *criatividade*, forjado por Donald W. Winnicott algumas décadas depois. Por que diferença e proximidade? Porque os dois conceitos, apesar de terem pressupostos e desenvolvimentos diversos, bem como se inserirem em contextos teóricos diferentes, referem-se a uma mesma *problemática*. Com efeito, o que está em pauta em ambos é a constituição, para o sujeito, da *experiência cultural* propriamente dita.

Para sustentar essa proposição, é preciso, a princípio, enfatizar algumas questões, ou seja, enunciar alguns comentários preliminares com o intuito de esboçar que, mediante dois conceitos diferentes, Freud e Winnicott pretenderam dar conta de uma mesma questão; visaram ao mesmo alvo, ainda que por caminhos teóricos distintos.

Estou plenamente de acordo com Winnicott, quando, em 1971, afirma que a questão da experiência cultural, no registro eminentemente psíquico, havia sido negligenciada pela comunidade psicanalítica. No primeiro parágrafo de sua introdução a *O brincar e a realidade*, Winnicott diz isso com todas as letras, após enunciar a pretensão de que o livro fosse um desenvolvimento de seu artigo "Objetos transicionais e fenômenos transicionais", de 1951.⁶⁰² Destaco desse primeiro parágrafo esta passagem:

> Quando volto o olhar para a última década, fico cada vez mais impressionado ao ver como essa área da conceptualização tem sido negligenciada não só na conversação analítica que sempre se efetua entre os próprios analistas, mas também na literatura especializada. Esta área de desenvolvimento e experiência individuais parece ter sido desprezada, enquanto a atenção se focalizava na realidade psíquica, pessoal e interna, e sua relação com a realidade externa ou compartilhada.⁶⁰³

Assim, apesar de enunciar na abertura de seu livro a questão dos objetos e dos fenômenos transicionais, notamos que, no início da década de 1970, Winnicott estava interessado em se voltar para os desdobramentos dessa questão, ou seja, para a experiência cultural. A leitura do primeiro artigo de *O brincar e a realidade* deixa ver que o conceito de *objeto transicional*, por intermédio de vários autores e diversos desenvolvimentos,⁶⁰⁴ tivera ressonâncias importantes no campo psicanalítico, mas Winnicott estava de fato intrigado com a questão da experiência cultural, como se pode ler no que se segue ao fragmento citado: "A experiência cultural não encontrou o seu verdadeiro lugar na teoria utilizada pelos analistas em seu trabalho e em seu pensar."⁶⁰⁵

Devemos destacar também que, se o comentário de Winnicott estava correto quanto à comunidade psicanalítica anglo-saxônica de então, cujos membros desprezavam a importância da problemática da experiência cultural para o discurso psicanalítico e se voltavam exclusivamente para a leitura da experiência clínica, não se pode, em absoluto, generalizar essa constatação para todo o campo psicanalítico. A esse respeito, é

---

602. D. W. Winnicott, "Transicional objects and transicional phénomena" (1951). In: *Collected papers: Through paediatrics to psychoanalysis*, pp. 120-146.
603. Idem, *O brincar e a realidade*. Introdução, p. 9.
604. Ibidem, cap. I.
605. Ibidem, p. 9.

imperativo evocar não apenas os textos de Jacques Lacan sobre o registro do simbólico[606] e sobre a denegação,[607] e seu Seminário, de alguns anos depois, sobre a ética da psicanálise,[608] como também o livro de Jean Laplanche sobre Hölderlin[609] e seus cursos intitulados "Castração--Simbolizações"[610] e "A sublimação",[611] todos os três sobre a problemática da inscrição do sujeito na experiência da cultura.

Todos esses trabalhos são dos anos 1950, 1960 e 1970. Há outras publicações sobre isso, mas bastam essas para indicar a imprecisão da afirmação peremptória de Winnicott sobre a "última década". É claro que, embora a tradição francesa visasse precisamente ao campo da sublimação, o que estava em pauta, por meio deste, era a inscrição do sujeito na cultura.

Dito de outro modo, a afirmação de que "a experiência cultural não encontrou seu verdadeiro lugar na teoria utilizada pelos analistas em seu trabalho e em seu pensar"[612] não é generalizável, como se Winnicott falasse de algo absolutamente original sobre a história da psicanálise. Trata-se, na verdade, de algo impreciso, já que tanto Lacan quanto Laplanche haviam retomado de diferentes maneiras a tradição freudiana, segundo a qual o conceito de sublimação procura dar conta da inscrição cultural do sujeito. Por intermédio do conceito de sublimação, o discurso freudiano indicou, com eloquência e mesmo veemência, que buscava circunscrever a problemática da cultura para o sujeito, e que empreender essa tarefa de maneira consistente era fundamental para a psicanálise – ou seja, Freud procurou, com a mediação propiciada por esse conceito, interpretar não só a constituição de diferentes registros da cultura, entre os quais a religião, a filosofia, a arte e a ciência, como também a criatividade psíquica.

---

606. J. Lacan, "Fonction et champ de la parole et du langage en psychanalyse" (1953). In: *Écrits*.
607. Idem, "Réponse au commentaire de Jean Hyppolite sur la 'Verneinung' (1954) de Freud". In: *Écrits*.
608. J. Lacan, *L'éhtique de la psychanalyse* (1959-1960). Le Séminaire, livre VII.
609. J. Laplanche, *Hölderlin et la question du père*.
610. Idem, *Castration-Symbolisations*. Problématiques II.
611. Idem, *La sublimation*. Problématiques III.
612. D. W. Winnicott, *O brincar e a realidade*, p. 9.

Uma ressalva: a afirmativa de Winnicott, que perde de vista as condições existentes em outras tradições teóricas, não implica dizer, bem entendido, que a forma pela qual delineou o campo teórico dessa questão não fosse original ou similar à maneira pela qual havia sido circunscrita pela tradição freudiana. As diferenças entre as leituras aparecem imediatamente, como se verá adiante, mas está claro que, para Winnicott e também para Freud – à diferença, por exemplo, do pensamento kleiniano –, a cultura é crucial para a constituição da subjetividade.

Embora o discurso freudiano sobre a sublimação não se identifique com o winnicottiano no que se refere à criatividade, ambos procuraram trabalhar sobre uma problemática teórica similar, a inserção do sujeito na ordem da cultura. Há, em ambos, evidentes diferenças e alguns pontos em comum.

Na obra de Winnicott, vê-se a passagem do não eu do registro do corpo infantil para um objeto outro situado num *espaço intermediário*, indicando que o autoerotismo está na origem do processo criativo;[613] na de Freud, a sublimação implica a criação de um novo objeto para a pulsão, a ser encontrado por meio das experiências da ligação e repetição, tal como revelado no jogo infantil. Apreende-se aí não só a ocorrência de uma simbolização primordial empreendida pelo jogo, conceito muito importante na obra de Winnicott, como também a constatação de que o desmame e a perda do corpo materno pelo infante são experiências fundamentais para que a sublimação se produza, independentemente de que, para o psicanalista inglês, a criatividade se relacione de forma enigmática à espontaneidade presente desde a vida intrauterina.

CRIATIVIDADE

Iniciarei nosso percurso pelo pensamento de Winnicott procurando destacar o conceito de criatividade tal como forjado pelo autor. Tentarei também indicar o contexto teórico em que esse conceito se inscreveu em suas múltiplas séries de enunciados e costuras.

---

613. D. W. Winnicott, "Objetos transicionais e fenômenos transicionais". In: *O brincar e a realidade*.

Em *O brincar e a realidade*, Winnicott insiste em retirar da concepção de psiquismo a oposição esquemática existente no campo psicanalítico de então, qual seja, aquela que contrapunha a *realidade interna* à *realidade externa* ou *compartilhada*. Com isso, pretende explorar um novo território em que não haveria essa oposição. Para ele, era nas *bordas* entre esses dois registros que o campo psicanalítico deveria inscrever sua especificidade dos pontos de vista teórico e clínico, uma vez que tanto uma quanto a outra realidade só se constituiriam, de fato e de direito, valendo-se dessas bordas com que se ordenariam em suas particularidades. Winnicott, portanto, propõe-nos uma *inversão* ousada do *solo* de *fundação* do campo psicanalítico, em que procura valorizar o espaço existente entre as realidades interna e externa.[614] Disse que o gesto teórico de Winnicott foi ousado, mas pode-se dizer também que foi genial, haja vista a inversão das operações conceituais que promove. Na tradição psicanalítica então dominante, a ênfase, *em geral*, foi concedida à realidade interna ou à realidade externa, numa dominância efetiva de um dos registros sobre o outro. Enquanto a tradição *instintivista*, representada, entre outros, por Ernest Kris, Heinz Hartmann e Rudolph Loewenstein, enfatizou a dita realidade interna, a tradição *culturalista*, de que fizeram parte Erich Fromm e Harry Sullivan, destacou a importância crucial da realidade externa.

Ainda no que tange a essa oposição, é preciso lembrar que sua constituição se realizou após a morte de Freud, já que o discurso freudiano não se fundou no instintivismo, nem no culturalismo, como já foi salientado em capítulos anteriores, tendo sido, na verdade, uma instância *crítica* do que ambas as tradições defenderiam. O criador da psicanálise enunciou a pulsão como um conceito-limite que se inscreve nas bordas entre os registros somático e psíquico.[615, 616] De acordo com Freud, é pela exigência de trabalho promovida pela força da pulsão que o psiquismo se ordena, constituindo a realidade interna e confrontando-se com as exigências impostas pela realidade externa.

---

614. D. W. Winnicott, *O brincar e a realidade*, cap. I.
615. S. Freud, *Trois essais sur la théorie de la sexualité* (1905), 1º Ensaio.
616. Idem, "Pulsions et destins des pulsions" (1915). In: *Métapsychologie*.

Embora seja óbvio que o discurso freudiano não esboça as mesmas bordas dos *topos* enunciados por Winnicott, é importante, e mesmo crucial, frisar que Freud procurou se deslocar de um falso dilema entre os registros interno e externo, tal como posteriormente instituído pelas tradições psicanalíticas que o sucederiam. Em suma, aborda-se aqui o tempo mítico do começo, a partir do qual se oporiam, posteriormente, o dentro e o fora; a realidade interna e a realidade externa.

Dito isso, retomemos o discurso de Winnicott. O novo território que descreve se enuncia pelo conceito de *transicional*. O *espaço* transicional, caracterizado pela presença de *objetos* transicionais, é a *matriz* da experiência cultural, seja esta científica, filosófica, estética e religiosa.

Para descrever as características fundamentais do espaço e do objeto transicionais, Winnicott enumera alguns pontos importantes e procura enfatizar a dimensão *estrutural* de ambos, segundo uma leitura eminentemente *psicogenética* dessa dimensão. O objeto transicional é a *primeira possessão do infante* de algo que diz respeito ao *não eu*. O dito objeto e a possessão pelo bebê de algo do registro do não eu seriam da ordem da *experiência*, isto é, de alguma coisa que deve ser manuseada e experimentada, para que possa ser efetivamente sentida em sua materialidade, consistência e textura. Nesses termos, o *uso* permanente do objeto ofereceria ao infante a sensação de algo constante e existente. Mesmo quando o objeto resiste às ações do infante, em virtude de sua consistência e de sua permanência, permite a este constituir-se no registro da *atividade*, em oposição à *passividade* originária.[617] O bebê, portanto, toma corpo e forma de maneira progressiva pela ação contínua que exerce sobre o objeto.

Cabe, além disso, circunscrever como o infante experimenta a sua relação de uso do objeto, isto é, quais os efeitos primordiais que essa ação tem sobre ele. Segundo Winnicott, o infante constitui a *ilusão* de que teria forjado o objeto como tal, isto é, como objeto *atual*, e que este não seria algo que existiria em si mesmo, em sua independência

---

617. D. W. Winnicott, *O brincar e a realidade*.

e autonomia.⁶¹⁸ O bebê, vale dizer, empreende a *criação* do objeto em sua atualidade, sendo nessa experiência que se estabelece uma relação primordial entre criador e criatura.

Tal experiência é a condição de possibilidade para que a potência de *ser* se constitua de forma progressiva no bebê, ou seja, a permanência do objeto em sua densidade e pregnância, mesmo que forjado ilusoriamente pelo infante, dá a este, pela criação que é capaz de engendrar, a certeza efetiva de ser.⁶¹⁹

Ronald Laing, discípulo de Winnicott, mostrou, no início dos anos 1960, como haveria, na experiência da psicose, algo da ordem de uma *insegurança* ontológica do sujeito, em decorrência de falhas existentes nessa experiência primordial. Em sua concepção, o sujeito que desenvolve uma psicose teria uma marca negativa na sensação de ser e de existir, sendo, por isso mesmo, marcado pela divisão e pela fragmentação em seu psiquismo. Ocorreria o mesmo processo na experiência do sujeito *borderline*, mas de forma mitigada, uma vez que tal insegurança ontológica se delinearia de maneira relativa, e não mais absoluta, como na psicose esquizofrênica.⁶²⁰

A totalidade desse processo, de todo modo, estaria fundada na *existência* e na *presença* de uma figura essencial para o infante, figura que catalisaria sua experiência primordial: a *mãe suficientemente boa*, entendida como presença e existência efetivas. Ela estaria à disposição do infante, isto é, caucionaria neste a capacidade imaginativa de iludir-se quanto à potência de inventar algo⁶²¹ ou de desenvolver a condição de ser e de existir.

Em outros termos, tal possibilidade de ilusão e de potência de existir, catalisada pela presença da mãe suficientemente boa, dá ao infante as experiências cruciais de *desilusão* e *separação* originárias do corpo materno, de forma a constituir um eu propriamente dito, isto é, efetivamente autônomo da figura materna. Só assim o bebê pode empreender uma

---

618. Ibidem.
619. Ibidem.
620. R. Laing, *The divided self. A study of sanity and madness*.
621. D. W. Winnicott, *O brincar e a realidade*, cap. I.

experiência consistente de *desmame*, pois terá adquirido a segurança ontológica que lhe permite separar-se da mãe.[622]

Se isso ocorre de maneira efetiva, o infante experimenta a *crença* em sua *continuidade* de ser, ordenando-se como um *verdadeiro self* (si mesmo).[623] O bebê, então, transforma-se num sujeito caracterizado tanto pela certeza de existir quanto por sua continuidade no tempo e sua inscrição no espaço.

Quais as implicações disso? O que, afinal de contas, quer dizer "ser um verdadeiro *self*"? Dizer isso equivale a afirmar que o sujeito está vivo, isto é, que a criança se evidencia pela capacidade efetiva de *sonhar* e *brincar*.[624] Tal capacidade representaria, assim, variações de um mesmo problema de fundo, qual seja, a *criatividade* psíquica.

Foi neste contexto teórico que Winnicott enunciou o que seriam a psicanálise e a psicoterapia como práticas clínicas. Com efeito, ambas seriam experiências que se inscrevem nesse espaço *potencial* e *transicional* estabelecido *entre* o analista e o analisante, ou o psicoterapeuta e o paciente. Em outras palavras, seriam experiências que, em vez de se restringir ao que ocorre no psiquismo do analista (psicoterapeuta) e do analisante (paciente), são fundamentalmente empreendidas *entre* ambos. Por essa razão, tais práticas terapêuticas pretenderiam a constituição das experiências de sonhar e de brincar, já que o analisante não as teria desenvolvido ou adquirido de maneira apropriada ao longo de sua história, caracterizada pela insegurança ontológica.

Vejamos a seguir como se pode caracterizar a constituição do psiquismo marcado por essa *insegurança ontológica*.

AS TRILHAS DO IMPASSE

Na leitura de Winnicott, tais analisandos teriam como mecanismo psíquico fundamental a *dissociação*, e não o *recalque*,[625] razão pela qual a fragmen-

---
622. Ibidem.
623. Ibidem.
624. Ibidem.
625. Ibidem, cap. II.

tação dominaria o campo psíquico, em que, para evitar a emergência da dor psíquica, cada uma das parcelas fragmentadas não estabelece liames com as demais. Em outros termos, cada um dos fragmentos dissociados é uma ilha isolada das demais, e as ilhas em seu conjunto não constituem um continente.

O psiquismo em questão se empobrece de maneira profunda pelo próprio estreitamento a que é reduzido em sua dissociação, sendo resultante disso a dita insegurança ontológica, uma vez que faltaria ao psiquismo uma espinha dorsal a lhe ordenar como tal e a possibilitar sua constituição como um continente unificado. Se fosse esse o caso, o psiquismo do sujeito se fundaria num verdadeiro *self* e a operação do recalque entraria em ação.[626]

Como, no entanto, essas condições não se realizam, observa-se a existência de um falso *self*, que é outra maneira de designar o psiquismo atravessado por dissociações.

Nesse contexto, resta ao psiquismo a possibilidade de *fantasiar*, modalidade de ser em que se torna patente o alheamento do *self* em relação ao outro e ao mundo. Em outros termos, como a dissociação indica a *descontinuidade* do ser, o psiquismo não pode *sonhar* e *brincar* de maneira efetiva, restringindo-se à precariedade do fantasiar. Nessa modalidade de subjetividade, portanto, o laço com a vida permanece inibido e prejudica, de maneira ostensiva, a criatividade do verdadeiro *self*.[627]

Qual a razão disso? Para Winnicott, estaria em pauta uma falha crucial na área *intermediária* em que a experiência transicional se inscreve, e isso não só afetaria a constituição do objeto transicional, como também atingiria os seus correlatos, quais sejam, as potências de ilusão, do sonhar e do brincar.[628]

Em outras palavras, essa falha se articularia por meio de uma falta efetiva da figura materna, que não teria conseguido entrar verdadeiramente em sintonia com o infante e, por isso, não atenderia às suas

---

626. Ibidem.
627. Ibidem.
628. Ibidem.

demandas e satisfaria às suas necessidades primárias, o que equivale a dizer que a figura da mãe suficientemente boa não chega, por intermédio de sua ausência, a engendrar o sentimento de segurança ontológica no bebê.[629]

Uma das decorrências desse processo é a perda de plasticidade e de mobilidade do objeto transicional no registro temporal. O objeto se coisifica em seu uso pelo infante, que passa a estabelecer com ele uma relação caracterizada pela fixação e pelo enrijecimento, ou seja, a relação do infante com a vida se endurece em decorrência da petrificação do objeto que manipula.[630]

Do ponto de vista clínico, a presença de certas experiências psíquicas pode ser interpretada à luz dessas coordenadas teóricas. Por exemplo, a constituição de *fetiches* resultaria da coisificação do objeto transicional, após a perda de sua plasticidade. Da mesma forma, a experiência de *adição* a drogas se vincularia ao enrijecimento dessa área intermediária, lançando o sujeito de maneira sôfrega no campo da compulsão. O fato é que se trata sempre de experiências com um fundo *depressivo* e *melancólico*, característico do *pathos* da subjetividade.[631]

Antes de encerrar este capítulo, resta evocar que, desde o primeiro capítulo de *O brincar e a realidade*, Winnicott indica, de maneira clara, como a constituição dessa área intermediária e transicional pressupõe que o infante jogue originariamente com partes de seu corpo; que, por exemplo, chupe os próprios dedos. É essa possibilidade originária que o leva a se deslocar de um objeto não eu, situado no registro de seu corpo, para um objeto outro, inscrito no espaço exterior, ao qual também trata como não eu.[632]

Evidentemente, a condição de possibilidade para que o infante brinque com partes do próprio corpo é a presença, em sua experiência, da figura da mãe suficientemente boa, já que é assim que se tornam possíveis o *investimento* e o *reconhecimento* de novos objetos.

---

629. Ibidem.
630. Ibidem.
631. Ibidem.
632. Ibidem.

Winnicott, portanto, delineia seu esquema teórico no campo do espaço intermediário e transicional, no qual ancora de maneira decisiva a direção e o horizonte de sua pesquisa, mas o ponto de partida disso é a experiência originária e crucial do *autoerotismo*.[633] Sem isso, a passagem de algo do corpo próprio para um objeto situado no espaço extracorporal é impossível e não há equivalência entre esses dois registros do não eu. Dito de outro modo, Winnicott situa implicitamente o registro do autoerotismo no solo teórico de seu discurso, e esta é a condição de possibilidade para que a experiência na área intermediária se constitua e se desdobre em suas potencialidades.

PARA CONCLUIR

Embora o discurso freudiano sobre a sublimação não se identifique com o winnicottiano no que se refere à criatividade, ambos procuraram trabalhar sobre uma problemática teórica similar, a inserção do sujeito na ordem da cultura. Há, em ambos, evidentes diferenças e alguns pontos em comum, que devem ser enfatizados, à guisa de conclusão.

---

633. Ibidem.

PARTE V Humor

9. Frente e verso: o trágico e o cômico na desconstrução do poder

PRAZER E MEMÓRIA

Uma pesquisa recente, realizada em escala internacional e centrada na recepção da publicidade pelo público, revelou algo trivial, mas que nem por isso deixa de ser significativo. Trivial para o grande público e não apenas para os que trabalham com marketing, porque mesmo os leitores não especializados na área podem reconhecer perfeitamente, de maneira intuitiva, a pertinência de seu resultado. É nesse aspecto que está a sua relevância, na medida em que a pesquisa confirma o que todo mundo já sabe no seu foro íntimo, mas que recebe agora, além disso, a caução e a legitimidade científicas. A retórica científica confirma, enfim, a representação presente no discurso do senso comum.

A pesquisa constatou o seguinte: o que fica na mente do público, como efeito privilegiado das campanhas publicitárias, são as vinhetas permeadas pelo chiste e pelo humor. Ao provocar riso, passam a martelar como um estribilho risível na memória do público. Em contrapartida, as que se distanciam deste padrão são rapidamente esquecidas e esmaecidas no seu charme, não existindo qualquer apelo para serem evocadas. O chiste, na sua incisiva *concisão* significante, e o bom humor, pelas risadas que provoca, constituem uma efetiva argamassa mágica. Daí a potência que têm de fixação no psiquismo. Um e outro são as condições concretas de possibilidade, portanto, para que as narrativas e as mensagens sejam registradas no psiquismo de maneira indelével.

Não existe nada de espantoso nisso, como já afirmei. Qualquer um de nós sabe disso de maneira intuitiva, repito, porque cada um de nós tem a sua coleção íntima de exemplos que permanecem na memória e que se repetem de forma quase automática. É suficiente a percepção ou a evocação de um dos signos da narrativa em questão, para que se rememore toda a mensagem num só bloco. Esta permanece no psiquismo de forma latente, como uma *escrita*, de maneira que o sujeito pode deslocá-la do pré-consciente para a consciência, desde que a oportunidade se anuncie. Ou, então, quando o sujeito precisa de um complemento de gozo, na sua solidão, para usufruto íntimo temporário. Por isso mesmo, as campanhas publicitárias se utilizam fartamente deste recurso, para promover a venda e o consumo de produtos do mercado.

Porém, esse processo não ocorre apenas com a publicidade, como também se sabe. A mesma constatação pode ser igualmente estendida para toda e qualquer mensagem que circule socialmente. O tom jocoso, o *nonsense* e a ironia fina têm a potência de não apenas chamar de imediato a nossa atenção, mas também, consequentemente, a de fixar no psiquismo a passagem em causa. Certamente, a maior possibilidade de fixação mnêmica de uma dada mensagem se relaciona diretamente com a atenção mais aguda que atribuímos à própria mensagem. Portanto, a presença do chiste e do humor numa narrativa abre as portas da percepção de nosso psiquismo, possibilitando assim a fixação na memória das mensagens que circulam socialmente.

Como se pode enunciar teoricamente esta constatação óbvia, numa perspectiva eminentemente metapsicológica,[634] isto é, que não se satisfaça com a pura descrição do jogo presente nas diferentes faculdades psíquicas? Com efeito, o chiste, o riso e a ironia provocam um enorme *prazer* – moeda, por excelência, do psiquismo, que o regula nos seus alicerces. O discurso freudiano nos ensinou este pressuposto axial da psicanálise

---

634. Sobre isso, vide: S. Freud, *Métapsychologie*.

desde *A interpretação dos sonhos*,[635] ao inscrever o princípio do prazer como o fundamento do psiquismo. Este princípio seria crucial para a leitura do psiquismo, mesmo que posteriormente Freud tenha enunciado a existência de um *Além do princípio do prazer*,[636] para interpretar certas experiências psíquicas que não poderiam ser explicadas pelo primado originário conferido ao princípio do prazer até os anos de 1920 e que impuseram a hipótese da existência da pulsão de morte.

Seria então em decorrência desta argamassa prazerosa do psiquismo que o chiste, o humor e o riso ocupam tanta relevância para nós. Por causa disso mesmo, o chiste e o riso constituíram a problemática de uma das grandes obras inaugurais do discurso freudiano, qual seja, *O chiste e suas relações com o inconsciente*,[637] e que foi retomada posteriormente no ensaio tardio "O humor".[638]

Rir estrondosamente faz parte de nossa experiência cotidiana, da mesma forma como ironizar personagens e acontecimentos cruciais da existência. As nossas gargalhadas podem até mesmo nos levar às lágrimas, tal o que há de hilário em certas situações da vida diária. Por isso mesmo, os piadistas e os humoristas são tão valorizados em nossa sociedade, pois conseguem não apenas desarmar os espíritos numa situação considerada excessivamente grave, como também nos revelar, num breve comentário, a dimensão cômica daquilo que quer se apresentar como sério. Os canais dialógicos podem então se abrir, pelo desarme geral que o humor provoca e pela revelação do que há de ridículo numa dada circunstância.

Num de seus filmes, intitulado *Melinda e Melinda* (EUA, 2004), Woody Allen mostra com grande mestria e bom humor como uma mesma estória pode ser contada de maneira cômica e dramática, de forma que não se podem hierarquizar as relações entre esses gêneros literários e dramatúrgicos, como se o *drama* fosse um gênero mais importante do que a *comédia*. Vale dizer, a comédia é tão séria, como gênero e estilo,

---

635. S. Freud, *L'interprétation des rêves* (1900), cap. VII.
636. Idem, *Au-delà du principe de plaisir* (1920). In: *Essais de psychanalyse*.
637. Idem, *Le mot d'esprit et sa relation à l'inconscient* (1905).
638. Idem, "L'humor" (1927). In: *L'inquiétante étrangeté et autres essais*.

quanto o drama, pois ambas revelam, de maneiras diferentes, traços fundamentais da condição humana nos seus mais diversos registros, isto é, nas dimensões ética e estética.

Assim, o chiste e o humor têm um enorme poder de *sedução*, pois nos convidam imediatamente para o gozo e o prazer de maneira quase gratuita. Por isso mesmo, o chiste e o humor são sempre contagiantes e se disseminam como rastilho estridente pelo espaço social, pelo prazer descomprometido a que convidam e que, ao mesmo tempo, autorizam.

Com a exceção dos humoristas e sátiros profissionais, qualquer um pode também exercer as suas versões amadoras. Isso se realiza cotidianamente, como se sabe, em qualquer canto do mundo. Existe, então, um prazer especial de se conhecer uma nova piada e de compartilhá-la com os outros, de forma quase gratuita. Digo "quase" porque com frequência o piadista se engrandece, infla o seu ego, pelo poder que assume e pelo prestígio que conquista em face da sua plateia de ouvintes, por ser justamente o catalisador do gozo dos demais. O piadista é alguém que seduz sempre a todos, com suas tiradas e novas histórias bem-humoradas, buscando ser reconhecido, como gozador, pelos demais.

Tudo isso é bastante conhecido e trivial, creio eu, pois todos nós participamos dos circuitos do humor gratuito, que permeiam a experiência social, seja como piadista seja como plateia. Todos fazemos ambos os papéis, ocupando ora a posição de sedutor, ora a do seduzido. Porém, existem aqueles que têm um talento especial para serem piadistas, e que precisam disso para se enaltecer e para manter as suas regulações psíquicas. No que concerne a isso, em *Os elementos da lei natural e política*[639] e no *Leviatã*,[640] Hobbes retomou uma longa tradição teórica, iniciada na Antiguidade grega, pela qual o riso confere uma súbita glória para quem o provoca, pois o faz acreditar na sua superioridade em face do que é objeto de riso, na medida em que este é risível por suas fraquezas.[641]

---

639. T. Hobbes, *The Elements of Natural Law and Politic*, p. 42.
640. Idem, *Leviathan*.
641. Sobre isso, vide: Q. Skinner, *Hobbes e a teoria clássica do riso*.

Isso se desdobra no efetivo reconhecimento de que a *plateia* é uma instância fundamental, tanto na experiência do chiste quanto na do humor. Ambos não existem, com efeito, sem a presença de quem os receba. Podemos, é claro, rir sozinhos de uma boa piada que nos contaram, ao evocá-la posteriormente. Entretanto, mesmo que existam apenas dois interlocutores, quem conta e quem escuta a história jocosa, aquele que ouve funciona inequivocamente como a plateia de *quem* conta e de quem é gozado pela história contada. A personagem gozada pode ser o próprio piadista, é claro, que ironiza a si próprio nesta circunstância. Evidencia-se, assim, que na experiência do chiste existem três polos na cena que a constitui, na qual alguém é sempre ironizado, por um outro, numa fábula que é narrada para um terceiro.

Escutamos frequentemente as boas piadas e as disseminamos logo na próxima esquina, bastando que encontremos alguém que ainda não as conheça. Nós nos deslocamos assim da posição de seduzido para a de sedutor, isto é, da posição de público para a de ator, da mesma forma que fará o nosso interlocutor, logo em seguida se possível, disseminando a boa nova.

DESDRAMATIZAR

Diferentes autores constatam a mesma coisa no que concerne às práticas psicoterápicas. Estas, com efeito, têm maior eficácia e funcionam certamente melhor quando uma atmosfera de bom humor e de chiste se faz presente no espaço terapêutico, de forma a promover uma melhor e maior aproximação entre as figuras do psicoterapeuta e do paciente. Este fica mais desarmado, enquanto aquele fica mais livre na sua atenção flutuante. Isso porque as defesas se deslocam, mudando de posição e de lugar, abrindo assim novos canais de circulação para o discurso. Entreabrem-se, então, novos limiares para a decifração das perturbações psíquicas.[642]

---

642. Sobre isso, vide: W.F. Fry Jr., W. A. Salameh, *Handbook of Humor and Psychotherapy: Advances in the Clinical Use of Humor*; A. W. Szafran, "Humour, creativité et psychothérapie". In: A. W. Szafram, A. Nysemhole, *Freud et le rise*, pp. 78-88.

Seria uma simples experiência de sedução, da figura do psicoterapeuta sobre a do paciente, o que tornaria problemático o seu efeito terapêutico e a sua dimensão ética? Talvez, mas não estou certo de que apenas isso esteja aqui em questão. Isso porque certas mudanças importantes se fazem aqui presentes, pelo remanejamento da economia psíquica do paciente que este procedimento é capaz de promover. Estou supondo que a presença do chiste e do humor na condução da psicoterapia tem a potência inequívoca de esvaziar o estilo de seriedade e de fatalidade que os pacientes costumam atribuir aos males que os acossam, de forma a afirmá-los de forma mais encarnada e tangível.

Isso quer dizer que o chiste e o humor, quando presentes no discurso psicoterapêutico, têm a potência de esvaziar o estilo *dramático* que se encontra frequentemente presente na narrativa dos pacientes sobre os seus impasses psíquicos, evidenciando assim o devido tamanho dessas questões. É a *desdramatização* narrativa o que se impõe então aqui, de forma a retirar momentaneamente a intensidade negativa que alimenta a *resistência*, possibilitando, então, a melhor circulação psíquica das experiências dolorosas.

Esta leitura se confirma ainda pela presença de risadas e mesmo da gargalhada estridente dos pacientes na experiência terapêutica, independentemente da postura humorística assumida pelo psicoterapeuta e pelo analista. Sabe-se, com efeito, como uma interpretação pertinente do analista tem o poder de provocar uma risada estrondosa do analisante e mesmo um comentário jocoso deste sobre os seus males. Estas reações são um sinal infalível de que algo de fundamental foi tocado no analisante, abrindo outros canais para um acesso deste na experiência analítica.

Isso implica dizer que, para nos aproximarmos de algo da ordem da *inquietude* e do registro do *trágico*,[643] é necessária com frequência a presença de uma gargalhada estridente, para que as portas do inferno possam se abrir. A ironia nos entreabre os caminhos para o território do *imprevisível*. Seria assim que o registro do não familiar poderia se tornar familiar, possibilitando então o convívio do sujeito com o *horror*, que se

---

643. S. Freud, "L'inquiétante étrangeté". In: *L'inquiétante étrangeté et autres essais*.

encontra presente nas dobras do seu psiquismo. Vale dizer, o princípio do prazer abriria paradoxalmente a rota para o além do princípio do prazer, contornando as repulsas e os interditos do psiquismo.

No que concerne a isso, é importante evocar como Franz Kafka e seu amigo Max Brod riam às gargalhadas de certas passagens sinistras presentes nas narrativas literárias kafkianas, que sempre foram tomadas pelos seus leitores com muita dramaticidade e seriedade.[644] O que implica dizer que, para se aproximar dos territórios desencantados do horror e do registro trágico do terror, é preciso uma postura de bom humor que nos possibilite circular pelo campo do não familiar com certa familiaridade.

Sabe-se também que o analisante bem-humorado se conduz bastante melhor na experiência psicanalítica do que aqueles que levam tudo excessivamente a sério e à risca, ficando presos pela própria severidade. Isso porque o comportamento dos que têm que se levar excessivamente a sério indica em filigrana a presença de uma imponente onipotência, que os impede de se confrontar com mais leveza com suas falhas e marcas psíquicas negativas. O sujeito bem-humorado, em contrapartida, reconhece com mais facilidade a presença das próprias vulnerabilidades e falhas, não conferindo então à sua existência a dimensão intangível de um personagem que esteja acima do Bem e do Mal. Pode, enfim, rir de si mesmo, não se levar tão a sério, de forma a suspender as exigências implacáveis do eu ideal[645] e do super-eu,[646] caminho irrefutável para o bom encaminhamento da experiência psicanalítica.

DO DRAMA AO TRÁGICO

O que fazemos com as histórias penosas e dramáticas que também escutamos? Que destino lhe conferimos? Fazemos a mesma coisa com estas e com as histórias engraçadas? Ficamos bastante consternados ao

---

644. Sobre isso, vide: F. Guattari, "Soixante-cinq rêves de Kafka". In: *Magazine Littéraire*, n. 415, *Le rebelled Kafka*, pp. 57-62.
645. S. Freud, *Pour introduire le narcissisme* (1914). In: *La vie sexuelle*.
646. Idem, "Le moi et le ça" (1923). In: *Essais de psychanalyse*.

escutá-las, certamente. Além disso, procuramos também disseminá-las, sem dúvida. Porém, é com uma motivação diferente em relação à que se faz presente na disseminação das narrativas bem-humoradas. O que está em pauta aqui não é algo da ordem do gozo, com a inflação egoica consequente que isso implica.

Assim, passar adiante as histórias dramáticas que nos chegam tem uma função meramente catártica, na pior das hipóteses, pela eliminação da tensão em decorrência da angústia que inevitavelmente provocam. Ou, então, falamos a seu respeito para ensejar experiências de reflexão e de elaboração daquilo que se escutou, isto é, realizamos um trabalho de crítica propriamente dita, com a finalidade de retirar algum saber que possa nos oferecer alguma orientação para o futuro. Procura-se, com efeito, retirar algum ensinamento sobre o drama, para que se possa antecipar sobre um outro drama similar que venha a nos acontecer no futuro, e evitar, então, o seu possível efeito traumático. Elabora-se assim algo, a partir do infortúnio de um outro, para que se possa realizar a *antecipação* de uma futura experiência similar, e que esta não nos surpreenda quando vier a ocorrer, de acordo com a metapsicologia do *trauma*, enunciada pelo discurso freudiano em *Inibição, sintoma e angústia*.[647]

Existe, portanto, uma função *econômica* e simbólica na disseminação que fazemos do drama. Daí a alusão que fiz à catarse. Não obstante o discurso freudiano tenha retirado este conceito da *Poética* de Aristóteles,[648] especificamente de uma teoria sobre a tragédia – segundo a qual os espectadores não ficariam presos aos afetos penosos da cena trágica por meio da purgação, que lhes permitiria passar ao ato –, me parece que, na utilização que Freud fez da ideia, nos primórdios da psicanálise, o que estava em questão era uma leitura sobre os efeitos do drama no psiquismo.

Nesta perspectiva, é interessante sublinhar aqui como a constituição do discurso freudiano foi forjada pelo contraste entre o chiste e o drama, isto é, pelo deslocamento de um desses registros para o outro. Portanto, é fundamental destacar como a psicanálise se iniciou pela oposição entre

---

647. S. Freud, *Inhibition, symptôme et angoisse* (1926).
648. Aristóteles, *Poétique*.

estas polaridades do *pathos*. Com efeito, se o discurso freudiano enfatizou inicialmente o efeito nocivo dos afetos penosos sobre o psiquismo e enunciou o método catártico como proposta terapêutica para regulá-los e eliminá-los do psiquismo,[649] logo em seguida, contudo, se deslocou para o registro do chiste e do riso.

Assim, no percurso de cerca de uma década, entre 1893 e 1905, Freud se deslocou de uma teoria das psiconeuroses, que tinha na catarse o seu método de tratamento, para uma teoria do fantasma inconsciente. Foi neste intervalo, justamente, que a psicanálise se constituiu como um campo específico do saber, rompendo com a concepção traumática das perturbações psíquicas e se deslocando decididamente para uma concepção fundada agora no inconsciente.

Longa caminhada, certamente, apesar da sua pequena duração temporal. Caminhada que implicou uma outra concepção do psiquismo e uma outra leitura sobre a dimensão pática deste, pois o que importava agora na experiência psicanalítica era a desdramatização da cena psíquica, com vistas a um certo triunfo do sujeito sobre o infortúnio e sobre o que existe de inevitavelmente maldito na existência.

É claro que a presença do infortúnio e do maldito no sujeito supunha a existência real da dor no psiquismo. No entanto, a psiconeurose era concebida como um drama forjado pelo psiquismo sobre o referido infortúnio, que caberia não apenas revelar, mas também decifrar pela experiência analítica. Portanto, se a dor era enunciada pelo sujeito como incontestável, não resta qualquer dúvida também de que o sujeito se defrontava com a dor num *estilo* eminentemente dramático, tecido por ele nos menores detalhes.

No que concerne a isso, é importante evocar que já no parágrafo final da "Psicoterapia da histeria" Freud fazia referência à referida desdramatização do infortúnio, na experiência analítica, ao enunciar a transformação crucial da "miséria histérica" em "infelicidade banal".[650] Todo o projeto ético da psicanálise está condensado neste fragmento,

---

649. S. Freud, "Psychothérapie de l'hystérie" (1895). In: *Études sur l'hystérie*.
650. Ibidem, p. 247.

pois o que está decididamente em pauta é a desdramatização da "miséria histérica" e o reconhecimento efetivo de que a existência humana é permeada pela dita "infelicidade banal". Desta não é possível absolutamente se escapar, enfim, estando justamente inscrita aqui a dimensão trágica da existência.

Isso me faz evocar ainda um outro fragmento freudiano, agora tardio, inscrito em *O mal-estar na civilização*, no qual Freud enuncia que não poderia mais prescindir do conceito de pulsão de morte, não obstante a grande oposição que este conceito encontrou na comunidade analítica de então. Em decorrência disso, o mal-estar e a "infelicidade banal" estavam inscritos na nossa existência, impondo-se a nós como um imperativo incontrolável. Daí por que não é possível existir um projeto genérico de felicidade, isto é, que seja amplo, geral e irrestrito, como acreditava ainda o pensamento iluminista do século XVIII, pois a felicidade estaria na dependência estrita da singularidade de cada economia psíquica.[651] Seria isso, enfim, a marca inconfundível da *poética trágica* presente no discurso freudiano. Esta foi retomada numa outra retórica conceitual, certamente, mas que relançou agora a sua intuição inaugural, enunciada na "Psicoterapia da histeria".

Nesta perspectiva, a dita "infelicidade banal" seria a contrapartida do mal-estar na cultura, sendo uma o correlato da outra. Assim, a grande descoberta freudiana estaria na enunciação dessa tese de forma sistemática, num saber específico denominado psicanálise, estando justamente aqui a dimensão trágica do sujeito enunciada pelo discurso freudiano.

Porém, se a psicanálise convida e conduz inequivocamente o sujeito para a experiência e o convívio com o trágico, isso implica não apenas a desdramatização da existência, já que a neurose seria a encarnação do drama, mas também a construção de instrumentos para que o sujeito lide com a tragicidade inerente à nossa condição antropológica. É neste registro que o chiste, o humor e o riso se inscrevem, como formas para o sujeito poder efetivamente lidar com o mal-estar.

---

651. S. Freud, *Malaise dans la civilisation* (1930), caps. II e III.

Assim, o que o discurso freudiano constituiu, com o enunciado do conceito do inconsciente e com o descentramento de sujeito dos registros do eu e da consciência, foram as formas pelas quais o sujeito insiste em afirmar o seu *desejo* contra a pulsão de morte que o habita. Dos sonhos aos chistes, passando pelos lapsos,[652] atos falhos[653] e sintomas,[654] é sempre o desejo o que se contrapõe à morte como afirmação infalível do sujeito. Foi neste contexto que se inscreveu o referido deslocamento do *pathos*, do registro do drama para o do trágico.

ESQUECIMENTO

Não deixa de ser um signo revelador do destino funesto, que caracterizou a psicanálise ao longo da sua história, que o chiste e o riso tenham sido quase completamente esquecidos na sua importância pela comunidade psicanalítica pós-freudiana. Na verdade, isso já começou no tempo de Freud – o que implica dizer que o discurso psicanalítico perdeu a sua sintonia com o registro do *trágico* e se fixou efetivamente no registro do *drama*. Com efeito, o que existe de risível e de irônico, nas diferentes formações do inconsciente, foi devidamente recalcado, sendo substituído pelas cavilações dramáticas. Com isso, a fulgurância da *histeria* foi apagada na sua estridência brilhante, substituída pelo prestígio conferido à *obssessionalização* do psiquismo. A *melancolia* acabou finalmente por se instituir, nos confins da psicanálise.

Aos que supõem que é excessivo e injusto o meu comentário, a simples leitura da obra coordenada por McGhee e Goldstein, sobre a pesquisa do riso e do humor em psicanálise, é bastante esclarecedora. O que se destaca aqui é a precariedade de artigos sobre esta problemática em psicanálise.[655] Mesmo nos tempos heroicos do movimento psicanalítico a produção teórica sobre isso já era limitada e eminentemente pobre. O

---

652. S. Freud, *Psychopathologie de la vie quotidienne*.
653. Ibidem.
654. Idem, *L'interprétation des rêves*.
655. P.E. McGhee, J. H. Goldstein, *Handbook of Humor Research*, vols. 1 e 2.

ensaio de Ferenczi sobre o chiste e o cômico em psicanálise se restringe a uma resenha do livro de Freud, com a finalidade estrita de vulgarização do novo saber,[656] sem nada apresentar de novo.

Devemos a Lacan, sem dúvida, a restauração da importância desta problemática no pensamento psicanalítico, no seu já célebre retorno a Freud. Assim, desde o ensaio "Função e campo da palavra e da linguagem em psicanálise", de 1953, Lacan já destacava o que existia de fundamental na obra *O chiste e suas relações com o inconsciente*. Enunciava então que esta era "a obra mais incontestável porque a mais transparente, onde o efeito do inconsciente nos foi demonstrado nos confins de sua sutileza".[657] Isso porque o chiste evidencia, na sua atividade criativa, a gratuidade absoluta da linguagem[658] pela qual a dominação sobre o real se exprime no desafio do não sentido.[659]

Nesta perspectiva, Lacan relançou indiscutivelmente a dimensão do trágico na psicanálise, destacando o que existe de terrorífico no inconsciente, enunciando a existência da relação paradoxal do sujeito com a dor, o prazer e a morte – que é o que está no cerne da experiência psicanalítica.

FORMAÇÕES DO INCONSCIENTE

Sabe-se que Freud começou a trabalhar sistematicamente com o chiste desde os primórdios da psicanálise, quando passou a colocar em questão a teoria traumática da sedução e a cura catártica das psiconeuroses. As narrativas de chistes estavam sempre presentes na sua correspondência com Fliess,[660] pois, ao expressar as suas inquietações fundamentais, Freud

---

656. S. Ferenczi, "La psychologie du mot d'esprit et du comique". In: *Psychanalyse1. Oeuvres Complètes*: 1908-1912, pp. 150-161.
657. J. Lacan, "Fonction et champ de la parole et du langage en psychanalyse". In: *Écrits*, p. 270.
658. Ibidem.
659. Ibidem.
660. S. Freud, Lettres à Wilhelm Fliess, notes et plans (1887-1902). In: *La naissance de la psychanalyse*.

temperava os seus relatos com muitos chistes. Entre esses evocava com frequência os de origem judaica, que constituíam a grande maioria de seu repertório.

Fliess, no entanto, estranhava a presença dos chistes na narrativa de Freud, interpelando-o frequentemente. Não compreendia bem o estilo narrativo de Freud, como se a presença dos chistes fosse algo bizarro e francamente fora de lugar. Foi quando Freud começou não apenas a colecionar as piadas judaicas, como também a trabalhar sistematicamente sobre estas. A obra *O chiste e suas relações com o inconsciente*, publicada apenas em 1905, foi o ponto de chegada desta aventura intelectual. Foi, ao mesmo tempo, também, a sua resposta a Fliess, contundente e elegante, é claro, na medida em que a problemática da ciência era uma das questões cruciais desta relação. Portanto, Freud respondeu à estranheza manifesta por Fliess, pelo seu estilo narrativo, pela realização de uma produção teórica significativa. Um cala-boca para Fliess, enfim, que estranhava efetivamente, no estilo jocoso de Freud, a sua dificuldade no reconhecimento do registro psíquico do inconsciente, que se transformou então no objeto teórico de estudo de Freud.

A característica desta obra de Freud é a originalidade. Não pelo seu tema, na medida em que foi trabalhado na época por diversos autores, como se verá ainda adiante. Porém, a sua originalidade se marcou pela articulação, promovida por Freud, entre o chiste, o riso e o inconsciente, tal como se enunciou literalmente no seu título. Portanto, foi a inscrição do chiste no registro do inconsciente o que se destacou como objeto teórico do livro em questão, de maneira a inseri-lo no corpo do discurso psicanalítico, em processo de constituição.

Neste contexto, o chiste foi enunciado como algo da ordem do *infantil*,[661] que se desdobraria na dimensão francamente libidinal que se faz presente nas explosões risíveis de gozo. Na tessitura dos registros do infantil e do gozo é o *jogo* que se imporia nesta cena,[662] de maneira triunfal, com o seu inconfundível estilo de faz de conta e de que até

---

661. S. Freud, *Le mot d'esprit et sa relation à l'inconscient*.
662. Ibidem.

mesmo o impossível poderia se tornar efetivamente possível. Nisso tudo, o *desejo* é o vetor fundamental na cena lúdica do chiste, que se inscreve aqui num contexto eminentemente social. No que concerne a isso, o chiste se opõe ao sonho, na medida em que neste o desejo se realizaria de forma solipsista, na estrita intimidade do sonhador, enquanto naquele se inscreve abertamente na cena social.[663]

É importante evocar ainda que Freud começou a escrever o livro sobre o chiste ao mesmo tempo que escrevia *A interpretação dos sonhos*.[664] Porém, este foi publicado primeiro em 1900, cinco anos antes de aquele. Além disso, *O chiste e suas relações com o inconsciente* foi editado no mesmo ano que os *Três ensaios sobre a teoria da sexualidade*.[665] Alguns conceitos fundamentais desta última obra se inscreveram no corpo da teoria do chiste, como o de *prazer preliminar*, intimamente ligado ao de sexualidade infantil e ao de sexualidade perverso-polimorfa.

Entre estes dois momentos, Freud publicou a *Psicopatologia da vida cotidiana*,[666] indicando como, num psiquismo fundado agora no inconsciente, as relações entre o normal e o patológico eram relativas e não mais absolutas. Por este viés, o discurso psiquiátrico foi criticado no seu fundamento. Isso porque o sintoma era o equivalente do ato falho, do sonho e do chiste, numa leitura centrada no inconsciente e no desejo, é claro, que perpassariam sempre as diferentes formações psíquicas.

ORIGINALIDADE E DIFERENÇA

Porém, a originalidade teórica do estudo de Freud não se encontra no tema, como já disse, mas na problemática que foi construída neste campo temático. Isso porque os temas do riso e do cômico estavam então francamente na moda e fizeram parte do trabalho de diversos autores,

---

663. Ibidem.
664. S. Freud, "Lettres à Wilhelm Fliess, notes et plans" (1807-1902). In: *Naissance de la psychanalyse*.
665. S. Freud, *Trois essais sur la théorie de la sexualité* (1905).
666. Idem, *Psychopathologie de la vie quotidienne*.

antes e depois de Freud. Com efeito, desde a segunda metade do século XIX, mas num processo que se intensificou bastante na viragem do novo século e nas suas duas décadas iniciais, a nova psicologia científica se voltou sistematicamente para a pesquisa do riso e do cômico, que conduziu à publicação de múltiplos trabalhos sobre o assunto. Freud, em contrapartida, conhecia bastante bem esta vasta bibliografia psicológica, incorporando-a à sua leitura, por um lado, criticando-a, pelo outro, na elaboração teórica que promoveu da problemática do chiste. Ao lado disso, no campo da filosofia também o tema do riso foi incorporado como uma questão importante, de maneira que, com o livro O *riso*,[667] da autoria de Bergson, se publicava uma obra de grande envergadura teórica. Freud a conhecia igualmente, incorporando-a e criticando-a também no seu livro de 1905.

O que é importante destacar aqui, no que concerne a isso, é que a psicologia começou a se interessar pelos temas do cômico no seu processo, histórico e epistemológico, de se constituir efetivamente como um discurso científico. Com efeito, rompendo com a tradição clássica, centrada na introspecção e no estudo das faculdades psíquicas, a psicologia científica se voltava agora para a investigação do riso, pela inserção desse tema no campo teórico mais abrangente das *emoções*. Neste contexto, o riso seria uma das emoções existentes, entre várias outras, mas seria também uma modalidade de *regulação das intensidades emotivas*. Inscrevia-se, assim, na fronteira móvel existente entre os registros biológico e psíquico, como um ser de transição e de passagem entre estes diferentes registros.

Nesta perspectiva, o riso se inscrevia no campo de uma teoria comportamental das emoções, na qual se torna evidente a sua função adaptativa. Foi nesta direção teórica que, após a formulação de Darwin, em *A expressão das emoções no homem e nos animais*, Spencer publicou uma "Fisiologia do riso" (1863), inscrita nos seus *Ensaios*.[668]

---

667. H. Bergson, *Le rire* (1900).
668. Sobre isso, vide: P. L. Assoum, *Freud et le rire*. In: A.W. Szafran, A. Nysenholc, *Freud et le rire*, pp. 29-57.

Na viragem do século XIX para o século XX, a psicologia francesa realizou diferentes e importantes contribuições, entre as quais se destacou *A psicologia do riso* (1902), de Dugas.[669] Este ainda, no seu *Tratado de psicologia*, publicado em 1923, introduziu o capítulo especial "O riso e as lágrimas".[670] Porém, anuncia-se já aqui uma ruptura teórica com o anterior modelo adaptativo, pois, agora, o riso, como questão, se inscreve entre os capítulos "A expressão das emoções" e "A linguagem".[671]

Contudo, retomando novamente a especificidade teórica da contribuição de Freud, pode-se dizer que este se deslocou decididamente da temática do riso para a do chiste, na qual o riso se inscreveria. Assim, se o riso tem efetivamente uma *função econômica* no psiquismo, apontada por toda a tradição teórica anterior a Freud – que a considera devidamente na sua obra –, a sua ênfase se coloca, no entanto, sobre a formação psíquica do chiste. Foi para este que o discurso freudiano se voltou, para inscrevê-lo numa tópica psíquica fundada agora no inconsciente, destacando então as dimensões do *sentido* e do *desejo* presentes na produção do chiste pelo sujeito.

TRANSGRESSÃO

No entanto, se o discurso freudiano inscreveu o chiste na fronteira entre os registros da pulsão e da linguagem, reconhecendo a sua função econômica, mas sublinhando, principalmente, a semântica do desejo colocado em cena, o projeto teórico de Bergson se encontra com o de Freud, sem que se afirme que haja qualquer superposição teórica entre ambos. Isso porque o que interessa efetivamente a Bergson é o riso, nas suas relações com o cômico, que ele diferencia, aliás, do chiste.

Assim, marcado pela então recente sociologia de Durkheim, de que se distanciou no final de sua obra,[672] Bergson inscreveu o riso e o

---

669. Ibidem.
670. Ibidem.
671. Ibidem.
672. Sobre isso, vide: F. Worms, "Le rire et sa relation au mot d'esprit. Notes sur la lecture de Bergson et Freud". In: A. W. Szafran, A. Nysenholc, *Freud et le rire*, pp. 195-223.

cômico no campo da experiência social, indicando como o riso seria a reação do indivíduo contra a mecanização da vida, imposta pela ordem social. Portanto, o riso explode na contramão do aprisionamento entre o imperativo da mecânica que, regulada pela categoria do *espaço*, se opõe à do *tempo*, que presidiria a fluidez dos processos da vida.[673] As categorias básicas do projeto teórico de Bergson, enfim, foram lançadas na leitura do riso.

Estaria aqui, portanto, o ponto de encontro entre Bergson e Freud, pois este também supõe que o chiste é a formação psíquica que mais se insere no campo social. Isso porque o desejo se inscreve num campo eminentemente intersubjetivo, em oposição clara ao solipsismo que marca a experiência do sonho – até que este seja narrado, é claro, para um interlocutor. No chiste, em contrapartida, o sujeito precisa da presença do outro como testemunha e parceiro, para que o desejo em processo de realização no chiste possa ser reconhecido pelo interlocutor, a partir do riso que é capaz de provocar. O chiste seria então da ordem do prazer preliminar para a experiência do riso, que seria assim da ordem do gozo final, isto é, daquilo que foi tramado inconscientemente pelo locutor.[674]

Assim, se a hipótese de Freud é bastante simples e elegante, sem dúvida, pela qual o que existiria de infantil no psiquismo inconsciente se manifestaria numa retórica lúdica no campo intersubjetivo, uma precisão tópica se enunciava também aqui, de forma rigorosa. Com efeito, enquanto o chiste se inscreveria no registro do inconsciente, o riso, em contrapartida, estaria inserido no registro do pré-consciente.[675] Isso porque seria no registro do inconsciente que os fantasmas sexuais e agressivos se ordenariam, se fazendo patentes pelo enunciado do chiste. Porém, o testemunho do interlocutor seria fundamental, ao reconhecer, com o seu riso, o que existia de espirituoso (*Witz*) no que foi dito, provocando, também, em contrapartida, a gargalhada do narrador.[676]

---

673. H. Bergson, *Le rire*.
674. S. Freud, *Le mot d'esprit et sa relation à l'inconscient*.
675. Ibidem.
676. Ibidem.

Seria por esta mediação que o desejo inconsciente se inscreveria no campo intersubjetivo, rompendo, então, com certos interditos. O enunciado do chiste seria, assim, uma experiência efetiva de *transgressão*, pela qual o desejo inconsciente se realizaria e se manifestaria a céu aberto, na relação do sujeito com o Outro, apesar dos limites impostos pelo recalque.

A retórica do jogo se delinearia então, não obstante os imperativos impostos pela racionalidade. Regulado pelo processo primário, com efeito, o chiste contornaria os interditos, suspendendo momentaneamente a censura e o processo secundário dominante na consciência e no eu, de forma a se impor com o seu brilho fulgurante, que provocaria finalmente o riso. A concisão, presente no chiste, seria a resultante do mecanismo da *condensação*, que caracterizaria, junto com o deslocamento, o registro psíquico do inconsciente.[677]

Não obstante a importância teórica incontestável que a problemática do riso e do humor assumira no campo da recente psicologia científica, na passagem do século XIX para o século XX, não resta também qualquer dúvida de que, para o discurso freudiano, o chiste se inscrevia decididamente na tradição judaica. Estaria também aqui o seu solo arqueológico. A coleção de chistes que Freud meticulosamente recolheu, desde os anos de 1890, e que veio a destruir em 1909,[678] era composta em sua grande maioria por chistes advindos da tradição judaica.

É para isso que vou me voltar agora, à guisa de conclusão.

DESCONSTRUÇÃO DO PODER

O que caracteriza a quase totalidade dos chistes judaicos é a questão do antissemitismo. Desta maneira, os judeus transformaram o que existe de violento e mortífero no discurso antissemita em franco e irônico objeto de chiste e de riso. Qual seria então a sua importância para a tradição judaica e para o discurso freudiano?

---

677. Ibidem.
678. S. Kofman, *Pourquoi rit-on?*, cap. 1.

Pode-se afirmar que o célebre humor judaico foi uma das maneiras pelas quais a cultura judaica reagiu ao antissemitismo de forma criativa, por um lado, mas que foi constitutiva ao mesmo tempo desta tradição, pelo outro. O que implica dizer que, diferente de outras minorias étnicas e religiosas, os judeus não incorporaram no psiquismo a *crueldade* presente nos discursos antissemitas, pois se opuseram ativamente a isso e não ficaram presos a uma mortificada posição passiva.

Se tivessem ficado, seriam inequivocamente destruídos como tradição, aniquilando-se literalmente como *ethos*. Ou, então, se assumissem a posição da *vítima*, em decorrência destes ataques virulentos, acabariam por se incrustar no registro do *masoquismo*, o que os afetaria igualmente nos seus valores. Nestas duas condições mortíferas, a altivez identitária teria igualmente se desvanecido, destruída na sua raiz.

Nesta perspectiva, o humor e o chiste são emblemáticos da tradição judaica, na medida em que impediram que esta fosse engolida e destruída por uma dupla armadilha perversa. Isso porque transformar a agressão mortífera em chiste e gozar ainda com o que se realiza, pelo riso que assim provoca, com efeito, implica que a tradição judaica não se identifique com o agressor e esvazie em ato, na cena social, o aniquilamento presente no gesto antissemita.

Com isso, é evidente que a comunidade judaica pôde também se organizar enquanto tal, pela própria estratégia de *desmontagem* e de *desconstrução* do dispositivo de aniquilamento identitário, colocado em cena pelo antissemitismo. Supera-se, assim, o infortúnio da condição minoritária, ao inscrever a cultura judaica no campo político maior em que se situa. Ao lado disso, é crucial que a desconstrução se realize pelo chiste, numa cena eminentemente social para a circulação do desejo, pois o dispositivo antissemita de destruição da tradição judaica se constituiu efetivamente no campo social e político.

Não seria então um acaso que tanto Bergson quanto Freud tenham escrito as duas obras mais importantes sobre o riso e o chiste no início do século XX, num campo social altamente antissemita, como eram então a França e a Áustria, pois ambos eram judeus. Se a obra de Bergson sobre o riso é paradigmática e se a de Freud sobre o chiste é igualmente paradigmática, mas no que se refere à concepção do psiquismo fundada no inconsciente, não resta também qualquer dúvida de que a singularidade promovida pela criatividade judaica possibilitou ao mesmo tempo o bergsonismo e a constituição da psicanálise.

Se a tentativa mesquinha e terrorífica da destruição de uma dada tradição étnica e cultural é algo que se inscreve no campo do trágico, sem dúvida, é preciso que seus membros possam aprender a dar uma outra volta no parafuso,[679] para não se fixarem na posição masoquista da vítima e se congelarem, então, na mortificação melancólica. Para isso, é preciso saber se deslocar do registro impotente do drama, dando triunfantemente a volta por cima, tanto pelo chiste, como pelo humor e pelo riso, para desconstruir politicamente em ato o gesto de destruição colocado imperativamente na cena social. Foi isso o que se realizou efetivamente na tradição judaica, constituindo com humor a sua cultura, pelo reconhecimento do trágico.

Ao lado disso, no entanto, é preciso ainda evocar que ao revalorizar e ao relançar o riso e o chiste, como transgressão e como crítica no registro estritamente político, Freud revela ainda como o registro psíquico do inconsciente estaria na contramão do processo civilizatório, empreendido pelo Ocidente, desde o século XVIII. Com efeito, apesar de sua farta promoção e desenvolvimento, desde a Antiguidade até o século XVII, passando pelo lugar destacado que ocupou na cultura do Renascimento, o riso tornou-se sistematicamente interditado pelo Ocidente na virada do século XVII para o XVIII, como signo infalível que seria de maneiras sociais torpes e de pessoas decididamente mal-educadas.[680] O riso foi então disciplinado e devidamente normalizado, interditado que foi o sujeito na sua expressão irreverente e transgressiva.

Nesta perspectiva, a constituição da psicanálise, ao destacar a relevância psíquica das diferentes formações do inconsciente, entre as quais a do chiste, foi restauradora de uma potência afirmativa irreverente e do desejo de transgressão presente no sujeito. Não foi um acaso, repito, também por

---

679. H. James, *The Turn of the Screw and Other Short Fiction*.
680. P. Skinner, *Hobbes e a teoria clássica do riso*.

este viés, que a psicanálise tenha surgido na tradição judaica, ameaçada que esta estava de ser permanentemente destruída pelo antissemitismo.

Com isso, a valorização do chiste, empreendida pelo discurso freudiano, retomou uma antiga tradição filosófica, ética e crítica, que remete à Antiguidade grega e romana, e que se desenvolveu bastante na Idade Média e no Renascimento, como os estudos de Bakhtin vieram não apenas evocar, mas demonstrar.[681] É preciso sempre rir e produzir chistes cotidianamente, para desconstruir a crosta dos interditos instituídos pelo *poder*, para que assim o sujeito possa afirmar o seu desejo e restaurar então certos direitos, para manter a existência política de sua comunidade social. Foi assim que fizeram Freud e Bergson, em face do antissemitismo francês e austríaco na viragem do século XIX para o século XX, e Bakhtin, no que concerne à opressão presente na União Soviética, na época da tirania stalinista.

---

681. M. Bakhtin, *L'oeuvre de François Rabelais et la culture populaire au Moyen âge et sous la renaissance*.

10. O rei está nu: contrapoder e realização de desejo, na piada e no humor

TEMOR E TERROR

No tempo em que exercia a presidência da República do Brasil, Fernando Henrique Cardoso formulou num de seus discursos um comentário curioso, bastante revelador do lugar estratégico ocupado pelo humor na sociedade contemporânea. Entre o tom jocoso e a seriedade efetiva, em que as fronteiras se esmaecem na delimitação dos seus domínios respectivos e a ironia se transmuta magicamente em autoironia, o ex-presidente do Brasil afirmou que pelas manhãs, antes da leitura dos jornais do dia, ficava sempre apreensivo em relação à charge de Chico Caruso, em *O Globo*. Isso porque precisava verificar se havia sido transformado em personagem de galhofa pelo humorista e avaliar ainda se havia sido ridicularizado por algo que teria dito e feito no dia anterior, no exercício soberano de sua função pública.

Fernando Henrique Cardoso referia-se especificamente a Chico Caruso, pois o seu pronunciamento se realizava no Rio de Janeiro, numa cerimônia em que recebera o título de Doutor Honoris Causa, concedido pela Universidade Cândido Mendes. Porém, é óbvio que a sua inquietação em face dos cartunistas não se restringia nem ao *O Globo* tampouco a Chico Caruso, mas se estendia a todos os demais jornais do país, nos quais poderia ser alvo de um comentário jocoso da parte de qualquer um dos humoristas.

Portanto, o que estava em pauta era como um dizer e um fazer, isto é, um ato qualquer do presidente da República, poderia simplesmente ser reduzido ao *ridículo,* pelo desenho e pelas poucas palavras rascunhadas pelo humorista. Com efeito, por um simples traço colocado em relevo – seja a boca, os olhos, uma das mãos ou mesmo a cabeça um pouco destorcida –, conjugado a uma simples frase mal dita, toda a pompa solene representada pela personagem do presidente da República seria nocauteada e reduzida a frangalhos, pelo olhar sutil e irônico do humorista. Enfim, numa fração de segundo a figura quase sagrada do presidente do Brasil seria lançada à sarjeta, abatida como um pássaro no seu voo supremo, pelo comentário ardiloso do humorista.

Seria justamente essa eventualidade, esta simples possibilidade, o que obcecava cotidianamente Fernando Henrique Cardoso no exercício efetivo de sua função pública. Seria possível indagar inicialmente se não se tratava de uma vaidade excessiva da personagem em questão, preocupada de tal maneira com a sua imagem. Afinal, como é que um homem tão importante e poderoso como ele poderia se sentir tão atingido por uma simples brincadeira e até mesmo por uma molecagem de um caricaturista? Contudo, mesmo que se queira considerar a dimensão de vaidade específica do ex-presidente da República ao ser flechado pelo comentário de bico de pena do chargista, existe algo, no caso em questão, que transcende em muito a mera vaidade.

Do que se trata, afinal das contas? Qual é a vaidade que está em questão? Por que tanto temor da parte de um personagem tão importante e poderoso?

SOMOS TODOS IGUAIS?

Nesse caso, o que o humorista coloca em cena, no seu desenho sempre marcado pela ironia, é a redução de uma figura do poder à condição de simples mortal, isto é, de alguém, igual a qualquer um de nós, que olha maliciosamente a caricatura e certamente se delicia com ela. Se o leitor ri às gargalhadas e se diverte muito com a charge, isso se deve precisamente à constatação de que todos os homens poderosos são como nós, afinal das contas. Vale dizer, não existiria qualquer diferença efetiva e substancial entre os detentores do poder e os demais cidadãos; nada que possa oferecer àqueles qualquer destaque ontológico entre os humanos.

Ao lado disso, se Fernando Henrique Cardoso sofria com antecipação da caricatura, isso quer dizer que sabia perfeitamente que poderia ser colocado subitamente no seu devido lugar, isto é, nem melhor tampouco pior do que todos os demais. Seria, assim, esta possibilidade concreta de ser equalizado por baixo o que fazia sofrer o nosso Príncipe de então e o obcecava todas as manhãs, detentor que era da soberania da sociedade política brasileira. Portanto, Fernando Henrique Cardoso se angustiava com a antecipação de uma caricatura que o faria se defrontar com a sua condição real, sem o revestimento mágico da *aura* conferida pelo exercício do *poder soberano*. Estaria justamente aqui a razão do seu tormento cotidiano, ao ter que admitir, no lusco-fusco de um olhar furtivo lançado à caricatura, a sua igualdade em relação aos demais homens. Enfim, seria pela possibilidade de ser ridicularizados que podemos atingir a almejada condição de *igualdade*, pois as fraquezas e as debilidades humanas seriam os únicos bens que poderiam ser igualmente distribuídos entre os cidadãos, de maneira ampla, geral e irrestrita, numa sociedade democrática e republicana.

Assim, entre a gargalhada estridente do cidadão comum e a angústia do Príncipe, o que está em pauta é a mesma problemática, que engloba ambos na mesma *ilusão*. No entanto, se existe aqui uma ilusão que é compartilhada, é preciso que seja devidamente enunciada. Neste compartilhamento, com efeito, existe a crença enraizada de que aquele que exerce o poder adquire uma superioridade sobre os demais cidadãos e de que seria ontologicamente mais valioso, por conta disso.

Portanto, no caso em questão o que está em causa é o poder político, condensado na figura do presidente da República do Brasil. Porém, poderia ser o poder político em qualquer outra de suas instâncias, seja estadual, seja municipal. Além disso, poderia ser qualquer outro exercício político do poder, nos registros do Executivo, do Legislativo e do Judiciário. Enfim, poderia ser ainda qualquer outra representação do poder, nos registros institucional e empresarial.

É claro que existe uma hierarquia efetiva entre estas diferentes instâncias de poder, seja este de ordem política ou de ordem social. Porém, quanto mais elevada é a inserção de um dado cidadão no campo da *hierarquia* do poder, maior será a sua aura e a sua condição majestática. No entanto, é óbvio que qualquer poder na modernidade é sempre relativo, em decorrência do equilíbrio existente entre as diferentes instâncias do poder.

No que concerne ao poder político no Brasil, como se sabe, o poder condensado na presidência da República é bem mais elevado do que ocorre em outras tradições políticas em que a república como tradição está instituída, mas impera o regime do parlamentarismo. Isso é a decorrência do desequilíbrio *real* existente entre os poderes Executivo, Legislativo e Judiciário, mesmo que o equilíbrio *formal* entre os três esteja estabelecido constitucionalmente.

De qualquer forma, no campo do *imaginário* do cidadão comum toda e qualquer posição de poder coloca sempre em destaque aquele que desempenha e ocupa momentaneamente a função em causa. Isso porque o cidadão separa quem o exerce do campo comum da *cidadania*. Tudo se passa como se o dito cidadão esquecesse que uma *posição* política de poder, numa sociedade democrática, é sempre uma *delegação de poder*. Em conjunção com isso, pode-se dizer ainda que quem ocupa a posição de poder se esquece também de sua condição de igualdade em relação aos demais, passando assim a acreditar que seja possuidor de algo a mais, de que os demais cidadãos não seriam detentores.

Portanto, seria essa crença compartilhada, no registro psíquico da ilusão, que cai literalmente por terra pelo exercício do humor. Esta queda é vertiginosa, por um lado, e exaltante, pelo outro. Vertiginosa, no polo do Príncipe, e exaltante, no polo do cidadão comum. Com efeito, se, por um lado, o Príncipe se angustia ao antever a possibilidade de ser ridicularizado, por outro, a massa fica eufórica com a queda da pretensão do Príncipe. Com isso, a gangorra retorna momentaneamente ao ponto inicial de equilíbrio entre o Príncipe e a massa de cidadãos, pela prática do humor, se opondo assim ao desequilíbrio hierárquico existente entre esses, no campo do imaginário social.

Assim, a experiência do humor revela ao cidadão comum que o Príncipe é ontologicamente igual a ele, submetido aos mesmos limites e às mesmas prerrogativas colocadas pela existência. Ao lado disso, o humor na sua ironia destitui o Príncipe de sua aura majestática, enunciando como esse seria também "humano, demasiadamente humano",[682] parafraseando Nietzsche. Enfim, a ilusão de poder e a hierarquia estabelecidas entre o Príncipe e a massa são momentaneamente esvaziadas, restabelecendo então, num instante fulgurante, a estrutura política da moderna cidadania, pela qual todos os cidadãos são iguais perante a lei e o exercício do poder político passa necessariamente pela *delegação* e pela *representação do eleitorado*.

Não obstante isso, no campo do imaginário social o cidadão comum acredita na onipotência do ocupante momentâneo do poder, pois supõe que este possa agraciá-lo ou prejudicá-lo, pelas políticas públicas que promove. Ao lado disso, quem exerce o poder acredita igualmente na sua diferença hierárquica em face do cidadão comum, pelas políticas que escolhe e decide realizar, que incidem na existência concreta do cidadão comum.

Seria por conta disso, aliás, que o cidadão comum concebe sempre o poder como uma ameaça permanente para a sua vida, que pode conduzir o Príncipe em direção à *tirania*. Em contrapartida, no campo do imaginário político a figura do Príncipe acredita igualmente que pode fazer o que quiser e bem entender, pela aura que lhe é conferida. Daí por que a *corrupção* é um dos males maiores que pairam sobre a sociedade política, pois o Príncipe supõe frequentemente que detém um poder onipotente sobre os cidadãos e não uma *função* política constitucional que lhe foi atribuída, por delegação dos cidadãos.

Nesta perspectiva, o humor tem a potência de promover a ruptura no registro do imaginário social e de reenviar momentaneamente, tanto o

---

682. F. Nietzsche, *Humain, trop humain*.

cidadão comum quanto quem exerce o poder, para a sua igualdade fundamental, de acordo com os imperativos jurídico-políticos da sociedade democrática e republicana. A risada irônica do leitor da charge seria, assim, a resultante do alívio, que toma o cidadão de corpo inteiro, ao redescobrir e ao relembrar que a sua humanidade tem a mesma densidade do que a do Príncipe. Em contrapartida, o tormento do Príncipe em face do humor é reconhecer o que sempre soube, qual seja, que está em pé de igualdade com qualquer outro cidadão, sem tirar nem pôr. Enfim, o humor tem a potência de nos evocar de maneira insistente de que somos todos equivalentes nas nossas diferenças, relançados à mesma sopa comum da cidadania e da humanidade, sem os ouropéis que supostamente revestem o corpo dos poderosos e sem a indigência dos cidadãos comuns.

IMORTALIDADE EM QUESTÃO

Vale evocar ainda outra saga humorística sobre o poder político no Brasil contemporâneo, pelo efeito significante que promoveu o comentário irônico do chargista.

Indicado para ocupar o cargo de primeiro presidente da República após os anos de chumbo da Ditadura Militar, pelo seu perfil marcadamente conciliador e por um acerto político entre as elites de então, Tancredo Neves acabou por adoecer, de uma doença que o conduziu à morte. Tratava-se de uma diverticulite que se complicou bastante, pois parece que, para não tornar pública a doença e inviabilizar assim a indicação política à presidência da República, Tancredo Neves se automedicou com antibióticos. Em decorrência disso, seu estado clínico se complicou bastante, e, quando Tancredo teve que ser hospitalizado, a nação brasileira acompanhou atordoada o seu martírio. Diariamente, então, os jornais e os telejornais noticiavam o tempo todo as condições clínicas do político em questão, pela leitura dos boletins dos especialistas que dele cuidavam.

Ninguém sabia ao certo o que poderia acontecer, pois os boletins médicos eram sempre tranquilizadores. Ao lado disso, os médicos responsáveis pela sua assistência deram entrevistas frequentes para tranquilizar a população ansiosa com a condição clínica real do político. Porém, Tancredo Neves acabou por falecer, provocando então uma comoção nacional ainda maior.

Isso porque sua investidura na presidência da República representava o retorno à ordem democrática da nação, e a sua morte seria, então, uma ameaça ao retorno da democracia ampla, geral e irrestrita. Esta ameaça tomava corpo e forma porque o candidato à sucessão de Tancredo Neves no caso de sua morte, o vice-presidente José Sarney, era um representante político importante do Antigo Regime ditatorial.

Porém, durante o martírio de Tancredo Neves, Millôr Fernandes forjou um comentário de grande ousadia, evidenciando com isso que era um humorista de longo coturno. Assim, numa manhã, um jornal veiculou a seguinte formulação: "É possível dizer tudo no Brasil, hoje, menos que até aqui morreu Neves." Evocando então um velho ditado brasileiro – "até aqui morreu Neves" –, Millôr Fernandes tocava com mestria naquilo que estava até então interdito, no imaginário popular e político, qual seja, a possibilidade real da morte de Tancredo Neves. Enfim, o humorista tornava evidente e patente dessa maneira a possibilidade efetiva da morte do candidato à presidência.

Assim, a condição de Tancredo Neves se fez anunciada, de maneira irônica e espetacular, provocando a risada geral dos leitores do humorista. Isso porque a possibilidade da morte do político estava presente para todos, certamente, mas de maneira virtual e recalcada, pois ninguém até então tivera a coragem de enunciar tal possibilidade. A piada forjada por Millôr Fernandes teve o impacto significante de promover a suspensão do recalque e de exibir assim, a céu aberto, a grande angústia brasileira do momento, diante dos olhos e dos ouvidos do respeitável público, isto é, do conjunto de cidadãos da nação.

A risada estridente do leitor da charge em pauta teve o sentido e o impacto de aliviar a angústia que estava presente no tormento público, levando-o a ter que reconhecer a possibilidade efetiva da morte de

Tancredo Neves. Junto com o político adoecido gravemente, estavam em ameaça todos os sonhos que a isso se relacionavam, isto é, os de retorno pleno da ordem democrática no Brasil. Ao lado da descarga catártica de angústia, a piada do humorista teve ainda o efeito significante de possibilitar ao leitor outro olhar sobre o campo político, conduzindo-o a pensar em outras alternativas para o impasse institucional em questão.

No entanto, se no exemplo paradigmático de Fernando Henrique Cardoso o que estava em pauta era a vergonha do Príncipe ao perder momentaneamente a sua aura e a sua pretensa superioridade ontológica em face do cidadão comum, no exemplo de Tancredo Neves o que estava em questão, em contrapartida, era a igualdade de condição ontológica entre o Príncipe e o cidadão no que concerne às suas relações com a vida e com a morte. Vale dizer, não apenas somos todos iguais diante da lei, mas também somos iguais em face da vida e da morte. Com efeito, a ironia cáustica e fulgurante que se faz presente na piada de Millôr Fernandes nos conduz a reconhecer implacavelmente que o poder não passa de uma ilusão frente à morte, pois não confere *imortalidade* à figura do Príncipe. Porém, a pretensão à imortalidade é certamente uma ilusão constitutiva do poder político, pois, afinal das contas, todos somos mortais. Enfim, pelo enunciado cortante e conciso "até aí morreu Neves", Millôr Fernandes forjou com mestria uma instigante *paródia* sobre a imortalidade do Príncipe e do poder, tocando, assim, no nervo e na vaidade maior que se encontra inscrita no campo do imaginário social sobre o poder político.

PODER ACOSSADO

Portanto, pode-se assim afirmar, sem pestanejar em nenhum instante, que o campo do poder político, nas suas diferentes formações e instâncias no espaço social, está no centro da experiência do humor, nas sociedades democráticas modernas. Uma vez que, nestas, os indivíduos são marcados pela igualdade de direitos em face da lei, na medida em que todos são cidadãos, o humor é uma modalidade decisiva de discurso pelo qual esta igualdade é insistentemente evocada, principalmente quando, no campo do imaginário social, existe uma tendência para estabelecer signos de *distinção social* e de *diferenças ontológicas* entre as individualidades. Seria justamente por conta disso que o poder político, no seu sentido estrito, é o alvo privilegiado para a produção da piada e o campo de escolha para o exercício do humor nas suas diversas modalidades. Desta maneira, a produção da *vergonha* estaria no centro do efeito subjetivo do humor, pela mediação da qual se procura ridicularizar a pretensão de superioridade, de quem quer que seja, no exercício do poder.

Nesta perspectiva, o que estaria fundamentalmente em pauta, nos temores de Fernando Henrique Cardoso em face dos cartunistas, não é apenas a sua suposta vaidade enquanto sujeito e singularidade, mas a aura de majestade que estaria sempre associada ao exercício do poder soberano. Estaria justamente aqui o alvo privilegiado do humor e da piada, que perseguem, literal e insistentemente, os poderosos.

Pode-se enunciar assim que, pela produção do humor e da piada, o Príncipe seria despido de seu manto sagrado, de sua maquilagem forjada de maneira travestida e de seu colorido majestático, reduzido aos andrajos do cidadão comum. O que se pretende mostrar é a nudez do Príncipe, que se evidencia na mortalidade do seu corpo e na sua precariedade simbólica. Enfim, em ato se anuncia que o *Rei está nu*, pela dramaturgia tragicômica e ostensiva do humor e da piada.

Seria, por conta disso, aliás, que, nos regimes totalitários, as práticas públicas do humor e da piada são ostensivamente proibidas pelo poder político, devendo se disseminar de forma clandestina. Isso porque, em tais regimes políticos, existe um culto hierárquico e hierático do poder político, que não suporta estabelecer e reconhecer a igualdade de condições entre o Príncipe e a massa de cidadãos comuns. Neste contexto sociopolítico, portanto, não seria possível mostrar que o Rei está nu, sob a pena, a quem o fizer, de ser preso ou mesmo morto pelo aparelho de segurança do poder político.

Há poucos anos um jornal na Dinamarca publicou algumas charges em que ironizava a figura de Maomé. O que se visava, com isso, era ao fundamentalismo muçulmano, que já então se disseminava, de maneira perigosa, em escala internacional. Esta publicação, contudo, foi o alvo de críticas azedas da comunidade muçulmana, que se sentiu frontalmente ofendida enquanto sistema religioso. Pretendeu-se silenciar então o jornal em questão pela ousadia de sua blasfêmia, como se a figura histórica do profeta Maomé estivesse acima do Bem e do Mal. Enfim, para aquela comunidade política e religiosa o editor do jornal em questão teria que se retratar publicamente, gerando assim uma grande polêmica internacional sobre a liberdade de imprensa.

Todos nós conhecemos a continuação trágica deste filme de terror, pois a comunidade muçulmana perseguiu durante anos e com ameaça de morte o escritor Salmon Rushdie pela publicação da obra considerada religiosamente infame, intitulada *Versos satânicos*. De forma semelhante, invadiu e promoveu diversas mortes num ataque armado à redação do semanário humorístico francês *Charlie Hebdo*, em 2015, pela publicação de novas charges humorísticas contra o profeta Maomé, também consideradas uma blasfêmia.

Da mesma forma, nos tempos duros da ditadura militar no Brasil, a censura à imprensa se desdobrava na censura sistemática das páginas humorísticas dos jornais, revistas, programas de rádio e de televisão, assim como no teatro e no cinema. As publicações humorísticas, como o jornal *O Pasquim*, eram regularmente censuradas pelo poder militar, que não suportava a exibição pública de suas entranhas, pela fina ironia presente nas partituras humorísticas.

Portanto, poder mostrar que o Rei está efetivamente nu, exibindo ostensivamente a face ridícula do Príncipe e a sua mortalidade, pelo exercício insistente do humor, é uma forma legítima de experiência democrática e republicana, pela qual a igualdade da condição da cidadania é permanentemente evocada e ritualizada no espaço social. Enfim, pelo humor e pela piada, o poder, nas suas diferentes formas e instâncias, fica momentânea e efetivamente acossado, rubro de vergonha ao ser dissecado e colocado em pé de igualdade com os demais cidadãos.

DESEJO E INCONSCIENTE

Pode-se depreender facilmente, com o percurso que realizamos até agora, como o humor e a piada são práticas sociais. Não existiriam tais práticas fora do espaço social, que delineia o campo concreto e a interlocução efetiva para o humor e para a piada. Desta maneira, os espaços da intimidade absoluta e o do silêncio se opõem radicalmente aos enunciados humorísticos e chistosos, que não apenas são práticas discursivas, como também se inscrevem efetivamente na *cena social*.

Em duas obras fundamentais de referência, sobre a piada e o riso, tanto Freud quanto Bergson sustentaram esta formulação teórica de diferentes maneiras.

Para Bergson, em *O riso*,[683] livro publicado em 1900, a prática do rir visaria restaurar a dimensão temporal da vida e da existência social, que estaria coibida e sufocada pelo predomínio da dimensão do *espaço* nos laços sociais. Assim, pela gargalhada estridente a *descontinuidade* seria produzida efetivamente no sujeito, no campo da sua existência social, de maneira a promover rupturas na continuidade e na regularidade do espaço, numa lógica incisiva marcada eminentemente pela dimensão do *tempo*.

Para Freud, em contrapartida, em *O chiste e suas relações com o inconsciente*,[684] obra publicada em 1905, seria necessária a existência de pelo menos três personagens para a produção da cena do chiste. Com efeito, duas personagens estariam necessariamente presentes, enquanto a terceira, em contraponto, ocuparia uma posição virtual. Neste contexto, uma primeira personagem fala para uma outra algo da ordem do risível e de irônico a propósito de uma terceira personagem: as duas estabelecem, juntas, uma aliança momentânea para gozarem de uma terceira, que seria depreciada e ridicularizada. Enfim, a terceira personagem seria transformada em objeto de *gozo* para quem conta e para quem escuta a piada.

---

683. H. Bergson, *Le rire* (1900).
684. S. Freud, *Le mot d'esprit et sa relation à l'inconscient* (1905).

Nesta perspectiva, a piada teria então uma configuração eminentemente *triangular*, que definiria a sua estrutura.[685] É claro que a personagem para quem se conta a piada pode ser múltipla, englobando uma grande plateia. Porém, mesmo assim a estrutura triangular se mantém sem qualquer alteração e transformação. Seria esta triangulação o que definiria a condição concreta de possibilidade para a elocução da piada e para a explosão estridente da risada.

Porém, se Bergson enfatizou no riso o imperativo da temporalidade para promover a ruptura da mecanização espacial presente no campo social da modernidade, que seria assim crucial para o *fluxo* da vida,[686] para Freud o que estaria em questão na piada, em contrapartida, seria a *realização do desejo*.[687] Para o discurso freudiano, portanto, o fluxo da vida, na sua duração eminentemente temporal, implicaria a *mise-en-scène* decisiva do campo do desejo.

Assim, ridicularizar irônica e publicamente alguém e gozar à custa de sua depreciação seria uma modalidade decisiva de realização do desejo, que se materializaria pela descarga da pulsão.[688] A explosão estridente do riso que o enunciado da piada necessariamente promove seria a trilha, o roteiro pelo qual a realização do desejo se forjaria. Estaria aqui a dimensão *econômica* da piada, que se acoplaria intimamente à dimensão *semântica*, forjada na narrativa da piada.[689] Face e verso de uma mesma problemática, as dimensões econômica e significante da piada se conjugariam devidamente, sem fissuras e sem fendas, na tessitura da narrativa humorística.

Baseando-se na sua então recente teoria da sexualidade, Freud retomou na sua leitura da piada as teses enunciadas nos *Três ensaios sobre a teoria da sexualidade*,[690] obra publicada igualmente em 1905. A primeira tese é a de que a experiência sexual implicaria um prazer preliminar e um prazer

---

685. Ibidem.
686. H. Bergson, *Le rire*.
687. S. Freud, *Le mot d'esprit et sa relation à l'inconscient* (1905).
688. Ibidem.
689. Ibidem.
690. S. Freud, *Trois essais sur la théorie de la sexualité*.

final. O prazer preliminar promoveria o incremento das intensidades das pulsões sexuais perverso-polimorfas para se desdobrar finalmente no orgasmo. Portanto, numa comparação eminentemente metafórica, a piada estaria para o prazer preliminar da mesma forma que o riso estaria para o orgasmo, numa metáfora que implicaria, no entanto, a materialidade efetiva da pulsão.[691]

Em seguida, ainda na mesma obra Freud enuncia a tese de que o prazer preliminar se inscreve no registro da sexualidade perverso-polimorfa.[692] Assim, a piada seria cadenciada pelo polimorfismo da sexualidade infantil,[693] outra maneira de o discurso freudiano enunciar a dimensão perversa da sexualidade e a parcialidade da pulsão como o seu substrato efetivo. Portanto, o prazer preliminar produzido pela piada se inscreveria decididamente no campo da sexualidade perverso-polimorfa, que delinearia a sua cena no registro do inconsciente.

Finalmente, a leitura da piada como realização de desejo seria uma terceira tese, que se conjugaria com as duas teses anteriores. Com efeito, a realização do desejo se basearia nas trilhas estabelecidas pela sexualidade perverso-polimorfa, que possibilitariam a erogeneidade do movimento desejante. Enfim, a realização do desejo se fundaria sempre na dita sexualidade infantil.

No entanto, a questão que se impõe agora se refere à especificidade da realização de desejo presente na piada, na sua diferença específica em face das demais modalidades existentes de realização de desejo, na medida em que esta seria crucial no funcionamento do aparelho psíquico.

CENA PSÍQUICA, CENA SOCIAL E FORMAÇÕES DO INCONSCIENTE

Se o imperativo da realização de desejo seria fundamental ao psiquismo delineado pelo discurso freudiano, isso se deve ao lugar estratégico conferido por esse discurso ao princípio do prazer. Esta formulação axial foi

---
691. Ibidem.
692. Ibidem.
693. S. Freud, *Le mot d'esprit et sa relation à l'inconscient* (1905).

enunciada pelo discurso freudiano desde o seu início, em o "Projeto de uma psicologia científica" (1895)[694] e *A interpretação dos sonhos* (1900).[695]

Tal tese sobre o primado princípio do prazer continuará a ter a sua importância crucial mesmo posteriormente, quando o discurso freudiano enunciou a existência de um *Além do princípio do prazer* (1920).[696] Isso porque, na nova oposição entre os registros da pulsão de vida e da pulsão de morte, o princípio do prazer, responsável por regular a pulsão de vida, procuraria realizar a *ligação* da pulsão de morte. Neste contexto, a realização do desejo seria a forma pela qual a vida como potência se afirmaria em face da demanda da morte, num diapasão sempre regulado pelo imperativo do princípio do prazer.

Assim, no psiquismo permeado pelo conflito entre as potências de vida e de morte, no qual a vida buscaria sempre se impor triunfalmente em face da morte, o princípio do prazer e a realização de desejo, como o seu correlato, seriam os operadores da afirmação da potência da vida. Daí por que o desejo ocupa uma posição tão estratégica no psiquismo descrito pelo discurso freudiano.

Dito isso, é preciso destacar agora como o discurso freudiano esboçou uma *cartografia* para as formas de realização de desejo pelo sujeito. Tal cartografia tem uma característica efetivamente sistemática, se considerarmos a regularidade pela qual as diferentes modalidades de realização de desejo se inscrevem no psiquismo, por um lado, e como tais formas de realização do desejo se concatenam entre si, pelo outro.

Assim, do *sintoma*[697] à *piada*,[698] passando pelo *sonho*,[699] o *lapso*[700] e o *ato falho*,[701] o que estaria sempre em pauta, nestas diferentes formas da

---

694. S. Freud, "Esquisse d'une psychologie scientifique" (1895). In: *La naissance de la psychanalyse*.
695. S. Freud, *L'interprétation des rêves* (1900).
696. S. Freud, *Au-delà du principe de plaisir* (1920). In: *Essais de psychanalyse*.
697. S. Freud, "Les psychonévroses de défense" (1896); "Nouvelles remarques sur les psychonévroses de défense" (1896). In: *Névrose, psychose et perversion*.
698. Idem, *Le mot d'esprit et sa relation à l'inconscient* (1905).
699. Idem, *L'interprétation des rêves* (1900).
700. Idem, *Psychopathologie de la vie quotidienne* (1900).
701. Ibidem.

produção psíquica, seria a realização de desejo. Por isso mesmo, Lacan denominou estas produções psíquicas de *formações do inconsciente*,[702] pelas quais o sujeito realizaria o seu desejo, na medida em que o registro psíquico do inconsciente estaria fundado no desejo.

Porém, pode-se depreender com facilidade que a relação entre a *cena psíquica*, fundada no desejo, a *cena intersubjetiva* e a *cena social* não seria da mesma ordem nas diferentes formações do inconsciente. Do *solipsismo* à *interlocução*, diferentes cenários aqui se configuram nas diversas formações do inconsciente. Além disso, a articulação entre as diferentes formações em questão e a efetividade de um *ato* propriamente dito se delineariam de diferentes maneiras, em cada uma destas formações psíquicas.

Como vimos, na piada a cena psíquica e a cena social se articulam intimamente, sem que exista entre essas qualquer ruído. Isso porque a cena social seria fundamental para a realização do desejo, que se inscreve na cena psíquica. Nessa conjunção, além disso, um ato efetivo lhe é consubstancial, pois a simples narrativa da piada provocaria de imediato o seu efeito no outro.

É claro que, nas diferentes formações do inconsciente, existe sempre o endereçamento de uma palavra em direção ao Outro, pela qual o Outro é invocado e evocado. Vale dizer, existe sempre uma *Outra cena* que se inscreve nas diferentes formações do inconsciente, no campo da qual o sujeito inscreve e dirige a sua *mensagem*. Mesmo que a mensagem não se enuncie de forma simples e clara, mas opaca e cifrada, uma palavra é sempre dirigida ao Outro para que se promova psiquicamente uma formação do inconsciente. Enfim, na sua radicalidade, uma formação do inconsciente não seria *nunca* uma *experiência solipsista*, mas sempre alteritária e que visaria sempre um diálogo intersubjetivo.

Assim, pela produção de um sintoma o sujeito procura enunciar alguma coisa para alguém, à espera de que o seu dizer seja devidamente captado pelo outro. Vale dizer, o sujeito fala pelo seu sintoma, numa palavra cer-

---

702. J. Lacan, "Fonction et champ de la parole et du langage en psychanalyse" (1953). In: *Écrits*.

tamente balbuciante e plena de murmúrios, mas mesmo assim se enuncia algo que é da ordem da palavra, de fato e de direito. Desta maneira, o sintoma delineia um apelo do sujeito dirigido ao Outro.

Um dos méritos maiores da constituição da psicanálise, com Freud, foi justamente o de ter reconhecido a existência deste *apelo* na estrutura inconsciente do sintoma, quando toda a tradição médica e psiquiátrica que lhe antecedera, no século XIX, colocava em destaque a *negatividade* semântica do sintoma. Com efeito, o discurso freudiano conferiu *positividade* ao sintoma. Foi justamente por conta disso que Freud passou a realizar o *deciframento*[703] do sintoma, para colocar em evidência o que o sujeito procurava dizer no seu *murmúrio* e possibilitar assim que o que era balbuciado pudesse ser dito em plena voz, para se tornar então audível.

O que Freud pôde então descobrir foi a existência da *divisão* no psiquismo. Uma vez que este seria marcado pela *conflitualidade*, seria pela *solução de compromisso* entre imperativos opostos que o sintoma se cristalizaria. Promover a dissolução deste cristal sintomático e deixar então fluir as forças opostas seria, portanto, a condição de possibilidade para que o sujeito pudesse enunciar o seu desejo.[704]

Nesta perspectiva, seria necessário que alguém pudesse acolher, e receber a mensagem cifrada do sujeito, para que o desejo latente no sintoma possa ser dito e escutado. Vale dizer: se não existir o outro no polo da *recepção* da mensagem, o murmúrio que se encontra latente no sintoma ficará silencioso. Portanto, a interlocução com o Outro se processa necessariamente no registro do sintoma e a cena psíquica não se desdobra imediatamente na cena social e na cena da interlocução.

No entanto, no que concerne ao lapso as coisas se passariam de maneira diferente. Com efeito, no lapso o sujeito acaba por falar algo que supostamente não queria enunciar. Vale dizer, na sua elocução o sujeito diz algo para o outro à sua revelia, algo que não poderia ser enunciado e que seria mais forte no seu imperativo do que o eu gostaria que fosse.

---

703. S. Freud, *L'interprétation des rêves* (1900).
704. Ibidem.

Porém, se foi efetivamente dito e não apenas balbuciado, o eu pode reconhecer a contragosto que queria dizer algo. No lapso, a realização do desejo se materializaria no campo do diálogo com o outro, de maneira que a cena psíquica e a cena social também se conjugariam.

No ato falho a mesma coisa se realizaria de maneira ainda mais radical. Isso porque no ato falho uma ação se realiza e atinge o outro de forma frontal. O corpo do sujeito e o corpo do outro se encontrariam diretamente, de maneira a se conjugarem numa cena eminentemente social. O desejo que se inscrevia inicialmente na cena psíquica se desdobraria, então, na cena social, sob a forma de uma *ação* efetiva.

No sonho, contudo, as coisas se passam de maneira diferente do que ocorre no lapso e no ato falho. Assim, a realização do desejo se faz aqui de maneira oblíqua, pela mediação de uma sequência de imagens aparentemente desconjuntadas, num cenário caracterizado pela surrealidade. É claro que o sujeito diz algo na experiência do sonho, mas de forma eminentemente cifrada, sem se dar conta da realização de desejo que coloca em pauta na cena psíquica.

Neste contexto, no sonho o sujeito ocupa uma posição eminentemente solipsista, sem que o outro a quem se dirige, na Outra cena, possa se fazer presente. Desta maneira, a cena psíquica não se desdobraria imediatamente numa cena social com a qual poderia se conjugar. Além disso, o sujeito não quer reconhecer o desejo que se realizaria efetivamente na cena psíquica, pois o transveste imageticamente, pela ação da censura, de maneira surreal.

A experiência do pesadelo confirma, segundo Freud, a veracidade de tal formulação. Como no pesadelo a realização de desejo se manifesta de maneira franca e explícita, o sujeito acorda, sempre assustado, tomado de assalto pela angústia que se apossa de si de corpo inteiro. Por isso mesmo desperta imediatamente, para interromper o sonho e silenciar o que acabara de ser enunciado de maneira audível e mesmo brutal.[705]

A piada, por outro lado, se aproximaria do ato falho e do lapso, no que concerne à conjunção da cena psíquica e da cena social, mas tal conjunção se realizaria de maneira ainda mais radical. Na piada, com

---

705. Ibidem.

efeito, o sujeito pretende realizar o seu desejo em voz alta, sem qualquer disfarce ou opacidade: deprecia-se alguém, ridicularizando-o intencionalmente junto a um interlocutor. Com a gargalhada irônica, o gozo se disseminaria na cena social, numa atmosfera coletiva de festa à custa da miséria de quem é ironizado. Enfim, a piada e o humor se inscreveriam efetivamente no registro da *transgressão*, o que as caracterizaria enquanto formas de discursividade.

CONTRAPODER

Seria justamente por conta disso que a cena política se destacou, no campo da cena social, como o alvo privilegiado do humor e da piada, desde a modernidade no Ocidente, na medida em que tais modalidades de discurso passaram a ser interditadas. Como já enunciado, desde a Antiguidade grega e romana até o século XVIII, o humor e a piada circulavam no espaço social com relativa liberdade. No final do século XVIII, contudo, uma transformação crucial se realizou efetivamente. Passou-se a conceber desde então que tais práticas discursivas não seriam bem-educadas, por ser consideradas expressão de mau gosto e mesmo de vulgaridade. Em decorrência disso, passaram a ser socialmente mal apreciadas e não valoradas no espaço público, conduzindo-as inequivocamente à interdição simbólica.[706,707] Portanto, se o poder interpretava negativamente e interditava o humor e a piada, considerando-os signos da grosseria e da má educação, no final do século XVIII, em contrapartida, o humor e a piada passaram a se disseminar, no espaço social, como formas de *contrapoder*. Desbancar ironicamente os detentores do poder político, assim como ridicularizar as outras modalidades de poder social evidenciadas pelas *hierarquias* instituídas passaram a ser os campos privilegiados para as práticas do humor e da piada. Enfim, promover insistentemente a

---

706. Q. Skinner, *Hobbes e a teoria clássica do riso*.
707. N. Elias, *O processo civilizatório*.

dimensão do ridículo presente nos personagens que exerciam o poder, para provocar a vergonha, passou a ser o alvo por excelência de tais práticas discursivas.

Foi por conta disso, portanto, que o discurso freudiano delineou a piada e o humor como formações do inconsciente, indicando assim ao mesmo tempo como foram interditadas simbolicamente e como se enunciariam em contrapartida como formas de realização de desejo, pela via do retorno do recalcado – como se passaria, aliás, com todas as demais formações do inconsciente. Enfim, mostrar insistentemente que o rei está nu, seja o rei uma das figurações do poder político, seja uma das figurações do poder presentes nas demais hierarquias sociais, passou a ser uma poderosa forma de realização de desejo e de questionamento político que se inscreviam no campo do espaço público.

PARTE VI Literatura

11. Inconsciente e desejo na escrita do infantil: uma leitura de *Alice no país das maravilhas* e de *A travessia do espelho*, de Lewis Carroll

As razões da homenagem aos 150 anos da primeira edição de *Alice no país das maravilhas*, outubro de 2015, de Lewis Carroll, são não apenas justas e legítimas, mas também múltiplas, dentre as quais é preciso destacar tanto a inovação estilística que a obra promoveu no campo da literatura em geral e da literatura infantil em particular – pois produziu de forma inédita uma nova modalidade de *escrita* –, como também os subsídios que proporcionou para a pesquisa específica da *linguagem*. Além disso, a obra em pauta evidencia o que existe de *infantil* em qualquer forma de discurso, de maneira que o discurso adulto pressupõe e promove ressonâncias neste discurso infantil.

Porém, é preciso evidenciar ainda, com toda a ênfase possível, que o impacto literário e cultural que *Alice no país das maravilhas* teve no Ocidente se deve à originalidade de sua escrita no tempo de sua emergência histórica. Certamente, foi em torno da *especificidade* de sua escrita que a obra revolucionou a literatura em geral e a literatura infantil em particular, de forma a relançar outra modalidade de escrita, da qual somos ainda hoje tributários.

Além disso, é preciso destacar devidamente que a homenagem à publicação de *Alice no país das maravilhas* deve se estender às demais obras literárias sobre a *infância* empreendidas por Lewis Carroll – a saber, *A travessia do espelho* (1872), *A caça ao Snark* (1876), *Sílvia e Bruno* (1839-1893) –, pois em todos estes livros espetaculares Carroll enfatizou as mesmas características *estilísticas* presentes em *Alice no país das maravilhas*, assim como evidenciou uma refundação da escrita, como enunciei anteriormente.

É preciso evocar ainda que, antes da publicação de *Alice no país das maravilhas*, Lewis Carroll tinha já realizado uma *versão inicial* deste texto, em 1864, intitulada *Aventuras de Alice na terra*. O autor oferecera o manuscrito a Alice Liddell, ornado com suas próprias ilustrações e com uma foto da menina que tinha então sete anos.[708, 709] Esta versão inicial já apresentava as mesmas características estilísticas e a mesma modalidade de escrita presente em *Alice no país das maravilhas*.

Pode-se dizer assim que as diferentes obras produzidas por Lewis Carroll sobre a literatura infantil transformaram radicalmente o campo desta modalidade de narrativa, promovendo uma efetiva *descontinuidade*. Isto se deve à promoção de uma subversão da escrita, corolário da *problematização* do infantil que se realizou[710, 711] de fato e de direito.[712] Portanto, foi pela conjunção destas diversas questões que *Alice no país das maravilhas* teve um impacto decisivo no campo da literatura.

Após este reconhecimento inicial, é preciso examinar de maneira preliminar estas inflexões cruciais promovidas por Lewis Carroll no discurso literário, para delinear de forma esquemática, em seguida, uma leitura psicanalítica de *Alice no país das maravilhas*.

Quais foram então as inovações efetivas promovidas por este texto magistral?

---

708. L. Bury, "Introduction". In: L. Carroll, *Alice au pays des merveilles suivi de la Traversée du Miroir*, pp. 8-31.
709. Como se sabe, Alice Liddell foi a figura real transformada na personagem de Alice, em *Alice no país das maravilhas*.
710. M. Foucault, *Dits et écrits*, tomo IV.
711. G. Deleuze, F. Guattari, *Mille Plateaux. Capitalisme et schezophrénie*, tomo II.
712. E. Kant, *Critique de la raison pure*.

CRIANÇA, INFÂNCIA E INFANTIL

Antes de tudo, é preciso evocar devidamente que na época da publicação de *Alice no país das maravilhas* já existia o campo específico da literatura infantil. Dos anos de 1820 aos de 1840, as obras dos Irmãos Grimm e de Andrews já circulavam na Inglaterra, em edições em inglês.[713] Antes, até o século XVIII as crianças liam, em contrapartida, livros de adultos, nos quais as narrativas eram centradas em aventuras.[714] Com efeito, *Robinson Crusoé* de Defoe e *As viagens de Gulliver* de Swift faziam parte da leitura das crianças,[715] não obstante serem obras escritas para adultos. No século XIX, as obras de aventura de Stevenson eram lidas pelas crianças inglesas,[716] a começar pela célebre *Ilha do tesouro*.

Desta maneira, o que caracterizou o século XIX no campo literário, em oposição ao século XVIII, foi a constituição específica da literatura infantil. As obras dos Irmãos Grimm e de Andersen são signos eloquentes desse novo campo.[717] É preciso evocar ainda, em relação a isso, que ambos os autores se referiam às suas obras como *contos de fadas*, de forma que a então recente literatura infantil foi caracterizada como centrada nos contos de fadas.[718]

De forma curiosa e até mesmo paradoxal, não deixa de ser irônico que Lewis Carroll se referisse também às suas obras como contos de fadas, embora estas não se inscrevam absolutamente nesta especificidade narrativa.[719, 720] Daí a dimensão paradoxal evidenciada pela afirmação de Carroll sobre os seus livros, que podemos considerar certamente algo da ordem da ironia. Com efeito, não existe nestes nem magia tampouco o final feliz característicos dos contos de fadas. Além disso, não é

---

713. L. Bury, "Introduction". In: L. Carroll, *Alice au pays des merveilles suivi de la Traversée du Miroir*.
714. Ibidem.
715. Ibidem.
716. Ibidem.
717. Ibidem.
718. Ibidem.
719. Merton M. Cohen, *Lewis Carroll: une vie, une légende*.
720. J. Gattegno, *Lewis Carroll, une vie*.

o príncipe encantado e a bela princesa que se conjugam no encantamento apaixonado o que norteia as tramas das narrativas de Carroll. Enfim, no final de *Alice no país das maravilhas*, como se sabe, Alice continua a ser uma criança comum que brinca com o seu gato.

Pelo contrário, as obras de Carroll são permeadas pela *violência* e até mesmo pela *crueldade* de seus personagens, de forma que o *medo* e a *angústia* estão sempre presentes nas suas narrativas. Além disso, nestas obras as questões filosóficas estão sempre presentes e são evocadas com eloquência, principalmente as que tematizam as intrincadas e complexas relações existentes entre a linguagem, o sujeito, o pensamento e os estados de coisas do mundo, que marcaram a filosofia moderna e que continuam a ser problematizadas pela filosofia contemporânea. Estamos assim não apenas no *limite* do que seja a literatura, mas principalmente nas bordas do que seja a literatura para crianças, pois tais narrativas se modulam numa escrita singular e tratam de questões enormemente fascinantes para os adultos, que, como se sabe, foram e são ainda grandes leitores dos livros de Lewis Carroll.

Com efeito, as diversas narrativas de Carroll se aproximam bastante daquelas que foram compostas por G.T.A. Hoffman e por Heinrich Hoffman, nas quais a crueldade como paixão, que evidencia a emergência nos interstícios do texto da problemática do *mal*, se articula sempre com o mundo dos sonhos e dos pesadelos.[721] Existem então *bordas* evidentes entre tais narrativas de Carroll e as da literatura fantástica, que floresceram na Europa do século XIX, de forma que a experiência da *inquietante estranheza*, descrita em 1919 por Freud num célebre ensaio,[722] é um traço comum entre ambas. Isso porque nestas modalidades de escrita o que é *familiar se transmuta sempre no que é não familiar*, num estalar de dedos e num piscar dos olhos, de forma que num lusco-fusco imprevisível, que emerge dos interstícios da narrativa, a angústia se dissemina como paixão no sujeito.[723] São as cenas dos *sonhos* e de *terror*, enfim,

---

721. L. Bury, "Introduction". In: L. Carroll, *Alice au pays des merveilles suivi de la travérsé du miroir*.
722. S. Freud, "L'inquiétante étrangeté" (1919). In: *L'inquiétante étrangeté et autres essais*.
723. Ibidem.

associadas às *duplicações das personagens*, o que norteia a composição destas modalidades de escrita.

Portanto, a maior inovação estilística evidenciada pela escrita de Carroll coloca em destaque a ruptura crucial com a tradição literária dos contos de fadas e com a ficção do final feliz, tecidas em torno das personagens do príncipe e da princesa, que convergem de forma encantada para a aliança pelo casamento e pela celebração do amor. Foram estas características, como se sabe, as que se destacaram de maneira significativa com a emergência histórica da *literatura para crianças*, no século XIX.

Em contrapartida, a escrita de Carroll colocava em evidência uma oposição à *literatura do infantil*, tecendo suas narrativas em torno da *violência* e da *crueldade*, nas quais o medo e a angústia se inscreviam nas cenas anímicas do sonho e do pesadelo. Vale dizer, a literatura voltada para o registro do *infantil* se opõe nos seus menores detalhes à literatura voltada para a *criança*, na medida em que coloca em evidência a dimensão *trágica* da existência humana. A literatura voltada à criança, por outro lado, evidencia a dimensão do *drama* da condição humana, na qual a *harmonia* e a *felicidade* são sempre alcançadas pelas personagens principais no final da narrativa, com a derrota fragorosa dos intrigantes e dos representantes do mal.

Contudo, seja pela tradição literária da literatura para crianças, seja pelas inflexões decisivas propostas por Carroll na problematização do infantil nas suas narrativas, é preciso reconhecer efetivamente que em ambas as tradições literárias o que está em pauta é a emergência histórica da *categoria* e da *experiência* da criança, ao longo do século XIX. Se esta foi *positivamente* delineada na *literatura para crianças* (drama), na primeira metade do século XIX, foi, em contrapartida, *negativamente* esboçada na literatura do infantil (trágico), na segunda metade do século XIX. De qualquer maneira, enfim, nestas duas tradições literárias a figura da criança, como categoria e como experiência, foi colocada em evidência na sua emergência histórica no século XIX.

MODERNIDADE DA INFÂNCIA

Numa obra já célebre, intitulada *A criança e a vida familiar no Antigo Regime*, dos anos de 1970, o historiador francês Philippe Ariès colocou em pauta como a categoria da infância e a figura da criança foram produções sociais efetivamente modernas, não existindo então na pré-modernidade.[724] Com efeito, nessa a criança era representada como um adulto em miniatura e que cresceria posteriormente, enquanto foi apenas na *modernidade* que a ideia da criança na sua especificidade teria sido construída na nossa tradição,[725] numa perspectiva teórica de leitura de *história das mentalidades*.

Assim, somente na modernidade a figura da criança foi efetivamente construída de forma *específica*, nos registros *antropológico*, *biológico*, *social* e *psíquico*. Para que isso fosse possível, no entanto, necessário foi, como condição preliminar, que a existência humana passasse a ser concebida na escala do *tempo*, de forma que se iniciaria de maneira inequívoca na *infância* e terminaria inevitavelmente na *velhice*, entre as quais a *adolescência* e a *idade adulta* se inscreveriam. Portanto, a *vida* foi delineada pela oposição entre o *nascimento* e a *morte*, momentos cruciais de sua constituição e do seu fim.[726]

Neste novo esquema teórico sobre a vida, a existência humana passou a ser concebida como um percurso não apenas inscrito na ordem do tempo, mas também regulado pela *evolução*, no qual a infância condensaria a plenitude dos registros do *afeto* e do *instinto*, sem contar ainda com o controle do registro do *entendimento*, que se iniciaria apenas na adolescência e se instituiria plenamente na idade adulta, mas declinaria irrevogavelmente na velhice. Daí por que se concebia então a existência da identidade imaginária entre a infância e a velhice, nas quais os registros dos afetos e dos instintos se disseminariam no sujeito, e sem contar com o contraponto mediador do entendimento.[727]

---

724. Ph. Ariès, *L'enfant et la vie familiale sous l'ancien Regime*.
725. Ibidem.
726. J. Birman, *Gramáticas do erotismo*.
727. Ibidem.

Foi em decorrência disso que se constituiu a *educação obrigatória* no século XIX, como política do Estado na modernidade, para promover a regulação (afetiva e instintiva) da infância e viabilizar assim a transformação da criança em adulto. Vale dizer, pela plenitude afetiva e instintiva, que condensaria no seu corpo, a criança seria o signo eloquente da *natureza*, e deveria ser transformada progressivamente na figura do adulto, como signo patente da *cultura* e da *sociedade*, pelo projeto pedagógico.[728]

Além disso, a infância passou a ser socialmente valorada, pois seria pelo seu *investimento* que seria possível a constituição daquilo que Foucault denominou de *população qualificada*.[729] Segundo essa ideia, pela promoção ativa da *saúde* e da *educação* seria possível a produção de uma população que condensaria o *capital simbólico* e *econômico* da nação.[730, 731] Desse modo, Foucault, em *A vontade do saber* (1976), evidenciou como no século XIX foi construída outra concepção de *riqueza*, centrada agora na constituição desta população qualificada, de forma que desde então a extensão territorial e os bens materiais extraídos primariamente da natureza não seriam mais garantia para a promoção da *riqueza das nações*, como ocorria na pré-modernidade.[732]

Daí, portanto, a importância estratégica assumida pelo investimento na infância, para promover no futuro a expansão da riqueza da nação. Em decorrência disso, a infância foi transformada na metáfora do *futuro* e da *esperança* no Ocidente, desde o século XIX, na medida em que a dita riqueza da nação dependeria agora efetivamente da qualidade de vida da população, iniciada na infância.[733] Por isso mesmo, as figuras parentais deveriam se *sacrificar* pelos filhos, oferecendo sempre o melhor, em termos de saúde e de educação, para participarem assim da produção futura da riqueza da nação.[734] Portanto, a figura da criança foi socialmente

---

728. Ibidem.
729. M. Foucault, *La volonté du savoir*.
730. Ibidem.
731. J. Birman, *Gramáticas do erotismo*.
732. M. Foucault, *La volonté du savoir*.
733. J. Birman, *Gramáticas do erotismo*.
734. Ibidem.

valorizada a partir do século XIX, de maneira que foi transformada nas figuras emblemáticas da *majestade* e da *soberania*, tal como Freud enunciou no seu ensaio de 1914, intitulado "Para introduzir o narcisismo", numa frase lapidar: "Sua majestade, o bebê."[735]

Desde então, as crianças realizariam o que os pais não puderam realizar nas suas vidas, sendo idealizadas por conta disso. Porém, se a figura da criança foi intensamente investida, passou a ser também, em contrapartida, ativamente *disciplinada* no registro de seu corpo, de forma que o *controle da sexualidade* infantil se tornou fundamental, nas práticas pedagógica, familiar e médica. Com efeito, a masturbação da criança passou a ser controlada nos seus menores detalhes, na casa e na escola, como evidenciou Foucault no seu curso *Os anormais*.[736]

É preciso enunciar ainda como a constituição da psicanálise, com Freud, desde o final do século XIX, se empreendeu pela importância crucial que atribuiu aos registros da infância e do infantil na constatação psíquica do sujeito. Contudo, se a categoria da infância remeteria a um *tempo histórico* da existência, de forma que o registro do passado incidiria sobre o *presente* da condição adulta como o *passado-presente*, o *infantil* remeteria à *dimensão originária* do psiquismo, evidenciando que é um registro *genealógico* na constituição do sujeito. Portanto, ao enunciar o conceito da *sexualidade infantil* como *perverso-polimorfa*, o discurso freudiano remete, nos *Três ensaios sobre a teoria da sexualidade* (1905), ao registro do infantil e não ao da infância, assim como ao seu impacto na economia de sexualidade adulta.[737]

Além disso, é preciso considerar ainda que esta ênfase colocada no tempo inicial da vida e da existência, no registro biológico do vivente e no registro moral do indivíduo, foi transportada para conceber tanto a *sociedade* quanto a *cultura*, desde o século XIX, que passaram a ter uma leitura marcada pelo *paradigma da evolução*. Assim, da mesma forma que existiria a infância dos indivíduos, existiria também, em contrapartida,

---

735. S. Freud, *Pour introduire le narcisisme* (1914). In: *La vie sexuelle*, pp. 81-105.
736. M. Foucault, *Les anormaux* (2003).
737. S. Freud, *Trois essais sur la théorie de la sexualité* (1905).

a infância das sociedades e das culturas. De forma correlata, da mesma forma como os viventes e os indivíduos nascem e morrem, as sociedades e as civilizações também nascem e morrem igualmente, pois seriam marcadas por um processo de ascensão e de decadência.[738, 739]

Daí por que as ditas sociedades primeiras foram transformadas, no então recente discurso antropológico marcado pelo paradigma evolucionista, no berço e na infância das nações e sociedades europeias desenvolvidas. De forma complementar, as nações recentes, consideradas menos desenvolvidas, deveriam ser *colonizadas* para se tornar assim civilizadas, adultas como as antigas nações europeias.[740] Pode-se constatar, em diferentes discursos teóricos, como a categoria de infância no paradigma evolucionista se disseminou na leitura de diversos registros da existência, assim como de diversas instituições sociais e culturais. Desta maneira, a referência ao campo da infância seria forjadora do sujeito.

Por isso mesmo, Freud construiu diversos textos teóricos voltados especificamente para a leitura da literatura infantil e dos contos de fadas,[741] assim como da literatura para adultos,[742] da mesma forma que muitos de seus discípulos, para apreender a lógica inconsciente que lhes norteava. Vale dizer, a preocupação maior do discurso freudiano, no que tange a isso, era a de evidenciar os registros do *fantasma* e do *desejo* que imantariam inconscientemente tais modalidades de escrita. Enfim, o discurso freudiano não apenas é tributário do lugar estratégico atribuído à infância desde o século XIX, como também da literatura sobre a infância, que então se constituiu na sua especificidade.

Porém, é preciso enfatizar ainda que se a literatura para crianças interessou vivamente a tradição psicanalítica desde Freud, que pôde apreender nesta modalidade de escrita a conjunção entre os registros do desejo, do fantasma e do inconsciente, a literatura produzida por Lewis Carroll, em contrapartida, é ainda mais próxima da construção teórica da

---

738. M. Foucault, *Naissance de la clinique*.
739. J. Birman, *Gramáticas do erotismo*.
740. Ibidem.
741. S. Freud, *L'inquiétante étrangeté et autres essais*.
742. Ibidem.

psicanálise, pelo destaque que atribuiu para a crueldade, para a violência e para a angústia no imaginário infantil, assim como pela inserção destes afetos nos registros do sonho e do pesadelo.

Com efeito, o que está em pauta é o registro do infantil e não propriamente o da infância, que, como originário, marcaria a ferro e fogo a sexualidade das crianças e a dos adultos de forma indelével, se impondo então ao sujeito como uma experiência de *inquietante estranheza*, na polarização infinita entre os registros do que é *familiar* e do que é *não familiar*.[743] Vale dizer, seria por uma *tangência* trágica em relação à infância que o infantil modularia o sujeito numa promessa erótica e de horror dos *Jardins das delícias* (Bosch), pela qual o gozo se temperaria pela dor e pelo flagelo. Enfim, é justamente isso o que pode se evidenciar pela leitura acurada das linhas e das entrelinhas das obras *Alice no país das maravilhas*[744] e *A travessia do espelho*[745], de Lewis Carroll.

DESAMPARO, DESEJO E INCONSCIENTE

Assim, é preciso considerar inicialmente como a narrativa de *Alice no país das maravilhas*, assim como da obra *A travessia do espelho*, remete às coordenadas teóricas destacadas pelo discurso freudiano para pensar o aparelho psíquico em geral, e, em particular, sobre a inflexão específica do registro do infantil. Com efeito, pode-se enunciar certamente que o que este discurso teórico empreendeu foi a *desconstrução*[746] do mito da infância feliz e da pureza da criança, para colocar em pauta não apenas a existência da sexualidade infantil, como também o que existiria de *dor* e de *sofrimento* na experiência psíquica das crianças, destacando assim seus impasses psíquicos. Além disso, quando Freud e seus discípulos empreenderam a leitura dos contos de fadas, foi para indicar de forma estridente o que existia de angustiante no imaginário das crianças, não

---

743. S. Freud, "L'inquiétante étrangeté". In: *L'inquiétante étrangeté et autres essais*.
744. L. Carroll, *Alice au pays de merveilles suivi de la Traversée du miroir*.
745. Ibidem.
746. J. Derrida, *L'écriture et la différence*.

obstante a trama narrativa dos contos de fadas se desdobrassem num final feliz. Foi, enfim, pela leitura meticulosa das linhas e das entrelinhas destas formações discursivas que o discurso psicanalítico pôde evidenciar o que tinham de trágico, na contramão decisiva da tradição então estabelecida sobre a literatura infantil.

Por que isso? Nada mais nada menos porque o que caracterizaria a experiência psíquica seria o *conflito*, que marcaria a existência das crianças e dos adultos, desde os primórdios de vida. O conflito psíquico se evidenciaria pela presença da *divisão* no psiquismo, polarizado pelo registro do *inconsciente*, por um lado, e pelos registros do *pré-consciente-consciência*, pelo outro, como enunciou Freud em *A interpretação dos sonhos* (1900).[747] Contudo, se a conflitualidade perpassa o aparelho psíquico de forma permanente, tendo a divisão (*Spaltung*) psíquica como o seu correlato, isso se deve ao *desamparo* originário do infante, que marcaria a sua existência psíquica desde o início da vida e que se perpetuaria ao longo da existência do sujeito, como nos disse Freud no "Projeto de uma psicologia científica" (1895).[748] Com efeito, em decorrência da *prematuração biológica*, o infante dependeria do *Outro* para poder sobreviver de forma absoluta. Do ponto de vista estritamente biológico,[749] este Outro exerceria a *função materna*, voltada para os *cuidados* do infante. No entanto, o desamparo originário se manteria posteriormente, não obstante o desenvolvimento biológico e a maturação ulterior do sistema nervoso central.[750]

Seria em decorrência disso que Freud enunciou, no "Projeto de uma psicologia científica", que o choro do bebê seria a fonte de todos os motivos morais.[751] Isso porque, ao evidenciar de forma pujante o desamparo do bebê, o choro se transformaria num signo de algo que *falta* ao infante. A mãe, então, lhe oferece algo para apaziguar a dor, promovendo a

---

747. S. Freud, *L'interprétation des rêves* (1900).
748. S. Freud, "Esquisse d'une psychologie scientifique" (1895), 1ª parte. In: *La naissance de la psychanalyse*.
749. Ibidem.
750. Ibidem.
751. Ibidem.

experiência de satisfação do bebê.[752] Desta maneira, ao se voltar para o Outro que lhe ofereceu algo que o preenche momentaneamente, o bebê se divide, em contrapartida, se constituído então pela relação *alteritária* em face deste Outro.

A dita experiência de satisfação seria assim a condição de possibilidade concreta para a constituição correlata do campo do desejo, pois diante de qualquer experiência posterior de falta o bebê vai investir nas marcas psíquicas e corporais da experiência de satisfação originária, promovendo a *satisfação e a realização alucinatória* do desejo.[753] Em decorrência disso, o inconsciente seria constituído pela circulação do desejo propriamente dito, que regularia o sujeito,[754] assim como pelas marcas psíquicas e corporais que concretamente lhe possibilitaram tal fluxo de desejo.

Além disso, o discurso freudiano esboçou a produção de diferentes construções psíquicas que seriam oriundas do conflito estabelecido entre o desejo e o recalque, quais sejam, o *sintoma*,[755] o *sonho*,[756] o *lapso*,[757] o *ato falho*[758] e a *piada*.[759] Nos rastros do retorno do recalcado tais produções psíquicas seriam assim delineadas. Estas produções psíquicas foram devidamente denominadas por Lacan como *formações do inconsciente*, no Seminário V, assim intitulado.[760]

ESCRITA ONÍRICA

Tanto a narrativa de *Alice no país das maravilhas* quanto a de *A travessia do espelho* são inteiramente centradas no registro do sonho, remetendo também, em seus momentos decisivos, para a experiência

---

752. Ibidem.
753. S. Freud, *L'interprétátion des rêves*, cap. VII.
754. Ibidem.
755. Ibidem. Introduction.
756. Ibidem.
757. S. Freud, *Psychopathologie de la vie quotidienne* (1901).
758. Ibidem.
759. S. Freud, *Le mot d'esprit et sa relation à l'inconscient* (1905).
760. J. Lacan, *Les formations de l'inconscient*. Le Séminaire, vol. V.

do pesadelo. Com efeito, ambas são estritamente oníricas, de forma que o que está em questão são os impasses da jovem Alice em se confrontar com os conflitos de sua existência, que se materializam nos encontros e desencontros com os diferentes personagens, apresentados nas suas aventuras oníricas.

Portanto, é o campo do sonho, enquanto forma axial da existência humana, que é o cenário fundamental da experiência de Alice em ambas as obras. Daí a dimensão de *surrealidade* que caracteriza indubitavelmente as narrativas em pauta, não lineares, nem tampouco unívocas, como ocorre sempre, aliás, nas narrativas oníricas. Além disso, as personagens são sempre fugidias e têm a consistência frágil das imagens, perpassadas por tonalidades sugeridas e marcadas pelo lusco-fusco, que as fazem aparecer subitamente e desaparecerem com a mesma velocidade com que apareceram, tal como ocorre também, regularmente, com a experiência do sonho.

O campo do sonho, que imanta a existência humana pela realização imperativa do desejo, portanto, é o cenário crucial para a experiência encantada da personagem Alice nas duas obras. Estas narrativas se tecem, assim, pela escrita onírica, norteada que esta é pelo desejo. Como já vimos, foi o discurso freudiano quem reconheceu modernamente a dignidade do sonho como expressão privilegiada para a existência do sujeito, pela positivação que conferiu ao inconsciente como forma de existência psíquica, por um lado, assim como pela proposição de que o desejo seria constitutivo do inconsciente, pelo outro.

Com efeito, o discurso freudiano, desde os primórdios da sua constituição histórica e epistemológica, criticou de maneira frontal as leituras realizadas tanto pela medicina científica quanto pela neurologia no século XIX, segundo as quais o sonho seria inequivocamente o signo empírico da *ausência* da experiência psíquica no estado do *sono*.[761] Desta forma, o psiquismo estava identificado teoricamente com o conceito da *consciência*, de forma que somente existiria experiência psíquica durante a *vigília*, e quando esta estava suspensa o psiquismo deixaria simplesmente de

---

761. S. Freud, *L'interprétation des rêves*, cap. VII.

existir. Nesta perspectiva, os sonhos seriam então a resultante da *descarga* das *excitações nervosas* do sintoma nervoso central durante o estado do sono. Daí, portanto, na leitura proposta por estes discursos, a surrealidade que caracterizaria as produções oníricas, pela *perda* das *conexões* existentes entre as imagens na experiência de sonhar, consequência da suspensão da consciência durante o sono, como Freud evidenciou em *A interpretação dos sonhos*.[762]

No entanto, ao enunciar que o psiquismo seria fundamentalmente inconsciente e que este seria norteado pelo desejo, Freud sustentava não apenas que existiria psiquismo durante o sono, mas que, além disso, o sonho era a forma pela qual a existência psíquica se manifestaria durante o sono.[763]

Além disso, para radicalizar mais ainda o seu enunciado teórico, o discurso freudiano afirmou que o sonho era a *proteção* inequívoca para o estado do sono, isto é, para que o sujeito continuasse a dormir, necessário seria que pudesse sonhar, para não *acordar subitamente* e assim despertar de maneira assustada. Freud enunciou ainda que sempre sonhamos inúmeras vezes durante o sono, mesmo que não lembremos que sonhamos, consequência da *resistência* psíquica do eu à experiência do inconsciente. Por isso mesmo, com a experiência analítica os indivíduos que comumente não se lembram de seus sonhos passam a se recordar destes, em decorrência da diminuição do recalque e da resistência do indivíduo em face da emergência do inconsciente e do desejo.[764]

Em relação a isso, é preciso evocar ainda que se alguns nomes do *surrealismo*, principalmente Aragon e Breton, se interessaram tanto pela psicanálise e pelas obras literárias de Carroll,[765] foi pela importância crucial que Freud e Lewis Carroll atribuíram ao sonho na experiência do sujeito. Além disso, se o poeta, ator e dramaturgo Artaud se interessou tanto em fazer a tradução de uma parte de *A travessia do espelho*, em 1947, foi em decorrência do que existia de *similar* entre os escritos

---

762. Ibidem.
763. Ibidem.
764. Ibidem, caps. IV, V e VI.
765. A. Breton, *Manifestes du surréalisme*.

de Carroll, centrados no sonho e no pesadelo, como já dissemos, e a sua *experiência delirante*.[766] Portanto, existiria uma similaridade entre a experiência do sonho, por um lado, e a *experiência da loucura*,[767] pelo outro, de forma que seria por este viés que se poderia conjugar decisivamente o discurso freudiano, a estética do surrealismo, a escrita onírica de Lewis Carroll e a obra literária de Artaud, sem forçar as tintas entre estas articulações discursivas.

Portanto, as duas narrativas em questão de Carroll são compostas pela escrita onírica da personagem Alice e de seu gato, seu companheiro inseparável no percurso encantado pelo "País das maravilhas". Além disso, é preciso dizer ainda, no que concerne a isso, que no Diário de Charles Dodgson – matemático que inventou o pseudônimo de Lewis Carroll para escrever as suas obras sobre a literatura infantil[768, 769] – existe um fragmento significativo no qual enunciara que o sonho seria uma forma legítima de existência psíquica,[770, 771] tal como Freud veio a formular posteriormente em *A interpretação dos sonhos*. Portanto, na leitura do sonho como uma modalidade de escrita Dodgson retomou a tradição literária do Romantismo e pôde se encontrar então com as formulações do discurso psicanalítico.

RUPTURA COM A IMAGEM ESPECULAR E COM O EU

Contudo, o interesse da psicanálise nas obras de Lewis Carroll se deve ainda à condição crucial, evidente nestas, de que para que se inscreva nas trilhas fantásticas do inconsciente e nos atalhos do seu desejo, a personagem de Alice deve se afastar decididamente da existência psíquica centrada na *consciência* e no registro psíquico do *eu*. Para se apreender

---

766. A. Artaud, *L'Arve et l'Ame. Tentative antigrammaticale contre Lewis Carroll*.
767. M. Foucault, *Histoire de la folie à l'âge classique* (1961).
768. M. Cohen, *Lewis Carroll, une vie, une legende*.
769. J. Gattegno, *Lewis Carroll, une vie*.
770. Ibidem.
771. Martim M Cohen. *Lewis Carroll, une vie, une légende*.

este tópico em particular, é necessário empreender a conjunção íntima da leitura de *Alice no país das maravilhas* e de *A travessia do espelho*.

Portanto, seria pela ruptura decisiva com a existência cotidiana, centrada no eu e na consciência, que Alice se inscreve decididamente na experiência do sonho e na existência do inconsciente, norteados pelo desejo. Enfim, a ruptura seria a condição concreta de possibilidade para as experiências do sonho, do inconsciente e do desejo.

Assim, a narrativa densa de Alice em *A travessia do espelho* tem como pressuposto real a *curiosidade* da personagem de querer saber o que se passa e o que existe *além do espelho*, isto é, o que existiria e o que estaria em pauta do outro lado do espelho. Foi este o disparador efetivo desta narrativa, sem qualquer dúvida. Vale dizer, Alice quis saber também o que existia na *Outra cena*, em oposição à cena da existência cotidiana (consciência e eu), quando empreendeu então as aventuras encantadas pelo "País das maravilhas", norteada pelo imprevisível do desejo e pelo que há de errático na experiência do inconsciente.

O que isto implica dizer? Antes de tudo, que a experiência onírica tem como condição (concreta) de possibilidade a suspensão temporária da consciência e do eu, que funciona como um espelho. Como nos disse Lacan, em "O estádio do espelho como formador da função do Sujeito" (1949)[772] e no ensaio intitulado "A agressividade em psicanálise" (1948),[773] a consciência e o eu são especulares, construídos pelo *olhar*, no *olhar do Outro*, que delinearia o registro do eu na sua *identificação* primordial, da ordem do *narcisismo*.

Portanto, para que o sujeito possa aceder de maneira incontestável ao mundo do inconsciente e do desejo, para que possa ir além do espelho/eu/consciência, para ultrapassá-lo decisivamente, para buscar o que estaria efetivamente fora das *miragens* delineadas pelo olhar do outro – seria isso o que pretende a experiência analítica, para promover o encontro do indivíduo com o *Je*, isto é, com as experiências do sujeito do inconsciente e do desejo.

---

772. J. Lacan, "Le stade du miroir comme formateur de la fonction du Je" (1948). In: *Écrits*.
773. J. Lacan, "L'agressivité en psychanalyse" (1949). In: *Écrits*.

Da mesma forma, o discurso freudiano enunciou, em "Para introduzir o narcisismo", como o eu se constituiria de forma narcísica pelo olhar do Outro (figuras parentais), que deslocaria decisivamente o sujeito de sua existência antropológica preliminar, caracterizada pela fragmentação, lhe conferindo assim a *ilusão* de uma unidade (eu) especular, fundada no olhar do Outro.[774]

Nesta perspectiva, a descoberta pelo indivíduo do que ele *é (sujeito)* na sua singularidade implicaria sempre a travessia do espelho/eu/consciência, para que o desejo possa se expressar e se manifestar em *estado nascente* e que o sujeito possa se descolar assim das ilusões especulares do eu, assim como de sua alienação no desejo/olhar do Outro. Foi o que realizou Alice nas duas obras em questão, nas quais pela travessia do espelho e pela experiência do sonho pôde se indagar sobre si de maneira instigante, movida pela curiosidade, pela descoberta da escrita do sonho tecida pelo desejo.

O que a personagem de Alice realizou nas suas diversas peripécias oníricas foi explorar ao máximo a sua curiosidade, pelo exercício pleno do *desejo de saber* sobre si e sobre a Outra cena (inconsciente), tal como enunciou de forma peremptória e eloquente em *A travessia do espelho*. Porém, o exercício desta curiosidade e deste desejo de saber é certamente imprevisível, marcado por obstáculos, impasses e angústias. Vale dizer, não se atravessa o espelho/eu/consciência de forma impune, pois a descoberta do "País das maravilhas", norteada pelo desejo, é também assustadora, pois este mundo outro é permeado por fantasmas e angústias.

Alice pôde assim descobrir, assustada, que o seu *corpo* não tem *limites* fixos e invariáveis, pois pode se expandir e se retrair em tempos diferentes, podendo assim se *agigantar* e se *contrair* de um instante para o outro, evidenciando não apenas sua *vulnerabilidade* como também o seu *multimorfismo* e o seu *dismorfismo*, funcionando ao mesmo tempo. Ou, então, o corpo pode se *dividir* e se *fragmentar* em múltiplos pedaços, numa fratura disseminada de sua unidade, não mantendo a sua suposta totalidade (eu, imagem no espelho).

---

774. S. Freud, "Pour introduire le narcisisme." In: *La vie sexuelle*.

É preciso destacar ainda que estas transformações corporais acontecem em contextos e cenas bastante específicos, não sendo aleatórias. Com efeito, as dimensões corporais se dilatam, se retraem e se fragmentam quando Alice encontra obstáculos e impasses nos seus caminhos erráticos, de forma que a *crueldade* de seus interlocutores se evidencia com rudeza, conduzindo à produção da angústia em Alice. Portanto, os desdobramentos múltiplos da corporeidade da personagem, como um caleidoscópio encantado, são as resultantes significativas das angústias que tomam seu corpo inteiro e a deixam sem chão, quase sem saída neste labirinto de horrores.

Porém, tudo isso acontece sem que exista qualquer comentário moralizante de Lewis Carroll sobre os acontecimentos de Alice no "País das maravilhas", maneira pela qual diz que o mundo do inconsciente e do desejo não seria regulado pela moral vigente, mas sim pela *potência* da afirmação alegre da existência pelo sujeito, ao buscar seja seus embates, seja a violência e a crueldade dos demais personagens como obstáculo, nesta aventura encantada pelo desejo e pelo horror. Isso porque é preciso dizer ainda de forma enfática, a personagem de Alice é movida pela *transgressão* em relação aos discursos das figuras parentais, na medida em que o inconsciente e o desejo transgridem os enunciados moralistas e protetores das figuras parentais.

Contudo, se a angústia aumenta muito na sua intensidade e o temor da morte se impõe para o sujeito de forma imperativa, existe sempre a possibilidade de despertar do sonho de terror e do pesadelo, como nos disse Freud,[775] pelo ato de acordar e de dizer de forma aliviada que tudo não passaria de um sonho e que não seria da ordem do real. Foi justamente isso o que fez Alice no final da sua "travessia do espelho", quando afirma de forma peremptória que as diversas personagens em questão (rei, rainha e valete) não são reais e não passariam de cartas de baralho,[776] inscritas assim na *lógica do jogo* e não do real, ao despertar de seu sonho (pesadelo) mal temperado pelo terror.

---

775. S. Freud, *L'interprétation des rêves*, caps. V e VI.
776. L. Carroll, *Alice au pays des merveilles suivi de la Traversée du miroir*.

Além disso, em todas as peripécias de Alice é notável como nos seus fantasmas a *boca* ocupa sempre um lugar estratégico e crucial, seja pela multiplicidade de cenas nas quais a *comida* está em pauta, seja pela importância conferida por Carroll, em ambas as obras, à ordem do *discurso* e da *palavra*. Com efeito, não apenas a boca é o cenário decisivo para as cenas cruciais destas narrativas, na medida em que é pela boca que o *gozo* alimentar se realiza, por um lado, e é ao mesmo tempo, como contraponto, o espaço decisivo para a tessitura da interpelação discursiva, num movimento originário de simbolização pelo outro.

Se o discurso freudiano nos ensinou que a comida delineia no espaço real da boca o campo do erotismo oral,[777] fonte infinita, por isso mesmo, da crueldade e das perseguições no registro dos fantasmas inconscientes,[778] é preciso *desterritorializar* a boca como espaço para o gozo alimentar para que a fala e a escrita passem a se constituir, pela inflexão que delineia a *reterritorialização*, como nos disseram Deleuze e Guattari no ensaio sobre Kafka.[779] Vale dizer, os registros da fala e da escrita são assim *derivações cruciais* do erotismo oral.

DERIVAÇÕES

Não é por acaso que um autor como Lacan tenha devidamente prestado sua homenagem a Lewis Carroll, numa alocução radiofônica realizada em 1966 na *France Culture*, para destacar não apenas o encontro errático do sujeito com a *lógica do inconsciente* promovido pela ruptura do espelho, mas como o inconsciente seria regulado pela *lógica do significante*, que possibilitaria os jogos de palavra, os lapsos e os trocadilhos que permeiam os textos de Carroll. Além disso, Lacan supõe que a inserção de Dodgson no campo do ensino e da pesquisa em matemática seria a condição de possibilidade para que aquele pudesse apreender a linguagem e o discurso com a riqueza que o faz.[780]

---

777. S. Freud, *Trois essais sur la théorie de la sexualité*, 2º ensaio (1905).
778. G. Deleuze, F. Guattari, *Kafka. Pour une litterature mineure*.
779. Ibidem.
780. J. Lacan, "Hommage rendu à Lewis Carroll". In: *Ornicar*, n. 50.

Além disso, é preciso evocar ainda como Deleuze, em a *Lógica do sentido*, se volta para a escrita literária de Lewis Carroll com o rigor teórico que exige a leitura filosófica,[781] destacando assim como o conceito de *sentido* como *acontecimento* permeia as narrativas do autor. Contudo, trabalhar o registro de sentido como acontecimento é a forma pela qual Deleuze sustenta nesta obra o conceito de inconsciente, marcado pela lógica da *diferença* e da *repetição*.

Seria então nesta medida que a lógica do significante e a produção do sentido como acontecimento evidenciam as marcas eloquentes dos registros do inconsciente e do desejo na escrita literária de Lewis Carroll, apreendidas de maneira fulgurante pelo discurso psicanalítico e pelo discurso filosófico.

---

781. G. Deleuze, *Logique du Sens*.

12. A *poiesis* do indizível: A feminilidade e o sublime, entre literatura e psicanálise

O SUBLIME, A FEMINILIDADE E A ESTILÍSTICA DA EXISTÊNCIA

Procurando pensar nas relações complexas entre psicanálise e literatura, gostaria de enfocar alguns tópicos que me concernem, em função de duas linhas de pesquisa desenvolvidas nos últimos anos que tangenciam este tema, quais sejam, as problemáticas da *sublimação* e da *feminilidade* em psicanálise. Pela mediação destas linhas de trabalho procurei repensar o conceito de sublimação, uma espécie de enigma no percurso teórico freudiano, na sua articulação interna com o conceito de feminilidade enunciado por Freud no final de sua obra.[782] Ao fim deste ensaio, a leitura que proponho ficará mais clara, espero pelo menos. Por esta articulação pretendo destacar também a emergência de uma outra concepção de *interpretação* em psicanálise, diferente da que foi enunciada no percurso freudiano nos seus primórdios, em particular em *A interpretação dos sonhos*.[783] Vale dizer, a minha intenção aqui é desenhar de uma outra forma as relações entre sublimação, feminilidade e interpretação em psicanálise.

---

782. S. Freud, "Analyse avec fin et analyse sans fin" (1937). In: *Résultats, Idées, Problèmes*, vol. II.
783. S. Freud, *L'interprétation des rêves* (1900).

No que tange à problemática da sublimação, o que está em pauta fundamentalmente são as duas versões que Freud nos ofereceu deste conceito. Nestas diferentes versões a sublimação transforma as suas feições e o seu colorido, assumindo uma cara inteiramente diversa. Vale dizer, o segundo enunciado freudiano sobre a sublimação indica claramente uma ruptura com o primeiro, não existindo, pois, qualquer possibilidade de se pensar em complementaridades e superposições entre ambos. Não existe quanto a isso qualquer solução de compromisso possível, como nos disse Freud sobre a natureza do sintoma. Com efeito, se pela versão inicial a sublimação indicava um processo de transformação no alvo da pulsão sexual, mas sem qualquer modificação do seu objeto,[784] na versão final, em contrapartida, indicava a manutenção do alvo da pulsão sexual, mas com a transformação do objeto da pulsão.[785] Além disso, na primeira formulação Freud acreditava que na sublimação existiria um processo de dessexualização da pulsão, enquanto na segunda a sexualização pulsional estaria presente. A transformação do objeto da pulsão sexual seria indicativa disso justamente, evidenciando uma ampliação e uma transformação do campo de investimentos da pulsão.

O que estaria em pauta seria, pois, uma forma de passagem direta da pulsão-perverso-polimorfa para um outro objeto de investimento, sem que houvesse qualquer processo de recalque. Esta hipótese de trabalho foi formulada no já mencionado ensaio sobre Leonardo da Vinci, no qual Freud realizava a crítica de seu conceito inaugural de sublimação.[786] Portanto, da primeira para a segunda leitura sobre a sublimação uma transformação radical se opera, já que não existiria mais nem dessexualização, tampouco recalque da pulsão sexual. Enfim, existiria, na experiência da criação, pois é disso que se trata quando se fala em sublimação, a manutenção de um investimento sexual do objeto, mas com a transformação deste, que assume então uma outra *materialidade*.

---

784. S. Freud, "La moral sexuelle 'civilisée' et la maladie nerveuse des temps modernes" (1908). In: *La vie sexuelle*.
785. Idem, *Nouvelles conférences sur la psychanalyse* (1932).
786. Idem, *Un souvenir d'enfance de Léonard da Vinci* (1910).

Esta transformação na forma de compreender a sublimação implicou efetivamente a mudança do modelo teórico de Freud. Assim, se na versão inicial a sublimação era pensada pelo paradigma da ciência, na versão final era concebida pelo paradigma da literatura e da arte. Com efeito, se a dessexualização pulsional poderia ainda servir para pensar no discurso da ciência, não se aplicaria para se conceber a relação do sujeito com a criação estética. Freud já indicava isso desde o enunciado inaugural do conceito de sublimação, no seu ensaio de 1908.[787] Por isso mesmo, foi questionar a sua versão inicial, logo em seguida, no ensaio sobre Leonardo da Vinci. O percurso deste seria exemplar para Freud, na medida em que se tratava de alguém que não apenas foi ao mesmo tempo artista e cientista, mas também que se deslocou do campo da estética para o da ciência. Daí o seu interesse para a pesquisa psicanalítica de então, já que permitia pensar no confronto dos paradigmas em pauta para a formulação do conceito de sublimação.

Porém, formular que Freud trocou de paradigma para pensar no conceito de sublimação implica dizer que a concebia inicialmente pelo modelo da *alquimia*, e que se deslocou logo em seguida para o das *belas-artes*. Pelo modelo da alquimia, assumido também pela química desde os séculos XVIII e XIX, a sublimação implicava um processo enigmático de passagem direta do estado sólido para o gasoso, sem a intermediação do estado líquido. Pode-se entrever aqui como Freud construiu a sua metáfora dessexualizadora na sublimação, pois esta implicaria a passagem direta da materialidade sólida do sexual para a espiritualização gasosa do trabalho mental. Contudo, pelo paradigma das belas-artes iniciado no século XVIII, com Burke[788] e Kant,[789] a sublimação procuraria dar conta não apenas das particularidades do recente campo da estética, como também das diferenças entre as experiências do *belo* e do *sublime*.

---

787. S. Freud, "La moral sexuelle 'civilée' et la maladie nerveuse des temps modernes". In: *La vie sexuelle*.
788. E. Burke, *Recherche philosophique sur l'origine de nos idées du sublime et du beau* (1757).
789. E. Kant, *Critique de la faculté de juger*, primeira parte.

No que concerne a isso existiria um desequilíbrio evidente entre a produção do belo e do sublime, na medida em que pelo primeiro existiria uma espécie de *reprodução do Mesmo* e uma *harmonia* das faculdades do espírito, enquanto pelo segundo existiria uma *ultrapassagem de fronteiras* que a imaginação colocaria para o entendimento.[790] Por isso, algo da morte estaria presente na experiência do sublime, conforme já indicava Burke na sua conceituação inicial. Vale dizer, existiria uma *transgressão* para o sujeito na experiência do sublime, na qual se pode supor que algo da ordem do *desejo* esteja presente. Não foi Burke tampouco Kant que disseram isso, evidentemente. Porém, foi esta leitura que Freud pôde fazer, ao enunciar a sua segunda versão do conceito de sublimação.

Porém, para que isso fosse possível Freud transformou de fio a pavio a sua teoria das pulsões. Com efeito, com o enunciado do conceito de pulsão de morte, que se contrapunha ao de pulsão de vida, o discurso psicanalítico identificou a emergência da ordem da vida com o registro da sexualidade e a dominância do princípio do prazer.[791] Com isso, o erotismo seria a maneira por excelência pela qual o sujeito poderia dominar o movimento originário para a morte que pulsa na individualidade. Foi neste contexto que Freud pôde articular então a criação possibilitada pela sublimação com um movimento marcado pelo erotismo, pelo qual se dominaria no sujeito o movimento sempre presente para a morte. Enfim, apenas com a transformação das teorias das pulsões foi possível para o discurso freudiano descartar inteiramente o conceito inicial de sublimação, pleno de contradições evidentes, para retomar de maneira decidida a via já entreaberta pela leitura renovada de Leonardo da Vinci.

Se esta leitura se mostra consistente, pode-se agora articular esta nova versão sobre a sublimação com o que se indicou no final da obra freudiana com o conceito de feminilidade. Para Freud esta seria uma fonte de *horror* para homens e mulheres, o que quer dizer então que a feminilidade não se refere nem à sexualidade masculina nem à feminina,

---

790. J. L. Nancy, "L'offrande sublime". In: *Du Sublime*.
791. S. Freud, *Au-delà du principe de plaisir* (1920). In: *Essais de Psychanalyse*.

mas seria um registro *erógeno* outro que estaria *aquém* e *além* da *diferença sexual*. Vale dizer, a *feminilidade* não estaria centrada na figura do falo, que ordenaria tanto a sexualidade masculina quanto a feminina, pelas modalidades do *ter* e do *não ter*. Seria esta inexistência que promoveria justamente algo da ordem do horror para ambos os sexos.

Sem entrar em mais detalhes técnicos quanto a isso, pois me desviaria bastante de nossa questão, queria formular que a sublimação em psicanálise é a operação psíquica que visa não apenas a *dominar* mas principalmente a dar um *destino* para este horror originário do sujeito. Este destino se plasmaria como um ato de criação, pelo qual o *descentramento* do sujeito estaria presente enquanto tal, assim como o seu correlato, a *dispersão* pulsional que lhe funda. Vale dizer, o sujeito pela sublime ação não se constituiria como uma forma universalizante e totalizante, mas manteria abertas as fendas de sua *singularidade*. Isso porque o que caracterizaria a feminilidade enquanto tal seria a recusa de se homogeneizar em esquemas universalizantes, deixando em aberto as chagas e as fendas do sujeito na sua particularidade.

Estou pressupondo assim que aquilo que caracteriza efetivamente uma produção estética, em oposição a uma produção científica, é o fato de as marcas da singularidade do sujeito estarem sempre presentes, em oposição à pretensão universalista que marca a formulação científica. Esta singularidade se faz patente no fato de que a *função autor* se articula intimamente na obra de arte, o que é bastante relativizado na produção científica. Pelo contrário, existe na utopia científica a pretensão de uma tal universalidade e objetividade – o sujeito finalmente desapareceria no discurso da ciência. Embora o discurso da nova ciência coloque tudo isso em questão,[792] a oposição entre os registros da arte e da ciência se construiu desde o século XVIII pautada nestas diferenças axiais.

Desta maneira, perpassada pela singularidade evidenciada pela função autor, a obra de arte revela as marcas do sujeito criador. Estas marcas materializam aquilo que se valoriza fundamentalmente numa

---

792. I. Prigogine, E. Stengers, *A nova aliança*.

obra de arte, isto é, a sua *originalidade*. Dizer que um autor é original é dizer que é portador de um *estilo* próprio e inalienável, marca maior de sua criação. Por isso mesmo, um estilo é *singular* por excelência, não se podendo falar rigorosamente de um estilo universal, o que seria um contrassenso.

Nesta perspectiva, fazer uma articulação da psicanálise com a arte em geral e a literatura em particular implica pensar naquela não como uma *démarche* propriamente científica, mas como uma *estilística da existência*.[793] Aquilo que se pretende com a experiência analítica é possibilitar que o sujeito possa construir um estilo singular da existência, que não o confunda com qualquer outro. Enfim, a sublimação e a feminilidade devem ocupar um lugar estratégico no pensamento psicanalítico, para que não se representem os propósitos de uma análise com o que se visa obter com um tratamento médico ou psiquiátrico.

Porém, para indicar bem esta concepção teórica sobre a psicanálise é preciso demonstrar anteriormente como o discurso freudiano se construiu desde os seus primórdios segundo o paradigma das *ciências da cultura*, apesar da intenção de Freud de que se modelasse pelos cânones das *ciências da natureza*.[794] Contudo, no campo das ditas ciências da cultura a literatura assumiu um lugar bastante privilegiado na construção freudiana do saber psicanalítico, como veremos logo em seguida.

A SUBJETIVIDADE, A LINGUAGEM E AS INTENSIDADES

Não resta qualquer dúvida de que Freud tinha a pretensão de que a psicanálise fosse construída segundo os cânones das ciências da natureza, conforme se denominava na Alemanha o campo das ciências naturais no final do século XIX. Isso porque, sendo confundidas com a ciência enquanto tal, tinham uma legitimidade teórica que as ciências da cultura

---

793. Sobre isso, vide: J. Birman, *Por uma estilística da existência*; *Estilo e modernidade em psicanálise*.
794. S. Freud, "Esquisse d'une psychologie scientifique" (1895). In: *La naissance de la psychanalyse*.

não possuíam absolutamente. Além disso, Freud era oriundo do campo da pesquisa básica, onde realizou investigações em anatomia do sistema nervoso, antes de se especializar no campo clínico da neuropatologia. Era esta, enfim, a linguagem científica que Freud conhecia enquanto tal e que era valorizada no seu contexto histórico.

A prova mais eloquente disso foi a sua tentativa de formular o "Projeto de uma psicologia científica", escrito em 1895.[795] Esta obra foi construída numa linguagem eminentemente retirada das ciências naturais, revelando a formação naturalista de Freud. Além disso, esta produção se constituiu no caldo de cultura de sua relação com Fliess,[796] que ocupava uma posição de mestria para Freud enquanto cientista natural. Este livro, no entanto, foi devidamente arquivado, não sendo nunca publicado por Freud. Viemos apenas a conhecê-lo em 1953, em conjunto com a sua correspondência com Fliess, pela iniciativa de A. Freud e alguns de seus discípulos.

Porém, o fato de que nunca tenha querido publicá-lo revela um evidente mal-estar de Freud com a linguagem cientificista em que procurou construir um saber sobre o psiquismo. Com efeito, esta se mostrava inteiramente inadequada para se referir ao registro do psíquico e à subjetividade. A legião de comentadores que se voltou para a leitura desta obra, desde a sua publicação, indicava na verdade a utilização fantasmática das ciências naturais empreendida por Freud. Esta utilização é chocante e surpreendente na medida em que foi realizada por alguém que não apenas era um cultor e especialista em biologia, como também que dominava bem o código das ciências naturais. A decisão de não publicar esta obra revela, de qualquer maneira, o reconhecimento de sua inadequação.

Esta incoerência fica ainda mais flagrante, contudo, se considerarmos que Freud se valeu de modelos e de paradigmas de cientificidade advindos dos saberes da cultura, na construção originária da psicanálise como discurso teórico. Esta é a minha primeira hipótese de trabalho, por

---

795. Ibidem.
796. S. Freud, "Lettres à Wilhelm Fliess, notes et plans" (1887-1902). In: *La naissance de la psychanalyse*.

onde se revela o *paradoxo* originário na tessitura do discurso psicanalítico. Com efeito, Freud tinha a pretensão de construir a psicanálise como uma ciência da natureza, de fato e de direito, mas se valia dos *modelos* e da *problemática* das ditas ciências da cultura.

Como se pode depreender isso, afinal das contas? Pelos conceitos enunciados por Freud. Além disso, pelas metáforas teóricas de que se valia na construção da psicanálise. Antes de mais nada, a concepção do psiquismo como uma organização complexa de *camadas* superpostas, na qual cada registro indicaria uma modalidade diferente de *temporalidade* e uma cronologia *diversificada*. Pode-se perceber disso uma inspiração teórica que advém da *leitura darwinista da evolução* das espécies, sem dúvida. Além disso, no entanto, se revela a presença do *paradigma* da interpretação, que advém tanto da *geologia* quanto da *ciência histórica* do século XIX. Neste contexto, as então jovens ciências sociais se valeram bastante do mesmo paradigma para pensar as modalidades de ser das sociedades, como se sabe.

Como disse, estas camadas seriam marcadas por temporalidades específicas. Desta maneira, o psiquismo seria permeado no seu ser pela *história*, não sendo possível, pois, pensar em qualquer oposição possível entre os registros da subjetividade e da história. Com efeito, o sujeito seria histórico por essência nesta leitura, o que se opunha às interpretações naturalistas e biológicas sobre o psiquismo que se produziram na segunda metade do século XIX, advindas dos discursos da psicologia e da psicopatologia.[797]

Além disso, esta construção histórico-temporal do psiquismo procurava dar conta da *memória*, na medida em que através desta Freud procurava pensar na experiência do *esquecimento*. Isso porque apenas por meio deste poderia se circunscrever o fenômeno do *trauma*, fundamento de sua leitura da subjetividade. Pela mediação do trauma Freud procurava conceber os efeitos patológicos da sedução, que estava no centro de sua primeira leitura das neuroses.[798] Enfim, Freud concebia que as "histéricas

---

797. Ibidem.
798. S. Freud, "L'étiologie de l'hystérie" (1896). In: *Névrose, psychose et perversion*.

sofrem de reminiscências",[799] sublinhando assim a dimensão temporal e dinâmica que dominava a sua leitura do psiquismo.

Para que estas hipóteses teóricas tivessem alguma vigência e legitimidade, necessária era a formulação de uma concepção anterior sobre o ser do psiquismo, na qual a *linguagem* estaria no seu fundamento. Assim, no ensaio crítico sobre as afasias, publicado em 1891, Freud construiu a hipótese de que o psiquismo seria um *aparelho de linguagem*, sendo pois a linguagem o modelo por excelência para se pensar na subjetividade.[800]

Nesta concepção, Freud mostrou uma grande originalidade na sua leitura neurológica das afasias, sem dúvida. Além disso, indica como concebe as afasias seguindo o modelo das histerias e vice-versa, revelando, pois, como as perturbações do espírito e os impasses na experiência da reminiscência estariam no registro do falar e do dizer. Por isso mesmo, a cura do psiquismo se centraria no campo da fala, sendo esta a maneira pela qual se poderia ter acesso ao mundo silenciado das reminiscências. Enfim, se o psiquismo foi concebido como um aparelho de linguagem, a cura das suas perturbações deveria passar necessariamente pela interlocução.

Por isso, no mesmo ano em que publicou o ensaio sobre as afasias, Freud trabalhou também na questão do *tratamento psíquico*. Neste, procurou demonstrar que o tratamento psíquico passava necessariamente pelo campo da fala, mesmo quando estivessem em questão enfermidades somáticas.[801] Desta maneira, pôde criticar o cientificismo da tradição médica, que se esqueceu da banalidade de que qualquer doença se inscreve no campo da subjetividade, de forma que é através da fala que o médico pode ter acesso ao sofrimento dos enfermos. Haveria sempre, então, uma cura do espírito, mesmo no campo das enfermidades somáticas, que se realizaria pelo campo da fala. Com isso, a ideia de que o psiquismo é centrado no inconsciente se articula com a leitura freudiana de que aquele é fundado na linguagem.

---

799. Idem, J. Breuer, *Études sur l'hystérie* (1895).
800. S. Freud, *Contribution à la conception des aphasies* (1891).
801. Idem, "Traitement psychique (Traitement de l'âme)" (1891). In: *Résultats, Idées, Problèmes*, vol. I.

Pela mediação, pois, de que o psiquismo seria primordialmente um aparelho de linguagem, Freud realizou uma transformação significativa do ser do psiquismo: se este era centrado anteriormente no registro da consciência, se deslocou decisivamente para o da fala.[802] Se na psicologia clássica[803] o ser do psiquismo se fundava na consciência, desde o advento da filosofia cartesiana, com a psicanálise seria impossível conceber o psíquico fora do registro da linguagem e da interlocução. Foi esta a grande novidade introduzida por Freud no saber sobre o psiquismo, indicando que seria impossível realizar uma leitura da subjetividade sem que se considerasse que a linguagem estivesse no seu fundamento.

Logo em seguida, no entanto, Freud tornou ainda mais complexa a sua leitura sobre o psiquismo. Assim, no "Projeto de uma psicologia científica" formulou que o aparelho psíquico seria *algo a mais* do que um simples aparelho de linguagem, já que seria também permeado por *intensidades*. Vale dizer, o aparelho psíquico se constituiria como um aparelho de linguagem, atravessado de fio a pavio, no entanto, por uma *economia*. Pelas intensidades e pela leitura econômica do psiquismo Freud procurava dar conta dos *afetos* e dos *excessos*, que enlouquecem o funcionamento subjetivo. Seriam, pois, as intensidades que colocariam um obstáculo significativo para que o sujeito pudesse se pautar pelas regras racionais autorizadas pelo aparelho de linguagem. O aparelho psíquico seria, portanto, um aparelho de linguagem com a possibilidade de sonhar, delirar e alucinar, justamente porque seria atravessado por intensidades e excessos.

Pode-se depreender disso tudo como a psicanálise articula a linguagem na subjetividade, pela interpelação e pela mediação da economia no psiquismo. Com isso, tudo aquilo que foge das normas do pensamento e da racionalidade seria regulado por um excesso de intensidade, que escapuliria ao controle do eu e da subjetividade. A concepção econômica do psiquismo foi suposta exatamente para dar conta disso.

---

802. S. Freud, *Contribution à la conception des aphasies*.
803. R. Descartes, "Méditations. Objections et Réponses" (1641). In: *Oeuvres et lettres de Descartes*.

Esta concepção econômica do psiquismo foi desde sempre articulada por Freud a uma *erótica*. A subjetividade seria então marcada pela sexualidade, sendo esta interpretação uma invariante do pensamento freudiano. Se numa primeira leitura sobre as psiconeuroses a sexualidade tinha uma dimensão *acidental*, como se pode depreender da teoria do trauma e da sedução, o erotismo estava, todavia, sempre lá, para orientar a interpretação da economia perturbada do psiquismo. Em seguida, contudo, o erotismo recebeu uma *leitura estrutural*, passando, pois, de uma condição de acidente para a de *invariável* constituinte do psiquismo.[804] A partir de então a economia psíquica foi sempre fundada segundo os ditames dos destinos da pulsão sexual.

Tudo isso nos mostra então como o discurso freudiano concebeu a subjetividade fundada no registro da linguagem, mas esta seria regulada pela economia erótica. Além disso, indica como Freud se apropriou de uma hipótese do campo das ciências da cultura, para inserir nesta a particularidade do registro da sexualidade. Enfim, pode-se entrever com tudo isso ainda uma maneira bastante específica pela qual o pensamento freudiano recortou o campo da linguagem, para conceber então a construção da subjetividade.

Por este viés pode-se delinear efetivamente a maneira pela qual a literatura foi inscrita no percurso teórico da psicanálise, informando as suas matrizes epistemológicas.

LITERATURA VERSUS LINGUÍSTICA

Nas últimas décadas a aproximação da psicanálise com o campo da linguagem vem sendo feita pela mediação da linguística. Desde que Lacan, em "Função e campo da fala e da linguagem em psicanálise",[805] introduziu a hipótese do inconsciente fundado na linguagem, no calor polêmico do

---

804. S. Freud, *Trois essais sur la théorie sexuelle* (1905).
805. J. Lacan, "Fonction et champ de la parole et du langage en psychanalyse" (1953). In: *Écrits*.

pensamento estruturalista dos anos 1950, o psiquismo foi sempre pensado pelo modelo da linguística de Saussure. Neste contexto, foi feita uma aproximação dos mecanismos operatórios do inconsciente[806] com as figuras da retórica, de maneira tal que a *condensação* e o *deslocamento* foram aproximados da *metáfora* e da *metonímia*.[807] Consequentemente, o psiquismo foi concebido como estruturado por cadeias de significantes que revelariam o seu ser.

Nesta leitura, no entanto, a questão do afeto foi colocada de lado na interpretação do psiquismo, já que para Lacan não existiria afeto inconsciente, mas tão somente os representantes-representação da pulsão.[808] Contudo, como já indiquei, foi justamente o registro dos afetos o que teria levado Freud a conceber o psiquismo como um aparelho de linguagem regulado pela economia do erotismo. Portanto, o registro do afeto também se inscreveria no inconsciente, da mesma forma como o da representação.

Isso pode nos indicar que a modalidade de aproximação realizada por Freud com o campo da linguagem se empreendeu principalmente pelo viés da literatura e não pelo da linguística. Seriam as produções romanesca e a poética então que sugeriram para aquele as formas de pensar sobre a subjetividade. Com isso, portanto, a psicanálise seria concebida como uma modalidade de *poiesis*, na medida em que o psiquismo foi recortado a partir de modelos sugeridos pela literatura. Vale dizer, a palavra em psicanálise seria uma forma de *poiesis*, maneira particular de conceber a cura e a interpretação em psicanálise.

Nesta perspectiva, a linguagem em psicanálise seria principalmente considerada na sua dimensão *ficcional*, não sendo pois o aparelho psíquico figurado segundo o modelo *cognitivo*. Com efeito, o aparelho psíquico funcionaria pela mediação da *ficção*, pela qual se realizariam as figurações do prazer e do gozo. Por este viés, seria possível uma outra leitura do psiquismo que articularia este com o campo da linguagem, mas

---

806. S. Freud, *L'interprétation des rêves*.
807. J. Lacan, "Fonction et champ de la parole et du langage en psychanalyse". In: *Écrits*.
808. Ibidem.

A POIESIS DO INDIZÍVEL

onde se pontuaria também a exigência freudiana de que tal aparelho de linguagem seria perpassado por intensidades. Com isso, seria possível conceber a psicanálise como uma modalidade de estilística da existência, na medida em que a prática interpretativa da psicanálise seria uma modalidade de *poiesis*.

Se esta interpretação epistemológica da psicanálise é correta e legítima, é preciso mostrar então a sua viabilidade teórica no interior do discurso freudiano, matriz do pensamento psicanalítico. Portanto, é necessário encontrar no discurso freudiano indicadores consistentes e seguros para sustentar esta interpretação, de maneira a torná-la consistente do duplo ponto de vista epistemológico e histórico.

Quais signos, pois, podemos rastrear no discurso freudiano, que nos permitam sustentar a leitura de que o psiquismo foi concebido pela vereda da literatura e não pelo modelo da linguística? Podemos depreender isso da leitura acurada de Freud? Esta é a nossa questão, para avançarmos na trilha da aproximação da psicanálise com a literatura. Esta se faz no lusco-fusco de uma encenação dramática, permeada pelo corpo a corpo das personagens implicadas numa história cifrada.

A palavra *cena* se desdobra então no termo *cenário*, maneira pela qual a cena se materializa na sua disposição e nos seus adereços de se apresentar. Pelo cenário a *mise-en-scène* se faz patente, como se pode depreender dos relatos oníricos e dos sonhos diurnos e dos devaneios. Em tudo isso pode-se reconhecer que o psiquismo é considerado pelo seu viés imaginário, no qual este é lido pelo sistema de referência da literatura e da retórica teatral. O psiquismo seria pois, antes de qualquer coisa, uma encenação, um entrechoque de personagens centrados num *conflito* dramático.

Por isso mesmo, a cura psicanalítica foi concebida inicialmente pelo conceito de *catarse*,[809] mediante o qual se supunha que pela circulação dos afetos estrangulados o sujeito pudesse ter acesso às cenas traumáticas que produziriam as suas perturbações do espírito. Trata-se, pois, de uma purgação de afetos, segundo os cânones do gênero trágico, que foram

---

809. S. Freud, *Études sur l'hystérie*.

estabelecidas pela *Poética* de Aristóteles. Pode-se depreender disso, sem muita argúcia, como a exigência de oferecer um destino outro para as intensidades psíquicas se constituía numa peça importante do procedimento terapêutico de Freud. Era essa a condição de possibilidade para que o processo de *rememoração* se realizasse e para que o sujeito pudesse levar a bom termo o desgaste econômico de suas *reminiscências*.

Seria possível dizer que tudo isso não quer dizer muita coisa, afinal das contas. E até mesmo que estes índices não querem dizer nada. Não passam de palavras, meras palavras, sem nenhum poder conceitual. Que seja, se vocês quiserem. Continuemos então a rastrear o discurso freudiano, em busca de outros signos.

Não foi um acaso, certamente, que Freud tenha ido buscar no arquivo da memória trágica uma de suas figuras exemplares para interpretar então a cena originária da subjetividade. Refiro-me aqui ao *complexo de Édipo*, considerado no discurso freudiano o *complexo nuclear* do psiquismo, isto é, a forma primordial pela qual o sujeito se ordena numa história de atrações e de repulsões eróticas, de prazeres e de dores, centrada nas figuras parentais. Vale dizer, Freud tomou uma narrativa trágica para descrever a dinâmica constitutiva do sujeito em termos conceituais, afastando-se assim de qualquer referência cientificista na sua leitura do psiquismo.

Foi por este viés, além disso, que realizou a sua interpretação do *desejo*,[810] forma de ser por excelência do psiquismo. Assim, o desejo seria a condição de possibilidade para a constituição de uma história para o sujeito, que se forjaria nos diferentes cenários e posições personalógicas desenhadas pela cena edipiana. Com isso, um mito literário e trágico estaria como o fundamento maior da construção do sujeito, na interpretação freudiana.

Não acredito seguramente, pois, que tudo isso seja apenas simples palavras, palavras ao léu. Isso porque as palavras retiradas do contexto da literatura e da tragédia fundariam a leitura conceitual do psiquismo. Assim, da descrição das formas de ser do psiquismo (cena, cenário) até

---

810. S. Freud, *L'interprétation des rêves*, cap. II.

a organização trágica do sujeito, passando pela teoria do ato psicanalítico centrada na figura do Édipo, a literatura em geral e a tragédia em particular são sempre as fontes inesgotáveis para o imaginário teórico de Freud. Seria justamente isto que constituiria a psicanálise como saber. Não se trata de uma obra do acaso, certamente.

É preciso ainda que se aluda ainda a outros signos, para que se demonstre tudo isso? Ou será que aquilo que enunciamos já é suficiente nesta demonstração? Acredito que a demonstração proposta já está realizada. Porém, para torná-la ainda mais consistente e relançar o argumento, vou percorrer outros signos do discurso freudiano, para indicar como a literatura está presente de maneira direta na *escrita* freudiana.

O ESTILO PSICANALÍTICO

Freud foi um grande escritor, como todos sabemos. O seu talento como escritor foi já cantado em prosa e verso por diferentes comentadores de sua obra, em diversas ocasiões. Não vou insistir nisso aqui, pois não é o caso. Além disso, Freud teve o reconhecimento ao receber o prêmio Goethe de literatura, nos anos de 1930. Isso tudo revela que apesar de ter se proposto a fazer uma obra científica, a escrita de Freud se realiza paradoxalmente de maneira literária. Ao invés de tomar isso de uma maneira acidental, é preciso reconhecer aí o signo infalível de uma presença estrutural da literatura no discurso freudiano. Vale dizer, a forma da escrita de Freud seria o signo infalível da presença fundante da literatura na construção da psicanálise.

Freud sempre soube disso. Desde os primórdios da psicanálise Freud reconhecia plenamente a particularidade de sua escrita, quando a comparava à de seus colegas cientistas dos campos da neuropatologia e da psiquiatria. Quanto a isso, não existe absolutamente qualquer equívoco. Com efeito, já nas narrativas clínicas apresentadas nos *Estudos sobre a histeria* com bastante detalhe, Freud destaca a diferença de sua escrita em relação ao que se realizava então no campo dos saberes do psíquico e da medicina. Dizia, assim, que escrevia as suas histórias clínicas como se estivesse escrevendo efetivamente um romance.[811] Os seus relatos clínicos podiam ser lidos então como verdadeiras novelas, e não como exposições científicas. Curioso isso, não? Na narrativa do caso Dora, realizada em 1905, Freud insistiu literalmente na mesma tecla, enunciando tudo isso então nos mesmos termos.[812]

Vale dizer, na narrativa de suas curas psicanalíticas, pautadas pelo deciframento das reminiscências e pelo destino outro que era oferecido aos afetos estrangulados, Freud interpretava a história de uma subjetividade e dos seus percalços. Não se tratava apenas de um processo de *explicação* da figura de uma *enfermidade*, onde se aventavam as causas determinantes e acidentais de uma forma mórbida, como se fazia então na literatura clínica e se faz ainda hoje. Ao contrário, a narrativa forjada se impunha por si mesma, pelo seu próprio relato, de maneira *exemplar* e *paradigmática*. Os procedimentos inventados pelo analista para *decifrar* os sintomas do analisando seriam constituintes da sua própria história, forjando o ser da narrativa em questão. Iria se tratar, enfim, da narração do percurso desejante de um sujeito que impregnaria o leitor pela mestria do autor, e não a apresentação da história de uma enfermidade.

Isso quer dizer então que a psicanálise construiu enquanto tal uma modalidade específica de escrita para dar conta de seu objeto teórico, centrado no inconsciente, na qual este não se confunde nem com o da medicina e da neuropatologia, tampouco com o da psiquiatria. Contudo, é preciso ir além desta constatação banal, pois o objeto da psicanálise se forjou com palavras e conceitos provenientes dos discursos da literatura e da tragédia, que se evidenciam na sua forma de escrita. Existiria assim um *estilo de escrita* literário da psicanálise que é constituinte de seu objeto, em função da sua genealogia teórica.

Se o fato de o próprio Freud ter reconhecido tudo isso pode talvez não dizer muita coisa, em contrapartida os seus contemporâneos sinalizaram também a mesma coisa. Assim, os seus colegas diziam frequentemente

---

811. S. Freud, *Études sur l'hystérie*.
812. Idem, "Fragments d'une analyse d'hystérie (Dora)" (1905). In: *Cinq Psychanalyses*.

que as hipóteses e a escrita de Freud se aproximavam mais do campo da estética do que da ciência. Quando Freud apresentou a sua teoria traumática da sedução, em 1896, na Sociedade Médica de Viena, Krafft-Ebing teria dito que tudo isso evocava um "conto de fadas científico".[813] Além disso, quando da publicação de *A interpretação dos sonhos*, em 1900, Lipman teria falado que o método freudiano não era decididamente científico, mas estético.[814]

Porém, isso não é tudo ainda. Num escrito tardio Freud acabou por reconhecer, instigado por Ferenczi, que forjou o método psicanalítico se baseando para tal num cânone comum do século XIX, de como se poderia escrever de maneira poética e ficcional.[815] Assim, se entregar ao processo de livres associações sem impor qualquer censura, num clima de devaneio, seria para o sujeito o correlato no dispositivo analítico daquilo que o escritor deveria fazer no processo de produção poética. Pela imaginação, num processo de sonho acordado, o analisante e o escritor deveriam colocar a realidade material em suspensão e entre parênteses, para possibilitar que o universo noturno da realidade psíquica pudesse se inscrever na cena diurna da existência.

Nesta perspectiva, forjar um escrito literário e compor a sua própria história na experiência analítica seriam para a subjetividade fundados da mesma maneira, na formulação freudiana. A identidade teórica entre psicanálise e literatura atingiria aqui o seu máximo, não existindo quanto a isso a menor diferença aos olhos de Freud. Isso porque a matéria-prima de ambos os processos em pauta seria a mesma, o desejo. Seriam pois os contornos e os desvios realizados pelo sujeito para constituir um destino possível para o seu erotismo, superando a sua relação com o gozo e a morte, o que formaria a substância secreta de sua existência, fundamento da tessitura da literatura e da *poiesis* possibilitada pela experiência psicanalítica.

---

813. E. Jones, *La vie et l'oeuvre de Sigmund Freud*, vol. I.
814. S. Freud, *L'interprétation de rêves*.
815. Idem, "The prehistory of analytic technique" (1920). In: *The Standard Edition of the complete psychological works of Sigmund Freud*, vol. XVII.

Se esta leitura é pertinente, de fato e de direito, é preciso desdobrá-la aqui numa outra dimensão, ainda. Com efeito, se a escrita literária e o modelo trágico foram os paradigmas para que o discurso freudiano se constituísse como uma interpretação sobre o sujeito centrada no inconsciente, o que se impõe agora é a indagação sobre como Freud considerava a *problemática da verdade* na escrita literária.

A VERDADE NA ESCRITA LITERÁRIA

Na leitura da *Gradiva* de Jensen o discurso freudiano se volta especificamente para a questão da verdade na literatura. Desta maneira, procura delinear como na escrita romanesca a verdade do sujeito pode se inscrever decisivamente de maneira bem mais pontual e surpreendente do que no discurso da ciência. É óbvio que Freud se refere especificamente à psicopatologia e à surdez dos psiquiatras em reconhecer a dimensão de verdade presente na experiência da loucura, o que não ocorreria ao autor do romance em pauta. Porém, pela mediação da psiquiatria é o discurso da ciência enquanto tal que está em jogo na sua interpretação. Isso é evidente, é claro.

Por quê? Justamente porque a personagem do romance é um cientista, um arqueólogo que busca encontrar, na realidade material das ruínas de Pompeia, aquilo que existe de fato na sua realidade psíquica. Com isso, na pesquisa da verdade pelo caminho da ciência o sujeito não enxerga o que está diante dos olhos de Norbert Hanold, isto é, o *objeto obscuro* de seu desejo. Não podendo vislumbrar o que se situa além de seu nariz, o arqueólogo não consegue reconhecer o que o impulsiona no seu *desejo de saber*. Esta é a nervura do argumento que delineia toda a leitura de Freud nesta obra.[816]

Isso quer dizer pois que a escrita literária pode aceder perfeitamente ao sentido que regula o desejo de saber, o que não se realizaria, em contrapartida, pelo discurso da ciência. Daí a cegueira e a surdez do

---

816. S. Freud, *Le délire et les rêves dans le* Gradiva *de W. Jensen* (1907).

arqueólogo Norbert Hanold na sua pesquisa infrutífera por Pompeia. Dito de outra maneira, o discurso literário poderia se aproximar perfeitamente do sentido e do desejo que regulam a subjetividade no seu percurso errático, como se passaria também com a psicanálise. Em contrapartida, no seu zelo em apreender o mundo da realidade material, o discurso da ciência não teria acesso à verdade do inconsciente e ao mundo desejante do sujeito.

Em seguida, Freud retomou este tópico de maneira ainda mais aguda, nos seus comentários sobre Schreber. Com efeito, o que foi colocado em pauta foi a impossibilidade do discurso da ciência em apreender a dimensão de verdade presente no delírio da psicose. Este seria também permeado inteiramente pelo desejo, que daria as indicações de sua significação.[817] Por isso mesmo, as categorias enunciadas no delírio de Schreber poderiam funcionar como demonstrações cabais do que existiria de bem fundado da teoria psicanalítica, o que não se colocaria no discurso da ciência.

Portanto, o discurso literário, da mesma forma como o delirante, revelaria a existência de um registro primordial de verdade a que a ciência não teria acesso. Este registro seria fundante do sujeito, mediante o qual o sentido de sua história e o desejo que a regula estariam no primeiro plano. Foi justamente para falar deste registro originário da verdade que Freud foi buscar inequivocamente na literatura e na tradição trágica os enunciados para constituir o discurso psicanalítico.

Porém, tudo isso teria que receber uma marca metapsicológica, característica maior do saber psicanalítico. Pela metapsicologia, então, Freud procurava constituir um discurso articulado, mediante o qual poderia inserir tudo aquilo que lhe foi transmitido pela escrita literária e pela tradição trágica. No que concerne a isso, a questão de Freud foi a de circunscrever na tessitura do psiquismo a problemática da *ficção*.

---

817. S. Freud, "Remarques psychanalytiques sur l'autobiographie d'un cas de paranoïa (Le Président Schreber)" (1941). In: *Cinq Psychanalyses*.

A FICÇÃO E A FANTASIA

Como se sabe, a psicanálise inscreveu a *fantasia* no centro do psiquismo, de maneira que seria impensável uma concepção da subjetividade na qual o fantasiar estivesse ausente. Ao fantasiar foi atribuída uma *positividade* efetivamente, não sendo uma atividade negativa do psiquismo.

Esta versão positiva da fantasia se opõe a uma leitura clássica da subjetividade na qual a propensão ao fantasiar era marcada por valores negativos. Isso porque na perspectiva clássica o sujeito era apenas concebido na sua vertente de domínio sobre si e sobre as coisas, pela qual se destacavam as faculdades psíquicas voltadas para as operações cognitivas. Com efeito, conhecer as coisas e a si mesmo para melhor dominá-las, tal era o *paradigma antropológico* que autorizava o estudo das faculdades intelectivas, na medida em que seriam os instrumentos deste domínio e desta conquista. Por isso mesmo, a fantasia e o registro imaginativo do psiquismo eram desqualificados enquanto faculdades anímicas, pois desviavam a subjetividade do reto caminho do entendimento e da razão.

Com a emergência da estética na segunda metade do século XVIII a indagação teórica sobre os sentimentos e a imaginação foi destacada tanto na tradição filosófica quanto psicológica. Foi, pois, neste contexto, que a capacidade de fantasiar sofreu uma transformação valorativa, sendo atribuídas então a ela virtudes positivas. A fantasia passou a ocupar um lugar estratégico na subjetividade, sendo inscrita numa encruzilhada na qual se costuravam pela fantasia as dimensões dos sentimentos e da imaginação. Com isso, portanto, a fantasia deixou de ser a faculdade que criaria os erros da razão e do entendimento, passando a ser uma possibilidade psíquica pela qual o sujeito poderia se autoexpressar e revelar significações que ultrapassariam em muito as verdades autorizadas pelas funções cognitivas.

Durante o século XIX o Romantismo, tanto na sua vertente filosófica quanto literária, foi o cenário privilegiado para o culto da imaginação e da fantasia, como desdobramento necessário da leitura kantiana sobre a faculdade de julgar. Foi neste contexto, como indiquei inicialmente, que se desenvolveram teoricamente as distinções entre as categorias do *belo* e do *sublime*. Pela mediação destas o que estava em pauta era uma *cartografia da imaginação*, na qual se destacava a categoria da fantasia de maneira estratégica.

Foi no campo desta tradição que Freud concebeu o conceito de fantasia em psicanálise, maneira pela qual o sujeito realizaria uma modalidade de *autoexpressão*, e ao mesmo tempo revelaria sentidos que não se enunciariam pelos procedimentos das faculdades de cognição. Contudo, a novidade indiscutível do discurso freudiano foi a de articular intimamente o fantasiar e o erotismo, de maneira que a fantasia seria a forma por excelência pela qual a sexualidade se formalizaria. Não existiria, pois, para aquele discurso, qualquer possibilidade de pensar na pulsão sexual sem que o registro da fantasia estivesse implicado, de forma que o erotismo e a fantasia estariam intimamente articulados.[818]

Assim, o campo da fantasia imantado pelo erotismo seria a maneira pela qual Freud pôde figurar aquilo que venho denominando, desde o começo deste ensaio, de possibilidade de ficcionar, atribuindo à ficção uma posição estratégica no discurso estético em geral e no da literatura em particular. Pelas próprias origens estética e literária dos registros da imaginação e da fantasia, pode-se depreender facilmente como a leitura freudiana do psiquismo está enraizada no imaginário artístico do século XIX, como venho insistindo desde o começo deste desenvolvimento. Contudo, pela tessitura íntima em que foram forjados a fantasia e o erotismo, a possibilidade ficcional do sujeito seria permeada pelo desejo e pelos imperativos do gozo. Como estas maneiras primordiais de ser do sexual são recalcadas, a ficcionalização seria uma maneira de possibilitar o levantamento do recalque: na sua versão final, o deciframento visaria dizer algo que nunca fora dito. A questão agora seria fazer virar *verbo encarnado* aquilo que nunca fora do registro da palavra. Este foi o desafio derradeiro levantado pelo discurso freudiano.

---

818. S. Freud, "Formulations sur les deux principes du corps des événements psychiques" (1912). In: *Résultats, Idées, Problèmes*, vol. I.

Assim, se nos seus primórdios a interpretação visava decifrar os representantes-representação das pulsões, constituintes das cadeias do inconsciente, o que se impunha no fechar das cortinas do percurso freudiano era produzir o inconsciente a partir das pulsões e das fantasias. Neste sentido, a matéria-prima do trabalho analítico, pela mediação destas últimas, eram não mais os *significantes* ordenados em cadeias no inconsciente, mas *signos*. Estes se aproximavam do mundo da sensorialidade e da corporeidade, sendo ordenados então como cadeias significantes pela interpretação psicanalítica.

Seria em função da mudança radical do regime interpretativo em psicanálise que o discurso freudiano pôde tanto transformar o conceito de sublimação quanto enunciar o conceito de feminilidade. Isso porque conceber a criação como algo que implica o erotismo nos conduz a pensar que a feminilidade constitui por excelência o território sem fronteiras dos signos, na medida em que, como registro erótico primordial, indica a não separação entre os registros do *dentro* e do *fora* do sujeito. Neste particular, não tem sentido em se falar da oposição entre *interior* e *exterior*, já que os universos dos signos e das pulsões se caracterizam justamente pela inexistência corpórea de fronteiras delineando as bordas.

Se é disso que se trata então, na versão final do conceito de interpretação no discurso freudiano, pode-se entrever como a experiência psíquica do *Unheimlich* ocupa um lugar estratégico, tanto na cura quanto na estética psicanalítica. Com efeito, enquanto signo revelador do que é *familiar* mas que é ao mesmo tempo *não familiar*, o *sinistro* indicaria uma quebra de fronteiras dos territórios corpóreo e psíquico, pela qual as pulsões e os signos se impõem irrevogavelmente para o sujeito.[819] Seria justamente este desconcerto que constitui o indizível, que lhe impõe a exigência de um enunciado quase *impossível*, o de uma verdade em estado nascente. Este desconcerto constitui o território sem fronteiras da feminilidade, enquanto esta criação *ex-nihilo* seria a sublimação propriamente dita. Com isso se enunciaria algo da ordem do sublime, que

---

819. S. Freud, "L'inquiétante étrangeté" (1919). In: *L'inquiétante étrangeté et autres essais*.

como uma ultrapassagem de fronteiras, segundo o conceito de Kant, transgrediria a ordem do belo.

Pode-se entrever ainda que este viés como um horizonte se abre novamente, para que uma vez mais psicanálise e literatura possam se encontrar nas suas tentativas sempre recomeçadas para dizer o indizível, possibilitando então que os ruídos inarticulados do mundo noturno possam ser ditos pela tessitura diurna da palavra encarnada.

13. Tradição, memória e arquivo da brasilidade: sobre o inconsciente em Mário de Andrade

A PROBLEMÁTICA

Mário de Andrade faleceu bastante jovem, não tendo ainda completado cinquenta e oito anos de idade. Morreu precocemente não apenas para os nossos parâmetros atuais de longevidade, mas também para os de seu tempo e principalmente para os que pertenciam à sua classe social. Não obstante isso, produziu uma obra de grande extensão e amplitude, que nos foi legada como um patrimônio da cultura brasileira e que ainda nos incita na atualidade.

Em decorrência disso, se imortalizou pela sua vasta e múltipla produção intelectual, dentre a qual se incluem as *escritas* em *prosa* e *verso*, assim como uma ampla e diversificada produção no registro da crítica e do *ensaio*. Além de seus escritos sobre a *literatura*, a *música* e as *artes plásticas*, com efeito, deve-se destacar também as suas *crônicas* publicadas em jornais, nas quais a experiência social brasileira do dia a dia era não apenas devidamente registrada, mas também delineada com comentários sempre instigantes.

No que concerne a isso, as suas crônicas são perpassadas por pontuações e escansões fulgurantes sobre o que ocorria na nossa cotidianidade, promovendo, assim, um encantamento do que se registrava apenas como *fait divers* nas demais páginas dos jornais. Pela mediação desses comentários brilhantes, a materialidade bruta da informação era transformada num esboço interpretativo sobre o imaginário da brasilidade.[820] Com essa iluminação e esse colorido, o suposto fato assumia sempre a grandeza de um verdadeiro *acontecimento*, ganhando, então, a densidade e a pregnância de uma marca indelével de nossa tradição. Pode-se depreender disso, portanto, que com os poucos fragmentos dispersos de que dispunha, Mário de Andrade realizava um esforço hercúleo para constituir uma *cartografia* da *memória* brasileira, promovendo assim a *historiografia* da *modernidade brasileira* em vias de constituição.

Assim, essa cartografia estava já então em marcha, de maneira original. As escritas crítica e literária de Mário de Andrade participaram de sua constituição, pelos gestos retóricos e pelas virgulações impressos nos documentos e objetos que não apenas reuniu, mas também compilou e forjou no seu trabalho contínuo sobre a experiência social brasileira. Essa se inscrevia tanto no registro do passado quanto no do presente. Foi a dimensão imaginária dessa experiência que Mário de Andrade começou a configurar com paixão. Pôde, então, destacar como as marcas particulares da memória brasileira foram conjugadas num *estilo* que delineia a sua *singularidade*. Seria justamente isso que se precipitaria como *signo*, numa modalidade específica de existência e de gestualidade sociais.

Portanto, o que existiria de singular no estilo da brasilidade estaria marcado na *sintaxe* que conjugaria esses diversos signos, que assim se destacaria e se transformaria num emblema eloquente daquela. Com isso, o próprio trabalho inerente *da* memória brasileira, que se realizaria num processo contínuo de transmissão e apropriação estabelecido entre diversas gerações, se conjugaria com o trabalho do intérprete *sobre* a memória, que delinearia a sua cartografia. Coloca-se então em evidência, enfim, a dimensão de ficção efetivamente constituinte da memória, de forma a costurar as marcas indeléveis do passado aos imperativos inadiáveis do presente, com vistas a um futuro possível que se pretendia assim constituir.

Dessa maneira, o trabalho intelectual de Mário de Andrade foi o de transformar a memória brasileira em *arquivo* propriamente dito, para

---

820. E. Jardim de Moraes, *A brasilidade modernista: sua dimensão filosófica*.

me valer de um conceito fundamental oriundo do discurso da história. Entretanto, na inflexão teórica do conceito que assumo neste ensaio, de forma deliberada e intencional, enuncio logo de saída que estou marcado na leitura desse conceito pelas interpretações realizadas tanto por Foucault, em *A arqueologia do saber*,[821] quanto por Derrida, em *Mal de Arquivo*.[822] Isso porque, nas diferentes interpretações forjadas por esses autores,[823] o conceito de arquivo seria também fundante de outro conceito mais abrangente, qual seja, o de *tradição*.

Portanto, se o conceito de tradição marcaria a emergência e a produção de uma dada cultura, assim como regularia sua reprodução e transmissão, numa escala temporal dimensionada pela história da *longa duração*,[824] seria ainda a mesma tradição que poderia ser refigurada a partir dos imperativos da atualidade. No entanto, tais imperativos se regulariam inevitavelmente pela antecipação do futuro, de maneira a entreabrir e delinear o horizonte de outras possibilidades para a tradição em pauta, com vistas à sua renovação e à afirmação de sua potencialidade efetiva.

Digo tudo isso, no sentido ao mesmo tempo teórico e metodológico, para enunciar que na leitura que Mário de Andrade pretendeu realizar do imaginário brasileiro, transformando a nossa memória fragmentária e dispersa num arquivo propriamente dito, o que estava inequivocamente em pauta era o desejo de esculpir os fundamentos da tradição brasileira. Para explicitar tais fundamentos necessário seria configurá-los pela mediação de diversas materialidades discursivas. Estaria aqui a *problemática* crucial que pautou o percurso intelectual de Mário de Andrade, nas diferentes retóricas que empreendeu com mestria, seja no registro poético seja no ensaístico. Com efeito, se a compilação documental do passado brasileiro foi crucial no seu percurso intelectual, pretendendo realizar assim uma cartografia rigorosamente documentada da nossa memória, sem dúvida, os imperativos políticos do presente e a antecipação do futuro

---

821. M. Foucault, "Qu'est-ce qu'un auteur?" (1969). In: *Dits et écrits*, vol. I.
822. J. Derrida, *Mal d'archive. Une impression freudienne*.
823. Idem, M. Foucault, *Três tempos sobre a história da loucura*.
824. F. Braudel, *Écrits sur l'histoire*, 2ª parte.

seriam inseparáveis de seus propósitos teórico, ético e estético. Seria a brasilidade como tradição, enfim, a problemática fundamental da ampla pesquisa empreendida por Mário de Andrade.

Por isso mesmo, alguns críticos literários puderam dizer – como Dantas Mota, Wilson Martins, João Etienne Filho e Naief Sáfady – que, se Mário de Andrade não foi o nosso maior poeta, foi certamente o mais completo. Isso porque realizou não apenas o verso rigorosamente metrificado e rimado, mas também o mais livre. Antecipou-se, assim, à poética social e à poesia participante, numa prática eminentemente erudita. Pôde transformar então o discurso estabelecido e existente sobre o folclore,[825] por imprimir na sua leitura um olhar ao mesmo tempo antropológico e psicanalítico. Pode-se dizer que Mário de Andrade se deslocou progressivamente dos registros estritamente literário e poético para o da construção crítica do arquivo do Brasil, configurando então, progressivamente, com seu percurso, a morte do poeta.[826] De qualquer maneira, é a brasilidade como tradição, configurada pelas diferentes coordenadas do arquivo e enunciada em diversas materialidades discursivas, o que faz a sua emergência na retórica de Mário de Andrade, de maneira eloquente e fulgurante.

Portanto, a minha questão fundamental neste ensaio será enfatizar as relações existentes entre os registros da história, da tradição e do arquivo em Mário de Andrade, indicando a presença efetiva do discurso freudiano no seu pensamento. A metáfora do conceito de "assombração", enunciado numa crônica intitulada "Memória e assombração", publicada em maio de 1929,[827] me oferece uma pista teórica segura para isso, na qual a *dicção* e a *flexão* retóricas de Mário de Andrade remetem inequivocamente ao discurso psicanalítico.

Para isso, no entanto, vou me valer também do discurso teórico de Benjamin, além dos de Foucault e Derrida sobre o arquivo e a modernidade, para me embrenhar na trama discursiva de Mário de Andrade

---

825. J. Etienne Filho, "Poeta completo". In: M. Andrade, *Poesias completas*, vol. I, p.1.
826. E. Jardim de Moraes, *Mário de Andrade: a morte do poeta*.
827. M. Andrade, "Táxi: Memória e assombração" (10 de maio de 1929). In: *Táxi e crônicas no* Diário Nacional, pp.82-83.

e esboçar assim a sua leitura *modernista* da tradição brasileira. Enfim, o conceito de *recepção* desenvolvido por Jauss, no campo da estética da recepção, me orientará também nesse percurso.

POLÍTICA E HISTÓRIA

Vou começar este percurso no arquivo tecido por Mário de Andrade, pela alusão aos discursos sobre a *política* e a *história* realizados por Maquiavel, na medida em que, para este, a emergência histórica de cada uma dessas modalidades de discursividade implicava necessariamente a outra. Vale dizer, a constituição teórica do discurso da filosofia política com Maquiavel, no Renascimento, se desdobrou numa concepção outra sobre o discurso da história. Com isso, uma nova relação entre o passado, o presente e o futuro foi então constituída, numa operação teórica que implicou uma descontinuidade radical em face da Antiguidade e da Idade Média.

Se nessas, com efeito, o tempo do *passado* era transformado em emblema e ideal que deveria pautar a existência humana no tempo do *presente*, desde Maquiavel a relação do presente com o *futuro* seria decisiva na reflexão sobre a política e a história. Não se tratava mais de olhar para as *vidas exemplares* do passado, como realizava Plutarco em *Vidas paralelas*,[828] e para a leitura ideal sobre o melhor regime político.[829] O que estava em questão, em contrapartida, seria uma nova relação *estratégica* e *tática* do presente com o futuro, de maneira que o tempo do passado seria aquilatado em decorrência dos imperativos da *atualidade*, nos campos social e político.

Assim, no seu "Discurso sobre a primeira década de Tito Lívio",[830] escrito entre 1513 e 1520, Maquiavel pretendeu realizar a leitura da constituição da República de Roma, com vistas a empreender a construção da República de Florença. Era sua condição de *governabilidade*

---

828. Plutarque: *Vies parallèles*.
829. L. Strauss, *Droit naturel et histoire*; *La cité et l'homme*.
830. N. Machiavel, *Oeuvres complètes*.

que estava em questão, no tempo presente. Isso porque, tendo ocupado a posição de secretário de Estado em Florença, durante alguns poucos anos, Maquiavel se voltou posteriormente para a reflexão teórica sobre a República de Roma, para pensar tanto naquilo que fora forjado no passado como República, quanto para examinar as possíveis transposições e os seus impasses para conceber devidamente as coordenadas da então recente República florentina.

Na nova perspectiva teórica, estabelecida então por Maquiavel, o que ocorrera no passado não deveria ser conhecido para ser reproduzido literalmente no presente, que estaria longínquo na ordem do tempo e da história, mas, ao contrário, deveria ser fundamentalmente objeto de *meditação* para o leitor e o político. Dessa maneira, poderíamos aprender algo com o passado, articulando-o criticamente com o presente, de forma a conferir viço e sentido ao que nos acontece na atualidade. Seria por esta nova postura, ao mesmo tempo teórica e prática, que Maquiavel passou a atribuir uma outra relação estratégica e tática entre o passado, o presente e o futuro, de maneira a refundar as concepções sobre a política e a história.

Isso porque, na concepção original de *governabilidade* concebida por Maquiavel, em *O Príncipe*,[831] escrito em 1513, a figura do governante deveria se orientar pela *Virtude* e não mais pela *Fortuna*. Esta interpretação pressupunha outra leitura da história, pois seu curso circular não seria mais definido pelos imperativos divinos que tomariam corpo e forma pelos desígnios dos homens, numa luta permanente entre os diversos oponentes presentes na cena política. Por isso mesmo, a figura do novo Príncipe deveria ser guiada pela Virtude em detrimento da Fortuna, pois teria que agir a partir de escolhas realizadas num contexto social permeado pelos conflitos entre os oponentes, fazendo escolhas e delineando direções, marcadas pelos sentidos estratégico e tático. Em decorrência disso, as suas ações virtuosas seriam produtoras efetivas de história num contexto em que se assumia a dimensão da imprevisibilidade nas relações humanas, pois a *providência* não garantiria mais a previsibilidade circular da ordem do mundo.

---

831. N. Machiavel, *Le Prince* (1513). In: *Oeuvres complètes*.

Nesta perspectiva, Maquiavel não foi apenas o fundador do moderno discurso sobre a política, como nos ensina a história da filosofia política,[832, 833, 834, 835] mas também do discurso moderno da história, na medida em que seriam as escolhas e as ações do Príncipe que forjariam a própria historicidade dos acontecimentos na ordem da experiência temporal. Os discursos da política e da história passaram a se conjugar de maneira orgânica desde então, pois seria a nova ordem da imprevisibilidade dos acontecimentos, num *universo* que começara a se delinear como infinito, que provocaria ruptura e descontinuidade com a concepção do *cosmo* finito e circular da Antiguidade e da Idade Média.[836]

Por isso mesmo, a apropriação meditativa e crítica da memória da República de Roma, em oposição à reprodução da memória, seria constitutiva tanto do discurso da política quanto do discurso da história. Porém, se Maquiavel se inscreveu num momento crucial da construção da Itália e da Europa, no Renascimento, que marcou uma ruptura significativa com o tempo do passado, pode-se dizer também que Mário de Andrade se situa também num momento crucial de descontinuidade da História no Brasil.

MODERNISMO E DESCONTINUIDADE

Não quero dizer, com tudo isso, que Mário de Andrade tenha sido um leitor sistemático de Maquiavel. Bem entendido. Tampouco que tenha realizado comentários eruditos a seu respeito. Compreendo, porém, que esse solo fundador, responsável por estabelecer uma nova conjunção entre política e história, deixou marcas no percurso teórico de Mário de Andrade. Por isso mesmo, pôde enunciar quase no final de seu "Prefá-

---

832. T. Berns, *Violence de la loi à la Renaissance. L'originaire du politique chez Machiavel et Montaigne.*
833. Ibidem.
834. Q. Skinner, *Machiavelli.*
835. E. Voegelin, *La Nouvelle Science Politique.*
836. A. Koyré, *Du monde clos à l'univers infini.*

cio interessantíssimo" à *Pauliceia desvairada*, de 1921, que "o passado é lição para se meditar, não para reproduzir".[837] É claro que Mário de Andrade se refere aqui ao campo da criação artística, isto é, às histórias da literatura, da música e das artes plásticas, e não ao registro da política no sentido estrito. No entanto, é a mesma flexão teórica realizada por Maquiavel que está em questão, inscrita agora no registro da estética e numa reflexão aguda sobre a tradição. Além disso, como ainda se verá adiante, é pelo viés da política que a dimensão do *comando*, constituinte da concepção de arquivo, encontra o seu solo fundador.

Como se sabe, Mário de Andrade não foi especificamente um político, no sentido estrito do termo, mas ocupou cargos públicos importantes, no Ministério da Educação, dirigido então por Capanema, e posteriormente na Secretaria da Cultura do Estado de São Paulo. Portanto, realizou a prática política no campo da cultura, delineando escolhas e ações governamentais nesse campo específico. Essa ocupação governamental marcou os anos finais de sua vida intelectual de maneira indelével, certamente, delineando e definindo a sua escrita literária e a sua produção teórica como ensaísta.

Foi nesse contexto histórico que Mário de Andrade realizou a sua reflexão crítica sobre o movimento modernista no Brasil, que teria provocado uma descontinuidade efetiva na experiência social brasileira. Numa leitura retrospectiva, sobre o percurso intelectual de Mário de Andrade, pode-se afirmar que foi essa descontinuidade histórica que marcou e delineou decisivamente o seu percurso, definindo sua problemática.

Estou me referindo aqui às meditações críticas e retrospectivas sobre o *modernismo*, escritas em 1941, em dois ensaios cruciais, quais sejam, "O movimento modernista"[838] e "A elegia de abril".[839] Ambos foram publicados, logo depois, em 1943, numa coletânea de ensaios intitulada

---

837. M. Andrade, "Prefácio interessantíssimo". In: *Pauliceia desvairada* (1921), p. 29, 1980.
838. M. Andrade, "O movimento modernista" (1941). In: *Aspectos da literatura brasileira*, pp. 266-276, 2002.
839. Ibidem.

Aspectos da literatura brasileira.[840] O que nos disse Mário de Andrade nessa releitura tardia sobre o modernismo brasileiro? Como situava a descontinuidade histórica que esse movimento produzira?

O modernismo seria não apenas a reivindicação permanente do *direito à pesquisa estética* e a *atualização da inteligência brasileira*, mas também a *estabilização de uma consciência criadora nacional*.[841] Se cada um desses traços já se encontrava presente anteriormente, na história pré-moderna da arte no Brasil, o que teria caracterizado o ideário do modernismo foi a *articulação* efetiva dessas três exigências numa *totalidade orgânica*, de maneira a constituir uma nova consciência coletiva sobre as questões estéticas. Estaria justamente aqui a significação histórica da *descontinuidade* empreendida pelo modernismo.

O modernismo brasileiro se inscrevia assim num campo mais amplo, qual seja, o do debate entre os *Antigos* e os *Modernos*, que provocara já uma ruptura na tradição europeia nos séculos XVII e XVIII, e que produzia igualmente, mas de maneira tardia, uma descontinuidade radical no imaginário social e estético brasileiro.[842] Assim, se os Antigos pretendiam sempre reproduzir os textos de seus antepassados, numa epopeia repetida que era forjada como pequenas variações sobre os mesmos temas, os Modernos pretendiam constituir, em contrapartida, uma partitura que fosse nova e original.[843, 844] Vale dizer, a querela entre os Antigos e os Modernos representava, num registro especificamente estético, aquilo que foi realizado por Maquiavel na conjunção entre a política e a história. Com isso, o novo teria que ser permanentemente inventado, numa outra historicidade e temporalidade, no registro estrito da linguagem. Enfim, o que se criaria aqui de novo, isto é, a descontinuidade produzida no registro da arte, teria então as suas conjunções com a consciência coletiva do Brasil na modernidade.

É apenas neste contexto que a formulação de Mário de Andrade, no prefácio da *Pauliceia desvairada*, ganha todo o seu peso e densidade, pois

---

840. Ibidem.
841. Ibidem.
842. Ibidem.
843. J. Dejean, *Ancients against Moderns*.
844. A. Lecoq, *La Querelle des Anciens et des Modernes*.

se "o passado é lição para meditar, não para reproduzir",[845] o movimento modernista assume a sua condição eminentemente moderna. Isso porque empreende efetivamente a ruptura com os Antigos, no registro estrito da história brasileira. Enfim, a descontinuidade assim se estabelece, inaugurando um outro percurso no imaginário brasileiro.

No entanto, esta postura modernista não deveria ficar restrita ao campo especificamente estético, seja esse o da literatura, o das artes plásticas, o da música e o do teatro, mas se inscrever também em outros registros do *imaginário* e da *consciência social* brasileiros. Por isso mesmo, numa de suas crônicas publicadas no *Diário Nacional*, em 1929, e, da mesma forma, no ensaio "O movimento modernista", Mário de Andrade evocou Graça Aranha. Este, com efeito, afirmava que a nova postura modernista não deveria ficar restrita ao campo estritamente estético, mas se disseminar amplamente para os outros campos e registros sociais da brasilidade,[846] para relançá-la em outros percursos.

Para que isso pudesse se realizar, contudo, a intelectualidade brasileira precisaria empreender efetivamente uma ruptura significativa com a tradição europeia, na qual estaria permanentemente se espelhando. Vale dizer, o intelectual brasileiro estaria sempre escrevendo com o olhar voltado para a Europa e se esquecia assim do que estaria ocorrendo no Brasil.[847] Era esta postura, eminentemente pré-modernista, que assumiria forma e corpo naquilo que Mário de Andrade denominava de "moléstia de Nabuco", isto é, quando Nabuco estava no Brasil, sentia saudade da Europa, e quando estava na Europa, sentia saudade do Brasil.

Nesse contexto, a atmosfera reinante no campo intelectual brasileiro era eminentemente enfadonha, marcada pela mesquinharia, pela qual as pequenas intrigas e maledicências sobre os outros delineavam infalivelmente as coordenadas desse campo intelectual. A lavagem da roupa suja em público, com efeito, definia de maneira vulgar o estilo desse campo intelectual, como afirmara ainda Mário de Andrade numa outra crônica publicada no *Diário Nacional*.[848]

---

845. M. Andrade, "Prefácio interessantíssimo". In: *Pauliceia desvairada* (1921), p. 29.
846. Idem, "O movimento modernista" (1941).
847. Idem, "Cícero Dias" (2.6.1929). In: *Táxi e crônicas no* Diário Nacional.
848. Ibidem, p. 66.

Porém, para reconfigurar efetivamente o campo intelectual numa outra direção, entreaberta pelo modernismo, articulando intimamente arte e experiência social, necessário seria forjar uma outra *concepção da arte*, que a afastasse definitivamente de uma perspectiva pré-moderna e que a inscrevesse agora numa outra consciência coletiva.

DESPERTAR E DESCOBRIMENTO

Num ensaio intitulado "O artista e o artesão", apresentado como sua aula inaugural para os cursos de Filosofia e História da Arte da Universidade do Distrito Federal, em 1938, e publicado posteriormente no livro *O baile das quatro artes*, Mário de Andrade realizou a crítica sistemática da arte, "individualista" e "contemplativa", postulando a importância da arte como "fazer".[849] A historiadora Margarida de Souza Neves considera que esse ensaio seria o seu *testamento estético*.[850]

Assim, enquanto a arte individualista e contemplativa seria esteticista, pelo culto que realizaria da estética em si própria e pela promoção da arte pela arte, a arte como fazer implicaria uma prática efetiva de trabalho que teria na figura do artesão o seu modelo e paradigma.[851] Se o *esteticismo* se desdobraria numa limitação estilística, em contrapartida, na *arte como fazer* se colocaria em pauta um projeto *messiânico*, no qual a transformação do mundo estaria assim necessariamente implicada. Portanto, se a contemplação estetizante se desdobraria numa imaginação evidentemente onipotente, o *fazer artesanal* implicaria uma mudança da materialidade do mundo, visando a sua transformação messiânica. Além disso, na *artesania* se condensa no fundamental a tradição de um *métier* e implica a ideia de *trabalho*, não sendo então a ocupação de elites desocupadas e que podem se dar ao luxo onipotente de viver para contemplar o mundo.

---

849. M. Andrade, "O artista e o artesão" (1938). In: *O baile das quatro artes*.
850. M. de Souza Neves, *Da maloca do Tietê ao império do Mato Virgem. Mário de Andrade: roteiros e descobrimentos*. In: S. Chalhoub, e L.A.M. Pereira (orgs.), *A história contada: capítulos da história social da literatura do Brasil*.
851. M. Andrade, "O artista e o artesão" (1938). In: *O baile das quatro artes*.

Daí por que a própria trajetória intelectual de Mário de Andrade implicou o deslocamento da primeira concepção para a segunda, na qual arte como fazer e artesania implicariam um compromisso ético e político com a brasilidade. Razão pela qual, me parece, Mário de Andrade passou efetivamente a assumir cargos públicos, tanto no governo federal quanto no estado de São Paulo, no campo da cultura.

Seria então pela concepção da arte como fazer que o artista poderia se comprometer com os destinos da nação e da nacionalidade, se articulando organicamente com o projeto de constituir uma efetiva tradição brasileira. Seria por esse viés, portanto, que as consciências estética e social se conjugariam num novo projeto e consciência coletiva, com vistas a forjar a especificidade da tradição brasileira.

Assim, seria apenas nessa perspectiva que poderíamos efetivamente *despertar*, pois essa consciência social seria a condição de possibilidade para que pudéssemos sair de nosso *adormecimento* secular em relação à nossa memória e começarmos a realizar um efetivo trabalho de arquivamento. Foi justamente isso que enunciou literalmente Mário de Andrade no poema intitulado "Descobrimento", publicado em 1927:

> Abancado à escrivaninha em São Paulo
> Na minha casa da rua Lopes Chaves
> De supetão senti um friúme por dentro
> Fiquei trêmulo, muito comovido
> Com o livro palerma olhando para mim
>
> Não vê que me lembrei lá no norte meu Deus!
> Muito longe de mim
> Na escuridão da noite que caiu
> Um homem pálido magro de cabelo escorrendo nos olhos
> Depois de fazer uma pele com a borracha do dia
> Faz pouco se deitou, está *dormindo*
> *Esse homem é brasileiro que nem eu.*

TRADIÇÃO, MEMÓRIA E ARQUIVO DA BRASILIDADE

Seria então pelo despertar do brasileiro adormecido a possibilidade de constituir uma tradição propriamente dita, estabelecendo um outro arquivo que instituísse uma nova relação com a nossa história. Portanto, a problemática fundamental que começou a se impor a Mário de Andrade, numa outra relação com o passado e com o futuro, catalisada pela experiência modernista como consciência crítica da brasilidade, seria a constituição de uma tradição eminentemente brasileira. Seria, então, *tradição* a palavra e o conceito crucial que se constituiu no discurso crítico de Mário de Andrade, que, como um fio de prumo, passou a orientar desde então o seu percurso intelectual.

PRESENTE, FUTURO E PASSADO

Assim, para constituir uma tradição brasileira propriamente dita não basta apenas cultuar o passado enquanto tal e em si mesmo, para reproduzi-lo na sua enfadonha mesmidade; trata-se de retomá-lo criticamente nas suas coordenadas e linhas de força, destacando, então, as suas fraturas e seus impasses. Se a reconstrução da memória é a condição *necessária* para isso, não é, contudo, a sua condição *suficiente*, não obstante a importância crucial assumida pelo seu trabalho reconstrutivo. Portanto, uma outra relação com o passado e a memória se impõe efetivamente, pela qual uma outra interlocução com esses se realizaria.

Nesta perspectiva, é necessário refinar criticamente o passado e inscrevê-lo decisivamente no presente, com a finalidade seja de reencantar o presente com as trilhas e os sulcos lastreados pelo passado, seja de sublinhar, no passado, o que já existiria de potencialmente presente, como esboço e linha de força, mas em estado virtual. A relação entre presente e passado teria assim mão dupla, não se restringindo à ação unívoca do segundo sobre o primeiro, num determinismo e evolucionismo que seriam teoricamente discutíveis.

Para isso, no entanto, é preciso considerar efetivamente que o presente, como atualidade concreta e operante de uma dada tradição, se projete no futuro como um ponto de chegada, tendo, então, finalidades a serem atingidas e conquistadas. A leitura do passado como memória pressupõe, portanto, a antecipação de futuro como possibilidade, a partir do campo da atualidade. A reconstrução do passado, como memória da tradição, implica necessariamente, enfim, o *devir* dessa mesma tradição numa *antecipação* do futuro, pelo tempo verbal do *futuro anterior*.

É precisamente nesse sentido que estou de acordo com a historiadora Margarida Neves de Souza, quando afirmou que esse ensaio condensa o testamento estético de Mário de Andrade,[852] pois um testamento nada mais é que um projeto de futuro, isto é, uma antecipação realizada no presente de um possível devir da tradição brasileira. Tudo isso evidencia, no entanto, que Mário de Andrade não assume a posição de realizar uma história *positivista* do passado brasileiro, que valorizaria o registro do *fato* na sua suposta objetividade e que, como tal, devesse ser rememorado na sua eloquência.

Com efeito, se a leitura dos registros do fato e da memória seria comandada pela atualidade e visaria antecipar o futuro como possibilidade de uma tradição, o que Mário de Andrade realiza efetivamente seria uma *genealogia* no seu sentido estrito.[853, 854] O que lhe interessa é a reconstrução do Brasil como tradição, enfim, na qual o trabalho de *rememoração* crítica do passado histórico brasileiro seria apenas condição necessária para isso, mas não suficiente, repito.

Com efeito, não obstante o rigor que empreendia nas reconstruções do passado brasileiro, principalmente no que concerne à história da música brasileira,[855, 856, 857] assim como a sua preocupação em colecionar objetos contemporâneos que se materializaram como signos da tradição brasileira – como esculturas, pinturas, textos literários, cancioneiro popular etc. –,

---

852. M. de Souza Neves, *Da maloca do Tietê ao império do Mato Virgem. Mário de Andrade: roteiros e descobrimentos*, p. 4.
853. F. Nietzsche, *La généalogie de la morale*.
854. M. Foucault, "Nietzsche, la généalogie, l'histoire" (1971). In: *Dits et écrits*, vol. II.
855. M. Andrade, *Dicionário musical brasileiro*.
856. Ibidem.
857. M. Andrade, *Ensaio sobre a música brasileira*.

a preocupação maior de Mário de Andrade foi fazer dialogar o passado com o presente, numa dupla direção de encantamento recíproco. O que pressupunha, é claro, a antecipação do futuro como destino possível da tradição brasileira. Não é um acaso, certamente, que na sua concepção da arte-fazer, enunciada no ensaio "O artista e o artesão",[858] o que se destacava era a dimensão messiânica da arte como tradição, na qual é o futuro o que se projeta como antecipação do devir, a partir das linhas de força que se delineariam na atualidade.

REFUNDAR O ARQUIVO

Nesta perspectiva, Mário de Andrade queria efetivamente conhecer e tomar posse simbolicamente do Brasil. Seria a sua maneira de despertar do secular adormecimento em face da tradição, desdobrando, assim, uma postura e um gesto simbólico eminentemente modernista. Não pretendia com isso apenas conhecer o que era o passado significativo da brasilidade, mas também os seus *confins* e *bordas* esquecidos no presente, situados no vasto território continental brasileiro. Portanto, seria através de suas viagens "amadoras" como etnógrafo, como dizia, se assumindo assim como um "turista aprendiz" no seu próprio país,[859] que Mário de Andrade pretendia inscrever a memória do passado no presente vivo da brasilidade, para conferir, então, o sentido da tradição tanto ao passado quanto ao presente.

Como um *turista aprendiz*, que esboçava as sendas desconhecidas e desmapeadas dos confins do Brasil, Mário de Andrade começou a realizar uma outra cartografia do espaço social brasileiro. Novas marcas e traçados passaram, assim, a ser inscritos na carta da brasilidade, modelando sulcos e reentrâncias até então inexistentes. Uma geografia outra do território brasileiro começou assim a tomar corpo e forma, constituindo volumes, planos e retas que não tinham sido ainda desenhados, pois era a *geome-*

---

858. M. Andrade, "O artista e o artesão" (1938). In: *O baile das quatro artes*.
859. Idem, *O turista aprendiz*.

tria do imaginário que estava sendo forjada, pela qual a materialidade da tradição finalmente se evidenciava.

Assim, as viagens que realizou pelo Brasil foram iniciadas em 1925, quando, com um grupo de amigos modernistas – dentre os quais Oswald de Andrade –, Mário de Andrade visitou cidades históricas de Minas Gerais. Em seguida, o percurso da viagem que definiu como a sua "Descoberta do Brasil" se fez sempre rumo ao Norte, buscando paisagens e modalidades outras de civilidade até então desconhecidas e pouco exploradas. Dessa maneira, a *cartografia do imaginário brasileiro* foi progressivamente se empreendendo, pela reunião sistemática de materialidades simbólicas oriundas de diferentes formas de discursividade (música, texto, escultura, pintura), que se constituíram como *acervo* daquele imaginário.

Podemos enunciar então que o que pretendia realizar Mário de Andrade, pelos novos mapeamentos e cartografias que empreendia do imaginário brasileiro, era a *refundação* do arquivo brasileiro. Enuncio aqui como refundação e não fundação, pois o arquivo brasileiro já existia anteriormente a esse empreendimento intelectual, é óbvio, nas diversas histórias já escritas antes sobre o Brasil. O que Mário de Andrade quis realizar foi uma *reformatação do arquivo* da brasilidade, fosse introduzindo neste novos enunciados *ontológicos*, fosse propondo um outro princípio *nomológico*.

Proponho aqui o conceito de arquivo de Derrida,[860] como disse anteriormente, pois esse conceito pode nos permitir balizar o trabalho intelectual de Mário de Andrade de maneira diferente. Este nos dá indicações e algumas pistas teóricas para que essa interpretação possa ser feita.

Assim, se o passado não é algo para ser reproduzido mas para ser meditado, a partir do intérprete situado no tempo presente, como nos disse Mário de Andrade, o passado não é apenas memória. Se esta, como um conjunto de impressões e inscrições, é a condição necessária do arquivo, não é, contudo, a condição suficiente. Isso porque o arquivo supõe sempre o trabalho sobre a linguagem e o discurso, que delineia inflexões e direções às inscrições presentes na memória. Esse trabalho da linguagem

---

860. J. Derrida, *Mal d'archive. Une impression freudienne.*

e do discurso se funda na atualidade, é claro, e antecipa, além disso, o futuro como possibilidade.

Essa operação não pode se realizar no campo da memória, evidentemente, pois depende da relação viva do intérprete sobre as impressões e inscrições daquela. Seria, assim, por esse viés que o intérprete constituiria ainda novas impressões e inscrições, como realizou Mário de Andrade com os diversos acervos discursivos que constituiu, tanto pela mediação de seu gesto interpretativo, quanto pelas novas documentações que estabeleceu e com a pesquisa "amadora" de etnografia que empreendeu, nas suas viagens pelo Brasil.

Se no *registro horizontal* o arquivo se apresenta como um conjunto de enunciados, que delineiam a *dimensão ontológica* daquele, no *registro vertical*, em contrapartida, o arquivo tem uma *dimensão nomológica* que define *a lei* que ordena o arquivo. Estaria, portanto, na verticalidade o seu *comando*. A pergunta que se impõe é: *quem* comanda o arquivo?[861] Não há qualquer dúvida de que seria por essa dimensão que o arquivo se articula necessariamente com o *poder*, que define seja um *lugar* para que os documentos sejam arquivados, seja quem for o seu *guardião*.

É claro que o intérprete se inscreve necessariamente tanto nesse lugar de poder quanto na gestão da documentação, que é constituinte do arquivo. Assim, a participação de Mário de Andrade em órgãos dos governos federal e estadual de cultura, que definiam políticas para a administração desse campo, indica a presença da estatização no comando do arquivo do qual fazia parte. Foi a concepção de cultura como *patrimônio* o que então se constituiu, no registro histórico.

Por um outro viés interpretativo, Foucault destaca também a dimensão do poder na produção e na gestão do arquivo.[862] Isso porque a leitura do arquivo não se restringe às dimensões semântica e lógica dos enunciados ontológicos neste presentes, mas supõe principalmente a intervenção do poder pela mediação de *códigos classificatórios e interpretativos*. Dessa maneira, a constituição e a leitura dos arquivos seriam permeadas por

---
861. Ibidem.
862. M. Foucault, *L'archéologie du savoir*.

jogos de verdade, para nos valermos de um conceito tardio enunciado por Foucault, no final do seu percurso teórico.[863]

Seria pela mediação decisiva desses jogos de verdade que certas operações interpretativas, presentes tanto na constituição quanto na leitura do arquivo, se realizam na dimensão ficcional inscrita de fato e de direito na sua tessitura. Com efeito, a ficção marcaria então a escolha da documentação, os recortes nesta realizados e as linhas de força que delineiam a sua leitura, não existindo, assim, jamais o documento como puro fato, desenvolvido fora daquelas operações.[864]

Para inserir uma outra dimensão conceitual e complexificar ainda um pouco mais a leitura que estou propondo, pode-se dizer com Jauss que a composição do arquivo e a sua interpretação seriam também marcadas pela dimensão da *recepção*.[865] Se esse teórico alemão realizou o seu trabalho no campo da estética e da literatura, em que enunciou uma teoria da recepção, essa leitura pode ser também ampliada para a constituição de outros arquivos. De qualquer forma, no que tange ao trabalho intelectual de Mário de Andrade, era indubitavelmente a dimensão estética do arquivo que estava em pauta, na qual pôde realizar a recepção de diferentes discursos teóricos na sua leitura sobre a brasilidade.

COMANDO ANTICOLONIAL

Se os conceitos de arquivo formulados por Derrida e Foucault podem contribuir para explicitar o que está em pauta na cartografia e na refundação do arquivo realizadas por Mário de Andrade, assim como o conceito de estética da recepção de Jauss, pode-se dar agora um passo a mais no que tange à dimensão do comando presente nesse trabalho de arquivamento.

Assim, não resta dúvida de que Mário de Andrade assume uma posição ética e política que se desdobra numa postura no mínimo rebelde e

---

863. Foucault, M. "Les tecnologies de soi-même" In: Foucault, M. *Dits et écrits*. Paris, Gallimard, 1994.
864. J. Derrida, *Mal d'archive. Une impression freudienne*.
865. H. R. Jauss, *Pour une esthétique de la recéption*.

principalmente subversiva, no que tange ao arquivo da brasilidade. Com efeito, sua postura é marcadamente *anticolonialista*, e esse pressuposto direcionou a leitura de Mário de Andrade sobre a brasilidade. Seria nesses termos que este buscou refundar o arquivo da brasilidade, realizando a *desconstrução* sistemática do arquivo existente,[866] fundada num pressuposto colonialista. O novo pressuposto se enuncia, na escrita de Mário de Andrade, pela metáfora recorrente da "moléstia de Nabuco". Esta metáfora condensa a postura colonizada presente em parcela significativa da intelectualidade brasileira, que tem os olhos sempre voltados para a Europa e não enxerga o que se passa no Brasil.

Além disso, esse mesmo pressuposto colonialista se condensaria ainda na concepção individualista da arte, que é estetizante de acordo com os cânones, sempre cópia e imitação do que se prescreve na Europa. Nesses termos, realizar a leitura da arte como fazer implica realizar uma crítica sistemática do pressuposto colonialista presente no imaginário brasileiro e enunciar então outro pressuposto nomológico.[867] Recentrar o arquivo na concepção de brasilidade, enfim, implicaria efetivamente constituir outro comando.

Nesta perspectiva, podemos aproximar o trabalho de refundação do arquivo da brasilidade de Mário de Andrade às reflexões de outro arquivista importante, que buscou fundar o arquivo da modernidade no Ocidente. Assim, quero me referir a Walter Benjamin, que pretendeu fundar o arquivo da modernidade em toda a sua obra, mas que assumiu com a pesquisa realizada na obra *Passagens*[868] uma inflexão decisiva. A investigação que começou a realizar na Biblioteca Nacional de Paris, nos anos finais de sua vida, foi fundamental para isso, como se sabe.

Foi nesse contexto, histórico e teórico, que Benjamin escreveu o seu último ensaio, publicado apenas após a sua morte, por Hannah Arendt.[869] Estou me referindo ao ensaio "Sobre o conceito da história". Podem-se enfatizar, nesse ensaio magistral, pelo menos duas grandes

---

866. J. Derrida, *De la grammatologie*.
867. J. Derrida, *Mal d'archive. Une impression freudienne*.
868. W. Benjamin, *Passagens*.
869. Idem, "Sur le concept d'histoire". In: *Écrits Français*.

teses, que podemos aproximar da refundação do arquivo da brasilidade por Mário de Andrade.

Antes de tudo, de que a história escrita e legitimada é sempre a história dos *vencedores*, que registram assim a memória dos fatos que contam efetivamente e compõem o seu arquivo a partir da posição de quem vence, isto é, de quem domina e impõe a sua versão dos acontecimentos aos *vencidos*. Essa documentação arquival passa necessariamente pela ficção dos vencedores, qual seja, de suas façanhas e conquistas. Os vencidos não têm história, em contrapartida, pois os seus arquivos nem foram constituídos. Portanto, a escritura histórica seria tão simples e trágica como isso. Vale dizer, para que os perdedores pudessem vir a ter uma história, necessário seria que pudessem sair dessa posição dominada e subalterna, e que se deslocassem então para a de vencedores. Somente assim poderiam constituir outro arquivo, a partir dos traços de sua memória e da imposição de um outro comando nomológico.

Em seguida, Benjamin enfatizou ainda, como desdobramento da tese anterior, que a concepção moderna e Iluminista do *progresso* não passa de uma ideologia, formulada pelos vencedores, é claro. Isso porque se olharmos para trás e para o passado – como na pintura *Angelus Novus*, de Klee –, o que se pode constatar é que em cada passo dado em direção ao suposto progresso o que se realizou ao mesmo tempo foi um ato de *barbárie*, pelo qual os vencedores destituíram os perdedores e implantaram coercitivamente a sua dominação cultural e política. Destituição essa que passa necessariamente pelo apagamento da memória e pela sua impossibilidade de se inscrever como arquivo, enfim, e que estabelece o processo simbólico de dominação.

Essas teses de Benjamin sobre a filosofia da história devem muito teoricamente, como se sabe, ao ensaio de Nietzsche sobre a crítica do discurso da história,[870] realizado na segunda metade do século XIX. Nas suas *Segundas considerações intempestivas*,[871] com efeito, Nietzsche em-

---

870. J. M. Gagnebin, *História e narração em W. Benjamin*.
871. F. Nietzsche. *Seconde considération intempestive. De l'utilité et de l'incovénient des études historiques pour la vie* (1874).

preendeu a crítica sistemática da história alemã, realizando uma crítica contundente à ideia de *origem* no discurso histórico, em que enfatizava, em contrapartida, as dimensões de interpretação e de ficção que estariam necessariamente presentes nas reconstruções históricas. Vale dizer, Nietzsche caminhava já na direção de forjar decisivamente a genealogia como saber, em oposição ao discurso da história e ao historicismo.

Se retomarmos essas formulações de Benjamin para realizar a leitura do percurso teórico de Mário de Andrade, podemos dizer que ao empreender a crítica do pressuposto colonialista presente no arquivo do Brasil, desarticulou-se um princípio nomológico pela proposta de outro, voltado agora para o recentramento sobre o Brasil e não mais para a Europa como horizonte da civilidade. Com isso, a voz dos vencidos poderia ganhar espaço e passaria a ser inscrita no arquivo da brasilidade, começando a desbancar assim a voz dos vencedores. Enfim, as viagens etnográficas de Mário de Andrade lhe possibilitaram os meios para dar voz aos vencidos, excluídos até então da cartografia do Brasil, e inscrevê-los então decididamente no arquivo da brasilidade.

Além disso, ao dar a voz aos vencidos, a dimensão de barbárie presente na leitura dos vencedores começou também a ser questionada, pela qual se pôde reconhecer não apenas as atrocidades dos dominadores, mas também o que existe da civilidade no mundo dos dominados. As viagens sempre rumo ao Norte, realizadas por Mário de Andrade, rearticularam e refundaram o imaginário simbólico da brasilidade, constituindo então outro arquivo.

Pode-se dizer, portanto, que a pesquisa teórica de Mário de Andrade não era a de um *colecionador* do Brasil, nem tampouco a de um *folclorista*. Pelo contrário, pretendia-se forjar outro arquivo da brasilidade, refundando-o pela desconstrução do arquivo instituído não apenas ao inscrevê-lo em novos enunciados ontológicos, mas principalmente pela proposição de outro princípio nomológico de comando. Recentrando-se então no pressuposto anticolonialista do comando e criticando o antigo pressuposto colonialista, Mário de Andrade participava de um novo *projeto nacional popular* para repensar o Brasil a partir da atualidade e com vistas ao seu futuro como nação. A constituição da problemática do discurso sobre o Patrimônio Nacional, com Rodrigo de Melo Franco, enfim, foi o desdobramento desse projeto no plano político e do Estado.

Para isso, no entanto, seria necessário pensar o Brasil como *totalidade orgânica*, isto é, como uma *nação* propriamente dita, que não mais se restringisse a certos estados e regiões. Portanto, seria fundamental superar os *regionalismos* e o seu correlato, qual seja, o discurso do folclore, para que se constituísse uma leitura *universalista* e não mais *particularista* sobre a brasilidade. Seria apenas assim, enfim, que a tradição brasileira poderia efetivamente se constituir.

DA VOZ À ESCRITA

Por isso mesmo, Mário de Andrade se empenhou em conceber a existência da *língua brasileira*, enunciando que essa não se restringiria às coordenadas e linhas de força da *língua portuguesa*. Assim, formulava em alto e bom som que no Brasil nós falamos o *brasileiro* especificamente, com formas, inflexões e acentos singulares. Existiria assim uma decalagem entre a *fala* e a *escrita* no Brasil, pois falávamos o brasileiro, mas, em contrapartida, escrevíamos ainda em *português*. Seria necessário então ultrapassar e superar essa decalagem, inscrevendo decisivamente agora a *voz brasileira* numa outra escrita.

Pode-se depreender disso, então, como a crítica ao princípio nomológico do arquivo colonial orientava a leitura de Mário de Andrade na refundação do arquivo da brasilidade, no que tange à sua problemática fundamental, qual seja, a da *língua*. Isso porque sem a referência a essa, na sua especificidade e singularidade, não seria possível constituir um arquivo da brasilidade, centrado num pressuposto anticolonial.

Essa problemática se encontrava já presente, de maneira bem precoce, no percurso teórico de Mário de Andrade. Desde a *Pauliceia desvairada*, com efeito, este já enunciava que o brasileiro como língua se constituiu desde os primórdios do Brasil colonial, construindo uma tradição linguageira específica, pela qual se produzia uma *diferença* significativa em face do português como matriz linguística.[872, 873] Essa tradição linguageira foi constituída de maneira *inconsciente*, no entanto, mesmo que os falantes brasileiros não se dessem conta da diferença que já imprimiam na língua portuguesa, com suas *inflexões* e as *singularidades de suas vozes*.

Encontramos já aqui uma primeira referência importante à *psicanálise* no discurso teórico de Mário de Andrade, nessa alusão à apropriação brasileira do português, pela diferença imprimida na produção de uma nova voz. Com isso, se enuncia um processo brasileiro de recepção da língua portuguesa, em que esta foi então transformada progressivamente, de maneira inconsciente, pelos falantes. Além disso, na decalagem entre os registros da voz e da escrita, anteriormente referida, da língua brasileira em face da língua portuguesa, tal dimensão inconsciente da língua brasileira se enunciaria ainda de forma similar.

Assim, se a língua portuguesa foi efetivamente constitutiva da tradição brasileira e do arquivo originário da brasilidade, sem dúvida, a língua brasileira se constituiu progressivamente, de maneira inconsciente, ao lado da primeira, pelas diferenças que foram lentamente produzidas. Dessa maneira, o arquivo da brasilidade estaria em formação desde os primórdios da colonização do Brasil, marcando de maneira inconsciente a sua *ruptura* e *descontinuidade* em face do arquivo português e colonial. Enfim, a desconstrução da língua portuguesa pela brasileira estaria então já em pauta, construindo, assim, a leitura do mundo de outra maneira, já que orientado e configurado por um outro olhar delineado pela nova língua.

Como foi que Mário de Andrade teorizou sobre isso? De maneira sugestiva e interessante este afirmou que as *línguas* em geral *precedem* efetivamente as suas *gramáticas*.[874] Portanto, tanto do ponto de vista histórico quanto lógico, a língua como voz e fala precede a sua constituição e formalização nos registros da gramática e da escrita.

---

872. M. Andrade, "Prefácio interessantíssimo". In: *Pauliceia desvairada* (1921), p. 28.
873. Idem, "O movimento modernista" (1941), pp. 267-272.
874. M. Andrade, "Prefácio interessantíssimo". In: *Pauliceia desvairada* (1921), pp. 17-31.

Impõe-se assim, na escrita de Mário de Andrade, a segunda referência à psicanálise e ao inconsciente, pois este processo de constituição da língua se daria também de maneira inconsciente. Isso porque, como estrutura fundamental do psiquismo, o inconsciente não conheceria as gramáticas, tampouco as línguas organizadas. Sua lógica, enfim, seria diferente da lógica da consciência, que estaria no fundamento da constituição das diferentes gramáticas.

Portanto, se o projeto teórico de Mário de Andrade era o de refundar o arquivo brasileiro, com o fundamento nomológico anticolonial, o seu ponto de partida tinha que ser necessariamente o de destacar a construção singular da língua brasileira, na sua diferença com a língua portuguesa, desde o início da colonização do país. Isso porque a construção do arquivo e da tradição da brasilidade foi realizada desde os nossos primórdios, pela desconstrução progressiva da língua portuguesa pela língua brasileira.

Nesta perspectiva, o movimento modernista foi então a assunção plena, no registro da consciência estética, do arquivo da brasilidade, nos anos de 1920, mas esse processo já teria se iniciado nos primórdios do Brasil colonial. Por isso mesmo, a voz da brasilidade se realizou inicialmente e se diferenciou em face da escrita ainda portuguesa, que permaneceu como marca emblemática da tradição colonial. Porém, uma outra escrita começou a se forjar com a poética modernista, que passou a escrever efetivamente em brasileiro, como empreendeu Mário de Andrade com minúcias na disseminação das retóricas indígena e africana, ao lado da portuguesa, no seu romance intitulado *Macunaíma*.[875]

LOUCURA, PRIMITIVIDADE E CRIAÇÃO

Para realizar então a desconstrução do arquivo fundado no princípio colonial de comando, em prol de um princípio nomológico centrado na brasilidade como tradição, seria necessário assim fazer "trabalhar" a língua brasileira, fundamento do novo arquivo. Dessa maneira, os

---
875. M. Andrade, *Macunaíma. O herói sem nenhum caráter*.

particularismos e os regionalismos folclóricos poderiam ser superados pelo novo arquivo, que passaria a delinear o Brasil como nação e como totalidade orgânica.

Como empreender isso? O intelectual brasileiro deveria assumir uma postura "desvairada" em face das representações erudita e europeia, para que pudesse se curar da crônica e maldita "moléstia de Nabuco". Estou me valendo propositalmente do significante "desvairado" porque foi justamente esse que Mário de Andrade escolheu para intitular o seu primeiro livro de poesia, *Pauliceia desvairada*. No entanto, mais do que uma palavra lançada ao léu, o termo pretende remeter para um *método de desconstrução do arquivo colonialista*, com vistas a refundar o arquivo da brasilidade, como ainda se verá adiante.

Assim, seria pelo emblema simbólico do *desvairismo* que Mário de Andrade empreendeu o percurso inaugural da sua poética, na medida em que o emblema seria um *princípio metódico negativo*. Por que negativo? Negativo na medida em que sua teoria seria um "disparate".[876] Se não explica e não vale "coisíssima nenhuma", com efeito, o *disparate* teria a potência de desorganizar o arquivo brasileiro pré-modernista e possibilitar então a constituição do arquivo da brasilidade, a começar pela sua proposição axiomática, qual seja, o enunciado de uma língua brasileira. Portanto, o dito desvairismo, mediado pelo disparate, seria assim o princípio metódico negativo que poderia realizar a desconstrução do arquivo colonialista brasileiro e abrir o espaço retórico para a construção do arquivo da brasilidade propriamente dito.

Evidentemente, a alusão ao desvairado remete à metáfora da *loucura*, considerada por Mário de Andrade signo marcado pela positividade e não pela negatividade. Com efeito, como para alguns dos modernistas e principalmente Oswald de Andrade, nos seus manifestos – "Manifesto Pau-Brasil"[877] e "Manifesto Antropófago"[878] –, as figuras do primitivo e do louco são positivadas como potências de *vida* e de *criação*. Não

---

876. M. Andrade, "Prefácio interessantíssimo". In: *Pauliceia desvairada* (1921).
877. O. Andrade, "Manifesto da poesia pau-brasil" (1924). In: *Do pau-brasil à antropofagia e às utopias. Obras Completas*, vol. 6.
878. Ibidem.

seriam então signos da decadência e da regressão biológica, social e simbólica, numa perspectiva teórica que já realizava a *crítica sistemática do evolucionismo*, no qual aquelas figuras seriam signos eloquentes de *involução* e de *degeneração*.

A *positividade* presente na experiência da loucura implicaria o reconhecimento de que a experiência da criação pressupunha a destruição prévia de algo, numa rebeldia eminentemente criativa, que remete tanto ao discurso romântico quanto ao discurso nietzscheano sobre o gênio. Foi neste sentido que Mário de Andrade pôde se referir a Olavo Bilac, no prefácio da *Pauliceia desvairada*, para indicar que a destruição implicaria a criação.[879]

No que concerne à figura do *primitivo*, este seria a condensação virtual de todas as possibilidades, metáfora por excelência da *potência* e da criação. Daí por que o primitivo se transformou numa das figuras heroicas do ideário modernista, tanto em Mário de Andrade quanto em Oswald de Andrade. Seria justamente pelo reconhecimento da positividade e da potência do primitivo, em face do europeu supostamente civilizado, que a constituição do arquivo da brasilidade seria possível, pois todas as potencialidades estariam então abertas para o futuro da tradição brasileira. A primitividade seria o grande trunfo para a constituição desta, enfim, pois todos os percursos seriam possíveis a partir dessa virtualidade potente.

No entanto, a loucura e a primitividade estariam inscritas no registro psíquico do *inconsciente*, enquanto a suposta civilização e a gramaticalidade que lhe seria correlata estariam no registro da consciência. Por isso mesmo, como a loucura e a primitividade, a criatividade poética seria também inconsciente. E, também, em consequência, a impulsão lírica e a inspiração poética.[880] Portanto, apenas posteriormente a consciência reconheceria e diria algo sobre o que se produziu no ato poético, procurando justificar logicamente o que já teria efetivamente acontecido.[881]

---

879. M. Andrade, "Prefácio interessantíssimo". In: *Pauliceia desvairada* (1921).
880. Ibidem, p. 27.
881. Ibidem, p. 13.

Assim, foi justamente nesses termos que Mário de Andrade procurou articular a relação existente entre o conjunto de poemas que constituíram a *Pauliceia desvairada* e o "Prefácio interessantíssimo", sua introdução. O corpo poético da obra se constituiu primeiro, de maneira inconsciente, como impulsão lírica, sem qualquer planificação racional, e apenas posteriormente, com os poemas escritos, a teorização sobre a obra foi possível, escrita como prefácio.[882]

O que implica dizer que a arte seria a afirmação da *vida,* como potência e linguagem, sem qualquer presunção da gramaticalidade e da lógica formal, e que se constituiria da mesma forma que o *sonho*. A concepção do inconsciente se evidencia aqui novamente, com bastante clareza e literalidade, na escrita de Mário de Andrade. Pode se depreender assim tanto as referências ao discurso psicanalítico de Freud[883] e ao discurso filosófico de Nietzsche,[884] quanto ao discurso estético do Romantismo,[885] que delinearam a poética e a estética com os cânones já destacados. Portanto, a vida seria efetivamente *poiesis* e sonho, antes de mais nada, e balbuciaria a sua voz como linguagem, e o *ser* poderia assim se afirmar decisivamente como potência.

Essa afirmação da vida como potência é o que nos levaria não apenas a sonhar, mas também ao *riso* e ao *sofrimento*.[886] Com efeito, o escárnio e a dor seriam modalidades outras de manifestação da vida e do inconsciente. Porém, o pensamento crítico sobre essas experiências primordiais e primitivas se constituiria somente posteriormente, numa *reflexão* ao que se produziu inicialmente como *poiesis*, da mesma forma que a gramática e a língua formalizadas.

Nessa perspectiva, a impulsão lírica, amalgamada com a matéria-prima da primitividade e da loucura como potências do inconsciente, seria de ordem *instintiva*. Daí a sua *feiura* e a sua marca eminentemente

---

882. Ibidem, pp. 13 e 14.
883. F. Nietzsche, *La naissance de la tragédie*.
884. S. Freud, *L'interprétation des rêves* (1900).
885. G. Gusdorf, *Le Romantisme*, vol. I e II.
886. M. Andrade, "Prefácio interessantíssimo". In: *Pauliceia desvairada* (1921), pp. 17-31.

escatológica.[887] Portanto, o que é *belo* seria então uma transformação desse magma originário, inicialmente malcheiroso, mal-educado e louco. O que estaria assim em pauta seria a operação psíquica da sublimação,[888] mediante a qual a beleza seria a transmutação daquilo que seria originariamente feio, abjeto e horroroso.

A referência teórica à psicanálise, no que concerne a isso, é também evidente. Com efeito, ao aludir ao sonho e ao inconsciente, Mário de Andrade se refere certamente ao livro de Freud *A interpretação dos sonhos*,[889] até mesmo porque a equação simbólica entre a loucura, o primitivo, o infantil e o inconsciente foi nesta obra formulada. Além disso, o que se enuncia é uma referência explícita ao conceito de sexualidade infantil de Freud, forjado nos *Três ensaios sobre a teoria da sexualidade*.[890] Com efeito, a concepção de que a sublimação seria uma transformação do que originariamente era erótico, feio e horroroso é uma das teses fundamentais de Freud nessa obra constitutiva do discurso psicanalítico.

Porém, as referências teóricas à psicanálise continuam a pulular intensivamente na escritura de Mário de Andrade sobre a poética. A problemática da linguagem foi em seguida retomada, num aprofundamento crucial. Assim, a outra tese sobre a poesia é a de que esta deveria se aproximar da *música*, que essa seria forjada no inconsciente.[891] A música, com efeito, teria abandonado há muito a *melodia* em nome da *harmonia*. Retomando Wagner, Mário de Andrade afirma que a harmonia seria de ordem inconsciente e estaria então longe de qualquer gramaticalidade. A melodia seria assim a resultante de uma operação de imposição da gramática sobre uma harmonia originária, constitutiva do inconsciente.

Vale dizer, a linguagem seria constituída por sonoridades harmoniosas e não melódicas, nas quais o inconsciente estaria plasmado como potência de vida, nas suas dimensões erótica, feia e escatológica. Seriam essas

---

887. Ibidem, p. 19.
888. Ibidem.
889. S. Freud, *L'interprétation des rêves* (1900).
890. Idem, *Trois essais sur la théorie de la sexualité* (1905).
891. M. Andrade, "Prefácio interessantíssimo". In: *Pauliceia desvairada* (1921), pp. 22-25.

sonoridades que constituiriam a impulsão lírica, que teria então uma base eminentemente instintual. Portanto, inscrito nas tramas discursivas de Freud e de Nietzsche (Wagner), Mário de Andrade forjava agora um conceito de linguagem e de *poiesis* fundado nos instintos, pelos quais o inconsciente e a vida se amalgamariam como afirmação da potência do ser.

Em diferentes ensaios dos anos 1960 sobre literatura, Foucault forjou o conceito de linguagem como *murmúrio*. Assim, pela escrita as palavras e as frases viriam aos borbotões, sem ordenação lógica, reguladas apenas pelo *acontecimento*, sua condição concreta de possibilidade. A concepção de linguagem como murmúrio pode ser perfeitamente aproximada da formulação de Mário de Andrade da linguagem como harmonia e não como melodia. Nesse particular, o que pode aproximar as formulações de Foucault e de Mário de Andrade é o discurso filosófico de Nietzsche.[892, 893]

Para concluir este tópico, é preciso ainda evocar as figuras do louco e do primitivo no campo das artes plásticas. Numa crônica de 1929, centrada na leitura da obra de Cícero Dias, Mário de Andrade enfatizou o estilo surrealista presente nas suas imagens pictóricas, destacando a proximidade da linguagem do surrealismo com as do louco e do primitivo. Seria ainda a referência ao inconsciente que estaria em pauta, de maneira decisiva, no registro da pintura. Enfim, Mário de Andrade estaria bastante distante do discurso do evolucionismo antropológico e da psiquiatria, no que concerne à loucura e ao primitivo, aproximando-se e se valendo dos conceitos freudianos.

INCONSCIENTE, FANTASMA E ARQUIVO

Se o que disse até agora ficou claro e evidente, o discurso freudiano impregnou a retórica de Mário de Andrade, tanto para constituir a estética modernista quanto para conceber os conceitos de arquivo da brasilidade e de tradição brasileira.

---

892. M. Foucault, "Distance, aspect, origine" (1963). In: *Dits et écrits*, vol. I.
893. Idem, "Qu'est-ce qu'un auteur?" (1969). In: *Dits et écrits*, vol. I.

Assim, os conceitos de Freud se impõem no "Prefácio interessantíssimo" do livro *Pauliceia desvairada*: subconsciente,[894] censura,[895] inconsciente,[896] instinto,[897] recalcamento sexual[898] e sublimação.[899] Tudo isso foi enunciado para nos dizer que o discurso teórico sobre a arte e a literatura não poderia se fundar na tradição do racionalismo filosófico. Foi por esse viés que os conceitos de inconsciente e de instinto seriam constituintes não apenas da linguagem, mas também da memória e do arquivo.

É o que pretendo demonstrar em seguida, com um pouco mais de rigor, no que se refere aos registros do arquivo e da memória, articulando ambos à concepção estética de Mário de Andrade, pela mediação do conceito de inconsciente.

Assim, Mário de Andrade realizou a sua leitura sobre a memória e o arquivo por duas direções teóricas, que são, no entanto, complementares. Na primeira, o que foi colocado em pauta foi a ideia de *assombração*, enquanto na segunda o que estava em questão foram as ideias de *marca* e de *traço*. Antes de tudo, a memória e o arquivo se materializariam como assombração, de maneira que a ênfase foi colocada na dimensão da ficção. O que implica dizer que o que se destaca é o registro da imaginação e não o da sensorialidade.

O que significa essa formulação, afinal das contas? O que estaria em pauta é que a relação do sujeito com o mundo não se daria mais na direção classicamente estabelecida entre os polos da sensorialidade e do entendimento, compreendidos como o primeiro e o segundo registros do psiquismo. Uma inversão significante então ocorreria, colocando em suspensão esse modelo cognitivo clássico. Com efeito, seria o arquivo, permeado por traços e palavras, o que passaria a encantar o mundo, de

---

894. M. Andrade, "Prefácio interessantíssimo". In: *Pauliceia desvairada* (1921), pp. 17-31.
895. Ibidem, p. 28.
896. Ibidem, p. 13.
897. Ibidem, p. 19.
898. Ibidem, pp. 18-19.
899. Ibidem, p. 19.

maneira a produzir assombrações. O arquivo ficcionalizaria as relações do sujeito com o mundo pelas assombrações imaginativas, advindas dos traços e palavras que lhe perpassariam.

Evidentemente, essa impregnação e disseminação encantatória do mundo pelas assombrações implica a existência de *fantasmas* que estariam presentes no campo do arquivo. Com efeito, se não existissem fantasmas neste, por que então falar em assombrações? Parece-me que isso é óbvio: permeado por fantasmas/assombrações, o arquivo se fundaria na imaginação, que, como potência de ficção, encantaria o mundo.

O arquivo, assim, não seria constituído apenas por reminiscências estáticas, como ocorreria com o registro da memória, mas permeado por fantasmas que perpassariam os interstícios das reminiscências e que promoveriam nestas até mesmo um certo dinamismo rítmico. Os fantasmas/assombrações se inscreveriam no corpo, assim como nos intervalos entre as palavras e as frases, conferindo outra ênfase, direção e acento às relações do sujeito com o mundo, que fundaria o campo da própria experiência.

Porém, ao lado disso e em conjunção com isso, o arquivo seria também constituído como *trilhas* e como *rastros* de signos, que se fariam presentes no espírito, como sulcos e cortes impressos que delineariam direções a serem percorridas. Foi justamente essa concepção de arquivo que estava presente na escrita de Mário de Andrade quando se referiu aos passos do indígena peruano Huitota, que tanto o encantaram:

> Quando permito que o passado se lembre de mim, às vezes sinto esses pés Huitotas andando na minha memória. E à medida que o tempo me afasta deles, vai ficando cada vez mais passos e cada vez mais memórias [...] Se eu os posso identificar com a minha memória e só pelo que está neste papel é que os homens podem saber o que foram estes passos.[900]

---

[900] M. Andrade, "Táxi: 'De-a-pé'" (22/12/1929). In: *Táxi e crônicas no Diário Nacional*, pp. 147-148.

Assim, o sujeito em questão está *descentrado* – "quando permito que o passado se lembre de mim" – em face da memória, evidenciando novamente a suposição teórica do inconsciente freudiano por Mário de Andrade. Ao lado disso, o objeto real se perde (o indígena peruano, seu andar rápido), e no seu lugar ficam apenas as marcas de seus passos, como trilhas e rastros na memória, isto é, como signos que remetem à sua existência pretérita. Como *ausência*, no entanto, a existência coletiva desses passos não pode subsistir sem que sejam *impressos* e *inscritos* numa folha de papel pelo escritor que os transmite. Portanto, diferentemente da memória que é íntima e evanescente – pode ou não se lembrar de mim, numa temporalidade que é incontrolável no seu retorno e repetição –, o arquivo é o que permite que a memória seja inscrita como um conjunto de traços num dado *suporte*,[901] que é, no caso, a folha de papel.

Esse conjunto de traços que se imprime se constrói então como trilhas e rastros, marcados pela *diferença* dos signos que se opõem. O que importa na marcha rápida e vigorosa do indígena peruano é a maneira e a forma como impactaram o olhar e a experiência de Mário de Andrade, que os fixou inicialmente como marcas, numa *ausência* do referente – o indígena peruano – que ocorreu no passado. Portanto, a evocação se realiza de maneira eminentemente ficcional, pela qual a ausência se torna presença fantasmática fugidia, pela via da assombração e da espectralidade.[902] Seria essa *escrita* psíquica o que se imprime posteriormente no suporte do papel, na sua transmutação em discurso e em texto, que então se escreve.

O que está assim em pauta é o modelo de psiquismo, delineado por Freud no famoso capítulo VII de *A interpretação dos sonhos*.[903] O que se passa no registro da consciência-percepção se perde imediatamente e aparece posteriormente como traço e signo, constituindo então o registro psíquico do inconsciente. É o psiquismo como arquivo e como sistema

---

901. Ibidem, pp. 82-83.
902. Ibidem.
903. S. Freud, *L'interprétation des rêves* (1900).

arquival o que se destaca aqui, portanto, de maneira eloquente. Os fantasmas, como espectros que nos perpassam de maneira permanente e insistente, seriam assim fulgurações que circulam nos interstícios desses traços e signos, aparecendo então como assombrações.

Vale dizer, para Freud o arquivo se ordena no registro do inconsciente, sendo forjado por traços e signos daquilo que se perdeu como presença e que se fixou como ausência, pela mediação dos quais a ausência pretende se tornar novamente presença pela circulação dos fantasmas, como assombrações que se impõem a nós. Portanto, para Mário de Andrade, seria essa matéria-prima arquivada no inconsciente que constituiria a tradição brasileira propriamente dita, que, fundando-se na especificidade da língua brasileira na sua diferença em relação à língua portuguesa, nos possibilitaria alçar à posição de universalidade pela afirmação do que é singular na brasilidade.

Se *Macunaíma* foi o contraponto poético das pesquisas teóricas e críticas de Mário de Andrade sobre a tradição brasileira,[904] seria porque condensa na sua escrita a concepção da tradição forjada por Mário de Andrade, não apenas na sua linguagem que amalgama propositalmente os registros popular e erudito da brasilidade, mas também nas suas problemáticas, nos seus temas e em suas reflexões. Com efeito, se a personagem de Macunaíma é o nosso herói sem nenhum caráter, foi porque esqueceu a tradição e o arquivo da brasilidade, estando, pois, ainda adormecido como os demais brasileiros. Por isso mesmo, o percurso imaginário de Macunaíma seria o de realizar a Descoberta do Brasil, como realizou, aliás, Mário de Andrade, para sair de sua condição adormecida, despertando então para a tradição da brasilidade.

Porém, se o arquivo como conjunto de signos se atualiza na atualidade, visando constituir o futuro como possibilidade efetiva, pelas assombrações e pelos espectros, seria porque o registro da sensorialidade como percepção se encontra parcialmente obstruído pelo impacto do *excesso* que se transforma inevitavelmente em trauma. Assim, se já precocemente no seu "Prefácio interessantíssimo" à obra *Pauliceia desvairada*, Mário

---

904. M. Andrade, *Macunaíma. O herói sem nenhum caráter*.

de Andrade nos dizia já que os sentidos eram frágeis,[905] no texto "Táxi: Memória e Assombração" é ainda mais enfático em relação a isso, quando afirma:

> [...] na verdade o que a gente faz é povoar a inteligência de assombrações exageradas e secundariamente falsas. Esses sonhos de acordado, poderosamente revestidos de palavras, se projetam da inteligência pros sentidos e dos sentidos pro ambiente exterior, se alargando cada vez mais. São as assombrações. 'Diferentes pois das sensações, as quais do ambiente exterior pros sentidos e destes para a inteligência vêm se diminuindo cada vez mais'. E essas assombrações por completo diferentes de tudo quanto passou é que a gente chama de passado.[906]

É possível aproximar essa leitura arguta de Mário de Andrade, sobre a recente modernidade brasileira, da que foi realizada por Benjamin, quando se refere à poesia de Baudelaire e o impacto traumático da modernidade sobre a experiência social dos indivíduos e o discurso poético.[907] Benjamin procurou delinear as novas condições de possibilidade do arquivo na modernidade, se valendo do ensaio de Freud sobre o *traumático*, a *repetição* e a *pulsão de morte*, intitulado *Além do princípio do prazer*.[908] Nesse contexto, a figura poética do *narrador* se faz então impossível[909] e a poesia moderna tem que ser construída a partir de tais restos traumáticos, para procurar dar sentido à experiência social fragmentária.

Portanto, em Mário de Andrade a modernidade brasileira seria então impactante, tornando, assim, frágeis os nossos sentidos. Para contornar esse obstáculo, necessário seria então acordar e despertar os nossos es-

---

905. Idem, "Prefácio interessantíssimo". In: *Pauliceia desvairada* (1921), pp. 17-31.
906. M. Andrade, "Táxi: memória e assombração" (10 de maio de 1929). In: *Táxi e crônicas no Diário Nacional*, pp. 82-83, grifo meu.
907. W. Benjamin, "Sur quelques thèmes baudelairiens" (1940). In: *Oeuvres*, vol. III, pp. 387-390.
908. S. Freud, *Au-delà du principe de plaisir* (1920). In: *Essais de psychanalyse*.
909. Vide nota 910.

pectros e fantasmas, para encantarmos o mundo e a experiência social com as trilhas e assombrações dos arquivos da brasilidade, e realizar assim a construção da nossa tradição a partir dos signos marcados no inconsciente. Com isso, poderíamos ter um futuro possível, retomando as nossas marcas arquivais para nos direcionar ficcionalmente na fragmentação presente na atualidade.

Foi isso que o modernismo, como movimento do despertar brasileiro, tentou realizar na Semana de 1922, da qual Mário de Andrade foi um dos mais importantes arautos. Foi isso ainda que esse procurou realizar pela retomada dos arquivos (inconscientes) da brasilidade. Por isso tudo, se Mário de Andrade tem que ser arquivado como um dos rapsodos e como um patrimônio simbólico da tradição da brasilidade, não se pode esquecer a sua lição e sabedoria maior, qual seja, a de que o arquivo não é nem *fato* tampouco *documento* a ser embalsamado como *monumento*,[910] mas uma construção sempre móvel e plástica, que se tece na relação viva da atualidade com o futuro e com o passado. Somente assim o arquivo poderia ser perpassado pela historicidade e ser então a matéria-prima e a condição de possibilidade da genealogia de uma tradição.

---

910. Foucault, M. *Archéologie du savoir.* Op. cit.

14. Genealogia do plágio

PROBLEMÁTICA E ACONTECIMENTO

Pode-se afirmar, sem que exista qualquer dúvida em relação a isso, que nem sempre o que denominamos de *plágio* foi uma *questão* na tradição ocidental. Assim, pode-se enunciar que nem sempre o plágio foi considerado um problema de ordem *ética*, como passou a ser concebido na nossa tradição, num tempo histórico relativamente recente. Tampouco, bem entendido, que estaria em pauta uma questão de ordem *estética*, *jurídica*, *social* e *psicológica*, que colocaria em evidência de maneira negativa o agente social que realizou o ato do plágio.

Com efeito, pode-se mesmo afirmar, ainda, para radicalizar o que foi enunciado, que nem sempre o plágio foi considerado uma *falta moralmente imperdoável* ou uma modalidade de *crime*, de forma a expor o plagiário, no espaço público, como alguém que mereceria ser coberto de *vergonha* e de ser até mesmo ativamente colocado na posição de *culpado* pelo seu ato. Desta maneira, seria maculada para sempre a imagem e a reputação ética de quem cometeu o plágio, colocando assim como suspeita qualquer possível ação que venha a realizar posteriormente.

No que se refere ao tempo relativamente recente no qual o plágio passou a ser condenado na nossa tradição social e cultural, é preciso dizer ainda que concebemos tal temporalidade histórica na escala da *longa duração*. Retomo, para isso, a concepção de história tal como foi enunciada pelos teóricos da Escola Histórica dos *Annales* e que teve em Braudel um sistematizador importante deste conceito.[911, 912] Nesta perspectiva, seria possível apreender de maneira mais densa e aguda a novidade representada por um dado *acontecimento* histórico, na medida em que fosse inscrito numa temporalidade longa.

Com efeito, nesta longa temporalidade a descontinuidade histórica de um dado acontecimento poderia ser aquilatada e apreendida na sua conjunção com outras *séries* de acontecimentos, que constituiriam assim o seu campo e seu horizonte de *sentido*. Desta maneira, nos deslocamos de uma concepção histórica centrada estritamente no registro da *continuidade* para outra que lhe seria oposta, fundada agora no registro da *descontinuidade*.

É desta perspectiva teórica que gostaria de analisar aqui a questão do plágio, para colocar em evidência como este se transformou, na nossa tradição, num acontecimento propriamente dito, o que certamente não ocorria num tempo histórico anterior. Para isso, é necessário articular preliminarmente a constituição do plágio como acontecimento a outras *séries* de acontecimentos, que, ao conjugar-se de maneira nova e inédita, lhe atribuíram um horizonte de sentido e uma densidade de que não era dotado anteriormente.

Seria assim por estas conjunções específicas que a questão do plágio pôde ser transformada efetivamente numa *problemática* na nossa tradição, para me valer de um conceito que foi teoricamente formulado por Foucault[913] e Deleuze,[914] para se referirem à prática teórica como a realização de *problematizações*. Portanto, é possível enunciar que a questão do plágio, como acontecimento histórico específico e original, pôde se transformar efetivamente numa problemática propriamente dita, ao ser inscrita em diversas séries de acontecimentos que se declinam entre si de maneira orgânica e que lhe conferem uma atribuição ética, estética, social, jurídica e psicológica, ao mesmo tempo.

---

911. F. Braudel, "História e ciências sociais: a longa duração". In: *Escritos sobre a história*.
912. Idem, *Civilisation matérielle et capitalisme*. XVe-XVIIIe siècles, vols. I, II e III.
913. M. Foucault, *Dits et écrits*, vol. IV.
914. G. Deleuze, *Différence et répétition*.

Além disso, pode-se formular ainda que num tempo histórico posterior àquele em que foi configurada como acontecimento, como ocorre de forma frequente na atualidade, a questão do plágio perdeu progressivamente a sua valência crítica e passou a ser algo a que, na nossa tradição cultural, se passou a fazer vista grossa. É possível enunciar assim, no que concerne a isso, que a questão do plágio é um dos signos que evidenciam a descontinuidade existente entre a modernidade e a pós-modernidade, como ainda indicarei de forma esquemática no final deste ensaio.

Isso não implica dizer, bem entendido, que o que se passou a se descrever como plágio, na nossa tradição, não ocorria anteriormente. Porém, não tinha qualquer relevância social, ética, estética, psicológica e jurídica, pois, como *fato* isolado e que não se inscrevia numa série de outros fatos, não tinha absolutamente o estatuto de um verdadeiro acontecimento. Vale dizer, se enunciarmos que uma *descrição* delineia a constituição específica de um fato, isso não implica necessariamente dizer que este seja transformado num acontecimento, pois para tal seria preciso ainda que se inscrevesse numa série de outros acontecimentos relevantes.

No que tange a isso, ocorreu no campo do plágio o mesmo que se passou na constituição do conceito de perversão, no século XIX, na leitura proposta por Davidson.[915] Com efeito, para que este fosse forjado no campo da psiquiatria, no século XIX, necessária foi a constituição do novo conceito de doenças funcionais, em oposição à ideia até então estabelecida de doença centrada na lesão anatômica. As descrições realizadas anteriormente pela tradição religiosa e pela medicina pré-moderna, daquilo que na modernidade passamos a denominar de perversão, não se superpõem ao que se passou a ser assim cristalizado pelo discurso da medicina científica na modernidade. Enfim, um fato não se plasma imediatamente num acontecimento e não se transforma por si mesmo num acontecimento, sendo então necessário que algo a mais ocorra e que se faça efetivamente presente para que algo da ordem do fato se transforme num acontecimento.

---

915. A.I. Davidson, *L'émergence de la sexualité. Épistemologie historique et formation des concepts.*

Por isso mesmo, uma interrogação fundamental se coloca aqui, que deve ser o fio condutor imprescindível do percurso teórico a ser empreendido: por que foi apenas num tempo histórico relativamente recente que o plágio passou a ser algo condenável na nossa tradição? É justamente esta a questão que tenho a intenção de problematizar neste ensaio, para que se possam colocar efetivamente em destaque os pressupostos teórico, ético, estético, social, jurídico e psicológico que nos conduziram à condenação do plágio, de forma a considerá-lo moralmente inadmissível.

CAMPOS LITERÁRIO E CIENTÍFICO

A leitura dos verbetes sobre o plágio, o plagiar e o plagiário, em diferentes dicionários etimológicos em língua portuguesa[916, 917] francesa[918, 919] e inglesa,[920] não coloca qualquer dúvida sobre as categorias gramaticais e os sentidos atribuídos para estas três palavras. Se o plágio é um substantivo, o plagiário como figura remete ao sujeito que cometeu o plágio, e o plagiar como verbo evidencia finalmente a ação de realizar o plágio.

Além disso, na leitura semântica cristalizada nestas diferentes línguas o plágio é considerado uma ação *oblíqua*, na qual uma *trapaça* seria efetivamente cometida pelo plagiário. Enunciar que se trata de uma ação oblíqua implica dizer que não se trata de uma ação *reta*, no sentido moral e ético desta palavra, mas de uma ação *desonesta* realizada pelo plagiário. É por conta disso que o plágio seria uma ação vergonhosa para quem o exerceu, merecendo assim o plagiário a acusação e a condenação coletivas, que maculariam então, de maneira indelével, a sua reputação moral.

Além disso, nos diferentes dicionários etimológicos consultados a questão do plágio remete para os campos *literário* e *científico*, que fo-

---

916. *Dicionário Houaiss da língua portuguesa*, pp. 2231-2232.
917. *O Novo Aurélio, século XXI: o dicionário da língua portuguesa*, p. 1581.
918. *Nouveau Petit Robert*. Dictionnaire de la Langue Française, p. 1687.
919. *Petit Larousse*. Illustré, p. 786.
920. *Compact Oxford English*, p. 776.

ram então certamente privilegiados na leitura do plágio. Evidentemente, outros campos de práticas sociais podem ser igualmente colocados em evidência para a existência específica do plágio. Porém, não resta qualquer dúvida de que historicamente foi nos campos literário e científico que o plágio foi transformado num acontecimento moralmente condenável e inadmissível, na tradição do Ocidente.

Finalmente, é preciso evocar ainda que a palavra plágio foi apenas constituída no século XVI, remetendo assim à ação de plagiar, derivada da palavra *imitação*, de forma que a dita ação oblíqua e trapaceira, realizada no plágio, seria derivada originalmente da ação de imitação, realizada por alguém, de algo que foi inicialmente feito e inventado por outrem.[921]

Pode-se depreender facilmente disso então como a palavra e o conceito de plágio foram uma invenção efetivamente moderna, não existindo anteriormente nas perspectivas histórica e social, e remetendo decididamente aos sentidos de trapaça e de imitação. Além disso, tais ações foram originariamente condenáveis nos campos literário e científico, de forma a serem inscritas apenas posteriormente em outros campos de práticas sociais, nos quais passaram a ser condenáveis numa perspectiva eminentemente moral.

Assim, o que pode se evidenciar então é que a questão do plágio se constituiu efetivamente como um problema no Ocidente num tempo histórico contemporâneo à configuração da *literatura moderna*, no qual a famosa *Querela dos Antigos e dos Modernos* se constituiu como um divisor de águas na nossa tradição social e intelectual,[922, 923] assim como as *Revoluções científicas* nos séculos XVII e XVIII.[924, 925] Portanto, foi com os novos valores atribuídos às produções literária e científica, na tradição ocidental, que passaram então a se *autonomizar* como *campos sociais* específicos e que se constituíram simbolicamente como *campos*

---

921. *Dicionário Houaiss da língua portuguesa*, p. 2232.
922. *La querelle des anciens et des modernes*. XVII – XVIIIᵉ siècles.
923. J. Dejean, *Ancients against modernes*: *Culture wars and the making of a fin de Siècle*.
924. A. Koyré, *Études d'histoire de la pensée scientifique*.
925. Idem, *Du monde clos à l'univers infini*.

intelectuais,[926] que o plágio como questão foi transformado numa problemática propriamente dita. Enfim, uma transformação ética radical esteve então em pauta e subverteu a nossa tradição cultural de ponta-cabeça, de forma que o plágio como imitação e como trapaça passou a ser algo moralmente condenável e inaceitável para os indivíduos e a sociedade.

Desta maneira, é preciso colocar em destaque, no que concerne a isso, que uma série de novos *valores* passou a ser desde então evidenciada como *positiva* no Ocidente e que era anteriormente inexistente, de forma a transformar assim radicalmente as linhas de força de nossa tradição.

É o que se verá no que se segue, de maneira esquemática.

AUTENTICIDADE, ORIGINALIDADE, SINGULARIDADE

Constituir especificamente a questão do plágio e empreender assim a condenação correlata da figura do plagiário, no registro moral, implicou tornar positivos certos valores no Ocidente. Que valores seriam estes, afinal de contas?

Antes de tudo, a *autenticidade como valor, que passou a ser considerada* marca fundamental, incontornável e constitutiva da *individualidade*, no novo espaço social da modernidade. Assim, privilegiar a autenticidade do indivíduo implicaria dizer que este seria *inconfundível* com qualquer outro. Com efeito, por mais próximo e similar que um dado indivíduo possa ser de outros, com quem estabelece laços sociais, nos contextos da família, do trabalho e do amor, existiria algo que o diferenciaria radicalmente dos demais, fazendo então com que ele possa se *diferenciar* dos outros e ser então ostensivamente marcado eticamente por uma *distinção*.

Vale dizer, a questão de que uma dada individualidade deveria ser desde então considerada autêntica e inconfundível se desdobrou numa outra questão da ordem do valor, qual seja, a da *originalidade*, que passaria a ser a marca de distinção de um indivíduo na modernidade. Portanto, ser alguém autêntico na modernidade passou a se declinar com a condição

---

926. P. Bourdieu, *A economia das trocas simbólicas*.

de ser um indivíduo caracterizado pela marca de ser inconfundível e que se evidenciaria pela originalidade, ao mesmo tempo.

Contudo, é preciso enunciar ainda que estes três atributos se condensaram na concepção de um indivíduo delineado como *singularidade*. Com efeito, ser um indivíduo autêntico, inconfundível e original, ao mesmo tempo, se desdobrou na constituição da marca ética da singularidade, como aquela que passaria a caracterizar o indivíduo na modernidade. Esta condição específica se oporia à condição de *pluralidade*, pois aquilo que seria singular seria também caracterizado pela condição de ser *único*. Daí por que o indivíduo seria considerado inconfundível e insubstituível.

Além disso, ao ser considerado original, inconfundível e singular, em face dos demais, o indivíduo romperia então definitivamente com a condição de ser *homogêneo*, dissolvido sem qualquer distinção no campo da massa, e se transformaria assim num ser *heterogêneo*. Enfim, desta maneira específica, um indivíduo poderia ser denominado de *sujeito* propriamente dito.

SOCIEDADE E INDIVÍDUO

Porém, é preciso que se evoque ainda que nem sempre, no Ocidente, o indivíduo foi considerado uma singularidade e um sujeito, que seria, além disso, inconfundível, marcado pela autenticidade e originalidade como seus atributos. Esta construção antropológica específica implicou a invenção histórica do indivíduo como *valor*, o que se realizou apenas na modernidade. Com efeito, na leitura antropológica que enunciou Dumont não existia nas sociedades pré-modernas a concepção do indivíduo como valor, pois se naquelas o indivíduo existia como *empiricidade*, se inscrevia numa *totalidade* que o subsumia e o constituía efetivamente, na medida em que seria o registro *holístico* da ordem social o que forjaria a figura do indivíduo.[927, 928]

---

927. L. Dumont, *Essais sur l'individualisme: une perspective anthropologique sur l'ideologie moderne.*
928. Idem, *Homo hierarchicus: le système des castes et ses implications.*

No deslocamento da figura da individualidade empírica para a da individualidade-valor estaria em pauta a constituição do discurso do *individualismo* no Ocidente, que constituiu nossa tradição desde o século XVIII. Desde então, o indivíduo passou a condensar em si todas as virtudes éticas, por um lado, e todas as valências sociais, políticas e econômicas, pelo outro. Em decorrência disso, o *indivíduo-valor* estaria no fundamento da ordem social moderna, constituinte de base da *sociedade* propriamente dita.[929]

Com efeito, o que passou a caracterizar a ordem social na modernidade foi que esta se pautou por ser uma *associação* de indivíduos, isto é, como uma sociedade propriamente dita.[930] Esta seria então configurada como uma conjunção entre indivíduos e estes seriam os seus pilares em última instância, como *átomos* constitutivos da sociedade.[931] Foi por conta disso que o indivíduo adquiriu então *direitos* inalienáveis anteriormente inexistentes, como as condições de *igualdade* e de *liberdade*. Além disso, em decorrência da igualdade e da associação entre os indivíduos, estes seriam caracterizados pela *fraternidade*. Por isso mesmo, as Constituições norte-americana e francesa, oriundas de suas Revoluções respectivas, estabeleceram no seu capítulo inicial os ditos direitos inalienáveis do indivíduo.[932]

Portanto, a figura do *cidadão*, como correlato na sociedade política da constituição da figura do indivíduo-valor na sociedade civil na modernidade, foi a versão política da figura do indivíduo como valor. Com efeito, estas duas figuras são a face e o verso da mesma problemática, isto é, da sociedade e da modernidade.

Outros teóricos, como Deleuze, formularam igualmente que foi neste contexto histórico que o espaço social foi efetivamente inventado, pois este seria anteriormente inexistente. No que tange a isso, o título de seu texto sobre esta questão, numa apresentação importante da obra

---

929. Ibidem.
930. Ibidem.
931. Ibidem.
932. Ibidem.

de Donzelot sobre a família moderna nas suas relações com o poder jurídico, é bastante eloquente: "A ascensão do social."[933]

Além disso, o conceito de *poder disciplinar*, cunhado por Foucault para se contrapor ao do *poder soberano* que lhe antecedeu historicamente,[934] seria também o signo eloquente desta invenção específica na modernidade, colocando em ênfase, contudo, a nova forma de *poder* então instituída, enunciada pela constituição da *microfísica* do poder no ordenamento do espaço social. Para Foucault, no entanto, a constituição da figura do indivíduo na modernidade seria o efeito e a resultante do dito poder disciplinar.[935]

Em contrapartida, como já dissemos, a emergência do indivíduo como valor e como átomo da sociedade se opõe radicalmente à existência anterior de uma ordem holística, na qual seria a totalidade que seria constitutiva da individualidade, de maneira que esta estaria subsumida naquela. Desta maneira, o indivíduo como empiricidade existia efetivamente, mas não era o átomo da base da ordem pública, como se pode ainda observar na tradição política e cultural da Índia, constituída pelo sistema de castas e pela hierarquia.[936] Foi esta ordem holística que existia no Ocidente antes da emergência histórica da modernidade, na qual a existência de *estamentos* sociais funcionava estritamente segundo a lógica holística. É preciso dizer ainda que a lógica da *hierarquia* se opõe radicalmente à lógica da *igualdade*, de forma que a ordem hierárquica não seria efetivamente constituída pelo cidadão e pelo indivíduo-valor, mas por *súditos*, em que esses seriam hierarquicamente inferiores aos *soberanos*.

Além disso, a constituição da sociedade na modernidade implicou a *separação* estrita da *sociedade civil* e da *sociedade política*, pois a associação entre os indivíduos se desdobrou na emergência da sociedade política.[937] Seria no campo da sociedade civil que se inscreveu o

---

933. G. Deleuze, "L'ascension du social" (1977). In: *Deux regimes de fous*.
934. M. Foucault, *Surveiller et punir*.
935. Ibidem.
936. L. Dumont, *Homo hierarchicus*.
937. L. Dumont, *Essais sur l'individualisme*.

mercado propriamente dito, de forma que a constituição do indivíduo-
-valor implicou a constituição do liberalismo e do individualismo
econômico.[938]

LIBERDADE, TRANSGRESSÃO E IMAGINAÇÃO

Pode-se afirmar assim que foi a constituição do indivíduo como valor,
na modernidade, que se desdobrou nas condições de singularidade, de
incomparabilidade e da originalidade como seus atributos éticos fundamentais, por um lado, não obstante as condições de igualdade, de
fraternidade e de liberdade que passaram a caracterizá-lo como cidadão,
pelo outro. Vale dizer, não obstante sua *equivalência*, no que concerne
aos seus direitos outorgados pela cidadania, os indivíduos na modernidade seriam marcados pela singularidade, pela incomparabilidade e pela
originalidade, o que lhes conferia a condição ética de ser sujeito. Além
disso, se estas marcas se inscreveram no registro ético, o mesmo ocorrera
no registro estético, face e verso da mesma problemática, constitutiva da
figura do indivíduo como valor na modernidade.

A versão *alemã* do individualismo moderno foi a condição concreta de
possibilidade para que se pudesse destacar com mais ênfase a importância
então adquirida pela singularidade, assim como pela consideração da
não substituição das individualidades, em contraposição com a versão
francesa do individualismo. Com efeito, se esta enfatizou principalmente
os registros da cidadania e da *exterioridade*, aquela destacou, em contrapartida, o registro da *interioridade*.[939]

A versão alemã do individualismo moderno começou a se forjar efetivamente no campo religioso, com a constituição histórica do *protestantismo* e do *calvinismo*, que delinearam a interioridade espiritual do
indivíduo no seu diálogo infinito com Deus. Se estas tradições religiosas
foram a condição concreta de possibilidade para a constituição do "es-

---

938. Idem, *Homo aequalis I: Genèse et épanouissement de l'idéologie économique.*
939. L. Dumont, *Homo aequalis II. L'idéologie allemande: France-Allemagne et retour.*

pírito do capitalismo",⁹⁴⁰ como nos disse Weber de forma lapidar, por um lado, foram também a condição de possibilidade para a constituição do Romantismo alemão, pelo outro.

No que concerne a isso, é preciso evocar não apenas que o ideário estético do Romantismo se inscreveu como marca fundamental na constituição da literatura moderna, tendo na Alemanha uma importância crucial, não obstante a sua relevância equivalente na França e nos demais países europeus;⁹⁴¹ é preciso dizer ainda que o Romantismo se estendeu também como projeto estético para o campo das outras práticas artísticas, nas quais as mesmas linhas de força se encontram presentes.

Porém, na *inflexão* assumida pela individualidade moderna em direção à interioridade,⁹⁴² o que se colocou em destaque foi o registro psíquico da *imaginação* como delineador das linhas de força na construção do *sujeito*, de forma que este não ficaria subsumido ao imperativo da percepção e da exterioridade.⁹⁴³ Seria ainda por este viés que a *liberdade* como valor passou a ocupar uma posição estratégica na modernidade, conjugada intimamente com o registro antropológico da imaginação.

Neste contexto, se retornarmos especificamente ao campo da literatura, pode-se reconhecer a importância decisiva desta inflexão na construção literária, na medida em que nesta o *romance* passou a ocupar a *posição estratégica* que era até então ocupada pela *epopeia*.⁹⁴⁴ Qual foi o significado desta inflexão fundamental?

O que caracterizaria a cena da epopeia era que a figura do *herói* se inscrevia na totalidade cósmica da ordem na pré-modernidade, regulada pelo poder religioso e pelos imperativos do poder soberano, que delineavam o seu destino de maneira infalível e implacável. Existia assim uma conjunção orgânica entre o *microcosmo* e o *macrocosmo*, na constituição da ordem pré-moderna e na construção literária da *epopeia*. Em con-

---

940. M. Weber, *Éthique protestante et l'esprit du capitalisme*.
941. G. Simmel, "L'individualisme moderne". In: *Philosophie de la modernité*.
942. Idem, "Esthétique et modernité". In: *Philosophie de la modernité*.
943. E. Kant, *Critique de la raison pure*.
944. G. Lukáks, *Théorie du Roman*; "Narrar ou descrever? Contribuição para o discurso sobre o naturalismo e o formalismo". In: *Ensaios de literatura*.

trapartida, o que se inscrevia na narrativa romanesca eram os percursos e os impasses das *personagens como sujeitos*, que teriam que traçar de maneira imprevisível as trilhas erráticas de sua existência pelo exercício da liberdade e pela livre escolha,[945] sem se submeter necessariamente aos imperativos da totalidade.

Por isso mesmo, enquanto se pode recensear uma série *finita* de narrativas épicas – nas quais há um número limitado de heróis que se inscrevem na cena épica e que se repetem sempre em novas versões historicamente circunscritas da mesma matriz narrativa –, o que passou a caracterizar a cena do romance, em contrapartida, foi a invenção teoricamente *infinita* de novos personagens, sempre singulares e originais. Enfim, se na epopeia a figura do herói circula sempre num *cosmos* finito, no romance, em contraponto, a personagem constrói as suas pegadas erráticas num *universo* potencialmente infinito, de forma a transformar radicalmente não apenas a escala, mas também as coordenadas e as linhas de força constitutivas do mundo.[946]

No novo horizonte ético e estético da narrativa romanesca se colocou ainda em evidência outra marca fundamental da modernidade: a *transgressão* como característica crucial da individualidade como valor. Seria sempre pela transgressão, com efeito, que o sujeito como singularidade poderia afirmar efetivamente a sua liberdade e compor assim, nos seus menores detalhes, sua originalidade.[947] Isso porque na queda vertiginosa da figura de Deus, que foi morto e que não mais podia legiferar sobre o *Bem* e o *Mal* de maneira absoluta,[948] como formulou Nietzsche numa formulação lapidar, a individualidade como valor poderia então se expandir ao infinito e construir novas bordas para a sua existência. Em decorrência disso, Dostoiévski pôde enunciar de forma eloquente, no romance *Crime e castigo*, que se Deus está morto tudo seria então possível.[949]

---

945. Ibidem.
946. A. Koyré, *Du monde clos à l'univers infini*.
947. M. Foucault, "Préface à transgression". In: *Dits et écrits*, vol. I.
948. Ibidem.
949. F. Dostoievsky, *Crime e Castigo*.

Porém, a disseminação da transgressão na modernidade, como marca ética que se contrapôs ostensivamente à ausência da Lei, ao mesmo tempo simbólica e teológica, nos remete inequivocamente para a ausência correlata de um poder soberano que pudesse efetivamente constranger os seus cidadãos, como fizera outrora com os súditos. Com isso, a figura da individualidade moderna foi tomada por uma enorme embriaguez e por um imperativo infinito de afirmação de si, numa expansão contínua que conduziu a filosofia de Nietzsche a privilegiar na sua ética e na sua estética a figura mítica de Dionísios.[950]

Da mesma forma, segundo as formulações do discurso sociológico e filosófico de Simmel, o imperativo da afirmação da *vida*, na modernidade, explodiria de forma ruidosa com todas as *formas* que visassem constrangê-la, conduzindo então definitivamente às novas expressões nos campos diversos da literatura, da arte e da religião.[951]

Foi neste contexto específico que o plágio se transformou numa questão crucial, num acontecimento decisivo, enfim, sendo evidenciado como algo moralmente condenável no Ocidente.

Evidentemente, a psicanálise como discurso teórico e como experiência clínica se inscreveu historicamente no projeto do individualismo moderno, de forma que as marcas da originalidade e da singularidade seriam constitutivas do sujeito do inconsciente. Contudo, seria o desejo o que delinearia a distinção existente entre os diferentes sujeitos, promovendo assim a conjunção e a disjunção entre as diversas marcas psíquicas inconscientes, norteado pelos fantasmas, que estão assim inscritos no campo da imaginação. Portanto, as produções científicas e artísticas de um dado sujeito seriam sempre promovidas por estas condições de possibilidade inconscientes, norteadas sempre pelo desejo, de forma que se um indivíduo quer plagiar outro, pretende assim ser quem não é e rouba ostensivamente do outro aquilo que lhe seria mais próprio, íntimo e caro.

---

950. F. Nietzsche, *Ainsi, Parlait Zarathoustra*.
951. G. Simmel, "Conflit et modernité". In: *Modernité philosophique*.

Além disso, o sujeito do inconsciente seria também marcado pela transgressão, da mesma forma que o desejo que lhe permeia e norteia, de maneira que a experiência da *criação* na sua singularidade seria fundamentalmente transgressiva. O plágio seria assim um movimento de alguém para se apropriar do desejo do outro, enfim, o que implicaria um ato de *predação* propriamente dita de um sujeito, o que seria certamente inaceitável e imperdoável do ponto de vista ético.

AUTOR

Porém, é preciso dizer ainda que foi neste contexto histórico que a questão do *autor* se configurou de maneira absolutamente nova na tradição ocidental, pois assumir e ser reconhecido como autor, nos campos das artes e da literatura, seria a consequência da figura do indivíduo como singularidade. Com efeito, a autoria se transformou numa marca perpassada pelo imperativo da originalidade, nos registros ético e estético.[952]

Seria em decorrência disso que os imperativos da *vanguarda*, nos campos da arte e da literatura, se transformaram numa marca inequívoca da modernidade. Com efeito, a cada nova geração de artistas e de escritores se impôs que necessário seria inventar *novas linguagens*, que não repetissem o que estaria já codificado pelas gerações anteriores nos registros pictórico e da escrita, de forma a enfatizar de maneira eloquente a originalidade e a singularidade da produção artística e literária.

A categoria de *gênio*, enunciada e inflacionada ao longo do século XIX nas tradições teóricas da estética e da literatura, foi a forma pela qual a originalidade do sujeito criador foi desde então colocada em evidência, para marcar a sua distinção e a sua heterogeneidade efetiva em face dos demais.

Além disso, o imperativo da originalidade e o da singularidade se colocaram igualmente no campo das ciências, principalmente no campo das *ciências humanas e da filosofia*, no qual a *função* autor assumiu uma

---

952. M. Foucault, "Qu'est-ce qu'un auteur?". In: *Dits et écrits*, vol. I.

posição crucial, diferentemente do campo das ciências naturais. De acordo com Foucault, com efeito, as ciências humanas seriam *formas da discursividade* nas quais a função autor estaria sempre presente, de maneira a diferenciar especificamente este campo do saber do campo das ciências da natureza. Neste, por outro lado, o sujeito desapareceria de cena em face da dominância assumida pelas coordenadas do experimento e pelo registro estrito do *conceito*.[953]

O discurso psicanalítico concebeu a função da autoria pelo viés de fundação então conferido ao sujeito do inconsciente, assim como pela sua marca de singularidade delineada pelo desejo. Por isso mesmo, desde Freud, não foi um acaso que a psicanálise tenha constituído uma tradição teórica importante na leitura da literatura e das obras de arte, para apreender nas marcas estilísticas destas criações a singularidade do sujeito do inconsciente nas suas inflexões fundamentais.

SILÊNCIO DO PLÁGIO

O que pretendi sustentar então, neste esquemático percurso genealógico, é que o plágio apenas se transformou numa questão efetiva na modernidade e que não existia enquanto tal na pré-modernidade. Com efeito, amaldiçoar e condenar o plagiário, de maneira a culpá-lo em diferentes níveis, assim como macular de vergonha o seu destino, apenas se tornou possível quando a individualidade como valor do sujeito realizou a sua emergência histórica triunfal, constituindo a função do autor como a posição privilegiada para o reconhecimento efetivo das produções intelectuais, sejam estas literárias, artísticas ou científicas.

Seria então por conta disso, enfim, que a figura do plagiário poderia ser efetivamente criminalizada, pelo roubo que realizou da singularidade expressa na sua produção intelectual e pelo não reconhecimento do ideário da modernidade, pelo qual a originalidade e a singularidade constituiriam indiscutivelmente as marcas ética e estética do sujeito.

---

953. Ibidem.

No entanto, na contemporaneidade o plágio perde progressivamente a marca negativa que pesava sobre si na modernidade. A inflação assumida pela *cultura da imagem* na pós-modernidade, na qual a condição do *parecer* domina fartamente sobre a condição do *ser*, nos conduz rapidamente para o privilégio conferido ao *espetáculo*, para o imperativo da condição do ser visto como o novo cogito, de forma que retira o solo e os alicerces onde se fundava a *cultura do reconhecimento* simbólico do sujeito pela mediação da *produção de obras*. Neste contexto, portanto, o plágio não se coloca mais como uma questão de forma imperativa, como ainda ocorria na modernidade, pois os valores que sustentavam a crítica ao plágio passam a ser progressivamente silenciados e colocados em estado de suspensão na pós-modernidade.

PARTE VII Artes plásticas e visuais

15. Pincelando e esculpindo coisas em imagens: uma leitura das artes plásticas

LITERATURA E ARTES PLÁSTICAS

Os escritos psicanalíticos sobre a pintura e a escultura se caracterizam pela quase *ausência*. Creio que, ao falar assim, sou complacente na avaliação e no comentário. Poderia substituir, se quisesse, a quase ausência pela *inexistência* de uma tradição psicanalítica de ensaios críticos nesses domínios da criação artística. Não tenho certeza absoluta disso, no entanto. Devem existir algumas poucas produções sobre o tema ao longo da história da psicanálise. Sempre esparsas, a ponto de desaparecerem da memória, no momento de serem lembradas, numa circunstância como esta.

Porém, o que é líquido e certo é que existe uma enorme *precariedade* de produções psicanalíticas sobre as artes plásticas. A exceção se faz então regra, portanto, tal a raridade destas elaborações no campo psicanalítico. E a precariedade é significativa, isto é, enuncia algo sobre a psicanálise. É o mínimo que se pode dizer, me valendo aqui de um pressuposto teórico e metodológico da própria experiência psicanalítica, qual seja, de que as coisas não acontecem à toa e de que os pequenos gestos, mesmo os mais insignificantes, são dotados de sentido. Com efeito, devem existir intenções poderosas para provocar a exclusão das artes plásticas do campo de preocupação teórica da psicanálise. É deste enigma que devemos, enfim, nos aproximar, de maneira inequívoca e inapelável.

Assim, examinando os escritos analíticos sobre as obras de arte, é fácil constatar que estes se concentraram quase sempre no campo da *literatura*. Isso é insofismável. Destacando estritamente o campo literário, é fácil constatar também como existe um ostensivo privilégio concedido à produção romanesca sobre a poética. Vale dizer, as interpretações sobre o *romance* e o *conto* ultrapassam de longe, sem qualquer comparação possível, as leituras sobre a *poesia*. Pode-se registrar isso tudo com facilidade desde os primórdios da psicanálise, enfim, quando Freud se preocupou em buscar, principalmente na literatura, a possibilidade de enunciar interpretações sobre a experiência da arte.

A exclusão da palavra poética se destaca também quanto a isso, desprivilegiada acintosamente em relação à tradição romanesca. Devemos nos indagar frontalmente se a economia desta exclusão seria da mesma ordem da que preside a não preocupação teórica da psicanálise com as artes plásticas. Contudo, não pretendo me embrenhar por esta outra senda, por ora me concentrando, sobretudo, no campo das artes plásticas.

Volto-me assim para a economia simbólica da exclusão das artes plásticas nas leituras psicanalíticas porque se trata de um imperativo insofismável, do qual não podemos facilmente escapar e ficar de cara limpa, como se não estivesse acontecendo nada. É preciso reconhecer isso de pronto, pois é o grau zero de possibilidade para que uma interpelação teórica possa tomar corpo e possibilitar uma incursão significativa do discurso psicanalítico neste domínio estético. Com efeito, é preciso enunciar que neste silêncio se revela um impasse e que este evidencia um sintoma. E, como qualquer sintoma, este se mostra como um enigma que exige um trabalho de deciframento. Daí, portanto, o imperativo incontornável a que aludi.

Assim, a que se deve atribuir tal disparidade simbólica entre literatura e artes plásticas no horizonte teórico da psicanálise? Como responder a esta evidência que se constituiu ao longo da história da psicanálise?

É possível enunciar que Freud não era muito ligado às artes plásticas, preferindo claramente a literatura para o seu usufruto estético e para suas incursões teóricas no campo das artes. No entanto, esta suposição não se mostra verídica, não se aguenta de pé, pelo exame mais superficial possível de sua correspondência.⁹⁵⁴ Com efeito, nas férias Freud gostava de visitar museus e lugares históricos onde existia uma grande presença pictórica, para o seu desfrute artístico e sua curiosidade intelectual.⁹⁵⁵ Além disso, Freud tinha uma pequena coleção privada de objetos arqueológicos, que povoavam o seu consultório e a sua mesa de trabalho. Freud convivia cotidianamente, portanto, com objetos de arte. Não se pode dizer, portanto, das artes plásticas, aquilo que seria válido e legítimo para o campo da música – isto é, que Freud não era um admirador desse tipo de produções artísticas, apesar de viver numa cidade como Viena, berço da vanguarda da época e onde a música era certamente a forma de arte que mais se destacava.

    Deve-se evocar ainda que Freud alude às artes plásticas ao longo de seu percurso, não estando estas completamente ausentes no seu discurso. Além disso, escreveu dois longos ensaios sobre o assunto, um sobre Michelangelo⁹⁵⁶ e o outro já mencionado, sobre Leonardo da Vinci.⁹⁵⁷ Debruçou-se, assim, sobre a escultura e sobre a pintura, de maneira pontual, mas significativa. Ainda que o interesse de Freud por estes domínios da arte se evidencie, portanto, não se constituiu, em contrapartida, uma tradição psicanalítica sobre isso, ficando as contribuições de Freud isoladas e sem qualquer desdobramento posterior. Contudo, é evidente também que seu interesse maior estava certamente voltado para a literatura, estando as artes plásticas numa nítida posição de desvantagem, como já afirmei.

    A indagação inicial persiste, no entanto. Não se pode depreender imediatamente a razão de tal ausência na tradição psicanalítica. Como se poderia descobrir então o pouco interesse evidenciado pela psicanálise em mergulhar teoricamente na leitura da experiência pictórica, afinal das contas?

    Vou empreender assim um pequeno percurso teórico para procurar esboçar uma resposta para esta indagação.

---

954. S. Freud, *Correspondance* (1873-1939).
955. E. Jones, *La vie et l'oeuvre de Sigmund Freud*, vols. I, II e III.
956. S. Freud, "Le Moïse de Michel-Ange" (1914). In: *Essais de Psychanalyse appliquée*.
957. Idem, *Un souvenir d'enfance de Léonard de Vinci* (1910).

NARRAR, VER, DIZER

Da leitura de *Gradiva* de Jensen[958] aos comentários sobre a literatura fantástica presentes no ensaio sobre a inquietante estranheza e o estranho familiar,[959] passando pela arqueologia das figuras femininas no conto sobre os três cofres,[960] no campo das artes o discurso freudiano se voltou principalmente ao domínio literário. A interpretação das artes plásticas se realizou de forma irregular e de passagem. Sua presença no discurso freudiano se caracteriza, assim, pela descontinuidade. As interpretações sobre o "Moisés" de Michelangelo e as telas de Leonardo da Vinci foram indubitavelmente os momentos privilegiados na leitura das artes plásticas em seu percurso teórico.

A outra marca registrada nessas leituras de Freud é a preocupação explícita com o *conteúdo* das realizações pictóricas, não considerando sua *dimensão formal*. No que concerne a isso, o discurso freudiano é claro, enunciando literalmente a sua escolha metodológica.[961] Porém, isso não é apenas patente nas artes plásticas, mas também na leitura que realizou da literatura, na qual o interesse de Freud se condensa no tema e na trama narrativa, sem se voltar para a tessitura formal das obras que analisa detidamente.

Pode-se destacar assim o caminho pelo qual podemos entrever o não investimento do discurso freudiano na leitura da *poesia* e sua evidente escolha pela *prosa*, na medida em que esta permitia realizar a interpretação do conteúdo das obras com facilidade, o que não seria o caso nem das artes plásticas nem da poesia, nas quais o imperativo da leitura formal se imporia necessariamente. Daí, portanto, uma primeira razão para a exclusão da poesia e das artes plásticas no discurso teórico da psicanálise sobre as produções artísticas, razão essa de ordem metodológica. Porém, o que implica esta exclusão efetiva da tessitura formal na leitura

---

958. S. Freud, *Délirée et rêves dans le* Gradive *de Jensen* (1907).
959. Idem, "L'inquiétante étrangeté" (1919). In: *Essais de Psychanalyses appliquée*.
960. Idem, "The theme of the three caskets" (1913). In: *The Standard Edition of the Complete Psychological Works of Sigmund Freud*, vol. XII.
961. S. Freud, *Délire et rêves dans le* Gradive *de Jensen*.

das obras artísticas? Quais são os desdobramentos disso, nos registros teórico e metodológico?

Ao se voltar para a dimensão estrita do conteúdo das obras, o que o discurso freudiano sempre pretendeu foi encontrar o ponto de tangência de uma dada obra com a história libidinal do artista, para surpreender a incidência do sujeito na sua gênese. Com efeito, o que o discurso freudiano pretendia era circunscrever e apreender, em estado nascente, o *fantasma fundamental* do criador na tessitura e nas inflexões da sua obra. Seria por este viés surpreendente, enfim, que a ordem fantasmática do sujeito seria a condição de possibilidade para a produção da obra.

Este procedimento, ao mesmo tempo teórico e metodológico, aparece igualmente nas leituras de Freud da literatura e das artes plásticas. No que concerne à primeira, a interpretação proposta sobre *Gradiva* de Jensen é certamente exemplar,[962] enquanto que a obra sobre Leonardo da Vinci é paradigmática da segunda.[963]

Assim, na incursão da obra pictórica de Leonardo da Vinci, o discurso freudiano esboçou a presença de um fantasma de intrusão materna no psiquismo do artista, que teria marcado de maneira indelével o sujeito enquanto infante. Este teria sido lançado aos imperativos incontornáveis da mãe fálica e devoradora, sem poder contar com a mediação interditora da figura paterna. Tudo isso se evidenciaria pela presença repetitiva de uma ave capturante que perpassaria as telas do pintor – o que o discurso freudiano procurou indicar como uma sombra inconsciente que pairava no espaço pictórico de Leonardo da Vinci.[964]

Pode-se sempre colocar em questão a pertinência da interpretação proposta por Freud,[965] considerando-a ilusória e até mesmo francamente delirante.[966] Isso porque Freud como intérprete não teve acesso às narra-

---

962. Ibidem.
963. S. Freud, *Un souvenir d'enfance de Léonard de Vinci*.
964. Ibidem.
965. Sobre isso, vide: M. Shapiro, "Two slis of Leonardo and a slip of Freud". In: *Psychoanalysis, Journal of the national Psychoanalytical Association for Psychoanalysis*, 2, pp. 3-8; "Leonardo and Freud. An art historical study". In: *Journal of the history of ideas*, 17, pp. 147-170.
966. S. Viderman, *La construction de l'espace analytique*.

tivas diretas do artista sobre a sua história libidinal, mas apenas ao que lhe diziam os seus biógrafos, isto é, por fontes indiretas. Viderman, numa obra memorável e de grande densidade teórica, considerou devidamente a construção da história de Leonardo da Vinci proposta por Freud como paradigmática do que seja a *construção psicanalítica* propriamente dita,[967] pelo efeito que gerou posteriormente na comunidade analítica.

Assim, ainda que destacando as idas e vindas deste procedimento metodológico, pela incorporação do que existe de bem fundado na interpretação proposta por Viderman, pode-se dizer que é consistente teoricamente o caminho proposto na leitura de Leonardo da Vinci. Seria, assim, pelas sendas obscuras do fantasma e do inconsciente que se poderia investigar a incidência do sujeito na produção da obra.

Na leitura proposta de "Moisés" de Michelangelo, a perspectiva é claramente diferente. Não porque Freud descarte o registro do conteúdo pelo da forma – pelo contrário, aliás, é preciso dizer isso enfaticamente, considerou a leitura da escultura no plano estrito da consciência. Assim, não existiria mais aqui uma analítica fantasmática do inconsciente no gesto de Moisés, mas tão simplesmente a referência a uma intenção do eu e da consciência, a que teria se seguido um imperativo ato de vontade de submeter o povo judeu promíscuo ao império da lei divina. Segundo Freud, o escultor florentino esculpiu o gesto irado de Moisés diante da cena de promiscuidade do povo judeu, quando decidiu impor a este a instituição das leis,[968] as tábuas das leis de Deus.

Pode-se depreender assim que, em ambas as leituras, o discurso freudiano fica no registro estrito do conteúdo das obras em pauta, isto é, no que seria supostamente imanente e ordenador do registro imagético. Porém, enquanto em Leonardo da Vinci o discurso freudiano remete sua interpretação ao plano do fantasma e da representação inconsciente, no que se refere a Michelangelo, em contrapartida, Freud se fixa no plano da representação consciente. A representação se destaca então nas duas leituras em causa, sendo, pois, a materialidade que decifraria, enfim, a produção pictórica.

---

967. Ibidem.
968. S. Freud, "Le Moïse de Michel-Ange". In: *Essais de Psychanalyse appliquée*.

Retomando as interpretações de Foucault[969] e de Rancière,[970] seria possível dizer que o discurso freudiano fica preso, em ambas as leituras que realizou, à *semiologia* da Idade Clássica, na qual existia uma relação biunívoca entre os registros do *ver* e do *dizer*, na medida em que a origem seria sempre capturada pela operação interpretativa. O discurso freudiano se inscreveria ainda no registro da *representação* clássica, apesar de podermos sempre dizer que aludir às representações consciente e inconsciente não significa exatamente a mesma coisa. Com efeito, existiria na referência à representação inconsciente um grau de aposta e de indecidibilidade do intérprete que estaria ausente na referência às intenções do eu e da consciência. No entanto, isso em nada mudaria a relação cerrada que foi estabelecida entre ver e dizer no discurso freudiano, que suporia sempre a imanência total de *logos* em *pathos* na construção da obra.[971] Enfim, *pathos* estaria sempre regulado por *logos* nesta racionalidade interpretativa, não existindo nada naquele, pois, que poderia escapar ao domínio e ao império deste.

Podemos reconhecer assim, com facilidade, que esta racionalidade se fundaria sempre na existência de um *a priori*, qual seja, a existência de uma *narrativa* que pudesse dar conta, ao mesmo tempo, da produção imagética e da história libidinal do sujeito. Seria sempre a narrativa que fundaria a leitura do conteúdo, permitindo a regulação total de *pathos* pelo *logos*. Com efeito seriam as biografias de Leonardo da Vinci que permitiram a Freud construir sua hipótese metapsicológica de leitura, assim como foram as narrativas existentes sobre o povo judeu nas suas origens o que permitiu que propusesse a interpretação do gesto irado de Moisés.

O discurso freudiano pressuporia, então, que a *realidade histórica* da narrativa representaria sempre a *realidade ficcional*, materializada em imagens. Seria por este viés que uma verdade presente no psiquismo inconsciente do sujeito criador se plasmaria como obra propriamente

---

969. M. Foucault, *Les mots et les choses*.
970. J. Rancière, *L'inconscient esthétique*.
971. Ibidem.

dita, permitindo com isso a interpretação psicanalítica, nesta lógica coerente e sem fissuras.

Porém, pelo viés da narrativa colocada em destaque na leitura freudiana, *imanente* sempre no ato de interpretação, podemos puxar o fio da meada para o que existe de impasse nesta *lógica do deciframento*. Com efeito, seria sempre a existência de uma verdade já cifrada no inconsciente do sujeito o que possibilitaria interpretar os processos norteadores de uma história libidinal específica e os caminhos decisivos de produção da sua obra. Vale dizer, a verdade já estaria dada e devidamente articulada no inconsciente do sujeito e do criador, bastando apenas ao intérprete a paciência de metodicamente decifrá-la.

Teria sido por isso, portanto, que o discurso freudiano teria privilegiado o caminho da leitura psicanalítica da literatura, na medida em que daria acesso imediato à narrativa e à verdade imanente na escrita, o que não seria certamente o caso das artes plásticas. Pela mesma razão, o discurso freudiano destacou a leitura da *prosa*, do *romance* e do *conto*, descartando assim a *poesia*.

É preciso saber, contudo, se esta racionalidade e esta concepção são as únicas presentes no discurso freudiano sobre a interpretação das produções artísticas. Assim, vou passar a supor agora que Freud enunciou outra perspectiva do psiquismo, que rompeu com a já exposta de maneira esquemática, e delineou outra perspectiva de interpretação para a psicanálise. No entanto, neste outro contexto teórico, o discurso freudiano não nos legou exemplos concretos para a leitura de obras de arte, mas se ateve somente ao registro propriamente clínico. Nos legou, enfim, a responsabilidade teórica de fazermos isso, para elaborar uma teoria da produção estética que fosse coerente com os novos pressupostos da interpretação psicanalítica.

SIGNO E ESPAÇO

Esta transformação do discurso freudiano implicou uma desconstrução da metapsicologia centrada no *inconsciente*, para a construção de outra, fundada na pulsão, conceito fundamental da metapsicologia, pelo qual o inconsciente seria um conceito derivado e um desdobramento importante da força pulsional (*Drang*).[972]

Nesta nova construção teórica freudiana, a pulsão, compreendida como força e exigência de trabalho,[973] imporia a ligação das intensidades no psiquismo para a regulação do mal-estar provocado por essas, diante da inexistência de operadores imanentes ao organismo para realizar tal regulação. Seria assim o Outro que, através da imposição de torções e de retorções para o ser da força pulsional,[974] produziria os destinos da força da pulsão no registro da representação. Com efeito, da *passagem do ativo para o passivo* e do *retorno para o próprio corpo* como destino inicial, se constituiriam posteriormente o *recalque* e a *sublimação* como os destinos mais ordenados nesta regulação da força pulsional.

Em "As pulsões e seus destinos", o discurso freudiano concebeu o psiquismo a partir da oposição entre a *força da pulsão* e o *Outro*, retirando assim a ordem da representação, mesmo inconsciente, do fundamento do aparelho psíquico. Desde então, a *representação* como índice da *verdade do sujeito* seria algo da ordem da defesa contra o mal-estar produzido pelo impacto pulsional. A representação seria descentrada, enfim, em relação à força da pulsão, no novo modelo do aparelho psíquico.[975]

O que implica dizer que neste contexto, nesta reviravolta metapsicológica proposta por Freud, a verdade não é mais dada como um *a priori* cifrado no psiquismo, mas como algo que é da ordem da *produção*, promovido pelo encontro entre a força da pulsão e o Outro, dentre os registros da força e do sentido, de maneira inesperada e errática. Portanto, o sujeito do inconsciente não seria mais *origem*, mas agora *destino*, produzido neste encontro sempre imprevisível com algo que o promove.

O enunciado do conceito de pulsão de morte,[976] em 1920, radicalizou a concepção freudiana da metapsicologia, de 1915. O conceito de pulsão

---

972. S. Freud, "Pulsions et destins des pulsions" (1915). In: *Métapsychologie*.
973. Ibidem.
974. Ibidem.
975. Ibidem.
976. S. Freud, *Au-delà du principe de plaisir* (1920). In: *Essais de Psychanalyse*.

de morte seria assim o herdeiro do anterior conceito de força pulsional, promovendo então um efeito disjuntivo no psiquismo, pelo imperativo de ser uma exigência de trabalho sobre este. Portanto, enquanto algo da ordem do não linguageiro e promotor de ruídos no psiquismo, a pulsão de morte estaria fora do campo da representação.

Na nova tópica do psiquismo, enunciada em 1923, em "O eu e o isso",[977] a pulsão se inscreveria como força no campo do isso, passando a ter um lugar outro no psiquismo, o que não se passava na concepção tópica anterior. Com efeito, no primeiro modelo tópico, os lugares psíquicos eram designados apenas para as representações psíquicas,[978, 979] – nos registros consciente, pré-consciente e inconsciente –, mas nunca pelas forças pulsionais.[980]

Neste contexto, o discurso freudiano enunciou outro conceito de sublimação, segundo o qual a experiência da criação implicaria a produção de um novo objeto para o circuito pulsional, que se plasmaria assim no ato de criação propriamente dito.[981] Não existiria então dessexualização da pulsão como condição da sublimação, enfim, como concebeu o discurso freudiano nos seus primórdios.[982]

Se esta leitura é teoricamente consistente, pode-se pressupor então que a obra de arte funcionaria sempre como fonte de produção pulsional, que poderia afetar o leitor e o espectador de maneira inesperada e imprevisível, num encontro que ocorreria na ordem do *real*. Enquanto tal, a obra condensaria em si múltiplas potencialidades de produção pulsional, que seriam sempre atualizadas pela *recepção* do leitor/espectador. Portanto, a obra de arte funcionaria como exigência de trabalho para o psiquismo, pelo desnorteamento que promoveria no registro do eu, do leitor e do espectador da obra.

---

977. Idem, "Le moi et le ça" (1923). In: *Essais de Psychanalyse*.
978. Idem, *L'interprétation des rêves* (1900), cap. VII.
979. Idem, "L'inconscient" (1915). In: *Métapsychologie*.
980. Idem, "Le moi et le ça" (1923), cap. III. In: *Essais de Psychanalyse*.
981. Idem, *Nouvelles conférences sur la psychanalyse* (1932).
982. S. Freud, "La morale sexuelle 'civilisée' et la maladie nerveuse des temps modernes" (1908). In: *La vie sexuelle*.

Desta maneira, a obra de arte incidiria intensivamente no psiquismo (descentrado do eu e do inconsciente), como uma potência insistente de força pulsional, produzindo marcas como efeitos da ordem do *signo*, em que não existiria diferença entre os registros do *dentro* e do *fora*, tampouco entre *interior* e *exterior*. Seria justamente assim que se apresentaria a força da pulsão na sua incidência sobre a corporeidade.

Tudo isso remete ao que no discurso freudiano se enuncia como *registro da consciência-percepção*.[983] Neste registro, o impacto das excitações provoca marcas no psiquismo caracterizadas pela pura *dispersão*, sem qualquer unidade de conjunto, nas quais se articulam em cada fragmento dispersivo os registros do sujeito e do objeto, isto é, do dentro e do fora, e do interior e do exterior. Os *signos de percepção* realizam então uma exigência de trabalho que os articulará posteriormente pelas lógicas da simultaneidade e da sucessão, constituindo aquilo que o discurso freudiano denominou de condensação e de deslocamento.[984]

No entanto, a dispersão pura dos fragmentos constitui aquilo que posteriormente, no ensaio "As pulsões e seus destinos", o discurso freudiano denominou de *eu real originário*,[985] anterior, portanto, ao registro do *eu do prazer/desprazer* e ao registro do *eu realidade definitivo*. No registro do eu real originário as marcas fragmentárias se delineiam em coordenadas da ordem do *espaço*, sem nenhuma ordenação pela categoria do *tempo*. Não existiria então temporalização da experiência, mas apenas a sua espacialização. Neste contexto, a imagem se apresentaria como pura, tecida apenas no registro do espaço, sem qualquer traço temporal.

A hipótese que quero propor é que as artes plásticas e a poesia incidiriam no psiquismo sempre como signos na economia simbólica do eu real originário, marcados pela espacialidade, mas sem qualquer regulação temporal. Por isso mesmo, a preocupação excessiva com o conteúdo e com a narratividade da obra funciona como obstáculo real para a leitura

---

983. S. Freud, *L'interprétation des rêves*, cap. VII.
984. Ibidem.
985. S. Freud, "Pulsions et destins des pulsions". In: *Métapsychologie*.

destas modalidades estéticas pela psicanálise. Daí por que a tradição psicanalítica posterior não as considerou devidamente, apesar do discurso freudiano ter construído outra metapsicologia no final do seu percurso teórico, que nos possibilitaria flanquear um outro limiar para a leitura daquelas experiências estéticas.

COMPARECER AO ACONTECIMENTO

A cena que se segue pode ser reconhecida, sem nenhuma dificuldade, por qualquer frequentador de museu. Ou, então, por alguém que participa de uma exposição de pintura ou escultura numa galeria de arte. Nestes contextos, ficamos expostos a uma grande oferta de telas e peças esculturais, de maneira que passamos os olhos no que nos é oferecido e nos detemos pouco no exame dos detalhes. Estes incidem *intensivamente* sobre nós, certamente. Porém, isso acontece apesar de nossa vontade e do controle que podemos exercer sobre a visão. Os nossos olhos são assim tocados de maneira indireta e sempre transversa, pelos signos provenientes das obras exibidas, nesta leitura *horizontal* daquilo que se apresenta.

Subitamente, no entanto, algo se destaca imperiosamente deste fundo indiferenciado, chamando a nossa atenção de forma intensa. Suspendemos assim o passeio horizontal e retornamos para *olhar* o que nos impactou. Agora então, mais detidamente, ficamos atentos ao que nos provocou no seu conjunto. Buscamos ativa e avidamente o que nos chamou a atenção. Voltamos assim nosso olhar para todos os detalhes, para reconhecer então o que nos impactou, pois queremos localizar o que intensivamente nos capturou.

O olhar ganha então outra densidade, decididamente perscrutador e até mesmo analítico. Isso porque nos voltamos para o detalhe e para o fragmento, nos deslocando do olhar panorâmico inicial. O tempo do olhar se prolonga, ganhando também em extensão e alargamento, assim como em profundidade, saindo definitivamente da pontualidade e da rapidez anterior. Posteriormente, retornamos a essa, desde que circunscrevamos devidamente o detalhe inusitado que nos capturou.

Como se pode ler esta cena corriqueira? O que se processa nas suas entrelinhas, afinal das contas? Quais seriam as linhas de força e de fuga, atuais e virtuais, que as atravessam? Seriam estas as minhas questões, para poder me aproximar finalmente da experiência pictórica.

Pode-se, antes de tudo, fazer uma comparação da experiência pictórica com a experiência da leitura. Nesta também a nossa visão acompanha uma história e um poema de maneira linear, no eixo horizontal. Desfrutamos assim da trama e participamos de forma estimulante das aventuras dos personagens e das cenas esboçadas. Subitamente, contudo, algo nos captura na leitura, um fragmento qualquer nos atinge intensivamente, chamando a nossa atenção de maneira pontual. O leitor suspende então a leitura, respira fundo, evocando silenciosamente a cena sem, no entanto, a ler. Fica, pois, impactado com o que se passou e leva um bom tempo antes de retomar a leitura. Possivelmente, retorna ao que já lera antes, logo em seguida, buscando algo entre as palavras que lhe tinham capturado. Ou, então, no fim da leitura, pode reler esta e outras passagens que igualmente o impactaram, procurando reter e até mesmo agarrar o que o provocou inesperadamente.

Em ambas as descrições que esbocei esquematicamente se processa algo da ordem da *descontinuidade*. Este é o grau zero de reconhecimento do que se passou. Uma *ruptura* aconteceu no impacto visual e narrativo, que produziu no leitor uma suspensão de seu ato, como contraponto. Tudo se passa então de maneira inesperada, na medida em que o espectador/leitor não antecipou o que aconteceu e foi pego de *surpresa*. Seria justamente isso que suspenderia a leitura horizontal. Um intervalo se impõe, em consequência. Nesse, o espectador/leitor busca metabolizar psiquicamente o que aconteceu, pelo retorno aos detalhes e às entrelinhas. O que ocorreu seria agora um *corpo estranho*, enfim, que precisaria ser simbolicamente assimilado após a metabolização e, de fato, incorporado.

O que ocorreu, então? Pode-se afirmar assim que se processou algo da ordem do *acontecimento*. Este tem sempre como marcas distintivas, com efeito, a *pontualidade*, a *ruptura* e o *inesperado*. Seria a presença destas marcas que transforma o que se passou numa cena memorável, implicando o leitor e o espectador, lançados numa trama imprevisível.

Além disso, o *sujeito* é o Outro do processo, sendo esta a segunda característica do que ocorreu na experiência. Com efeito, para que exista algo da ordem do acontecimento, é necessária a implicação da subjetividade naquilo que ocorre. O comparecimento é *heterogêneo*, caracterizado pela fulgurância, provocando sulcos e reentrâncias que se destacam então, no fundo da linearidade, com luminosidade. O Outro se faz, pois, presença diferencial no campo do Mesmo, subvertendo, enfim, as coordenadas do campo da experiência estética em causa.

Enunciar, no entanto, que o acontecimento implica o comparecimento do sujeito é afirmar que algo da ordem do excesso foi devidamente registrado pelo espectador e pelo leitor. Por isso mesmo, o que se passou fugiu às expectativas e às antecipações de quem leu e viu. O *excesso* seria sempre, então, o que escapole a toda e qualquer antecipação possível realizada pelo sujeito. Consequentemente, o sujeito retorna avidamente ao que viu e leu para procurar se dar conta do que se passou à sua revelia, suspendendo uma visão panorâmica e horizontal da leitura/olhar das coisas, para capturar, nos detalhes, o que o surpreendeu. Por ser a mediação necessária entre o que ocorre e o sujeito, transformando-se em acontecimento, o excesso provoca o sujeito exatamente porque diz sobre ele algo de fundamental, que até então lhe era desconhecido, segundo os seus critérios de enunciação. Por isso mesmo, a ruptura se produz aqui de maneira insofismável.

Pode-se dizer ainda isso tudo de outra maneira. A tela olha a subjetividade de uma forma inusitada, vendo algo até então não visto, até mesmo indizível. A suspensão que isso provoca no espectador, conduzindo-o aos detalhes, se deve justamente ao fato de que ele quer capturar vorazmente o que foi visto. Vale dizer, o espectador quer olhar o que foi visto para dizer algo sobre isso. O mesmo processo se realiza, enfim, na experiência do olhar escultural. No que tange à leitura, o leitor foi lido pelo texto de maneira oblíqua, o texto tendo intensivamente capturado algo nos hieróglifos do leitor, que este até então desconhecia. Retorna, então, ao texto, para capturar nas suas entrelinhas o que foi efetivamente lido.

Porém, a subjetividade, que se desestabiliza momentaneamente pelo excesso no contexto simbólico do acontecimento, entrando num estado de *suspensão*, é aquilo que podemos denominar de *eu* na linguagem conceitual psicanalítica. O *excesso* que promove o acontecimento seria justamente aquilo que transborda as fronteiras e as imagens do eu, subvertendo assim seu território. Anuncia e enuncia assim, em decorrência disso mesmo, que algo atinge o leitor e o espectador de maneira fulminante, ferindo-os decisivamente nas suas *certezas*. Enuncia, assim, algo inédito sobre ambos, que não sabem imediatamente do que se trata e que precisam ir sofregamente atrás disso.

Pode-se apreender, em estado nascente, um processo de produção do sujeito que se desloca de seus *enunciados* habituais de existência do reconhecimento, a partir de outras *enunciações* que a interpelam no seu ser. No transbordamento provocado pelo excesso, o eu seria desconstruído pelas *bordas*, desarrumado de ponta-cabeça nos seus enunciados de reconhecimento e de existência, pelas enunciações que o assaltam decisivamente. As certezas se evaporam, liquefazendo então os enunciados sustentadores do eu. Com efeito, se os enunciados de existência do eu, fonte de suas certezas, implicam sempre o reconhecimento do Outro, o olhar e a leitura novos que o perturbaram constituem, ao mesmo tempo, uma conturbação essencial nas certezas que o definem. *Quem sou eu, afinal das contas?*, perguntam-se de maneira sempre angustiada o leitor e o espectador diante do *heterogêneo* e do *informe* que os impactaram.

Assim, se o leitor e o espectador suspendem a horizontalidade da leitura e do olhar, mergulhando a partir de agora na verticalidade e na captura sôfrega pelos detalhes, para metabolizar o acontecimento como corpo estranho, isso se faz sempre em nome e por causa do eu. Com efeito, este procura inscrever em si o acontecimento, para incorporá-lo à sua própria materialidade corporal, enunciando então algo sobre isso. Vale dizer, o eu busca incorporar em si aquilo que se produziu à sua revelia; quer inscrevê-lo custe o que custar na sua trama para restabelecer a continuidade perdida, após o advento da descontinuidade inesperada. Busca, com tudo isso, restabelecer a unidade de si que se perdeu, que se rasgou, custe o que custar. Procura o eu, enfim, restaurar pelos seus enunciados de existência e de reconhecimento o corpo estranho provocado pelo acontecimento.

Em contrapartida, o sujeito que comparece no acontecimento não é da ordem psíquica do eu, mas é de outra ordem. É o desconcerto provocado pelo sujeito que, de maneira sempre pontual, promove a *desconstrução* do eu. O que ocorre, efetivamente, é algo da ordem do *descentramento* do eu, que por sua vez busca então centrar-se novamente, alinhavando a continuidade no campo da descontinuidade aberta e buscando impor o *homogêneo* no contexto da heterogeneidade radical. Portanto, o que o eu procura empreender, de maneira desesperada, é a construção de uma *narrativa* para tecer a história daquilo que aconteceu, buscando, pois, uma origem para o acontecimento inesperado de modo a inseri-lo decididamente na sequência do tempo. Delineando o antes e o depois, portanto, o eu procura, pela narrativa linear, costurar o que se processou no registro estritamente espacial e transformá-lo pela categoria do tempo.

FORA

Procurando assim ir além nisso tudo, pode-se dizer então que a experiência em questão seria provocada por algo que provém de *fora*,[986] de maneira a transbordar a oposição entre os registros do interior e do exterior que delimitariam as fronteiras do eu. Além disso, pode-se enunciar ainda que o acontecimento seria produzido por algo da ordem da *pulsão*, já que transbordou, como excesso, as fronteiras do eu e anunciou algo decididamente inesperado. O sujeito que comparece no acontecimento seria oriundo do registro da pulsão, que obrigaria imperativamente o eu à ligação do que aconteceu, pelo enunciado de um sentido. O sujeito em questão seria enunciado, enfim, como *presença* do eu real originário.

Para o discurso freudiano, a pulsão é uma exigência de trabalho imposta ao psíquico em função de sua ligação ao corporal.[987] Na definição da pulsão insisto na alusão ao registro do *corpo* e não ao *somático*. Não porque o corpóreo não seja também o somático, o que é óbvio. Porém,

---

986. M. Foucault, "La pensée du dehors". In: *Dits et écrits*, vol. I.
987. S. Freud, "Pulsions et destins des pulsions". In: *Métapsychologie*.

o corpóreo é muito mais do que isso. Vale dizer, tudo o que é corpo é fonte da pulsão, na medida em que o somático configura apenas o organismo. Outras formas de corporeidade seriam, enfim, fontes da pulsão e implicariam igualmente a exigência de trabalho feita ao psiquismo.

Seria neste sentido que a pulsão, enquanto força, remeteria sempre ao corporal e estaria, ao mesmo tempo, no registro do fora. Este, na leitura que realizou Foucault no comentário sobre Blanchot, não seria o exterior em oposição ao interior, como se poderia supor numa leitura apressada e grosseira deste ensaio. Pelo contrário, na referência ao *fora*, Foucault alude a algo que ultrapassaria a oposição interior/exterior, para procurar superar ainda a contraposição existente entre os registros do sujeito e do objeto.[988]

Este conjunto de oposições que a categoria do fora visa superar – interior/exterior, dentro/fora e sujeito/objeto – remete à anulação da distinção entre os registros do corpo e do psíquico, na medida em que estes se imbricariam no fora. Por isso mesmo, propus que a força da pulsão, indicativa do fora, remete ao corpóreo e não ao somático, na medida em que não existiria qualquer oposição entre os registros do psiquismo e do corpo. Foi em função disso que Freud pôde afirmar no ensaio intitulado "O eu e o isso" que o eu seria, antes de tudo, corporal, e que além de ser uma superfície, seria ainda a projeção de uma superfície.[989] Estaríamos assim no registro fundamental das experiências descritas, no qual todas se inscrevem nas indistinções indicadas.

Assim, nas experiências da leitura e do olhar pictórico teria ocorrido a emergência de algo da ordem da força que desnortearia o leitor e o espectador, lançando-os irrevocavelmente na descontinuidade, pela suspensão do eu que não antecipou o inusitado. Pela sua retirada tática do campo da experiência impactante, o sujeito procura realizar o trabalho de construção do *circuito da pulsão*, para nomear então o impacto que o arrebatou. Seria assim por este viés que a força da pulsão seria inicialmente incorporada no registro erógeno do *autoerotismo*, para ser, em

---

988. M. Foucault, "La pensée du dehors". In: *Dits et écrits*, vol. I.
989. S. Freud, "Le moi et le ça", caps. II e III. In: *Essais de Psychanalyse*.

seguida, *introjetada* e *identificada*.⁹⁹⁰ Iria se processar assim, a subjetivação da força pulsional, pelo circuito da pulsão então ordenado. Logo, o acontecimento se apresentaria como seu correlato. Na medida em que este trabalho acontece, o psiquismo metabolizaria a força constante da pulsão, incorporando e inscrevendo na *carne* o sentido que desbaratou o eu de maneira surpreendente.

Pode-se depreender disso tudo que a força da pulsão, como figura emergente do registro do fora, se inscreve na pura dimensão do espaço, não sendo marcada pela categoria do tempo. Seria apenas quando a força da pulsão se inscreve no registro dos representantes, constituindo os *representantes-representação* da pulsão, que se constituiria a sua regulação pela temporalidade. Por isso mesmo, a narrativa como discurso implica o campo da representação e vice-versa, uma vez que ambas se fundariam no tempo, como constituinte crucial da sucessão dos eventos.

FRAGMENTOS E COISAS

De tudo isso que foi dito, pode-se depreender sem muita dificuldade que a obra de arte, tanto a escrita quanto a visual, é fonte de pulsionalidade, impondo-se, pois, como exigência de trabalho para a subjetividade. É claro que o impacto desconcertante que as obras de arte provocam é sempre definido de maneira *singular*, isto é, nem sempre o que tem potência de impacto sobre uma dada subjetividade produz o mesmo efeito sobre outra. Portanto, o acontecimento é sempre singular e tem o poder de provocar o comparecimento do sujeito. O que existe de enigmático e de fascinante nas obras de arte é esta *polissemia* potencial que marca a sua arquitetura e tessitura. Em decorrência disso, os efeitos podem se produzir em cascata, a partir de encontros inesperados e que se desdobrarem em formas de subjetivação.⁹⁹¹ As singularidades e os acontecimentos seriam, pois, as suas modalidades maiores de produção.

---

990. Ibidem.
991. M. Foucault, *La volonté de savoir*.

Como vimos no início deste percurso teórico, o que impacta em qualquer experiência estética é sempre algo da ordem do *fragmento*. A força da pulsão se faz sempre fulgurante pelos interstícios da totalidade, evidenciando-se em fragmentos sempre específicos, que se destacam do fundo das totalidades apresentadas. Portanto, *interstícios* de totalidades ordenadas e fragmentos seriam duas maneiras de se falar da mesma coisa, já que a força pulsional pode fazer a sua emergência fulminante pelos *poros* que perfuram as totalidades constituídas – pontualidades constituintes de novas enunciações do sujeito.

O fora seria então aquilo que se delinearia pelas pegadas estilhaçadas do fragmentário, rompendo sempre, pois, com a bela totalidade representada pelo eu e pela realidade social, enquanto contrapontos do mundo instrumental. A força da pulsão estilhaça as totalidades ordenadas nos registros do eu e da realidade social, colocando em questão os códigos reguladores da *instrumentalidade*. Seria neste contexto e por este viés decisivo, portanto, que a experiência estética se anunciaria e tomaria corpo nas sendas deste estilhaçamento e desta ruptura dos códigos sociais instituídos.

Assim, o que intensivamente nos envolve com o registro do fora é sempre algo fragmentar. A *sedução* estética se realizaria, portanto, por meio daquilo que não mais se encaixa organicamente nas totalidades e que se imporia sempre como enigma: a funcionalidade da totalidade se perde e o fragmento se impõe, ao mesmo tempo sedutor e enigmático. Duas condições, enfim, que se materializam sempre na experiência estética, como suas marcas salientes e inconfundíveis.

Nas descrições de Freud, é sempre pelas pegadas do fragmento que a força pulsional se apresenta e se impõe como exigência de trabalho, no contrapelo de qualquer totalidade e às expensas do eu. Em *Gradiva*, é o andar da jovem que impacta, captura e seduz a personagem do arqueólogo.[992] Não é a totalidade da mulher em questão que captura o herói da estória, mas tão simplesmente o andar da personagem.

No registro da metapsicologia, o discurso freudiano denominou este fragmento de *objeto parcial*.[993] Assim, o objeto da pulsão seria sempre

---

992. S. Freud, *Delire et rêves dans le* Gradive *de Jensen*.
993. Idem, "Pulsions et destins des pulsions". In: *Métapsychologie*.

parcial, não existindo no circuito da pulsão um objeto total. Este seria sempre, contudo, uma construção e uma polaridade para o eu. Em função dos embates desse com o objeto total, a subjetividade constrói as suas narrativas. Estas visam sempre ao silenciamento da dimensão fragmentar do objeto parcial, pela tessitura decidida de uma totalidade ordenada numa sequência temporal.

Portanto, se este encaminhamento se mostra pertinente e indica a presença de alguma forma de consistência teórica, pode-se afirmar que a experiência estética, concebida pelos modelos das artes plásticas e da poesia, seria uma potência que se plasmaria sempre pela força pulsional e que produziria efeitos nos registros da percepção-consciência e do eu real originário. Enquanto tal, não existiria qualquer diferença entre dentro e fora, assim como entre interior/exterior. Além disso, ficaria em suspenso a oposição entre sujeito e objeto no plano daquela experiência.

Assim, as coisas estariam sempre fundidas e mescladas com as imagens, na perfuração das funcionalidades instrumentais materializadas no registro do eu. Enquanto imagens e como som, numa articulação definida pela cor e pelo ritmo, a imagem-coisa seria sempre um objeto parcial que se marca como sulco no psiquismo. Portanto, a imagem-coisa produziria efeitos de estesia no psiquismo, não apenas nos registros visual e auditivo, mas também tátil, olfativo e gustativo, percorrendo as diferentes linhas de *refração* traçadas pela *sensorialidade*. Com efeito, independentemente de a materialidade estética de origem ser visual ou verbal, o impacto da obra convoca sempre as diferentes linhas de sensorialidade na composição da experiência estética.

Nesta perspectiva, a obra literária segue uma linha de efeitos similares, mesmo que esta seja da ordem da construção romanesca. Isso porque também as palavras, na sua forma e força, impactam a subjetividade como objeto parcial e não como uma seriação narrativa articulada numa sequência, concatenada pelas relações de sentido. Estaríamos assim também no registro originário da *estesia* propriamente dita, no qual a força empreende uma exigência de trabalho sobre o psiquismo.

Seria neste limiar de porosidade provocado pela afetação da força que a imagem-coisa seria articulada posteriormente por um fantasma e constituiria aquilo que o discurso freudiano denominou de representação--coisa,[994] como marca de base do inconsciente como sistema.[995] Porém, já estaríamos então no registro da narrativa, num momento outro da experiência estética. Portanto, a proposta que formulo aqui é de que existiria uma tessitura primordial da experiência estética, que se ordenaria como *afetação* e como efeito da força da pulsão, e que seria anterior a qualquer narrativa ordenada pelas relações de sentido. Ao contrário, estaríamos neste contexto no registro da exigência de trabalho para a produção do sentido, no grau zero da significação e no grau máximo da estesia.

Por este viés, portanto, as artes plásticas e a poesia permitem outra perspectiva para a leitura psicanalítica da experiência estética, diferente da tradição romanesca e que possibilitaria então uma leitura distinta da relação entre sujeito e a arte. Infelizmente, a psicanálise freudiana e pós-freudiana ficou limitada à narrativa, razão pela qual não conseguiu aproximar-se da leitura da pintura, da escultura e da poesia. Porém, as últimas incursões teóricas presentes no discurso freudiano nos abrem outra janela possível para a interpretação da experiência estética, pelos novos instrumentos conceituais da sua metapsicologia, como indiquei esquematicamente ao longo deste ensaio.

---

994. S. Freud, "L'inconscient" (1915).
995. Ibidem.

16. A voz de Deus e as mãos de Arthur Bispo do Rosário: arte e loucura na escrita pictórica

IMPERATIVO DO SAGRADO

O título escolhido para este ensaio não é em absoluto uma ironia nem mesmo uma provocação, como pode parecer inicialmente para os leitores, pois retoma uma formulação, enunciada por Arthur Bispo do Rosário, sobre a condição de possibilidade para a construção específica de sua obra pictórica. Com efeito, ao ser aplaudido de maneira significativa pelo público, numa grande exposição de seus trabalhos, no Museu de Arte Moderna do Rio de Janeiro, em janeiro de 1993, Bispo enunciou assim esta frase lapidar. Esta foi a forma que encontrou para definir a responsabilidade parcial que pensava que tinha na construção das obras então exibidas, já que as considerava uma realização efetiva de Deus. Portanto, se era como um simples artesão que Bispo executava pacientemente, com as suas mãos, a composição de suas obras, quem o comandava de maneira imperativa nesta realização, no entanto, era a figura de Deus – e era este, afinal das contas, o verdadeiro criador.

Organizada num museu brasileiro de alto coturno, com a curadoria do crítico de arte Frederico de Morais – descobridor secundário de sua obra, depois de uma indicação do fotógrafo Hugo Denizart, que o descobriu efetivamente, no hospital psiquiátrico da rede pública denominado Colônia Juliano Moreira, localizado em Jacarepaguá, na periferia do Rio de Janeiro, e tornou-se ordenador e divulgador incansável da obra do artista, em níveis nacional e internacional[996] –, a exposição em questão foi objeto de uma crítica na revista *Veja*, que ressaltou então a presença e a alusão marcantes da figura do Cristo nas obras de Arthur Bispo do Rosário, além de destacar ainda a originalidade do seu trabalho pictórico.

Contudo, é preciso evocar ainda que Bispo não se deixava empolgar por tal reconhecimento público e midiático do seu trabalho artístico, não exibindo assim, de maneira surpreendente, qualquer vaidade sobre isso, como já havia ocorrido em situações anteriores e voltou a acontecer posteriormente. Por este motivo, foi levado a dizer de maneira peremptória que tudo o que realizara era a consequência e o desdobramento da *voz* de Deus, que se impunha sobre si como um imperativo incontornável, de maneira que Bispo apenas forjara com as suas limitadas e calejadas mãos humanas o que Deus lhe ordenara, como um mandato certamente absoluto da ordem do *sagrado*. Enfim, entre a voz divina e as mãos humanas a obra pictórica de Bispo era meticulosamente engendrada, assumindo assim corpo, forma e cor, mas sem deixar dúvida alguma sobre quem comandava e quem era comandado neste processo vertiginoso.

Intitulada justamente *Arthur Bispo do Rosário: o inventário do universo*, a exposição em pauta condensava assim na figura de Cristo o que estava fundamentalmente em questão na obra de Bispo, a saber, a realização exaustiva e minuciosa do *inventário* do universo a pedido de Deus. Nesta perspectiva, na confecção de seu trabalho pictórico Bispo não apenas nomeava cada uma de suas peças, como também numerava pacientemente cada uma delas, para empreender, assim, de maneira detalhada o inventário que lhe foi encomendado pelo imperativo do *sagrado*. Enfim, foi pela conjunção íntima e orgânica dos registros do *nome* e do *número* que o universo como um todo pôde ser então inventariado por Bispo, numa *cartografia* plástica exuberante e de intenso impacto visual, para os que puderam desfrutá-la como espectadores.

---

996. F. Morais, *Arthur Bispo do Rosário: arte além da loucura*.

Pode-se dizer assim, inicialmente, que o dito inventário, demandado a Bispo pela figura de Deus, se realizou, para compor efetivamente a sua missão sagrada, como um *catálogo* e até mesmo como uma *enciclopédia*, tal como o crítico Frederico de Morais sugeriu numa aproximação bastante interessante e instigante do trabalho de Bispo com os empreendimentos literários valorados por Borges.[997] O que implica dizer, portanto, que Bispo inscrevia indubitavelmente o seu trabalho de artesão nos registros sagrados da *mística* e da *religião*, e não no campo da arte propriamente dita, delineando desta maneira o campo e o horizonte semânticos que desejava para a recepção legítima de sua produção pictórica, o que não foi quase nunca aceito por todos aqueles que admiraram a sua genialidade e a grandeza de sua obra, com raras exceções.

Além disso, nesta leitura inicial é preciso sublinhar que o minucioso inventário cartográfico empreendido por Bispo evoca o trabalho científico dos naturalistas do século XVIII, que, com o discurso da história natural, procuraram realizar o recenseamento exaustivo das plantas e dos animais existentes na Terra, constituindo assim os discursos teóricos da *Botânica* e o da *Zoologia* como *formações discursivas*, tal como foram devidamente pesquisadas e interpretadas por Foucault em *As palavras e as coisas*.[998] Contudo, se os naturalistas de outrora eram decididamente norteados no seu recenseamento pela *episteme* da *ordem* e da *representação* da Idade Clássica,[999] o inventário empreendido por Bispo na modernidade avançada, em contrapartida, era orientado pelas linhas de forças de outra modalidade lógica de *procedimento*, como nos disse Deleuze para enunciar as regras estilísticas que norteavam a construção da escrita de Wolfson, em *O esquizo e as línguas*,[1000, 1001] para se referir à escrita da psicose.

---

997. Ibidem.
998. M. Foucault, *Les mots et les choses: une archéologie des sciences humaines*.
999. Ibidem.
1000. L. Wolfson, *Le schizo et les langues ou la phonétique chez le psychotique*.
1001. G. Deleuze, "Schizologie". In: L. Wolfson, *Le schizo et les langues ou la phonétique chez le psychotique*, pp. 5-23.

Como já disse, a obra de Bispo foi descoberta pelo fotógrafo e psicanalista Hugo Denizart por acaso, quando realizava um filme sobre a Colônia Juliano Moreira. Enquanto buscava mostrar as condições terríveis de assistência aos doentes mentais no Brasil, literalmente abandonados em condições sub-humanas, Denizart deparou de maneira inesperada e assombrada com a riqueza da produção pictórica de Bispo, jogada e perdida no meio daquele cenário completamente desolador. Tratava-se efetivamente de um verdadeiro oásis no meio do areal infinito do deserto, onde se podia beber água fresca e se proteger provisoriamente do sol escaldante e abrasador, naquele cemitério de mortos-vivos.

Foi quando Denizart incitou Frederico de Morais a conhecer a dita obra surpreendente e resolveu realizar então um documentário sobre Bispo e a sua obra, baseado em entrevistas com o artista. O filme foi justamente intitulado *Prisioneiro da passagem*, numa alusão à famosa passagem de Foucault em *História da loucura na Idade Clássica*, pela qual se colocou em pauta o processo do Grande Internamento ocorrido no século XVII e a constituição histórica da oposição entre os registros da *razão* e da *desrazão*, que silenciou, na tradição do Ocidente, a experiência da loucura, após a liberdade de movimento de que os loucos ainda desfrutavam no tempo histórico do Renascimento.[1002]

Pode-se afirmar assim, sem pestanejar em nenhum momento, que Bispo resistiu ativamente aos processos brutais de *psiquiatrização* de sua existência pela confecção de sua obra pictórica, ao se apropriar vigorosamente de uma parcela do espaço asilar para transformá-lo no que pode ser denominado de um ateliê de arte. Não obstante a violência dos procedimentos asilares, Bispo não apenas foi um sobrevivente, como também tentou dar a volta por cima de maneira nobre, pois forjou uma obra pictórica de grande envergadura.

Assim, para recapitular sumariamente a sua história psiquiátrica, é preciso evocar que, quando foi internado pela primeira vez, em 1938, no Hospital Nacional dos Alienados, no Rio de Janeiro, Bispo havia sido preso pela polícia por dizer na rua, de maneira desordenada e estridente,

---

1002. M. Foucault, *Histoire de la folie à l'âge classique*.

que era Jesus Cristo. Foi então diagnosticado como portador de esquizofrenia paranoide, apresentando um delírio sistemático de grandeza com características francamente místicas e religiosas. Desde então se manteve internado de forma quase permanente, com apenas alguns poucos intervalos em que esteve em liberdade, principalmente por fugas que realizava. Porém, sempre se internava novamente sem oferecer resistência e mesmo por espontânea vontade, frequentando assim os três maiores hospitais psiquiátricos da rede pública do Rio de Janeiro em tempos diferentes, quais sejam, o Hospital Nacional de Alienados, o Hospital Psiquiátrico Pedro II e a Colônia Juliano Moreira.

No entanto, é preciso dizer ainda que nos anos finais de sua vida Bispo não era mais submetido a qualquer tratamento psiquiátrico específico, não obstante se mantivesse sempre internado na Colônia Juliano Moreira, hospital psiquiátrico reservado para pacientes crônicos e com grande precariedade social. Estes pacientes tinham perdido as relações com suas famílias e não tinham mais qualquer laço social, de forma que a Colônia Juliano Moreira se delineava como um depósito desolador de loucos desafortunados e abandonados definitivamente pelo destino.

Boxeador na juventude, evidenciando assim ser portador de uma grande força física, Bispo inicialmente ajudava muito os guardas e enfermeiros, como xerife de seu pavilhão, o que não o impediu, em contrapartida, de ser também colocado eventualmente no quarto-forte do asilo, quando agia de forma agressiva. Com efeito, foi numa dessas ocasiões que estendeu deliberadamente a sua estada no quarto-forte por sete anos, pois foi neste momento que recebera o imperativo da voz de Deus para realizar o inventário do universo. Ocupou posteriormente, enfim, mais algumas celas por conta própria, onde construiu e ampliou o seu ateliê de trabalho.

LOUCURA OU ARTE?

A obra de Arthur Bispo do Rosário teve um reconhecimento artístico bastante tardio, ocorrido quase no final de sua vida, graças ao já mencionado trabalho incansável de organização e curadoria realizada pelo crítico de arte Frederico de Morais.[1003] Este empreendeu a primeira exposição das obras de Bispo na Escola Artística do Parque Laje, no Rio de Janeiro, em outubro de 1989. Tinha então como título sugestivo *Registros de minha passagem pela Terra: Arthur Bispo do Rosário*, de forma que remetia decididamente às dimensões mística e religiosa o seu percurso pictórico, e alude, ainda que de maneira tímida e indireta, ao conceito de inventário.

Esta mesma exposição foi apresentada em diferentes museus importantes do Brasil, em 1990, com o mesmo título, quais sejam, Museu de Arte Contemporânea da Universidade de São Paulo, Museu de Arte do Rio Grande do Sul (Porto Alegre), Museu de Arte de Belo Horizonte e o Centro de Criatividade de Curitiba. Em abril de 1991, a obra do Bispo se inscreveu na cena internacional, numa exposição em Estocolmo (Suécia). Participou assim numa exposição coletiva de artistas brasileiros, intitulada *Viva Brasil Viva*, no Museu Liljevalchs Konsthall. Logo em seguida, no mesmo ano e ainda em Estocolmo, Bispo teve o privilégio de ter uma exposição individual de suas obras, no Museu Kul Uphuset.

Em maio de 1993, uma grande exposição de seus trabalhos foi realizada no Teatro Nacional de Brasília. Ainda nesse ano a exposição intitulada *Arthur Bispo do Rosário: o inventário do universo* foi organizada no Museu de Arte Moderna do Rio de Janeiro, sendo então considerada a mais importante exibição da totalidade de seus trabalhos artísticos. Em 1995, a obra de Bispo teve uma posição internacional de destaque na 46ª Bienal de Veneza, assim como em 2012, na 30ª Bienal de São Paulo.

Portanto, a obra pictórica de Bispo teve certamente não apenas pleno reconhecimento artístico, como também foi relativamente consagrada pela crítica de arte e por parcela dos artistas plásticos brasileiros, apesar de tardiamente, de maneira inesperada e até mesmo paradoxal. Desde então, a obra pictórica de Bispo continuou a ser exibida em diversas exposições realizadas no Brasil. Além disso, um museu em sua homenagem foi construído na Colônia Juliano Moreira, no Rio de Janeiro, onde suas obras foram reunidas de forma permanente na instituição que foi o espaço crucial de sua existência e de seu percurso como artista plástico.

1003. F. Morais, *Arthur Bispo do Rosário: arte além da loucura*.

Não obstante o reconhecimento eloquente, nos âmbitos brasileiro e internacional, a obra de Bispo enquanto tal foi colocada efetivamente em questão por diferentes críticos brasileiros de arte. Dentre estes devem ser evocados os artigos publicados em jornais por Ferreira Gullar,[1004] Luiz Camillo Osório,[1005] Wilson Coutinho[1006] e Vera Chaves Barcelos.[1007] Na leitura destes críticos, com efeito, Bispo não era um artista propriamente dito, fosse porque não tinha a intenção deliberada de produzir obras de arte quando construía suas telas e peças esculturais, fosse porque não inscrevia criticamente o seu trabalho pictórico no registro da história da arte. De diferentes maneiras e de forma sumária, portanto, tais críticos destacaram a inscrição efetiva das obras de Bispo na economia imaginária da loucura, de maneira a contrapor ostensivamente os registros da *loucura* e da *arte* como duas economias simbólicas que seriam não apenas diferentes, mas também radicalmente opostas, sem que pudesse existir entre estas qualquer borda de intercessão, de tangência e até mesmo de mediação possível.

Retomaram assim estes críticos de arte um antigo debate estético que já ocorrera outrora no Brasil, nos anos de 1940, quando Nise da Silveira começou a expor os trabalhos artísticos de seus pacientes psicóticos internados. As obras foram forjadas nos ateliês de pintura organizados por Nise da Silveira como Terapia Ocupacional, com finalidades eminentemente terapêuticas, no Hospital Psiquiátrico Pedro II, no bairro do Engenho de Dentro, no Rio de Janeiro. Estas exposições provocaram então um debate acalorado entre os críticos de arte Campofiorito e Mário Pedrosa. O primeiro afirmava que se tratava de produções expressivas das psicoses destes pacientes, enquanto Mário Pedrosa reconhecia a existência efetiva de produção artística, não obstante estes artistas serem psicóticos.

Vale dizer, para Mário Pedrosa existia arte além da psicose nestas produções pictóricas, e a psicose não invalidava em absoluto o valor

---

1004. Ferreira Gullar, "Arthur Bispo do Rosário: o artista do fio", *Folha de S.Paulo*.
1005. L. C. Osório, "Obras que mostram ao homem que ele foi feito para brilhar", *O Globo*.
1006. F. Morais, *Arthur Bispo do Rosário: arte além da loucura*.
1007. Ibidem.

artístico das peças, como afirmou posteriormente Frederico de Morais sobre a obra de Bispo. No que tange à argumentação teórica de Pedrosa, o discurso psicanalítico e a existência da dimensão do inconsciente no psiquismo eram cruciais no reconhecimento estético destas produções dos artistas-loucos reunidos por Nise da Silveira. Enfim, os críticos contemporâneos à obra de Bispo retomavam assim, de alguma maneira, a argumentação de Campofiorito contra Mário Pedrosa, para questionar e silenciar a dimensão supostamente artística presente na obra de Bispo e destacar somente a sua dimensão eminentemente psicótica.

Não obstante as objeções discutíveis de tais críticos de arte, vários artistas brasileiros importantes reconheceram que foram influenciados por Bispo, tais como Leonilson, Rosana Palazyan e Jorge Fonseca.[1008] Além disso, diversos artistas brasileiros de destaque certificam o talento de Bispo e lhe prestaram a devida homenagem como artista, dentre os quais Marcos Coelho Benjamin, Carlos Bracher, José Alberto Nemer, Edith Derdyk, Vera Chaves Barcellos, Rubens Gerchman, Carmela Grasi, Victor Arruda e Nuno Ramos.[1009]

No entanto, uma questão de fundo permanece como constante no imaginário artístico brasileiro, no que concerne à produção pictórica de Bispo e de outros artistas-loucos. Trata-se efetivamente de arte, ou de algo a ser devidamente inscrito no registro da produção delirante de Arthur Bispo do Rosário e de tais artistas? Ou, então, a dita produção pictórica deve ser considerada apenas no âmbito estritamente terapêutico, como algo a ser experimentado e que poderia até ser efetivamente útil para os pacientes na reestruturação de seus processos psicóticos?

No que tange a isso, é preciso dizer ainda que o trabalho crucial de Nise da Silveira, que promovera a construção do Museu do Inconsciente[1010] com a reunião das obras dos artistas-loucos produzidas no ateliê de Terapia Ocupacional, impedia a comercialização de tais obras, pois eram produções oriundas de um trabalho terapêutico e que deviam ficar

---

1008. Ibidem.
1009. Ibidem.
1010. N. Silveira, O Museu do Inconsciente.

então restritas a este âmbito privado, por razões de ordem ética. Poderiam assim se inscrever efetivamente no campo do Museu do Inconsciente para serem exibidas e pesquisadas, como foram, aliás, mas não deveriam ser objetos para circular livremente no mercado da arte e se transformar em artigos de compra e venda como as demais obras de arte.

De qualquer maneira, Nise da Silveira oferecia os meios materiais e o espaço social concreto, além dos laços afetivos, para que seus pacientes fizessem o trabalho de pintura com certo conforto. Supunha assim que da mesma forma como a arte foi uma prática crucial na construção do espírito humano, numa perspectiva histórica, seria também, em contrapartida, um instrumento fundamental para a restauração do psiquismo atingido de maneira brutal pela psicose. O seu projeto então era especificamente terapêutico, não obstante ter construído uma grande coleção de arte com a produção dos seus pacientes psicóticos, de valor cultural e artístico inestimáveis, reconhecida com todos os méritos em escala internacional.

Contudo, a questão que se impunha e ainda se impõe no imaginário dos críticos de arte no Brasil e da comunidade artística, de maneira inapelável, é a seguinte: tal coleção de arte forjada por artistas-loucos seria realizada apenas por psicóticos que aprenderam de maneira técnica a dominar devidamente os instrumentos pictóricos? Ou, então, seriam estes efetivamente artistas de corpo inteiro que realizariam obras de arte, não obstante serem certamente psicóticos?

É preciso enunciar ainda que a produção pictórica de Bispo não se realizou no espaço restrito e confortável das práticas de Terapia Ocupacional, nem na Colônia Juliano Moreira, tampouco no Hospital Psiquiátrico Pedro II. Em relação a isso é preciso evocar que quando foi internado neste hospital, aliás, por pouco tempo, Bispo não frequentou os ateliês de pintura de Nise da Silveira que já existiam nesta época, de forma que a sua obra pictórica se fez somente no espaço social e existencial da máxima *precariedade*, na Colônia Juliano Moreira. É preciso reconhecer então devidamente que foi a partir da posição existencial de máxima *vulnerabilidade e desamparo*, enfim, que a obra de Bispo foi efetivamente delineada e forjada.

PRECARIEDADE E VULNERABILIDADE

Nascido em Japaratuba, cidade do interior de Sergipe, Bispo deve ter sido abandonado pelos pais, de forma que foi adotado e alfabetizado por pequenos fazendeiros de cacau no norte de Sergipe, na fronteira com o estado da Bahia.[1011] Marinheiro e boxeador no início de sua vida adulta, Bispo veio então para o Rio de Janeiro. Trabalhou posteriormente em uma companhia de bondes e numa clínica pediátrica, além de fazer pequenos serviços domésticos num importante escritório de advocacia e na casa do patrão. Foi quando começou a produzir objetos artesanais, pois vivia como agregado na casa de seu empregador.[1012] Contudo, Bispo trocava os trabalhos domésticos por casa e comida, pois ganhar dinheiro era para ele algo inaceitável e até mesmo indigno, já que seria algo impuro. Vivia, portanto, de maneira precária e já era visto como um homem bastante estranho na casa onde habitava, principalmente quando passava horas falando sozinho, de maneira bizarra, nos seus afazeres artesanais, instalado num quarto separado, cedido pelo patrão, no quintal da casa.

Não obstante tudo isso, Bispo ainda não era considerado psiquiátrica e socialmente psicótico. No entanto, a psicose foi desencadeada ostensivamente apenas num segundo tempo, quando foi atropelado por um bonde que o retirou decisivamente de seu eixo vital e de seu fio de prumo. Logo depois deste momento crucial, Bispo passou a acreditar que era efetivamente Jesus Cristo, o que o marcou para sempre, evidenciando assim de maneira trágica as fendas de sua vulnerabilidade psíquica e existencial.

A produção pictórica de Bispo se fez então pela conjunção estreita que se estabeleceu entre a precariedade social e a vulnerabilidade psíquica, que apenas se revelou de maneira plena no cenário institucional da Colônia Juliano Moreira, onde ficou internado por mais tempo e realizou durante décadas a produção substantiva de seu trabalho pictó-

---

1011. T. Morais, *Arthur Bispo do Rosário: a arte além da loucura*.
1012. Ibidem.

rico. Foi nesta condição social de precariedade máxima que o colocaram no quarto-forte do asilo, em decorrência de suas sistemáticas condutas rebeldes e agressivas. Porém, Bispo decidiu permanecer deliberadamente neste quarto-forte como um refúgio, como um exilado voluntário do espaço asilar, de maneira completamente inesperada, durante sete anos. Transformou assim o quarto-forte no seu ateliê de trabalho, anexando progressivamente outros espaços adjacentes quando a sua produção pictórica se incrementou quantitativamente. Foi então empilhando, de maneira aparentemente desordenada e até mesmo caótica, esta produção, neste espaço físico agora bastante ampliado. Contudo, a marca da precariedade não apenas se evidenciava, como também parecia galvanizar a produção pictórica de Bispo, de maneira ao mesmo tempo surpreendente e até mesmo paradoxal.

Assim, neste cenário macabro e de solidão absolutamente radical Bispo transformou a sua experiência existencial limite em fonte efetiva de criação. Foi a partir deste vazio existencial infinito e do abismo psíquico do seu desamparo que confeccionou objetos plásticos de enorme apelo visual, construídos pelas dobras de suas tripas e pelas bordas entreabertas de seu desespero.

Neste contexto, passou a se desfazer inicialmente de suas roupas de internado, reduzindo-as às suas linhas básicas, e, com o tecido retirado das vestimentas, começou a confeccionar meticulosamente os seus painéis e estandartes. Com efeito, Bispo se despia da parca roupa que lhe cobria o seu corpo magro para construir os objetos que lhe eram demandados pela voz imperativa do sagrado. Vale dizer, Bispo condensava na sua frágil condição corporal de precariedade máxima a figura de Cristo, que abrira mão definitivamente dos bens terrenos e materiais do mundo impuro para poder servir aos apelos de Deus, para a salvação dos homens e das mulheres pecadores.

Além disso, ainda nos rastros decisivos desta precariedade social máxima, Bispo confeccionava os seus objetos pictóricos a partir de tudo o que encontrava à mão no hospital psiquiátrico e que, rigorosamente falando, não interessava mais a ninguém, pois não passava de restos de coisas que outrora tiveram certamente alguma utilidade. Com efeito, a matéria-

-prima de seus objetos pictóricos era o que encontrava literalmente como *lixo* – isto é, Bispo transformava o que era entulho na matéria-prima da obra de arte: tênis velhos, caixas quebradas, guimbas de cigarro, canecos velhos, talheres já inutilizados, roupas velhas etc.

Portanto, pode-se afirmar de maneira indubitável que era literalmente no lixo que Bispo encontrava a matéria-prima para a produção de sua arte. Transformava, além disso, o que tinha uma função social útil numa outra modalidade de objeto, de forma a lhe designar outra funcionalidade, de cunho agora místico e religioso. Enfim, empenhava-se na reconstrução sagrada do mundo: marcado pela impureza e pelo pecado, o mundo era então reconfigurado pelo imperativo sagrado que Bispo recebera da voz de Deus, que norteava os seus gestos de artesão e que guiava as suas mãos e seus dedos prodigiosos.

Pode-se dizer ainda que o mundo a ser inventariado e reconstruído por Bispo foi devidamente purificado e meticulosamente decantado pelas águas purificadoras, num cenário pós-diluviano. Portanto, se os entulhos e restos recuperados por Bispo, que serviam de matéria-prima para as suas criações, seriam marcados originalmente pelas impurezas, deveriam ser esvaziados de suas marcas pecaminosas ao serem então catalogados e inscritos numa outra lógica, norteada doravante pelo ideário da salvação. Daí por que os objetos perdiam efetivamente a sua *funcionalidade social* originária, atribuídos assim por novas designações e outras funções que transformavam radicalmente as suas naturezas primeiras, que teriam conspurcado a criação originária feita por Deus. Seria orientado por este propósito da ordem do sagrado que Bispo construiu a lógica outra de seu procedimento, para evocar novamente o conceito proposto por Deleuze para pensar o construtivismo e a lógica presente na produção delirante da psicose de Wolfson.

É preciso evocar ainda, em íntima relação com a sua identificação com a figura de Cristo e com as práticas religiosas tradicionais do cristianismo, como Bispo era um homem de moral excessivamente austera, que marcou decididamente o seu percurso existencial desde que passou a ser reconhecido como um homem estranho. Bispo brigou violentamente com uma enfermeira da clínica pediátrica onde trabalhava, em Botafogo, quando descobriu que esta mantinha relações sexuais com um namorado, sem ser ainda legalmente casada.

Além disso, no único relato que conhecemos de uma paixão amorosa de Bispo, este se apaixonou perdidamente, em decorrência da experiência da transferência, por uma estagiária de psicologia que o acompanhava terapeuticamente na Colônia Juliano Moreira, imaginando ter com ela uma relação amorosa marcada pela pureza e forjada pela narrativa platônica entre Romeu e Julieta, construindo então um leito nupcial para consagrar seus laços amorosos, conforme o relato realizado por Luciana Hidalgo no livro intitulado *Arthur Bispo do Rosário: o senhor do labirinto*.[1013]

No entanto, não se pode deixar de aproximar a forma de trabalho artístico realizada por Bispo, a partir dos restos e do lixo como matéria-prima para as suas criações, daquelas realizadas até hoje pelos artistas da periferia das grandes cidades brasileiras, como Rio de Janeiro e São Paulo, nas quais os restos e entulhos de destruição das metrópoles são reaproveitados na confecção de objetos artísticos. Por isso mesmo, pode-se afirmar que existe uma identificação profunda do imaginário social destas populações, além das demais identificações presentes no imaginário social brasileiro no que se refere a outros segmentos sociais, com a *estética da precariedade* delineada por Bispo com o seu trabalho artístico. Enfim, pode-se enunciar assim que a obra pictórica realizada por Bispo é paradigmática daquela forjada nas regiões periféricas das grandes cidades brasileiras, onde as populações transformam o resto e o lixo em arte e fonte pujante de vida.

Além disso, é preciso sublinhar ainda que parcela da elite artística e intelectual brasileira reconhece na produção artística de Bispo algo espantosamente similar e análogo ao trabalho empreendido por Marcel Duchamp com os *ready made*,[1014] pelos quais com a genialidade de Duchamp os objetos eram esvaziados e destituídos de suas funcionalidades social e pragmática, inscritos em novos contextos semânticos que lhe designariam então outras funções, de ordem estritamente estética.

1013. L. Hidalgo. *Arthur Bispo do Rosário: o senhor do labirinto*.
1014. Ibidem.

Com efeito, não é surpreendente assim que Bispo tenha feito a sua *Roda da fortuna*, peça artesanal similar à famosa *Roda de bicicleta*, forjada em 1913, por Duchamp.[1015] No que tange a Bispo, no entanto, diferentemente de Duchamp, os objetos destituídos de suas funcionalidades social e pragmática foram reconfigurados e inscritos num outro contexto e numa outra ordem semântica, regulada por imperativos místicos e religiosos. Enfim, tudo isso é certamente espantoso, pois Bispo desconhecia inteiramente a história da arte e nunca tinha ouvido falar da obra magistral de Marcel Duchamp, tampouco visto qualquer uma de suas obras, tendo em comum com este apenas a paixão pelo jogo de xadrez!

É possível assim enunciar, com Deleuze e Guattari, em *Mil platôs*,[1016] que Bispo *desterritorializa* os objetos nas suas funções sociais e utilitárias, num primeiro tempo, para *reterritorializá-los*, num segundo tempo, numa outra lógica, regulada pelos imperativos místicos e religiosos. É possível dizer ainda que estes processos de desterritorialização e de reterritorialização provocaram, tanto nos curadores da arte de Bispo quanto nos que usufruíram das suas obras, um efeito de *inquietante estranheza*, tal como Freud descreveu esta experiência psíquica crucial, fundada no inconsciente, no ensaio intitulado "*Unheimliche*", de 1919, ao estabelecer as bases teóricas de uma estética psicanalítica.[1017] Pode-se enunciar, enfim, que as operações de desterritorialização e de reterritorialização, descritas por Deleuze e Guattari, têm, sobre os sujeitos que as realizam e sobre quem usufrui de tais produções artísticas, um efeito psíquico marcado pela experiência da inquietante estranheza, pela transformação surpreendente do que era até então considerado familiar em algo que seria efetivamente da ordem do não familiar.

É preciso evocar ainda que uma parcela significativa da produção pictórica de Bispo remete a objetos e a cenas corriqueiras em festas populares existentes e disseminadas pelo interior do Brasil. Pode-se entrever, assim, alusões evidentes de Bispo às festas folclóricas e religiosas da cidade onde

---

1015. Ibidem.
1016. G. Deleuze, F. Guattari, *Mille plateaux. Capitalisme et Schizophrenie*, vol. II.
1017. S. Freud, "L'inquiétante étrangeté" (1919). In: *L'inquiétante étrangeté et autres essais*.

cresceu e viveu até a mocidade, onde imperavam certamente o espírito e as práticas do misticismo em larga escala, como marca eloquente de tais manifestações festivas populares.

Assim, através de suas alegorias e cenas religiosas, Bispo procurava empreender a *reconstrução mágica do mundo*, pela evocação dos tempos míticos iniciais da infância em Japaratuba, antes do desaparecimento definitivo deste paraíso perdido, pelos pecados da violência e do erotismo que realizou posteriormente como boxeador e marinheiro, nos seus percursos erráticos pelas grandes cidades. Seria então este espaço mágico do mundo que Bispo procurava recriar, para responder à voz de Deus, após tê-lo profanado de maneira pecaminosa pelas orgias da existência mundana? Enfim, de qualquer maneira a alusão à figura bíblica do Dilúvio pode ser novamente evocada aqui de forma decisiva, na epopeia plástica de reconstrução mágica do mundo das origens.

É possível aproximar ainda outra parcela da prática técnica da produção pictórica de Bispo ao trabalho do *bricoleur*, como dizia Lévi-Strauss, no seu trabalho antropológico de campo como americanista, a propósito de certas práticas sociais realizadas pelos indígenas.[1018] Com efeito, a sutileza e a delicadeza no manuseio dos objetos e dos materiais empreendido por Bispo revelam habilidades que o homem moderno perdeu e evocam as práticas de manipulação dos objetos realizadas pelas sociedades primeiras. De qualquer maneira, tais práticas remetem sempre, no trabalho de Bispo, aos processos cruciais de desterritorialização e de reterritorialização, que promovem efeitos decisivos de estranha familiaridade com a finalidade de reconstrução da pureza e simplicidade do mundo das origens, embora este definitivamente tenha se perdido.

Pode-se entrever ainda com certa facilidade, aliás, que Bispo era sempre norteado pelo imperativo decisivo da *purificação* de si e do mundo, pela mediação da experiência do *sacrifício* que se impunha na realização de sua obra, ao trabalhar nas bordas do *grau zero* da *precariedade social* e da *vulnerabilidade psíquica*. Seria por este viés, portanto, que a *identificação* psíquica com a figura mística do Cristo

---

1018. Lévi-Strauss, *La pensée sauvage*.

foi construída nos seus menores detalhes, pois da mesma forma como este se sacrificou para salvar o mundo de seus pecados e faltas, Bispo pretendia realizar com a sua arte a purificação do mundo que foi assim destruído, para oferecê-lo então a Deus, como uma obra à altura da sua criação primeira. Daí, enfim, a proposição gigantesca de empreender o inventário meticuloso do mundo.

De qualquer forma, é possível ainda aproximar o trabalho pictórico de Bispo do Rosário das grandes tendências estéticas da arte moderna, no Ocidente. Assim, da mesma forma que o *Cubismo* se aproximou da arte africana para promover inovações cruciais na arte do Ocidente, pelos efeitos de desterritorialização e de novas reterritorializações que produziu, Bispo se valia das práticas técnicas do *bricoleur*, presentes nas sociedades primeiras, para produzir então efeitos de desterritorialização e de reterritorialização. Além disso, ao empreender a conjunção e a aproximação entre objetos imprevisíveis e inesperados num outro certo espaço pictórico, Bispo não estaria assim tão distante de certas práticas sustentadas pelo *surrealismo* e pelo *dadaísmo*, que revolucionaram decisivamente a tradição da arte no Ocidente.[1019]

De qualquer maneira, o grau zero destas potencialidades estéticas realizadas por Bispo supõe sempre experiência do sacrifício que está na base de seu percurso como homem e como artista, em que, pela precariedade social e pela vulnerabilidade psíquica levada ao limite, a reconstrução do mundo seria então finalmente possível, para honrar misticamente o compromisso com o imperativo da voz de Deus.

DELÍRIO E LINGUAGEM

Retomando agora esta leitura numa perspectiva teórica estritamente psicanalítica, pode-se dizer que as produções pictóricas de Bispo se tornaram apenas possíveis a partir da materialização da *metáfora delirante*, condição de possibilidade para a sua reestruturação psíquica como ex-

---

1019. A. Breton, *Manifestes du surréalisme*.

periência terapêutica, para retomar a formulação teoricamente rigorosa de Lacan sobre a psicose.[1020, 1021]

No que tange a isso, é preciso dizer ainda que esta formulação teórica de Lacan é similar à que foi realizada por Freud, na sua leitura de Schreber,[1022] na qual Freud sustentava a tese de que o *delírio* era uma *tentativa de cura*, pela qual o sujeito, lançado no abismo trágico de sua existência promovido pela psicose, procurava pelo delírio empreender a reconstrução ativa do mundo pela *interpretação* do horror do que lhe aconteceu, norteado pela lógica e pela gramática do delírio. Com isso, o sujeito em questão, posicionado nesta situação-limite, procura dar *sentido* ao que lhe ocorreu, inventando uma narrativa que possa dar conta do horror e da destruição inesperada de sua existência.

Como se sabe, Freud retomou, na leitura que empreendeu de Schreber, a proposição que havia já enunciado anteriormente na sua leitura da *Gradiva*, de Jensen, em 1908, na qual sustentava que nos percursos erráticos de Norbert Hanold, pelas ruínas de Pompeia, o delírio era uma tentativa de cura.[1023] Vale dizer, o discurso delirante se inscreveria sempre nas bordas significativas do discurso científico da arqueologia, na trama tecida por Hanold, norteado pela voz do amor.

No que tange a isso, é preciso evocar ainda Foucault, que, na *História da loucura na Idade Clássica*, formulou de maneira eloquente que seria preciso "fazer justiça a Freud", pois este teria compreendido devidamente que o trabalho do delírio se teceria nos registros da *linguagem* e do *discurso*.[1024] Esta formulação axial de Foucault se baseou na leitura que Freud realizou de Schreber, na interpretação teórica das diferentes modalidades do delírio de interpretação, que seriam *variações discursivas* sobre o enunciado da base "eu te amo", pelas mudanças e inflexões em-

---

1020. J. Lacan, *Las psychoses*. Le Séminaire, livre III (1955-1956).
1021. Idem, "D'une question préliminaire à tout traitement possible de la psychose" (1955-1956). In: *Écrits*, pp. 531-581.
1022. S. Freud, "Remarques psychanalytiques sur l'autobiographie d'un cas de paranoïa (Dementia paranoides) (Le Président Schreber)" (1911). In: *Cinq psychanalyses*.
1023. S. Freud, *Délires et rêves dans le* Gradive *de Jensen*.
1024. M. Foucault, *Histoire de la folie à l'âge classique*.

preendidas sobre o *sujeito*, o *verbo* e o *predicado* da proposição. Portanto, seria por este viés que Freud pôde interpretar as diferentes modalidades de produção delirante recenseadas então pela psicopatologia, a partir destas variações discursivas, que dariam assim um contorno para as transformações cruciais ocorridas no sujeito pela experiência da psicose.

No entanto, se é no campo da linguagem e no registro do discurso que a produção delirante se tece de maneira rigorosa, é necessário e também possível aproximar a produção delirante e a obra de arte, para contestar frontalmente os críticos brasileiros de arte que questionaram o que existiria de arte na produção de Bispo, na medida em que esta produção seria algo restrito ao campo do delírio e da loucura.

Foucault nos demonstrou rigorosa e vigorosamente que a literatura e o campo da arte na modernidade seriam os herdeiros legítimos do campo da *desrazão* forjado na Idade Clássica, de forma que, ao deslegitimar ostensivamente o registro da desrazão em nome do registro da *razão*, e pela legitimidade outorgada ao *discurso da ciência* desde a Idade Clássica, em contrapartida, o Ocidente constituiu as condições concretas de possibilidade para a transformação posterior da experiência da loucura em *doença mental*, na aurora da modernidade, na passagem do século XVIII para o século XIX.[1025]

Com efeito, a *tradição crítica* sobre a loucura apagou e suspendeu da experiência da loucura a existência de qualquer *verdade*, e silenciou assim o *sujeito* desta experiência. A *tradição trágica* sobre a loucura reconheceu, em contrapartida, o que existia de verdade e de sujeito na experiência da loucura. Enfim, a literatura e a arte na modernidade seriam então as herdeiras desta tradição trágica, que reconheceu na loucura e na desrazão a presença do sujeito e de algo da ordem da verdade.[1026] Enfim, não existiria então *ausência da obra* e de sujeito nas experiências da loucura e da desrazão, mas a presença ostensiva e eloquente de *sujeito*, de *verdade* e de *produção de obra*.[1027]

1025. Ibidem.
1026. Ibidem.
1027. Ibidem.

Pode-se afirmar assim que, não obstante estar efetivamente inscrito no campo da loucura e ter passado grande parte de sua existência num hospital psiquiátrico, Bispo realizou uma produção artística propriamente dita. Com efeito, Arthur Bispo do Rosário se inscreve assim no campo da já longa tradição trágica do Ocidente sobre a loucura, como, aliás, outros múltiplos criadores, tais como Artaud, Strindberg, Hölderlin, Van Gogh, Goya e Nietzsche.[1028]

No que concerne a isso, é preciso dizer ainda que ao incluir a produção dos loucos, promovida e organizada por Nise da Silveira no Museu do Inconsciente, na exposição *Brasil quinhentos anos*, realizada no ano 2000 para evocar e ritualizar a Descoberta do Brasil e a constituição da tradição cultural brasileira, reconheceu-se indiretamente o lugar da *loucura* na formação da experiência cultural nacional, ao lado de outros *segmentos sociais minoritários* de criadores, tais como as produções artísticas da tradição *negra* e da tradição *indígena*. Reconheceu-se, assim, de forma eloquente, não apenas que a loucura evidenciaria a presença de obra, como também de que existiria efetivamente sujeito e verdade na experiência da loucura e no campo mais abrangente da desrazão, pois outrora também as tradições indígena e negra se inscreviam no campo da desrazão, como a dos loucos.

1028. Ibidem.

17. Sou visto, logo existo: a visibilidade em questão

A INJUNÇÃO À VISIBILIDADE: ENTRE VER E SER VISTO

Existe no Rio de Janeiro uma exposição anual de decoração intitulada *Casa cor*. Trata-se de uma feira centrada na questão da habitação, como indica o seu nome. Essa exposição conta com os decoradores mais prestigiados do Brasil e tem grande participação do público, seja da classe média, seja das elites. Com o sucesso atingido pelo evento, a exposição se disseminou para outras cidades do Brasil, começando por São Paulo.

Nessa exposição, os decoradores propõem ao público formas de dispor os diversos espaços domésticos, não apenas para diferenciá-los devidamente como também para aproveitá-los da melhor maneira possível. A elegância e a economia de recursos na utilização da disposição espacial se destacam como características básicas daquilo que é exibido. Pretende-se conjugar assim os propósitos de *funcionalidade* e de *beleza*, com vistas a promover uma instalação confortável para os seus habitantes.

Além disso, são realizadas pelos decoradores diversas sugestões sobre os diferentes objetos e móveis que poderiam decorar o espaço das casas, encontrados facilmente no mercado, nas lojas de luxo. Portanto, a finalidade de promover o *comércio* e o *consumo* estaria aqui em evidência, certamente. Daí por que as empresas de luxo que comercializam tais objetos e móveis participam diretamente da feira, realizando então, com a exposição dos produtos, a propaganda de suas marcas.

Na exposição de 2007 uma coisa interessante estava em evidência, delineando efetivamente o seu *estilo*: em todos os espaços da casa que foram exibidos existia sempre um aparelho de *televisão*. Esse seria assim, com efeito, um objeto fundamental e que não poderia ser substituído por nenhum outro no espaço doméstico. Portanto, como um *olho* onipotente, a televisão estava lá na cena, sempre presente, para poder nos *ver* e *ser vista*.

O que isso coloca em evidência? O que essa cena pode nos revelar sobre o imaginário brasileiro? Antes de mais nada, que a televisão se transformou num objeto fundamental da existência cotidiana brasileira, para todas as classes sociais. A *Casa cor* é uma feira de decoração para as elites e a classe média, bem entendido, em decorrência do elevado valor dos objetos exibidos. Não obstante isso, no Brasil, mesmo nas casas das classes populares a televisão está sempre lá, como uma presença onipotente no espaço doméstico, sem a multiplicação dos aparelhos, como ocorre com as elites e a classe média, é claro. No entanto, a oposição ver/ser visto se impõe como uma regularidade espantosa no espaço doméstico, em todas as regiões do Brasil, sem qualquer exceção no que concerne a isso.

Além disso, no caso das classes populares a televisão ocupa o espaço privilegiado da casa, espaço onde todos os moradores se encontram presentes, ao mesmo tempo a sala de visita e sala onde se realizam as refeições. Na casas das elites e da classe média, por sua vez, existem vários aparelhos de televisão, distribuídos nos diversos cômodos, incluindo a cozinha, os quartos e até mesmo os banheiros, como se evidencia na exposição recente da *Casa cor*.

Deve-se evocar ainda que isso transcende o registro do espaço *privado*. No espaço *público* existem também muitos aparelhos de televisão, sempre em funcionamento. Assim, dos bares aos restaurantes a televisão é uma presença eloquente, que captura inteiramente a atenção dos frequentadores. Esses são permanentemente vistos pela televisão, enquanto veem o que se apresenta na sua tela. A conversa dos usuários fica entrecortada pela exibição e a imposição das imagens da televisão, produzindo um ruído evidente nas formas verbais da comunicação. Resulta, nesses espaços do lazer, um barulho ensurdecedor, permeado pelos ruídos da televisão.

Pode-se enunciar, portanto, que essa *presença onipotente* da televisão no espaço social evidencia que, no Brasil, a existência social é permeada por uma permanente *injunção à visibilidade*. Esta se dissemina pelos interstícios do tecido social na sua totalidade, regulando os *laços sociais* nas suas especificidades. No Brasil, o espaço social é assim permanentemente permeado pela *tele-visão* propriamente dita, que não é apenas uma simples brincadeira realizada com o significante televisão, mas muito mais do que isso, pois o sintagma tele-visão tem uma efetiva eficácia performativa.

Assim, se esse olhar perscrutador sempre se apresenta em todas as dobras do real, oscilando entre os polos do ver e do ser visto que cadenciam a experiência psíquica, o sujeito seria permanentemente marcado pela *captura* operada por esse olhar. Em decorrência disso, o sujeito seria perpassado pela *suspensão de si*, que o caracterizaria, pelo efeito paralisante da captura operada pela imagem.

Para continuar a falar ainda algumas poucas palavras sobre essa pequena etnografia amadora da *Casa cor*, eu gostaria de dizer que conversei longamente com um dos decoradores que participou da última edição do evento. Ele me disse então que não gostaria de participar dos eventos futuros, apesar de sua presença na *Casa cor* desde suas primeiras edições. Indaguei sobre os motivos de sua desistência e ele me disse então que a última feira incluiu outras atividades que nada tinham a ver com a decoração. Assim, esta pessoa mais velha, que pertence a uma outra geração de decoradores, não podia efetivamente aceitar que grupos musicais passassem a se inserir numa feira de decoração para realizar uma performance musical e vender então os seus produtos – isto é, para *serem vistos*. Enfim, para tal decorador essa modalidade de espetáculo poderia deslocar a atenção do público da exposição de decoração no seu sentido estrito, objeto primordial da feira em questão, para uma outra modalidade de espetáculo.

Deve-se destacar então, com efeito, como uma simples exposição de decoração foi transformada em algo bem maior, um *espetáculo performático* ao qual as pessoas querem ir com a intenção de ver e principalmente de serem vistas, para comercializar as suas produções. Sabemos, há muito tempo, que na contemporaneidade as pessoas frequentam certos espaços sociais para ver os outros e sobretudo para serem vistas, como ocorre com frequência nos restaurantes, nas exposições de arte, nos cinemas e nos teatros. Assim, a televisão, uma máquina permanente de espetáculo que funciona ao mesmo tempo como uma modalidade onipotente de aprisionamento no espaço social contemporâneo, se inscreve como uma *metáfora* poderosa da dupla condição que procurei colocar aqui em destaque, a saber, o registro do ver/ser visto e o da injunção à visibilidade.

É a articulação interna entre esses dois registros que gostaria de tecer em seguida.

OUTRO COGITO?

O que significa a pregnância assumida hoje por esses registros? O que isso quer dizer, afinal das contas? Antes de mais nada, que a visibilidade se transformou hoje na matéria-prima do *cogito*. Assim, não se enuncia mais, como dizia Descartes no século XVII, "eu penso, logo existo".[1029] Em contrapartida, no seu lugar o que se formula é "eu vejo e sou visto, logo existo". Com efeito, a condição do ver e do ser visto foi transformada no critério *ontológico* efetivo para a existência do sujeito contemporâneo. Portanto, sem essa injunção do *olhar* o sujeito não poderia existir efetivamente e estaria destinado então à *inexistência* e até mesmo à *insignificância*. Sem isso, enfim, o sujeito não existe, de fato e de direito.

Qual é o desdobramento crucial, a consequência dessa transformação? Essa proposição nova sobre o estatuto do sujeito coloca devidamente em destaque que um *deslocamento* fundamental aconteceu efetivamente na nossa tradição social e cultural, na contemporaneidade. Pode-se dizer,

---

1029. R. Descartes, "Méditations. Objections et réponses" (1641). In: *Oeuvres et lettres de Descartes*.

com efeito, que nos deslocamos decisivamente de um *código* de existência fundado na ideia de *reconhecimento*, como valor crucial, em direção a um outro código, articulado agora em torno dos registros da *presença* e da *visibilidade*, como valores fundamentais.

Pela ideia de um código centrado no valor do reconhecimento quero me referir à proposição de que outrora, desde a emergência histórica da *modernidade*, no século XIX, éramos reconhecidos do ponto de vista simbólico, isto é, em decorrência das obras que tínhamos efetivamente realizado e produzido. Seria, assim, por esse reconhecimento simbólico, que poderia ser engendrada uma efetiva *consistência ontológica* no *sujeito*. Não poderia existir, portanto, sujeito sem *obra*. Seria então pela *mediação* simbólica da obra que o sujeito poderia se constituir a partir do *real* e *ser* então reconhecido. Na contemporaneidade, em contrapartida, seriam a condição do ser visto e a presença corporal concreta frente ao outro o que nos possibilita efetivamente a experiência da certeza de existir.

Seria em decorrência disso, portanto, que as individualidades que têm recursos econômicos podem contar com o trabalho de um representante privilegiado e especial para realizar sua publicidade permanente nas diferentes modalidades de *mídias*. Nesse contexto, os *assessores de imprensa* se transformaram em agentes fundamentais para a produção de imagens das individualidades, no espaço público da contemporaneidade. As individualidades compram efetivamente espaço e tempo midiáticos para a produção da sua presença, pela qual podem ser vistas, sem ter, em contrapartida, qualquer obra para mostrar ao público para não serem esquecidas. Pode-se afirmar, enfim, sem pestanejar, que a totalidade do mundo da *publicidade* deve ser inscrita no campo dessa *problemática* maior, na qual a injunção à visibilidade se impõe hoje de maneira soberana.

Pode-se enunciar ainda, como corolário dessa formulação axial, que as mídias se transformaram no seu eixo fundamental em decorrência dessa injunção à visibilidade, como critério ontológico para a existência do sujeito. Se, anteriormente, a mídia procurava articular os acontecimentos primordiais que seriam constitutivos do *espaço público,* para os quais o jornalismo investigativo ocupava uma posição crucial, na atualidade a mídia tende a dar ênfase cada vez maior ao *espaço privado* das individualidades. O espaço da *intimidade* assume assim, cada vez mais, uma posição de destaque na mídia contemporânea, num movimento fundamental em direção à privatização e à intimidade dos agentes sociais, e que mina as coordenadas fundamentais do espaço público. Enfim, como disse Sennet,[1030] se constituiu na contemporaneidade uma efetiva *tirania da intimidade*.

SUJEITO E GENEALOGIA

A importância crucial assumida pelos critérios da presença e da visibilidade, enquanto *signos* para a existência do sujeito, indica ainda que outro deslocamento teórico se realizou na contemporaneidade. Nos deslocamos assim efetivamente do registro teórico do *discurso* em direção ao da *imagem*. Com efeito, a experiência simbólica do reconhecimento a que fiz referência se inscrevia e se realizava no registro do discurso. Em contrapartida, a experiência do ver e do ser visto se insere inteiramente no registro da imagem. Se anteriormente a imagem, quando existente no registro do discurso, era menos importante, na atualidade é o registro da imagem o que se impõe de maneira soberana, colocando num plano secundário o discurso.

Assim, pode-se aludir ao pensamento psicanalítico de Lacan, no que concerne a isso. Na contemporaneidade, com efeito, nos deslocamos de forma perigosa do registro do *simbólico*[1031] em direção ao do *imaginário*.[1032, 1033] Isso implica dizer que nos deslocamos decisivamente do registro do sujeito (*je*) em direção ao registro do eu (*moi*). Dessa maneira, a individualidade se reduz cada vez mais ao registro etológico e animal do

---

1030. R. Sennet, *Les tyrannies de l'intimité*.
1031. J. Lacan, "Fonction et champ de la parole et du langage en psychanalyse" (1953). In: *Écrits*.
1032. Idem, "L'agressivité en psychanalyse" (1948). In: *Écrits*.
1033. Idem, "Le stade du miroir comme formateur de la fonction du je telle qu'elle nous est révélée dans l'expérience psychanalytique" (1949). In: *Écrits*.

eu e se afasta então do registro simbólico do sujeito, pelo qual se impõe a soberania da imagem. O que estaria em pauta, enfim, seria o registro especular do eu.

Por que esse deslocamento seria perigoso, como afirmei anteriormente? Porque pela construção *especular* do eu o sujeito fica capturado pelo olhar do Outro e perde então, de maneira significativa, sua *autonomia* subjetiva. Fica assim submetido à injunção do Outro, que passa a dominá-la, seja da forma direta, seja indireta. O indivíduo fica então numa condição de *alienação* na sua relação ao Outro e não pode mais se retirar de sua posição *assujeitada*, pois, sem a presença e a insistência do olhar do Outro, não poderia mais existir.[1034, 1035] Com isso, a *fragmentação* psíquica se impõe no psiquismo e a *angústia da morte* se impõe na economia subjetiva, de forma a se disseminarem as imagens do corpo fragmentado.

Foi justamente em decorrência disso, aliás, que Lacan forjou o registro do simbólico na sua leitura do psiquismo, num segundo tempo do seu discurso teórico, justamente para oferecer, em contrapartida, uma consistência ontológica para o sujeito, no registro da linguagem e do discurso. Dessa maneira, enfim, o sujeito poderia sair da inconsistência que estaria presente no registro do imaginário.[1036]

Não é um acaso certamente que diferentes modalidades de perturbações psíquicas, que se salientam como paradigmáticas na contemporaneidade, revelem de maneira precisa os efeitos mortíferos, na economia subjetiva, provocados pela captura pela imagem do Outro no psiquismo. Assim, a *síndrome do pânico*, que se dissemina na atualidade por toda parte, numa alta taxa epidemiológica de incidência, revela o efeito desestruturante que tem sobre o psiquismo a estrita dependência do olhar do Outro como condição de existência do sujeito.[1037] Da mesma forma,

---

1034. Ibidem.
1035. J. Lacan, "L'agressivité en psychanalyse" (1948). In: *Écrits*.
1036. Idem, "Fonction et champ de la parole et du langage en psychanalyse" (1953). In: *Écrits*.
1037. J. Birman, "Subjetividades contemporâneas". In: *Arquivos do mal-estar e da resistência*.

a explosão da *violência* e da *crueldade* na contemporaneidade, que têm alta taxa epidemiológica de incidência e se materializam de diferentes maneiras, indica como o sujeito tende a uma agressividade inquietante e perigosa, com a finalidade de desembaraçar da injunção paralisante provocada pelo olhar do Outro.[1038] A intrusão do Outro se torna assim insuportável para o sujeito, que procura se livrar disso pela violência. Enfim, a fragilidade da mediação simbólica presente na economia psíquica não protege o sujeito da *intrusão* do Outro, conduzindo-o seja ao pânico, seja à violência e à crueldade.

Numa perspectiva teórica diferente da que foi delineada por Lacan, Derrida demonstrou como as experiências do discurso e da simbolização caminhariam numa direção oposta à da experiência da *presença*. Com efeito, se o modelo do aparelho psíquico descrito pelo discurso freudiano se materializaria como uma *máquina escriturária* – como Derrida tentou demonstrar, no ensaio "Freud e a cena da escrita",[1039] ao comentar o percurso teórico de Freud e sobretudo sobre seu ensaio intitulado "Notas sobre o bloco mágico"[1040] –, isso implica dizer que o psiquismo deve trabalhar insistentemente para se desembaraçar das ilusões e dos fantasmas da presença.

O filosofema da presença se constituiu na metafísica ocidental desde Platão e Aristóteles,[1041] colocando impasses fundamentais para a produção e o reconhecimento dos processos do *diferir* e da *diferença*, que se realizariam no campo da linguagem. Para isso, a *ausência* seria a condição de possibilidade do discurso, pautado pelo diferir e pela diferença. Seria apenas pela mediação destes últimos que o sujeito poderia se forjar a partir do *arquivo* e se inscrever ontologicamente numa *tradição* propriamente dita.[1042] Sem tais mediações, enfim, o sujeito não poderia se constituir efetivamente com uma consistência ontológica.

1038. Ibidem.
1039. J. Derrida, "Freud et la scène de l'écriture". In: *L'écriture et la différence*.
1040. S. Freud, "Notes sur le bloc-note magique" (1925). In: *Résultats, idées, problèmes*, vol. II.
1041. J. Derrida, *De la grammatologie*.
1042. Idem, *Mal d'archive: une impression freudienne*.

Assim, se pela mediação dos pensamentos teóricos de Lacan e Derrida podemos encontrar conceitos seguros para fundamentar devidamente como o sujeito se constitui pelo discurso e se inscreve no registro da linguagem e do discurso, esses autores nos possibilitam também sustentar como o sujeito se inscreve numa dimensão genealógica. Com efeito, seria apenas pela posição axial assumida decididamente pela *genealogia*, no campo do pensamento teórico, que se poderia enunciar efetivamente a formulação antes destacada, qual seja, a articulação estrita existente entre o registro do sujeito e o registro do reconhecimento simbólico, como critério ontológico fundamental.

A questão que se impõe agora neste ensaio é a de se interrogar como, no Ocidente, nós realizamos uma descontinuidade decisiva, pela qual o cogito passou a ser centrado no registro da imagem e a injunção à visibilidade passou a se impor como critério decisivo de existência para o sujeito. Não se pode responder a esta questão de maneira absoluta e frontal, certamente. Porém, o que se pode fazer é sublinhar a emergência e a constituição de certas problemáticas teóricas que procuraram trabalhar o campo dessa questão, a partir dos discursos teóricos desenvolvidos por alguns autores que tematizaram a contemporaneidade.

CULTURA DO NARCISISMO

No fim dos anos de 1970, Christopher Lasch publicou uma obra muito importante intitulada *A cultura do narcisismo*.[1043] Pode-se afirmar que esse livro é não apenas uma leitura aguçada e crítica da sociedade norte-americana na contemporaneidade, como também é uma das primeiras obras de fôlego sobre a pós-modernidade[1044] ou a modernidade avançada,[1045] como se queira denominar o novo tempo que caracteriza a atualidade no Ocidente.

1043. C. Lasch, *The culture of narcissism: american life in an age of diminishing expectations*.
1044. Sobre isso, vide: Z. Baumann, *O mal-estar na pós-modernidade*; J. F. Lyotard, *La condition postmoderne.*; G. Vattimo, *La fin de la modernité.*
1045. Sobre isso, vide: A. Giddens, *As consequências da modernidade*; U. Beck, *Risk society: towards a new modernity.*

Nessa obra, um conjunto de novos traços antropológicos foi colocado em destaque por Lasch, delineando a *cartografia* da contemporaneidade, tais como: a invasão da sociedade pelo eu,[1046] a disseminação da personalidade narcísica,[1047] a banalidade e a futilidade do pseudoconhecimento de si,[1048] a fuga marcante das individualidades de seus sentimentos[1049] e o medo fulgurante do envelhecer.[1050] Ao lado disso, a leitura de determinados imperativos morais foi também colocada em destaque no corpo da obra, quais sejam, a emergência do paternalismo sem a figura do pai[1051] e o deslocamento e o esvaziamento das figuras que representavam a autoridade tradicional em direção ao controle terapêutico permanente das individualidades.[1052] Enfim, nos diferentes percursos, tecidos pela sua cartografia da atualidade, Lasch indicou com insistência a descontinuidade radical que estaria em pauta na contemporaneidade.

No entanto, o que se depreende facilmente desses diversos percursos realizados por Lasch é que a dita cultura do narcisismo estaria fundada sobre a imagem e o imaginário. Com efeito, seriam esses dois registros os que se disseminam de maneira abrangente na construção da subjetividade contemporânea, como operadores antropológicos fundamentais. Isso quer dizer, portanto, que o sujeito na atualidade seria não somente forjado pela imagem e pelo olhar capturante do outro, numa tessitura sempre construída, pois, na superfície do corpo, mas também que seria sempre centrado sobre si mesmo, numa multiplicação em cascata dos efeitos especulares. Enfim, o especular se articula aqui com o espetacular, numa disseminação ao infinito dos efeitos de superfície, que se condensam na proliferação de imagens.

Em decorrência disso, o sujeito na cultura do narcisismo estabelece sempre relações superficiais com os outros, mesmo que possa se ins-

---

1046. C. Lasch, *The culture of narcissism*, cap. 1.
1047. Ibidem, cap. 2.
1048. Ibidem, cap. 4.
1049. Ibidem, cap. 8.
1050. Ibidem, cap. 13.
1051. Ibidem, cap. 10.
1052. Ibidem, cap. 7.

crever numa ampla rede de relações, de maneira que os *laços sociais* caminham decisivamente na direção da dissolução. Isso porque seria a *sedução* o que se destaca como instrumento fundamental para a construção e a obtenção do sucesso social, na medida em que não seria mais o *trabalho* no seu sentido estrito o que regularia as possibilidades para a ascensão social, como ocorria outrora.[1053] Ao lado disso, a teatralização e a *mise-en-scène*[1054] se transformaram em operadores cruciais, nos diferentes registros da política e da existência social cotidiana. Pode-se depreender facilmente disso como a problemática do reconhecimento, pela mediação da produção da obra como trabalho, cai totalmente por terra. Em contrapartida, a sedução e o espetáculo se impõem como imperativos incontornáveis para o sujeito para a sua circulação pelo espaço social.

O que se configura então com a cultura do narcisismo é uma *radicalização* do *paradigma do individualismo moderno*, pela qual seus pressupostos se tornam cada vez mais exagerados. Com isso, os imperativos coletivos tendem à fragilização e até mesmo à dissolução, rompendo então os *laços sociais*. Se retomarmos aqui a oposição estabelecida por Dumont entre as sociedades holistas, nas quais os imperativos coletivos são fundamentais e constituiriam as individualidades, e as sociedades individualistas, nas quais os imperativos coletivos se apagam e os indivíduos passam a fundar a sociedade como uma associação,[1055] a cultura do narcisismo implica um individualismo absoluto e sem qualquer limite. Porém, o sujeito tende à fragilização e à dissolução, na ausência de alicerces sólidos onde possa se apoiar.

Com efeito, com a progressiva dissolução dos imperativos coletivos e o estilhaçamento dos laços sociais, o olhar do Outro e a injunção à visibilidade se transformam em critérios ontológicos no que concerne à certeza de existir dos indivíduos. Além disso, a inserção numa *tradição*

1053. Ibidem, cap. 3.
1054. Ibidem, cap. 9.
1055. L. Dumont, *Essais sur l'individualisme: une perspective anthropologique sur l'ideologie moderne*; *Homo aequalis*.

e numa linhagem genealógica tendem então ao apagamento. O desdobramento maior dessa experiência é a transformação radical da relação do sujeito com os registros do *espaço* e do *tempo*, de maneira a reconfigurar fundamentalmente as coordenadas básicas da experiência antropológica. Seria justamente em decorrência disso que o subtítulo do livro de Lasch se intitula, rigorosamente, "a vida americana numa época de declínio das esperanças".

Deve-se destacar o que existe de crucial na ideia de declínio da esperança. Isso porque a ideia de *esperança* remete primordialmente à noção de tempo e à crença num futuro possível. Com o declínio da esperança, com efeito, a possibilidade do futuro como *antecipação* da existência, construída sempre no tempo presente, deixa de existir para a ordem social e para os sujeitos. O horizonte do *devir* como possibilidade se fecha. Em decorrência disso, o tempo presente se alarga e se estende desmesuradamente e, sem a referência ao projeto do tempo futuro, tende a se fragmentar num amontoado de *instantes*, que não apresentam mais qualquer sustentação significante para os sujeitos.

No entanto, no centro dessa experiência antropológica de transformação temporal o que se evidencia efetivamente é a desarticulação do sujeito com o registro da *genealogia*. Com isso, a possibilidade da *tradição* se esvazia também nas suas linhas mestras,[1056] perdendo a sua posição simbólica de fundação e de construção do espaço social, na medida em que apenas pode se renovar e se rearticular numa relação intensa do registro temporal do presente com o do futuro, sob a forma da experiência da antecipação.[1057]

Duas consequências irrefutáveis se impõem no que concerne a isso. Antes de mais nada, a figura da *autoridade* se esvazia e é silenciada, pois a sua manutenção supõe uma relação intensa dos sujeitos com a tradição e a genealogia norteadora do espaço social. Em seguida, a ideia de história se esvazia e é silenciada igualmente, pois a sua manutenção supõe uma

---

1056. J. Derrida, *Mal d'archive*.
1057. Ibidem.

relação de tensão permanente dos sujeitos com a tradição e a genealogia do espaço social. Enfim, a ideia de *história* também se esvazia, pois supõe não apenas a relação do sujeito com o futuro, para que possa escrever sobre o tempo passado, como também o esvaziamento das ideias de tradição e de genealogia.

Ao lado disso, a cultura do narcisismo implica ainda uma espacialização radical da experiência como correlata da perda da relação do sujeito com o futuro, a tradição e a genealogia. Em decorrência disso, a relação do sujeito com o registro do *corpo* passa a se impor como fundamental no campo da experiência psíquica e social, pois se o sujeito não pode mais se inscrever numa tradição e numa genealogia, apenas lhe resta o *corpo* como o único bem a que pode se ater efetivamente. Enfim, o corpo passa a se impor como o único alicerce seguro para a construção do sujeito, com toda a fragilidade que isso implica.

Seria por esse viés que a *medicalização* da existência assume uma amplitude inédita na contemporaneidade, pois cuidar da saúde e do corpo se impõe como imperativo maior para o sujeito quando o corpo se torna o único *bem supremo*. Além disso, a preocupação com a *beleza* e a *juventude* se impõem igualmente como imperativos, na medida em que a única coisa que resta para o sujeito na cultura narcísica é o cultivo das virtudes do corpo.[1058] Enfim, seria ainda por conta disso que a captura pela imagem se impõe e a injunção à visibilidade se destaca, na medida em que o corpo seria o único bem com que o sujeito pode efetivamente contar para existir nos tempos da cultura do narcisismo. Enfim, a imagem é o alicerce para a construção do corpo, pois este não poderia existir sem a referência à imagem.

Tudo isso converge seguramente para a problemática maior de que a sociedade contemporânea se centra no *espetáculo* e na *teatralização* da existência, pelos quais o corpo capturado pela imagem e o sujeito submetido à injunção insistente da visibilidade serão inscritos numa *mise-en-scène* permanente.

1058. J. Birman, "Subjetividades contemporâneas". In: *Arquivos do mal-estar e da resistência*.

ESPETÁCULO E PERFORMANCE

Sabemos que Debord já havia trabalhado bastante no campo dessa mesma problemática, mas numa outra perspectiva teórica, bem antes de Lasch, quando enunciou o conceito da *sociedade do espetáculo*.[1059] Assim, é preciso retomar alguns pontos fundamentais da pesquisa de Debord, para começar a enfatizar agora a genealogia da contemporaneidade, centrada nos registros do olhar e da injunção à visibilidade.

O que nos disse Debord sobre isso? Nada mais nada menos que o espaço social contemporâneo teria se transformado numa grande cena teatral disseminada e permanente, sem qualquer limite. Nessa cena, os sujeitos representam os seus diversos papéis para obter a satisfação de seus interesses e acreditar assim na certeza de que existem efetivamente. A performance se colocaria, pois, como o único imperativo da existência, na medida em que sem esta o sujeito não teria mais qualquer garantia na certeza ontológica de existir.

Porém, não se trata aqui do conceito do performativo, no sentido linguístico e semiológico da palavra, mas da performance nos registros do *ato* e da *ação*, pelos quais o sujeito se constituiria em ato pela ação que efetivamente realiza. Seria ainda pela sedução, presente nas performances do sujeito, que a *mise-en-scène* se constituiria pelo corpo e delinearia as suas formas, num permanente corpo a corpo do sujeito com os outros.

Portanto, antes de Lasch, Debord já nos apresentara, de maneira sistemática, como teriam se constituído as coordenadas fundamentais da cultura do narcisismo, a partir dos alicerces da cultura do espetáculo, pela articulação teoricamente consistente que demonstrou existir entre os registros da imagem e da performance. Vale dizer, o registro da imagem supõe o da performance e vice-versa. Enfim, para ser efetivamente visto, e, logo, existir, o sujeito deve ser sedutor e performático.

No entanto, se a genealogia da injunção contemporânea à visibilidade teve em Debord a sua primeira articulação teórica importante, podemos

---

1059. G. Debord, *La société du Spectacle*; *Commentaires sur la société du spectacle*.

encontrar ainda em Foucault um outro desenvolvimento fundamental dessa problemática que antecedeu também a de Lasch, pelo qual o imperativo do *poder* passou a se impor também de maneira crucial. Pelo destaque conferido ao conceito de *panóptico* enunciado por Bentham no século XIX, com efeito, a injunção à visibilidade passou a se articular intimamente com a estratégia da *vigilância*, pela qual o poder *disciplinar* passou a regular a construção dos corpos na modernidade.[1060]

PANÓPTICO

Em 1974, Foucault publicou uma obra importante intitulada *Vigiar e punir*, pela qual procurou demonstrar como a modernidade se constituiu pela emergência do poder disciplinar em oposição ao poder *soberano*, que teria existido anteriormente na tradição ocidental.[1061] Nesse contexto, o corpo dos indivíduos teria se transformado num objeto permanente do olhar do poder, que passou a controlá-los minuciosamente, de forma a engendrar efetivamente a individualidade moderna. Não teria existido então o individualismo moderno sem a disseminação das práticas disciplinares, que passaram a controlar os gestos, os movimentos e os tempos dos sujeitos.

Ao analisar o projeto do panóptico de Bentham para as modernas prisões, Foucault colocou em destaque não apenas o funcionamento similar do conjunto de instituições disciplinares segundo o mesmo modelo panóptico, como também enfatizou a presença do mesmo sistema de vigilância no espaço social como uma totalidade. A função da vigilância seria a de realizar o controle social dos corpos e dos sujeitos, com vistas a regular a *periculosidade* social que poderia se evidenciar pelo crime, pela delinquência, pela loucura, pela doença e por qualquer modalidade efetiva de transgressão.[1062]

1060. Foucault, M. *Surveiller et punir*.
1061. Ibidem.
1062. Ibidem.

A vigilância panóptica se sustentaria, assim, pelo olhar permanente e insistente do vigilante, que, num só *golpe de vista*, colocaria o conjunto dos cidadãos de uma dada instituição e comunidade sob a visibilidade. Tudo no espaço social estaria iluminado por esse *olhar perscrutador*, e nada ficaria fora do alcance da visibilidade insistente.[1063] Enfim, a captura especular do sujeito seria absoluta, na medida em que nada escaparia ao poder e ao controle desse olhar invasivo.

Pode-se depreender facilmente disso como a injunção à visibilidade seria constitutiva da modernidade, sob a forma do poder disciplinar. Ao lado disso, pela mediação da disciplina, seria ainda constitutiva da individualidade moderna como valor. Portanto, o paradigma do individualismo como valor teria assim sido tecido pelo poder disciplinar e pelo olhar panóptico.

Assim, Foucault não apenas demonstrou na sua genealogia da punição a constituição da modernidade pela injunção permanente à visibilidade, como também sugeriu a constituição da contemporaneidade pela disseminação infinita dessa mesma injunção. Com efeito, as novas tecnologias de informação e a televisão oferecem outros instrumentos bem mais sofisticados para o exercício do poder disciplinar e para a disseminação da vigilância panóptica na contemporaneidade.

SOCIEDADE DE CONTROLE

Existimos na atualidade no campo delineado por um grande olhar panóptico, que possui novos limiares de penetração na nossa privacidade e intimidade, de maneira que quase mais nada escapa ao seu controle, que se pretende agora absoluto e sem limites. Com isso, os sujeitos são reduzidos à condição de corpo, e se apagam suas articulações com o tempo, a história e a genealogia.

Foi precisamente isso que nos disse Deleuze quando enunciou que a contemporaneidade seria caracterizada pela *sociedade de controle* e

---

1063. Ibidem.

não mais pelo poder disciplinar, na medida em que seriam os próprios sujeitos que se controlariam hoje e que se submeteriam insistentemente à vigilância, não precisando mais da mediação dos vigilantes.[1064] Com efeito, da injunção à visibilidade ao imperativo do ver/ser visto, os sujeitos não seriam mais vítimas da disciplina, mas seriam efetivamente atores permanentes da construção da própria prisão panóptica e especular. Parafraseando Sennet, que nos falou das tiranias da intimidade,[1065] podemos dizer que existimos hoje também sob o jugo das *tiranias da visibilidade*. Enfim, a tirania da visibilidade se conjuga no mesmo tempo verbal que a tirania da intimidade, sendo, pois, ambas a face e o verso da mesma problemática, constitutiva da contemporaneidade.

1064. G. Deleuze, *Pourpalers* (1972-1990), cap. V.
1065. R. Sennet, *Les tyrannies de l'intimité*.

PARTE VIII Cinema

18. Desejo cifrado

DO SONHO À MORTE

No filme *De olhos bem fechados*, do cineasta Stanley Kubrick, a trama começa e se tece em torno de um sonho. Pode-se até mesmo afirmar que a narrativa em questão se polariza entre a possibilidade e a impossibilidade de sonhar, nos respectivos desdobramentos estruturantes do sonho e nas suas consequências trágicas para o sujeito. De qualquer maneira, é a função do *sonhar* para a existência humana que está em pauta nessa construção fílmica exemplar.

A principal personagem feminina da saga, interpretada por Nicole Kidman, mulher de um médico, interpretado por Tom Cruise, bem-sucedido e que circula nas altas-rodas na sociedade de Nova York, conta para o marido, após uma festa, como se sentira provocativamente olhada e atraída por um homem, num hotel onde a família passava as férias. Havia ficado fascinada pelo desejo fatal que um marinheiro lhe produzira e, em seguida, tivera um sonho erótico em que se relacionava com tal homem. Ela afirma que, se naquele dia o marinheiro a tivesse convidado para ir embora, para viajar, em sua companhia, por mares nunca antes navegados, não teria pestanejado um só instante antes de aceitar o convite. Tudo isso é dito entre baforadas de maconha e molhado a álcool. Na cena, a personagem interpela insistente e provocativamente o marido, questionando o desejo que sente ao examinar as pacientes mulheres e lhes apalpar os seios. Indaga, então, de forma desafiadora: "Você não sente nada? Não gostaria de transar com elas? Não consigo acreditar!", diz ainda provocante, procurando despertar o marido da sua letargia desejante e existencial.

O marido, perturbado e perplexo, não entende o que se passa e responde com declarações de amor eterno, afirmando não desejar as mulheres que sempre o seduziam ostensivamente, como ocorrera na festa daquela noite. Além disso, diz que a esposa é linda e deslumbrante, não querendo saber de outras na sua vida. A conversa é interrompida abruptamente por uma urgência médica, a morte de um paciente, tendo o marido de se retirar com urgência. Porém, o sonho e o desejo por outro homem, revelados pela mulher, o perturbaram intensamente, tirando-o efetivamente de seu fio de prumo. No decorrer do filme, essa cena do sonho o acossa, lanhando seu corpo e produzindo uma dor lancinante, na tentativa angustiada de controlar o sonho e o desejo de sua mulher.

O filme se desdobra em torno dessa sequência, com efeitos em cascata a partir dessa problemática fundamental. Perturbado, o marido quer saber algo sobre o seu desejo, pois foi nisso que se centrou a interpelação da esposa. Passa, então, a persegui-lo ostensivamente no campo do real, guiado por sua vontade, mas sem muita convicção interior. Busca uma prostituta, com quem nada acontece pela impossibilidade dele de transar. Contudo, como bom moço que é, o protagonista paga generosamente a conta, apesar de a mulher não querer cobrar. Em seguida, encontra um antigo colega de faculdade que desistira dos estudos médicos para ser pianista. O amigo lhe fala da existência de uma festa privada, onde iria tocar naquela noite e onde já estivera outras vezes, e de como nunca conhecera nada igual. Fustigado pela curiosidade e pelo que se impunha no contexto da crise com a esposa, acaba por tirar do amigo o endereço da festa e a senha de entrada.

O médico decide ir à festa, custe o que custar, mas para isso precisa vestir uma fantasia. Passa a procurar uma loja pela madrugada, e consegue o traje. Ao chegar lá descobre uma grande orgia dançante, hétero e homossexual, todos nus e de máscaras, num cenário muito impactante. Acaba, então, por ser reconhecido como intruso e ameaçado de morte. Alguém se oferece para morrer em seu lugar, uma mulher a quem tinha salvo de uma overdose na festa inicial do filme, sendo assim poupado. Sai bastante assustado com o que viu e com o que lhe aconteceu, evidentemente.

No dia seguinte, descobre logo que o pianista desapareceu, levado por homens estranhos, e provavelmente tenha sido morto pelos organizadores da festa. Chocado, volta também à prostituta. Descobre, então, pela amiga com quem ela dividia o apartamento, que a moça foi embora porque descobrira que estava com aids. No final de tudo, volta para casa, angustiado e aterrorizado, e compartilha com a esposa tudo o que experimentou, com lágrimas e sussurros de ambas as partes.

A narrativa deixa entrever que o jovem médico percorrera todas essas sequências praticamente sem dormir, como se tivesse sido lançado sofregamente num *pesadelo* quase interminável. Contudo, entremeando esse pesadelo, as cenas do sonho de sua mulher transando com outro homem o obcecavam e não o abandonavam em nenhum momento.

DESEJO E FANTASIA

Esta narrativa fílmica foi baseada num conto do escritor Arthur Schnitzler, psiquiatra por formação, mas literato por ofício. Foi contemporâneo de Freud, que tinha muito respeito e admiração por sua obra. Freud chegou até mesmo a dizer que Schnitzler tinha conseguido formular, com a simplicidade poética da ficção literária, coisas que lhe haviam exigido muito tempo de árduo trabalho científico. Freud reconhecia assim, na obra de Schnitzler, a enunciação de muitas das proposições teóricas e clínicas da psicanálise que o encantavam, como se evidencia fartamente, aliás, nesse conto.

Antes de mais nada, Schnitzler reconhece que no sonho existe uma dimensão *real* que tem um efeito poderoso sobre o sujeito. Vale dizer, um sonho não é um simples devaneio, um faz de conta, mas algo que remete o sujeito a algo da ordem do real. No caso em questão, esse efeito se evidencia não apenas na sonhadora, mas também no seu marido, que fica transtornado com o relato da esposa. Isso porque o sonho é uma *realização de desejo* do sonhador,[1066] inscrita na *realidade psíquica* mesmo que não aconteça literalmente na *realidade material*. Foi esse desejo que se apossara efetivamente da mulher, a qual, se pudesse, o teria realizado no campo concreto. Porém, o fato de a personagem ter sido possuída por tal desejo, dirigido para outro homem, tivera um efeito traumático sobre o marido, que se reconheceu como destituído da possibilidade de desejar. O que indica ainda, em seguida, que para o sujeito desejar é preciso também *fantasiar*,[1067] sem o que o desejo não se ordena e não se incorpora. O limite psíquico do marido se evidencia, nesse ponto, pela pobreza de sua possibilidade de fantasiar. Não foi isso que a mulher lhe dissera ao interpelar sobre seus desejos?

Por isso mesmo o marido fora buscar o seu desejo na realidade material, fosse com a prostituta, fosse na festa pós-moderna. Para entrar na festa, tivera de ir em busca de uma fantasia. Entretanto, *vestir* uma fantasia não é a mesma coisa que tê-la incorporada, isto é, *ser* por ela habitado, trata-se de uma *mimese*, uma simples *mise-en-scène*, uma simulação. Portanto, a fantasia que traveste a personagem em questão não tem a potência de realização que a fantasia incorporada é capaz de regular, qual seja, afastar a presença aterrorizante da *morte* que nos habita. Enfim, as diversas mortes que ocorrem em torno da figura do médico, na realidade material, num curto intervalo de tempo, são a consequência dessa lógica, que as articula de forma íntima.

Assim, nesta surpreendente e inquietante narrativa de Schnitzler, se condensa de maneira magistral o que é fundamental na concepção de sonho formulada pelo discurso freudiano, que passo agora a enunciar de forma sumária e sistemática.

1066. S. Freud, *L'interprétation des rêves* (1900).
1067. Idem, cap. 7.

SUJEITO E PULSÃO

A interpretação dos sonhos foi uma das obras maiores que o século XX inaugurou, sendo, além disso, emblemática do projeto da *modernidade*. Isso porque, desde a passagem do século XVIII para o XIX, com a Revolução Francesa, se passou a acreditar que poderíamos reinventar a sociedade em outras bases, pela transformação radical da antiga, virando-a de ponta-cabeça. Iniciou-se assim o ideário da *revolução* que marcou a modernidade. Além disso, com o Romantismo se esboçou a possibilidade de enunciar novas linguagens, que desde então se realizaram com as diferentes *vanguardas estéticas*. O que o discurso psicanalítico formulou foi o alicerce e o aguilhão dessas potencialidades de mudança. Com efeito, a partir da tese de que o sonho é uma realização de desejo, Freud nos disse ser o desejo o que nos movia e nos dava alento para existir, impelindo-nos para a transformação do mundo e para a criação de novas linguagens.

Essa tese crucial de *A interpretação dos sonhos* foi desdobrada em 1905, nos *Três ensaios sobre a teoria da sexualidade*,[1068] quando Freud formulou outra interpretação do sexual. Foi enunciada, então, a existência da *sexualidade infantil*, que seria *perverso-polimorfa*. Vale dizer, a sexualidade não seria de ordem biológica, centrada no instinto sexual e dependente do amadurecimento das gônadas na puberdade, mas de ordem psíquica. Por isso mesmo, a finalidade da sexualidade não seria mais a *reprodução da espécie*, como se formulava na sexologia, no século XIX, mas a busca do *prazer* e do *gozo*, formas de realização do desejo.

Portanto, se *A interpretação dos sonhos* buscava fundamentar a constituição dividida do sujeito, descrevendo que o psiquismo se inscrevia em diferentes registros, quais sejam, a *consciência*, o *pré-consciente* e o *inconsciente*, que estabeleciam entre si relações de *conflito*, os *Três ensaios sobre a teoria da sexualidade*[1069] delineavam, em contrapartida, o funcionamento pulsional do psiquismo. Em decorrência disso, essas

---
1068. S. Freud, *Trois essais sur la théorie de la sexualité* (1905).
1069. Ibidem.

obras se amalgamaram no interior do discurso freudiano, cada uma delas remetendo à outra de forma íntima. Portanto, se o sujeito é marcado pela *divisão*, não unificado e totalizado *no* e *pelo* campo da consciência, como se supunha desde o século XVII, com o advento da filosofia de Descartes,[1070] essa divisão pressupunha uma base pulsional no psiquismo, que forneceria o alicerce ao desejo.

A construção teórico-clínica empreendida em *A interpretação dos sonhos*, porém, implicou a *crítica* sistemática da tradição neurobiológica sobre o sonho, existente no século XIX. Foi preciso então desconstruir nos menores detalhes a leitura da época sobre o tema, realizada pela neurologia e pela psiquiatria, para que outra interpretação pudesse ser forjada. Foi o que Freud empreendeu no capítulo inicial dessa obra magistral, ao revisar a história das diferentes teorias sobre o sonho, da Antiguidade ao século XIX.

SINTOMA E SONHO

Para realizar essa leitura crítica, Freud se baseou no seu percurso anterior, empreendido nos anos 1890, na interpretação que fizera da histeria, em 1895,[1071] e das demais psiconeuroses, em 1894,[1072] como a neurose obsessiva e a psicose. O que formulou nesse percurso foi que os diferentes sintomas presentes nessas neuroses não eram consequências das lesões e disfunções cerebrais, que se fundariam seja na hereditariedade, materializados como degeneração nervosa, seja na sugestionabilidade. Se a primeira hipótese fora sustentada por Charcot, que havia sido um dos mestres de Freud e tinha renovado a pesquisa clínica sobre a histeria, a segunda fora sustentada por Janet.

Para isso foi preciso demonstrar que tais sintomas queriam dizer alguma coisa, isto é, eram dotados de *significação* e de *sentido*. O que

---

1070. R. Descartes, "Méditation. Objections et réponses" (1641). In: *Oeuvres et lettres de Descartes*.
1071. S. Freud, J. Breuer, *Études sur l'hystérie* (1895).
1072. S. Freud, *Les psychonévroses de défense* (1894). In: *Névrose, psychose et perversion*.

Freud formulava então era que os sintomas das diversas psiconeuroses eram modalidades de *pensamento*, altamente elaboradas e sutis, mas que se evidenciavam de forma indireta, de maneira que, para captá-las nos seus enunciados, necessário seria um longo e trabalhoso processo de *interpretação*. Portanto, os sintomas seriam interpretáveis na medida em que eram produções do pensamento, isto é, dotados de sentido e de intencionalidade.

Assim, foi preciso indicar que aqueles eram uma *formação de compromisso* entre diferentes forças e interesses psíquicos, que digladiavam entre si para a dominação do psiquismo. Dessa forma, seria enviado para o inconsciente tudo aquilo que pudesse contrariar os interesses da consciência e do eu, pela mediação *censora* do pré-consciente. Contudo, aquilo que era recalcado retornava do inconsciente, mas disfarçado sob a forma do *sintoma*. Se este era desprazeroso para a consciência, era, no entanto, prazeroso para o inconsciente, que realizava indiretamente o seu desejo pela materialidade do sintoma, nesse processo norteado pelo *retorno do recalcado*.[1073]

Pode-se depreender disso como o psiquismo delineado por Freud supõe, antes de mais nada, uma *tópica*, isto é, uma teoria dos diversos lugares psíquicos, constituída pela consciência, pelo pré-consciente e pelo inconsciente. Esta tópica não é fundada na anatomia, mas no psíquico e nas suas representações. Em seguida, o aparelho psíquico supõe uma *dinâmica*, um jogo de forças no qual estas se inscrevem nesses diferentes lugares psíquicos. Além disso, existiria ainda uma *economia*, pois as forças em pauta seriam dotadas de intensidades.[1074]

A esse conjunto proposto para a leitura das dimensões do aparelho psíquico Freud denominou *metapsicologia*.[1075] Com esse novo termo cunhado, derivado da palavra *metafísica*, Freud designava a teoria psicanalítica. Enunciava, assim, que a psicanálise não era uma psicologia, mas estava *além* desta. Isso porque propunha uma leitura do aparelho

---

1073. S. Freud, *Nouvelles remarques sur les psychonévroses de défense* (1896). In: *Névrose, psychose et perversion*.
1074. S. Freud, *L'interprétation des rêves* (1900). In: *Obras Completas*, cap. 7.
1075. Ibidem.

psíquico que ultrapassava os registros da consciência e do eu, formulando não apenas a existência do inconsciente, mas também afirmando que este seria a sua instância fundamental.

SONO E SONHO

Foi esse modelo de leitura do sintoma que Freud deslocou para a interpretação do sonho. Com efeito, da mesma forma que o sintoma, o sonho, dotado de significação, teria uma estrutura complexa e sutil. Em *A interpretação dos sonhos*, Freud se contrapunha assim à tradição neuropsiquiátrica de seu tempo histórico, a qual sustentava que o sonho não queria dizer nada. Com efeito, para essa tradição o sonho seria a consequência de uma *disfunção cerebral temporária*, provocada pelo estado do *sono*. Portanto, para Freud o sonho seria uma modalidade de pensamento, mas que se apresentaria numa retórica imagética e aparentemente sem nenhuma lógica, em decorrência de sua linguagem cifrada.

Nessa perspectiva, as mesmas coordenadas tópica, dinâmica e econômica, existentes na arquitetura do sintoma, estariam também presentes na arquitetura do sonho. Assim, os desejos não efetivados durante o dia seriam realizados à noite, amalgamados sempre com os desejos infantis recalcados.[1076] Porém, tal realização se faria de maneira disfarçada, como formação de compromisso entre as diferentes forças psíquicas em questão. Existiria, então, uma censura no sonho, para que o desejo infantil pudesse se realizar, mas apenas de forma interdita, satisfazendo às exigências das diversas instâncias psíquicas. Daí o porquê do caráter aparentemente estapafúrdio do sonho, decorrente das distorções múltiplas, forjadas todas pela censura.

Por que tanto disfarce e censura? Por que o desejo infantil não poderia se realizar efetivamente? Em decorrência do recalque, é claro. Com efeito, se a censura falhasse, o sonho se transformaria num *pesadelo*, do qual o sujeito acordaria aterrorizado, pelo que existia de real na reali-

---

1076. Ibidem, cap. 2.

zação de seu desejo. Portanto, para o discurso freudiano o sonho seria uma *proteção* do sono, o seu *guardião*, sem o qual este não se manteria. Assim, a desorganização psíquica promovida pelo sono teria no sonhar a sua contrapartida organizada. Por isso mesmo, sonha-se sempre durante o sono, mesmo que o sujeito não se lembre disso, em decorrência da resistência e da censura exercida pelo eu, que não quer saber nada sobre o desejo que se realizou efetivamente.[1077] Dessa perspectiva, o sono seria uma experiência de *regressão* psíquica, na qual o aparelho psíquico se desorganizaria, mas ao sonhar o sujeito faria um movimento de *progressão* a fim de se organizar novamente.

A descrição forjada por Freud se aproxima, assim, das modernas leituras neurofuncionais sobre o sono, pelas quais se contrapõem o sono *superficial* e o *profundo*, em que o sonhar se inscreveria no registro do sono superficial. Portanto, o aparelho psíquico descrito por Freud oscila permanentemente entre dois polos, o *regrediente* e o *progrediente*, o que se torna patente na própria experiência do sono e do sonho.

DECIFRAMENTO E SINGULARIDADE

Se o sonho se apresenta de forma disfarçada, em consequência da ação interativa da censura que encobre o desejo, revelando-o de maneira plástica e imagética, necessário seria interpretá-lo para tornar evidente o que estaria em pauta na sua realização. Portanto, se o sonho se mostra de forma cifrada, é preciso decifrá-lo, desconstruindo meticulosamente o seu ciframento, nas suas linhas de força e de fuga, para que o sujeito possa aceder ao seu desejo.

Pela técnica das associações livres, na qual o sujeito associa cada uma das imagens presentes na narrativa onírica com o que lhe vem livremente ao espírito, Freud propunha uma via de acesso ao desejo inconsciente, para que os pensamentos que presidiram a produção do sonho pudessem

---

1077. Ibidem, caps. 3 e 6.

sair de sua condição *latente* e se tornassem por fim *manifestos*. Seria justamente esse processo o que Freud denominou *deciframento* do sonho.[1078]

Para isso, o sujeito teria de se deslocar minuciosamente do particular ao particular, percorrendo cada imagem onírica de forma pormenorizada, pois os símbolos e as montagens seriam sempre singulares, isto é, específicos para cada sonhador. Não existiria assim um código de *chaves* para os sonhos, como se supunha na Antiguidade, isto é, um *código simbólico e universal* das imagens oníricas, pois estas seriam sempre individualizadas e singulares.

O que Freud nos propõe aqui é que se o desejo de cada um de nós é *singular*, forjado ao longo de nossa história e das particularidades da sexualidade infantil, o sonho se plasma também de maneira singular. Por isso mesmo, teria de ser decifrado na sua especificidade e particularidade, sem o uso de qualquer chave interpretativa, o que macularia a sua singularidade. O intérprete deve se deslocar do discurso latente para o patente, para que os pensamentos que enunciam o desejo inconsciente possam se tornar conscientes, finalidade de qualquer processo interpretativo. É sempre isso que está em pauta no deciframento onírico.

REPETIÇÃO E DESEJO

Assim, se o sonho é o protetor do sono, isso evidencia o que pode existir de traumático para o sujeito no impacto da pulsão. É o *trauma* que se torna, então, presente na experiência psíquica do pesadelo, indicando o impacto do real. O trauma reenvia o sujeito para a possibilidade de sua morte, isto é, para os terrores implicados na sua desorganização psíquica. É a instância do eu que se percebe ameaçada de aniquilamento.

Em decorrência disso, as fantasias reguladas pelo princípio do prazer ordenam o desejo que se realiza na experiência onírica, que se contrapõe à presença da morte sempre latente. Indiquei essa ideia na análise do filme de Kubrick, no qual essa eventualidade se fazia também presente no

---

1078. Ibidem, caps. 2 e 6.

real pelas múltiplas mortes que circundam a personagem masculina, ao destacar a pobreza da sua imaginação e de sua possibilidade de fantasiar. Por isso mesmo o protagonista se enfarpelava de fantasias concretas e carnavalescas, para evitar a presença do terror da morte. No entanto, esta se impunha assim mesmo, de forma concreta, impactante e aterrorizante do real.

Essa dimensão da experiência do sonho e do desejo é fundamental no discurso freudiano. Porém, Freud não a desenvolveu em *A interpretação dos sonhos*, na qual isso foi apenas esboçado na relação entre o *sonho*, o *pesadelo* e o *desejo*, mas somente anos depois, em *Além do princípio do prazer*,[1079] quando retomou essa problemática de maneira central na sua leitura da experiência onírica.

Assim, nessa obra publicada em 1920, o discurso freudiano indica como nas *neuroses traumáticas* os sujeitos não sonham, mas são tomados por um pesadelo permanente, justamente porque não conseguem forjar uma fantasia capaz de afirmar a sua potência de existir e que possa se contrapor à morte iminente. Por isso mesmo, o sujeito repete incansavelmente a experiência traumática, que ocorreu justamente porque ele não pôde se antecipar ao acontecimento traumático, sendo então tomado de *surpresa* por sua realização.[1080]

Foi nesse contexto teórico e clínico de *Além do princípio do prazer* que Freud enunciou o conceito de *compulsão à repetição*. A função desta seria dominar a experiência traumática, para que finalmente o desejo e o princípio do prazer pudessem se impor de novo no psiquismo de forma a manter a morte a distância.

Para isso, no entanto, o sujeito tem de se deslocar da posição *passiva* a que foi reduzido pela condição traumática, para a posição *ativa*, de maneira que pelo desejo possa afirmar a potência da vida contra a morte. Entretanto, precisa novamente tecer as suas fantasias, constituindo no seu psiquismo um espaço para o gozo possível, como artesão da própria existência.

1079. S. Freud, *Au-delà du principe de plaisir* (1920) In: *Essais de psychanalyse*.
1080. S. Freud, *Inhibition, symptôme et angoisse* (1926).

Em *Além do princípio do prazer* Freud mostra ainda a relação do sonhar e do *brincar*, indicando como, pelo jogo, o infante pode dominar o *abandono* e a *separação* da figura materna, de forma a constituir a linguagem e a fantasia ao mesmo tempo, assumindo a posição ativa e se deslocando da posição de passividade. Entre a *presença* e a *ausência* contrapostas, que se articulam na oposição fonemática entre o *Fort* e o *Da*, a criança brincando com o carretel afasta e exorciza a presença da morte, materializada pelo *abandono* e pela *perda* maternal. Seriam essas angústias arcaicas que se presentificam no trauma e no pesadelo, indicando a morte do desejo na experiência da separação.

LIMITE DO SONHAR NA ATUALIDADE

Se o conto de Schnitzler é paradigmático da construção teórica do discurso freudiano sobre o sonho, condensando as suas teses fundamentais, o filme de Kubrick lança vertiginosamente tudo isso no caldeirão da pós-modernidade. Isso porque o deserto atual na nossa existência se plasma na *impossibilidade de sonhar*. Com isso, a morte e o pesadelo nos circundam e se apossam de nós de forma aterrorizante, porque a nossa possibilidade de desejar e de fantasiar está mutilada. Com efeito, a ausência da *utopia* no projeto civilizatório pós-moderno é a marca eloquente deste deserto desejante em que estamos imersos no registro social. Portanto, o filme de Kubrick é paradigmático dos tempos atuais, tipificado nos seus diversos personagens, principalmente pela figura do jovem médico.

Entretanto, é preciso evocar ainda que o discurso freudiano nos indicou que esse mesmo esquema teórico, presente no sonho e no sintoma, se encontra também em outras formações psíquicas. Com efeito, tanto no *lapso* e no *ato falho*[1081] como no *humor* e na *piada*[1082] encontra-se o mesmo modelo, indicando, assim, na *Psicopatologia da vida cotidiana*, a

---

1081. S. Freud, *Psychopathologie de la vie quotidienne* (1901).
1082. S. Freud, *Jokes and their relation to the inconscious* (1905), 1970.

presença do desejo e a estruturação do psiquismo pelas fantasias inconscientes. Com isso, o sujeito afirma a potência da vida contra a morte que lhe apossa, nos pequenos gestos e atos da existência, para impedir que fique aprisionado com "a morte na alma" (Sartre).

Em todas as *formações* do inconsciente, como Lacan denominava essas produções psíquicas, ao lado do sintoma e do sonho, é o desejo como potência de *afirmação da vida* que se contrapõe à *presença da morte*, pela mediação da fantasia. Quando isso não é possível, perdemos o sono ou somos acordados aterrorizados, suando na calada da noite, como nos pesadelos, lançados no *deserto do real* – para me apropriar do conceito de Žižek –, como nos mostra o filme de Kubrick, na sua ritualização magistral do que existe de infernal no mundo pós-moderno.

19. Gramáticas do amor no cinema: uma leitura psicanalítica sobre o erotismo, a paixão e o amor

UM MAR DE HISTÓRIAS

O *amor*? O que quer dizer isso? Para que nos serve? O que se pretende com o amor? Existe sobre estas perguntas um mar de histórias! Trata-se de um *enigma*, sem dúvida, marcado pela impossibilidade de apreensão, pois qualquer definição sobre o amor é inconclusiva e impossível de ser enunciada. Certamente, qualquer um de nós tem muitas histórias a contar sobre o amor, permeadas por múltiplos detalhes, mas o essencial nos escapa quando queremos formular uma definição conclusiva e concisa.

A *gramática do verbo amar* é, assim, marcada pela *inconclusão*, pelo estado dubitativo de suspensão, já que difícil é encontrar o momento de colocar um ponto final na elucidação do enigma. Isso porque uma nova indagação sempre se recoloca em cena, impondo novamente a exigência do seu deciframento. Tudo se passa como numa coluna de mercúrio, que sempre serpenteia entre os nossos dedos numa apreensão impossível do seu líquido, pois a coluna se redispõe assumindo uma multiplicidade de posições. Enfim, este movimento é infinito, onde se busca sempre uma linha de fuga, numa curva necessariamente assintótica e sem limites tangíveis.

Por isso mesmo, diante da impossibilidade de captura do que é o amor, apenas nos restam as histórias a seu respeito – a começar pelas que vivemos, nas suas alegrias, tristezas e decepções, e que habitam para sempre as marcas do nosso corpo e as tramas da nossa memória; a continuar pelas que nos relataram, na nossa experiência clínica e nas trocas com os amigos, e a finalizar pelas narrativas que lemos, vemos e escutamos pela literatura, pelo cinema e pelo teatro. De qualquer maneira estamos diante de uma infinidade de histórias, nas quais se declinam, em várias vozes, os imperativos da gramática do amor.

Esta, contudo, não pode ser nunca enunciada no singular, mas sempre no plural, em decorrência da pluralidade e da multiplicidade destas experiências que, como se sabe, são incomparáveis e inconfundíveis. Daí por que seria mais adequado enunciar a expressão *gramáticas* do amor, no plural, em reconhecimento desta diversidade de experiências e de diferenças que marcam as suas singularidades.

Pode-se depreender talvez algo sobre o amor, aqui e ali, ao nos voltarmos para as diversas experiências amorosas. Porém, mesmo que se apreenda algo nesta viagem sem fim, não se pode jamais descobrir um fio condutor absoluto, pois a diversidade das situações e das personagens envolvidas jamais se costura numa unidade e numa retórica consistente. A primeira coisa que se pode falar, quando se trata de amor, é de reconhecer a sua *multiplicidade* e as suas *diferenças*. Isso quer dizer que não se pode encontrar um núcleo comum e que seja, portanto, da ordem do universal. No que concerne a isso é suficiente considerar os diferentes objetos passíveis de serem amados pelo sujeito: o amante, o amigo, o filho, o pai, a mãe etc. É só isso? Quantos mais, então? Quantos se queira, pois quase tudo pode se tornar objeto de amor: a ideologia, as drogas, um livro, uma nação, uma flor, uma tela etc.

O que implica dizer que a unidade retórica do que se denomina amor é no mínimo problemática. Este se inscreve, então, numa perspectiva relativista, sendo esta certamente a segunda coisa que se pode afirmar sobre o amor. A gramática da palavra amor é marcada pelo *relativismo*, não existindo qualquer possibilidade de se escapar desta obviedade. É uma pena, sem dúvida. Porém, são as *incertezas* e o relativismo o que concerne ao amor.

Por que pena?, se poderia perguntar agora. Porque existe um *paradoxo* importante aqui, que deve ser devidamente registrado. Do que se trata, afinal das contas? Com efeito, continuamos a falar em amor e em nome do amor, como se esse fosse algo óbvio e transparente, acima de qualquer suspeita e dúvida. Porém, não conseguimos definir efetivamente o que é o amor, que se mantém na condição de enigma. Porém, na crença da obviedade do que seja o amor, esta insistência no nosso espírito merece ser certamente indagada. Ou, se isso não for possível, ao menos esta questão eminentemente paradoxal deve ser registrada, na sua incansável e monótona repetição.

Talvez o fascínio e a sedução maiores exercidos pela psicanálise na modernidade estejam na promessa efetiva de construir uma ciência sobre o amor. Assim, após séculos de experiência amorosa e de diversas considerações teóricas e literárias sobre o amor, finalmente surge um saber intempestivo que se propõe a constituir um *discurso científico sobre o amor*.

Anteriormente, numa perspectiva histórica, o amor foi certamente objeto de múltiplos comentários agudos, na filosofia, na ética, na religião e nas ciências humanas. Além disso, era um tema recorrente no discurso poético, sendo supostamente a problemática central da tradição épica e romanesca. Nas artes visuais, desde sempre os pintores plasmaram os amantes nas mais diversas posições e situações, ao mesmo tempo eróticas e ternas. Porém, uma ciência específica sobre o amor apenas se colocou como possibilidade efetiva com a constituição histórica da psicanálise. Finalmente, o ser do amor poderia ser enunciado em proposições tangíveis e elucidado nos seus pressupostos.

Sendo a psicanálise, com efeito, um discurso sobre o desejo e o gozo, no qual se questionavam as relações fundamentais do sujeito com a vida e a morte, eis que surge enfim um saber supostamente infalível sobre o amor – que tinha ainda a pretensão de ser do registro da cientificidade, o que dignificava e dava seriedade a esta nova leitura sobre o amor, é claro. Daí por que denominei o discurso psicanalítico como intempestivo, pelo que existiu de inédito na tradição do Ocidente ao pretender constituir uma ciência sobre o amor.

Era esta mesmo a pretensão teórica de Freud, desde os primórdios da psicanálise e ao longo do seu percurso? Não existe talvez certo exagero nesta afirmativa? Talvez. Porém, não estou absolutamente certo disso, pois esta questão é também objeto de controvérsias no campo psicanalítico.

Acredito que, nos seus movimentos teóricos iniciais, Freud tenha acreditado de fato que constituiria finalmente um saber científico sobre o amor. Entretanto, ao longo do seu percurso teórico, esta certeza foi se perdendo, de maneira gradativa e segura. Com o enunciado do conceito de pulsão de morte e o reconhecimento, desde os anos 1920, do que existiria de diabólico na compulsão à repetição, bem como com a publicação do ensaio intitulado *Além do princípio do prazer*, estas certezas freudianas seguramente se esvaíram, de maneira progressiva.[1083] Impôs-se, no seu trajeto teórico e clínico, o predomínio insofismável do ponto de vista econômico na metapsicologia psicanalítica. Neste predomínio, no entanto, o que se colocou foram as dimensões da imponderabilidade e do indeterminismo presentes no funcionamento da subjetividade.[1084] Foi por este viés, sem dúvida, que as certezas cientificistas da psicanálise foram definitivamente para o espaço, e, com isso, a pretensão de se construir uma efetiva ciência sobre o amor, inevitavelmente, se tornou inconsistente.

Contudo, a psicanálise pós-freudiana voltou a insistir nas crenças originárias de que seria possível construir um saber científico sobre o amor. Isso porque a prática psicanalítica se transformou efetivamente numa prática normativa sobre a subjetividade. Consequentemente, para balizar este projeto clínico se construíram *normas* sobre o amor e o desejo, que passaram a guiar a escuta dos analistas, de maneira insofismável, mesmo que estes nem sempre possam se dar conta disso.

É justamente esta certeza que precisa ser colocada frontalmente em questão, para desobstruir os ruídos presentes na nossa escuta analítica. Para isso, no entanto, é preciso se voltar para *leituras parciais* e *regionais* sobre o laço amoroso, sem que se tenha com isso a pretensão de se

---

1083. S. Freud, *Au-delà du principe de plaisir* (1920). In: *Essais de psychanalyse*.
1084. Sobre isso, vide: J. Birman, *Por uma estatística da existência*: Estilo e modernidade em psicanálise.

erigir uma teoria sobre o amor, com as características de sistema e que se caracterize pela retórica do absoluto.

Isso porque se a psicanálise não pode talvez se inscrever inteiramente no campo da *ars erotica*, não é tampouco uma *ciência do sexual*, seguramente, como é o caso da sexologia. Entre estes dois polos e no campo imantado constituído por esta tensão, pode-se afirmar que a psicanálise estaria talvez bem mais próxima de uma *ars erotica* da modernidade do que de uma ciência do sexual propriamente dita. Se, nos seus primordiais, Freud quis constituir a psicanálise também como uma ciência do sexual, logo em seguida teve que recuar decisivamente desta pretensão cientificista, se aproximando então de uma modalidade de arte erótica. E, se a psicanálise pós-freudiana retomou este veio cientificista, é preciso retornar ao que de melhor e de mais instigante o percurso freudiano nos ofereceu nos seus comentários incisivos sobre o amor.

Pela oposição enunciada entre os discursos da arte erótica e da ciência do sexual, evoco uma das teses de Foucault, formulada na obra intitulada *A vontade de saber*, de 1976, para articular as linhas de força constitutivas do *dispositivo da sexualidade*, que teve a sua emergência histórica na modernidade. Este dispositivo foi contraposto ao que existia na pré-modernidade, denominado de *dispositivo da aliança*, de forma que na modernidade os discursos sobre o sexo passaram a ser objeto de incitação ativa, na medida em que a sexualidade passou a definir desde então a *verdade do sujeito*.[1085] Evoco esta instigante formulação teórica de Foucault apenas para colocar em evidência o lugar onde se poderia inscrever efetivamente o discurso psicanalítico na genealogia da sexualidade no Ocidente.

Talvez estes comentários preliminares sejam decepcionantes e até mesmo chocantes, pois alguns de vocês poderiam esperar algo mais certeiro sobre o amor, uma forma de discurso parmenidiano, que pudesse decididamente legislar sobre o ser e o não ser do amor. Algo assim, quem sabe, que pudesse ser enunciado numa fórmula naturalista e positiva, e que nos oferecesse certezas inamovíveis sobre o ser do amor.

1085. M. Foucault, *La volonté de savoir*.

Este substantivo amor, no entanto, é fundamentalmente marcado pela incerteza e pelo indeterminismo, atributos que se repetem na sua própria existência material e fazem parte do próprio objeto em causa. Por isso mesmo, é preciso respeitar a sua imprecisão, a dificuldade em apreender a experiência do amor como um peixe que não é fisgado com facilidade, e reconhecer a viscosidade presente nas suas escamas, tal como o peixe que escorrega e salta permanentemente pelas nossas mãos quando queremos agarrá-lo.

Se nos voltarmos para as imprecisões do amor, talvez possamos dizer algo um pouco mais consistente e instigante e, quem sabe, até mesmo mais razoável, por mais paradoxal que seja enunciar algo que seja razoável sobre o amor, na medida em que este se opõe ao que se inscreve no registro da razão, nos seus menores detalhes. Revisitemos, pois, algumas histórias narradas pelo cinema contemporâneo, com a intenção de enunciar alguns comentários sobre a experiência do amor.

TRANSGRESSÃO E IMPOSSÍVEL

Em *Antes da revolução*, de 1964, o cineasta italiano Bernardo Bertolucci nos conta a história da relação de um sobrinho com a tia, irmã de sua mãe. O jovem rebelde e insatisfeito com a sua existência, filho de uma família burguesa de Parma, quer abraçar a causa da revolução social e começa por criticar os valores da sua tradição familiar. Rompe com a noiva, prometida desde sempre pelos acordos da aristocracia da Lombardia, e com o ideário simbólico de sua cidade. Quer encontrar, assim, na revolução o antídoto para o seu tédio desconfortável e para o vazio da existência. Encontra o arauto seguro para as suas inquietações existenciais num professor engajado de província, que o orienta no reto caminho da crítica contundente dos seus valores burgueses.

Neste processo, no entanto, há um acontecimento crucial que promove um arranhão importante e subverte o nosso herói. Trata-se de uma fratura no seu projeto existencial, efetivamente. A morte de seu amigo, com cabelos amarelos cor de milho, balança de ponta-cabeça a nossa personagem, arrancando-a de sua raiz e retirando-lhe o chão onde supunha pisar. Isso porque o jovem amigo em questão não conseguiu romper com a tradição da família e de seu grupo social de pertencimento, empurrado pelo nosso herói para o dito projeto revolucionário. Com efeito, após tentar fugir muitas vezes de casa, buscando cidades maiores para viver, o jovem acaba por retornar melancolicamente para o seio familiar. Depois de várias escaramuças inúteis, mergulha em águas que o tragam, levando-o para sempre. Uma morte aparentemente acidental, sem dúvida, mas que na sua antinaturalidade ostensiva sugere o suicídio, única saída possível em face da sua impossibilidade de rompimento efetivo com o ideário da burguesia.

Entristecido pelo acontecimento fatal e angustiado pelo desenlace inesperado do amigo, o nosso herói acaba por encontrar um apaziguamento momentâneo no amor. É o surgimento de uma paixão súbita e caída do céu o que o retira provisoriamente da dor e da melancolia. A paixão passa a colorir sua existência cinzenta e desbotada quando o protagonista se apaixona por sua tia, que, na verdade, o seduziu nos menores detalhes. O jovem acede e consente na trama envolvente forjada pela tia. É sua outra ruptura importante, além da inicial palavra de ordem revolucionária. A personagem descobre então a sensualidade e a volúpia, que fazem brilhar novamente os seus olhos. Tudo isso para romper com a reticência e a mesmice da Lombardia aristocrática, para maravilhar e colorir a sua existência esvaziada de atrativos e seduções.

A bela tia fugira outrora de Parma, indo para Milão, pois não aguentava mais também a existência acanhada da pequena cidade italiana. Voltava sempre para rever a família e mergulhar na memória de suas origens e de sua história. Enquanto tal, então, a tia representava a ruptura de forma eloquente, na descontinuidade que implantou no projeto existencial e social que era esperado. Não se casara nem tinha filhos. Tinha mesmo ojeriza na mera menção desta possibilidade. Tudo isso tinha a ver diretamente com a intensidade do seu erotismo, com a sua maneira singular de configurar e de realizar a alquimia de seu desejo.

Num momento crucial de revelação de sua personagem, a tia pôde afirmar para o sobrinho, sem pestanejar, que "não gostava de homens com filhos, trabalho e família", para acrescentar, logo em seguida, que fosse talvez por isso que o amava. Neste retrato de corpo inteiro a tia podia revelar o que lhe atiçava o desejo e que ao mesmo tempo a desesperava. Acordava então durante a noite, tomada pela angústia lancinante, quando falava com um homem para dividir o seu mal-estar e seu desespero. Talvez um terapeuta ou um velho amigo, alguém com quem tinha que compartilhar sua outra história, que não era jamais falada na cena social.

No final do filme o seu retrato falado se evidencia ainda com mais pregnância, pois diante do casamento do sobrinho com a mulher prometida e o reencontro do jovem com o seu conformismo, a tia chora o seu suspiroso desespero elegante beijando ardentemente o irmão mais jovem do noivo, cena que se contrapõe à dos cumprimentos dos noivos, indicando então o caminho infalível de seu futuro romance. Sugere-se com isso, evidentemente, como a sedução do sobrinho mais velho se iniciou, fechando a narrativa da conquista que foi longamente preparada.

Tudo isso encontra o seu desfecho numa *mise-en-scène* cantada de Macbeth, a bela ópera de Verdi. Deste a nossa heroína diz não mais gostar como outrora, preferindo agora as elegantes óperas de Mozart, pela delicadeza e pelo repúdio aos excessos do sentimentalismo lacrimejante da ópera italiana. É esta musicalidade que se pretende resgatar com a história de Bertolucci, que num rápido lusco-fusco é capaz de se deslocar delicadamente de Verdi para Mozart e deste para aquele, revelando a medonha figura de Lady Macbeth e ao mesmo tempo ocultando esta operisticamente fora da cena. Se o jovem é marcado pelos acordes dramáticos de Verdi, a tia é tocada pela leveza das notas de Mozart.

Do que se trata, afinal das contas? Trata-se de uma crítica da tia ao jovem, pela sua arrogância, recusando então a assumir o papel de Lady Macbeth? Com certeza. Além disso, revela-se a escolha por uma sensualidade *light* e descompromissada, regada apenas pelo usufruto do desejo, que se contraporia aos enlaces *hard* do sobrinho que busca sacolejar o desejo de poder da velha rainha? Seguramente. Finalmente, se revelaria ainda a insuportabilidade da bela e velha tia pela captura passional do jovem, que da política ao erotismo realiza sempre a *cantata* do sublime? Não estou certo disso, mas é possível.

Esta bela versão do que antecede a revolução é uma rica história, sem dúvida. Porém, é cheia de ensinamentos vitais, nos quais a inquietude nos assalta o tempo todo. Isso porque nos revela como as revoluções são encaminhadas e como também são fadadas ao infortúnio, sempre traídas pelos revolucionários num outro momento. A carne é fraca, pode-se sempre dizer de maneira cínica e vulgar, para dar o tom deste desenlace fatal. Daí o *conformismo* soturno que se impõe na modernidade, após as epopeias revolucionárias. Tudo isso, no entanto, nos é marcado por Bertolucci num tom doce, onde o despojamento final é a marca maior de seu estilo refinado. Vale dizer, não existe aqui qualquer dramalhão, nem excessos sôfregos de suspiros, tendendo a narrativa mais para a leveza dos tons de Mozart do que para o vociferante peso mediterrâneo de Verdi. Vale dizer, o autor passeou pelas várias posições subjetivas da história, sem guardar ressentimentos e amarguras, revelando como depurou o seu estilo e construiu assim sua grandeza na narrativa cinematográfica.

Num filme posterior, intitulado justamente *O conformista*, Bertolucci dá a devida sequência ética aos infortúnios do jovem desta história. Não que tenha mantido a caracterização sociológica da personagem em questão, bem entendido. Tampouco a psíquica e a biográfica. Porém, o que se retoma é a problemática do conformismo, traço fundamental da personagem de *Antes da revolução*, conferindo-lhe outra construção ficcional e outro desdobramento narrativo. De qualquer maneira, o que fica disso tudo é a impossibilidade daquela personagem de levar radicalmente até o fim a ruptura com os valores que anunciou, e se manter umbilicalmente atada aos pressupostos políticos conservadores, nesta versão italiana e moderna do *Retrato do artista quando jovem*, de Joyce.[1086]

Porém, um interlocutor atento poderia me interpelar agora e me dizer que a história tinha que ter tal desfecho, necessariamente. Por quê? Trata-se de um amor *impossível*, marcado pela *transgressão* e pelo *incesto*, nos diria o analista conformista com o seu cravo bem temperado. Tinha que acabar assim, não havia mesmo outra solução possível. Assim, a personagem feminina não passaria de uma típica perversa e de uma

---

1086. J. Joyce, *Retrato de um artista quando jovem*.

pedófila, que se toma de ardores pelo jovem para preencher o vazio de sua existência infeliz e revelar o seu profundo desgosto pelos homens.
   Esta leitura crítica é severa, sem dúvida. Não se pode descartá-la, no entanto, pela evocação de um adjetivo negativo. Deve-se aquiescer a esta interpretação, considerando a sua possibilidade. Por que não? Talvez possa ser assim. Porém, isso não é tudo que está em questão. Estou certo disso. É o mínimo que se pode dizer quanto a isso. Para contestar e relativizar esta leitura é preciso então tomar outra direção interpretativa, para pontuar outras coisas que estão também presentes. Consideremos assim outra história, tão bela quanto essa, porém um pouco mais conturbada. Bastante mais perturbadora, aliás, sem qualquer sombra de dúvida. Isso porque se trata agora de uma história real.
   Assim, o que vou narrar agora de forma sucinta é a história de outro jovem que se apaixonou por uma mulher pelo menos vinte anos mais velha do que ele, e que o iniciou de fato nos prazeres do erotismo. Era uma mulher bastante bonita e interessante, mas entristecida pela existência burguesa que levava. Era desiludida com as escolhas que realizou na sua vida e pela sua hipocrisia em manter até então um casamento falido desde sempre. Encontra então num jovem, também rebelde e subversivo, em termos políticos e éticos da palavra, uma boa razão para relançar e insistir no seu prazer de viver, no apagar das luzes de sua beleza feminina. Pode-se afirmar assim que esta mulher teve no outono de sua vida um reencontro com o seu erotismo, de maneira inesperada, pois nunca pôde desfrutá-lo com a liberdade e a intensidade na sua experiência matrimonial.
   Na relação que se estabeleceu então entre eles, por um longo tempo, o jovem também encontrou uma direção renovada para a sua existência, um verdadeiro *fiat lux*, pela descoberta intensa de uma íntima experiência erótica. Enfim, uma efetiva relação de troca se estabeleceu entre ambos, apesar da desigualdade de posições nos registros social e etário, assim como da assimetria real que também era evidente pela diferença existente entre ambos no que concerne às experiências que viveram até então.
   Tudo se acabou um dia, no entanto, apesar de todas as trocas e carícias ocorridas entre os dois. Premido pela angústia feroz e pela culpa, o jovem rompeu com a amante de maneira súbita e decisiva, relançando novamente

os seus dados ao léu na cena da existência. Porém, passado o turbilhão de dores lancinantes e de lágrimas, a vida foi retomada, pois os amantes não ficaram chorando para sempre sobre o leite derramado, colados um ao outro na condição melancólica da perda impossível do objeto de amor.[1087]

A dama em pauta rompeu definitivamente com a hipocrisia de seu casamento e se engajou em outras aventuras amorosas. O jovem, de sua parte, trilhou a sua rebeldia de outras formas, acalentando uma gratidão autêntica pela ex-amante, que ficou marcada na sua memória e no seu corpo, a ferro e fogo. Enfim, tudo aquilo que se passou ficou de verdade como um encontro memorável, fomentando em ambos uma autêntica alegria de viver e a potência de desejar, o que tornou assim possíveis outros encontros futuros para os dois amantes.

Vocês poderiam me perguntar: e daí? O que é que você pretende nos dizer com isso tudo? Qual é a moral da história? Se é que se pode retirar qualquer conclusão moral desta história, isso tudo quer dizer apenas que qualquer descoberta do amor e do erotismo é sempre *transgressiva* e *incestuosa*, seja, principalmente, no registro da fantasia, seja no da realidade. Não existe qualquer possibilidade de entrada efetiva nas experiências amorosa e erótica que não seja sempre pelas portas infernais da transgressão. E quando esta se impõe de fato é sempre algo da ordem do incesto que está certamente em questão. Talvez seja isso uma das poucas coisas que Freud nos transmitiu de verdade, que permanece como uma sabedoria real, após decantarmos paciente e rigorosamente toda a retórica cientificista da psicanálise.

A TRAMA E A TRAMPA

Como assim? O que você quer dizer com tudo isso, com esta afirmação absolutamente estapafúrdia? Vocês poderiam me interpelar justamente desta maneira ruidosa e irreverente. E devem, é claro. Vejamos então com certo vagar a presença efetiva de todos estes enunciados no discurso

---

1087. S. Freud, "Deuil et melancolie" (1915).

freudiano, para verificarmos a pertinência e a consistência teórica e clínica destas formulações, supostamente absurdas e incongruentes.

Consideremos para tal o ensaio sobre *O amor de transferência*, escrito em 1915, num momento crucial de solidão de Freud, na medida em que este estava em Viena, isolado da presença calorosa de seus discípulos e amigos, enviados quase todos para o *front* da Primeira Guerra Mundial. Apesar de ser considerado um ensaio sobre a técnica psicanalítica, no qual Freud quer dar um puxão de orelhas nos jovens analistas que acreditavam na "veracidade" do amor declarado para eles por seus analisantes, pretendo sublinhar que se trata aqui de algo bem mais complexo e denso do que isso.

Com efeito, Freud nos indica neste ensaio, pela leitura aguda e instigante do amor de transferência, os paradoxos sempre presentes no laço amoroso, fonte permanente de perplexidade para todos nós. É esta perplexidade, permeada pelos paradoxos que lhes são internamente constitutivos, que esboça as linhas de força e de fuga da complexidade que estão sempre presentes na experiência amorosa.[1088] Podemos constatar isso sem muito esforço e argúcia, sem realizar qualquer exercício hermenêutico especial na leitura deste provocante texto de Freud. Com efeito, a leitura deste ensaio funciona como uma verdadeira caixa de surpresas, na medida em que se desenvolve de maneira inesperada, passando por atalhos sempre surpreendentes e chegando a conclusões imprevistas.

No seu preâmbulo, Freud parece pretender fixar inicialmente uma simples prescrição técnica, no sentido de que o analista não deveria tomar para si pessoalmente o amor manifestado pelos seus analisantes na experiência da transferência, pois estes sempre colocariam o analista no lugar de outra figura originária, constitutiva de suas histórias libidinais. Freud enuncia assim claramente uma interdição, já que estaria em questão neste gesto amoroso algo da ordem da transgressão. Além disso, afirma que a figura do analista seria apenas um *ersatz* de outra personagem da

---

[1088]. S. Freud, "Observations sur l'amour de transfert" (1915). In: *La technique psychanalytique*.

história inconsciente do analisante, uma sombra em penumbra de um outro norteada pela lógica infalível do fantasma inconsciente.

Desta maneira, o amor devotado pelo analisante ao analista seria *impuro* por excelência, não sendo então o analista o objeto de um amor original e autêntico, mas o mero substituto de outra coisa, algo que teria certamente marcado de maneira indelével o sujeito ao longo de sua história. Este comentário de Freud é efetivamente uma ducha de água fria na *idealização* que a figura do analista poderia com isso fazer de si, isto é, de seus dotes corpóreos e espirituais. Contudo, se com isso o analista pretensioso é lançado brutal e subitamente no seu devido lugar, sentindo um frio na barriga, esvaziado imediatamente na sua inchação leviana, fica claro, em contrapartida, que o lugar do analista e a função analítica seriam marcados pela idealização. O amor na transferência seria então meticulosamente construído e sedimentado por este processo de idealização, sendo esta então um artefato dos próprios analistas.

Portanto, esta idealização produzida pela experiência psicanalítica estaria intrinsecamente ligada ao que a figura do analista representaria para o analisante, reenviando-a, pela trama das marcas inconscientes, para a sua história originária. Com efeito, enquanto atualização de um *traço* psíquico, inscrito no funcionamento erógeno do analisante, a figura do analista se insere numa *mise-en-scène*, num jogo de cartas marcadas cartografado no inconsciente. Desvendar a tessitura constitutiva desta *trama*, o que implica reconhecer previamente a existência de uma *trampa* e lhes oferecer outros possíveis destinos, constitui a matéria-prima por excelência da experiência analítica.

Desse modo, seria a elucidação desta armadilha e da trama que meticulosamente a tece nos seus detalhes o que configuraria a experiência analítica como uma verdadeira *aventura*, que envolveria tragicamente as duas personagens nela diretamente envolvidas de maneira fundamental. Vale dizer, ninguém sai desta experiência da mesma maneira que entrou, seja para o bem, seja para o mal. Daí o sabor e o tom de aventura que caracterizam a experiência analítica.

Segundo Freud, no entanto, este traço se inscreve sempre num cenário incestuoso, e seus eixos constitutivos giram em torno das figuras parentais.

É o complexo de Édipo que entraria então em cena, dispondo triunfalmente, pois, os seus lances primordiais e seus desdobramentos decisivos, regulados que seriam estes pelo seu enredo. A insistência do sujeito nesta cena imemorial é o que selaria, enfim, a dimensão transgressiva presente na experiência psicanalítica em questão.

Contudo, não se pode esquecer que o cenário transferencial é fundamentalmente marcado pela *assimetria existente entre as personagens em pauta*, caracterizada pela desigualdade de posições existentes entre as figuras em confronto. Porém, o que esta assimetria evoca é a cartografia da cena originária do sujeito, na qual os traços originários foram inscritos, de maneira lancinante, no seu corpo erógeno.

Além disso, é preciso reconhecer que a dita marca assimétrica seria constitutiva fundamental e não contingente da experiência amorosa. Daí por que esta se caracterizaria sempre pela dita idealização a que já me referi. Com efeito, as personagens participantes da cena em questão podem mudar certamente as suas posições na trama da idealização, se deslocando subitamente da função de idealizadas para a de idealizantes e vice-versa, mas a assimetria entre ambas está sempre lá, incólume, regulando o desenrolar da experiência psicanalítica em pauta.

AMOR E O EROTISMO

Esta atualização do traço do sujeito na experiência analítica seria então fundadora da experiência da transferência, sendo ao mesmo tempo a sua matéria-prima e o seu operador efetivo. Daí por que a transferência seria sempre marcada pela paixão, não existindo assim qualquer experiência analítica sem que as figuras do analisante e do analista atravessem as peripécias e as errâncias norteadas pelo imperativo amor de transferência.

Porém, é preciso destacar ainda que a experiência analítica apenas evidencia e torna mais eloquente aquilo que se passa necessariamente em surdina em qualquer relação humana, não sendo assim o amor de transferência um artefato produzido pela análise, nos diz Freud, de maneira rigorosa, num outro ensaio técnico.[1089] Por que então esta pregnância e esta eloquência, este exagero amoroso, digamos assim? Isso se deve ao fato de que a experiência analítica se processa pelo tempero da *abstinência*, não sendo, assim, nem o analisante tampouco o analista satisfeitos nas suas respectivas demandas de amor. Por isso mesmo, estas se incrementam bastante, exibindo-se vertiginosamente como caricaturas.

É isso o que permite a Freud finalizar o ensaio sobre o amor de transferência com uma ligeira torção em relação ao seu início, pois pode afirmar agora de maneira resoluta que qualquer relação de amor ocorre mesmo dessa forma, sendo sempre a atualização de um traço originário do erotismo do sujeito. Com efeito, se o analista não deve se acreditar como a figura do eleito do mundo do analisante, supondo que vai curá--lo pelo charme de suas carícias e de sua suposta beleza, é preciso não esquecer, todavia, que qualquer amor é regado pela alquimia destes ingredientes impuros. Vale dizer, não se pode desqualificar a veracidade do amor de transferência, já que se assemelha a qualquer modalidade de amor, sem tirar nem pôr mais nada nesta alquimia explosiva, pois qualquer experiência amorosa seria fundamentalmente maculada pelas marcas erógenas que a cadenciam.

Freud nos mostra então a oposição existente entre as figuras do amor e do erotismo, mediadas pela operação da *abstinência*. Com efeito, se é o imperativo erótico o que lança o sujeito nos braços do outro de maneira inevitável, é a impossibilidade do *gozo* erótico o que incrementa a paixão ao limiar da caricatura. Este é o *paradoxo* que se encontra aqui em pauta. Se a demanda erótica fosse devidamente satisfeita, a paixão, em contrapartida, se extinguiria, com certeza. É a insatisfação erótica o que coloca, assim, a paixão em cena, e a incendeia. Seria entre a *satisfação* e a *insatisfação* eróticas, enfim, que se perfilaria a figura do amor como experiência, que irrompe na cena passional, marcada pelo gozo não realizado. E pela sua impossibilidade, é claro.

Freud conhecia muito bem tudo isso, de perto, por experiência pessoal. Deve-se evocar assim outra história. Com efeito, como antigo usuário de

---

1089. S. Freud, "La dynamique de transfert" (1912). In: *La technique psychanalytique*.

cocaína, Freud conhecia bem, na pele e nas entranhas, o que era o gozo. O que a cocaína lhe oferecia, com todo o encantamento e exuberância possíveis, era a realização do gozo pulsional. A invenção da psicanálise, centrada no enunciado da regra da abstinência e no imperativo de falar tudo o que vinha ao espírito do sujeito, implicou a impossibilidade de se colocar em ato o dito gozo. Com efeito, foi pela interdição da *mise--en-acte* do gozo que a trama do amor se colocou como *mise-en-scène*, como derivação inevitável e trágica desta impossibilidade.

Foi isso, com certeza, o que conduziu Freud a acreditar que deveria existir uma *química do erotismo*, pois esta suposição teórica se construiu rigorosamente no contexto teórico e clínico de oposição entre a experiência da psicanálise e o gozo propiciado pelas drogas. Foi ainda pela mediação teórica desta suposição que Freud especulava, de tempos em tempos, que no futuro se descobriria finalmente a química da sexualidade, que tornaria talvez a experiência psicanalítica algo ultrapassado e descartável.[1090]

Contudo, Freud supunha também que existia algo de particular e de específico no erotismo humano – algo que o fadava inevitavelmente à insatisfação, diferente do que ocorria com as outras espécies animais. Estaria aqui a particularidade indisfarçável da espécie humana, destinada que seria à *insatisfação erótica*.[1091] Por isso mesmo, a experiência do amor se impõe com tanta garra e até mesmo ferocidade nas relações humanas, construídas e fundadas nesta impossibilidade plena de gozo. Enfim, seria este o paradoxo que existiria entre o amor e o erotismo descoberto pela psicanálise.

A mera evocação desta formulação teórica e clínica impede que se possa supor que a psicanálise possa ser uma forma de cura pelo amor, já que a demanda deste se impõe como uma contrapartida à impossibilidade do gozo pleno. A experiência psicanalítica seria, desta forma, uma maneira paradoxal de expor o sujeito ao que existe de *trágico* na condição humana, pela qual o sujeito se choca inapelavelmente com os impasses do gozo e do amor.

1090. S. Freud, "Le trouble psychogène de la vision dans la conception psychanalytique" (1910). In: *Névrose, psychose et perversion*.
1091. S. Freud, "Sur le plus général des rabaissements de la vie amoureuse" (1912). In: *La vie sexuelle*.

Com efeito, é preciso destacar ainda, no que concerne a isso, que estamos diante de um *paradoxo* e não de uma *contradição* dialética. Com efeito, se pela figura da contradição seria possível pensar numa síntese entre as experiências do gozo e do amor, mediada pela operação de negatividade e a emergência correlata da figura da superação, a figura do paradoxo, em contrapartida, indica justamente esta impossibilidade. Foi este o impasse delineado por Freud quando nos disse que existiria algo intrínseco à sexualidade humana e que impediria definitivamente ao sujeito de ter uma plenitude de *satisfação*.

IMPERATIVOS

Assim, embora tenha pontuado devidamente a presença da dimensão de idealização na sua leitura da experiência amorosa na modernidade, em plena consonância com a matriz imaginária do Ocidente – forjada inicialmente na Idade Média e tecida em torno da figura do *amor cortês* –, Freud indica, no entanto, novos traços na sua interpretação. Estas inovações teóricas estão intimamente ligadas à maneira pela qual aquela idealização foi delineada e concebida por Freud, isto é, como uma modalidade de existir, em que o sujeito insiste em buscar sempre a plenitude da experiência erótica, apesar de se defrontar, de forma repetida e insistente, com a impossibilidade de realização desta demanda.

Antes de tudo, é preciso evocar novamente que o amor é marcado essencialmente pela impureza. Vale dizer, não existe absolutamente a figura do amor puro. Tampouco a do puro amor. Assim, qualquer amor seria marcado pela mácula, pela sujeira e pelos restos que secretamente o habitam de corpo inteiro. Se existe pureza no amor, esta remeteria a uma evocação constitutiva do sujeito, fundada nas marcas de uma pretensa plenitude originária. O objeto do amor não seria assim jamais original e completamente autêntico, mas um mero substituto de outro objeto originário perdido para sempre, de forma que é a *nostalgia*, em seu lusco-fusco, o que se coloca em cena.

Pode-se reconhecer então, em seguida, que, apesar de todas as expectativas do eu e das aparências em contrário, o que está implicado no amor é o sujeito e não o objeto. O objeto serve apenas para que o sujeito possa dar suporte à sua fabulatória construção originária, não tendo assim qualquer valor além em si, mas de mera função de suporte. Por isso mesmo, o objeto de amor é *descartável*, podendo ser substituído pelo sujeito conforme as suas demandas, reguladas, como se sabe, pela insatisfação erótica. Seria neste sentido que qualquer amor seria *narcísico* por excelência, funcionando como um simples alento para que o sujeito coloque temporariamente em cena uma trama para gozar, reconfigurado que este seria numa cena de trampa, a única, aliás, que aprendeu a fazer, como artesão de seu corpo erógeno, ao longo da sua existência.[1092]

Por este viés de leitura pode-se pontuar agora outro tópico que Freud destacou com ênfase no seu ensaio sobre o amor de transferência e em outros ensaios técnicos que lhe são contemporâneos: a relação do amor com a *resistência* à análise. Com efeito, a figura do analisante se apaixonaria perdida e paradoxalmente pela figura do analista para impedir o desenvolvimento pleno da experiência psicanalítica, por mais absurdo que isso possa parecer a um olhar inicial, na medida em que o sujeito demandou supostamente uma experiência analítica para se curar das dores e dos males de existir.

Contudo, se Freud sublinhou a existência deste acontecimento paradigmático na análise foi para indicar não apenas a função do amor de transferência na experiência analítica – amor que, quando se materializa de maneira eloquente, cria, como se sabe, um obstáculo importante para o desdobramento da análise –, como também para colocar em evidência as situações em que o analisante suspende a análise pelo encontro de um grande amor na sua existência. Neste contexto, o amor buscado fora da relação analítica seria a contrapartida do analisante por não ter sido correspondido pelo analista na sua demanda amorosa. Enfim, trata-se de uma vingança feroz, provocada certamente pelo ressentimento do analisante em relação ao analista, que ficou surdo e fez ouvido de mercador ao seu apelo apaixonado.

1092. S. Freud, *Pour introduire le narcissisme* (1914). In: *La vie sexuelle*.

Contudo, é preciso considerar ainda que, quando se apaixona pelo analista para criar um obstáculo para o prosseguimento da análise, o analisante o inscreve numa trama psíquica inconsciente, pela constituição de uma armadilha. Assim, se o amor se opõe ao *saber* nesta leitura específica – isto é, ama-se para não se querer saber e para não se pretender saber nada disso –, a trampa montada pelo analisante revela no fundamental a sua trama. Pela mediação disso o analista pode ter acesso a outro limiar de escuta do analisante, possibilitando assim o acesso a outra modalidade de saber. Vale dizer, são os traços da experiência erótica originária do analisante que se colocam na cena psicanalítica de corpo inteiro, permitindo assim, ao analista arguto e paciente, um saber renovado sobre o analisante.

Pode-se depreender disso tudo a existência da relação de paradoxo entre os registros do saber e do amor, evidenciada pela experiência analítica. Com efeito, se por um lado o amor é uma forma pela qual o sujeito pretende fechar decididamente os caminhos para o acesso ao registro do saber, pelo outro, no entanto, uma outra modalidade de saber se faz presente, de maneira inesperada e surpreendente. Assim, "se correr o bicho pega, se ficar o bicho come" pode ser certamente a parábola enunciadora desta situação paradigmática da experiência analítica, na qual amor e saber se confrontam de forma mortal na cena transferencial, como dois Titãs. Para fazer avançar este impasse crucial na análise são necessários tanto a argúcia do analista, pela delicadeza de uma escuta que não seja moralizante e prescritiva, quanto o desejo *de* saber do analisante, mediante o qual este possa descobrir, enfim, que existe não apenas um saber sobre o desejo, mas também desejo *no* saber.

De qualquer maneira, tudo isso recoloca em cena novamente a dimensão narcísica do amor, que foi devidamente realçada por Freud, como já destacamos. Nestes termos, na experiência amorosa o que importa sempre é o sujeito, estando então o objeto num plano sempre secundário. Por isso mesmo, pode-se sempre descartar o objeto na experiência passional, já que o *Outro* é um dejeto em potencial. Se o objeto em questão não cumpre mais a função para a qual foi designado, o sujeito pode substituí-lo facilmente por outro, que deve realizar a função para a qual o primeiro objeto foi designado e decepcionou o sujeito nas suas expectativas.

Deve-se evocar, assim, que esta função, ainda segundo Freud, se relaciona com a busca pelo sujeito de uma experiência originária de plenitude erógena, em que se espera que os novos objetos possam proporcioná-la novamente. A linguagem é mesmo a do *dever* e a do *imperativo*, pois o outro *tem que* cumprir o papel que lhe foi atribuído e designado pelo sujeito, já que, nas cenas das gramáticas do amor, o sujeito é dominado pela imposição de ter que gozar a qualquer custo. Caso contrário, o objeto é expelido como um intruso, sendo substituído inevitavelmente por outro. Seria assim que funcionaria, de forma inevitável, a implacável roda da fortuna das relações amorosas.

Contudo, tudo isso indica ainda a presença de outro atributo presente nas gramáticas do amor. Assim, pode-se depreender, nesta certamente atribulada roda da fortuna dos amores, que o sujeito busca efetivamente realizar uma mudança crucial de *posição* em relação ao outro na relação amorosa, se deslocando decisivamente de uma posição *passiva* para outra que seja *ativa*. Isso porque está presente na retórica teórica de Freud a suposição de que o traço originário, que construiu no corpo o modelo de erotismo do sujeito, se fundaria sempre pela *imposição* de Outro, que desejaria o sujeito.

Com efeito, o infante foi introduzido originariamente no universo erótico pela sedução de Outro, que, ao desejá-lo, o faz ocupar a posição passiva. Foi assim que, nos *Três ensaios sobre a teoria da sexualidade*, Freud delineou a inevitável sexualização do corpo do infante empreendida pelos cuidados maternos, onde a *assimetria* entre os dois personagens em pauta seria regulada pela oposição passivo/ativo, constitutivos que estes seriam da experiência originária da sedução.[1093]

Esta posição de passividade seria posteriormente *humilhante* para o narcisismo do sujeito, no entanto. Por isso mesmo, este busca freneticamente inverter as posições na aventura erótica, se deslocando do polo da passividade para o da atividade. Desta forma, procura se deslocar da posição de desejado para a de desejante. Como se sabe, contudo, não existe deslocamento total e absoluto quanto a isso. Por mais que alguém

---

1093. S. Freud, *Trois essais sur la théorie de la sexualité* (1905).

pretenda ser ativo na relação amorosa com o outro, a atividade é, contudo, sempre relativa, pois a passividade está sempre lá, presente para o sujeito, por uma razão muito simples: por mais que o sujeito seja desejante e ativo, o outro é sempre agente de sedução, pelo seu charme, para o sujeito. Se não fosse assim, passaria certamente despercebido para a economia erótica, se colocando como indiferente para o sujeito.

Esta aura de passividade estaria sempre presente nas linhas de força da cena erótica, e apenas atiça mais fervorosamente o sujeito na sua pretensão para a atividade e para o *triunfo* sobre o outro. Assim, o sujeito busca a todo custo pôr e dispor do objeto, se colocando na posição ativa e inscrevendo o outro no polo da passividade. Com isso, a sedução se inscreve num cenário de *luta* e de até mesmo de *combate* entre os amantes, que, pela guerra surda de posições – segundo o conceito de Gramsci –, buscam sofregamente apagar a humilhação narcísica de se colocar na posição passiva. As carícias indizíveis acabam por se transformar, neste contexto, em armas de um combate sempre recomeçado e fadado a uma paz inglória, já que a posição de passividade do sujeito na cena amorosa não se extingue jamais, não sendo passível de ser completamente absorvida pela atividade e pela posição desejante.

AMBIGUIDADE

Porém, isso ainda não é tudo. Esta *guerra*, que, de maneira silenciosa, permeia as relações amorosas, nas quais se disputam num lusco-fusco as passagens da atividade para a passividade e da posição desejada para a posição desejante dos parceiros narcisicamente sofrentes, nos revela uma problemática bem mais vasta que permeia as gramáticas do amor. Pode-se abrir certamente com isso uma janela perscrutante para se aproximar de algo bem mais abissal sobre o erotismo, no qual o telúrico vem macular vertiginosamente todas as idealizações celestes presentes na experiência do amar. Quero me referir com isso à *ambiguidade* que atravessa como um rastilho de pólvora toda e qualquer relação amorosa.

A ambiguidade está sempre presente de maneira solene nas relações de amor, minando as idealizações que enfeitam as cenas amorosas. Isso não quer dizer, bem entendido, que a explosão aconteça sempre, rompendo bruscamente o charme das idealizações que emolduram o objeto amoroso. Porém, a possibilidade está sempre lá, à espreita, de forma virtual e como uma sombra assustadora, podendo se impor a qualquer momento no cenário erótico. É para isso que quero me voltar agora.

Para a ambiguidade presente no laço amoroso Freud dava o nome de *ambivalência*.[1094] Esta caracterizaria qualquer relação do sujeito com os objetos de amor, não sendo possível conceber o amor sem a presença de tal ambivalência que virtualmente o habita. A relação do sujeito com o outro seria, assim, permeada pela *atração* e também pela *repulsão*, pela captura provocada pela *sedução* e que se mistura ao mesmo tempo com a *rejeição* e até mesmo com a recusa, de maneira inapelável.

Por isso mesmo, o objeto de amor é também, ao mesmo tempo, o de *raiva* e de *ódio* para o sujeito. O ódio, a raiva e o amor do sujeito pelo outro se contrapõem como as faces de uma mesma figura que tem uma configuração complexa. Não existe escapatória para esta situação. E por que não? Justamente porque o objeto amoroso é a prova cabal da *insuficiência fundamental* do sujeito, aquele que o *humilha* pela sua própria existência, pela não pretensão arrogante do sujeito para assumir a posição libidinal da autossuficiência e da plenitude. Com efeito, a atração exercida pelo outro mostra que o sujeito não se basta, que não é suficiente como pretende. Se fosse, não precisaria se sentir atraído e seduzido vertiginosamente pelo outro, que o açambarca e o traga vorazmente com o seu charme.

Assim, de maneira dolorosa, o objeto amoroso evoca, pela sua simples existência, o fato de o sujeito ter, na boca, um vazio abissal, uma cratera sombria, e que a língua, nos seus movimentos frenéticos, não consegue jamais preencher. Da mesma forma, a dança voluptuosa dos dedos do próprio sujeito nesta caverna soturna não podem nunca ocupar e preencher este espaço vermelho de extensão infinita. Além disso, a boca é apenas a porta de entrada de um túnel invisível, no qual todas as vísceras são constituídas como um oco enovelado, e revelam drasticamente a descontinuidade presente no corpo e a sua fragilidade abissal. A *ausência* e o *vazio* se impõem, enfim, no campo desta carnalidade assustadora.

1094. S. Freud, "Le moi et le ça" (1923). In: *Essais de Psychanalyse*.

Assim, é o que é insondável e obscuro no corpo que se evidencia para o sujeito pelos seus buracos, as suas sendas invisíveis e inaudíveis. Não existe, portanto, qualquer pretensão de plenitude do sujeito que possa sair incólume deste confronto decisivo e quase mortal com o real da nudez corpórea. A experiência real da sexualidade apenas potencializa na sua vertigem o que existe de vazio e de inconsistência na carnalidade dos parceiros.

Em decorrência disso tudo, a calota narcísica da pele se espatifa inevitavelmente em chagas dolorosas que se disseminam a céu aberto, quebrando-se em múltiplos pedaços e fatias, com a tentativa, fadada ao fracasso, de engodo do eu, de tudo pretender dominar com a visibilidade de um olhar triunfante e conquistador. No campo do desejo e do gozo, enfim, Prometeu como herói é sempre derrotado e até mesmo humilhado.

Por isso mesmo, o objeto de amor se impõe aqui como uma tentativa desesperada realizada pelo sujeito para costurar estas fendas e estas rasuras. O outro seduz justamente porque promete restaurar magicamente uma plenitude desejada e suturar as feridas e os rasgões abertos na superfície da carne. É por causa disso que o objeto de amor é necessariamente idealizado. No entanto, se o objeto de amor satisfaz temporariamente o sujeito na sua demanda de costurar o abismo da boca, a cratera da garganta e os buracos que permeiam as suas vísceras, assim como preencher as rasuras e os vazios do sexo, o mesmo objeto revela também, de maneira paradoxal, a insuficiência originária do sujeito e o seu *desamparo* fundamental.

Daí por que a ambivalência marca as relações amorosas nos seus alicerces e na sua raiz, possibilitando de maneira trágica que o sujeito se desloque do amor para o ódio em relação ao mesmo objeto, em que a repulsão e mesmo o nojo podem se colocar súbita e imperativamente no lugar da atração e da captura. Portanto, a ambiguidade é radical nas relações amorosas, estando no solo destas de maneira inevitável.

Tudo isso que enunciei é bastante trivial e conhecido de todos, eu creio. Contudo, para indicar melhor estas questões, no registro do sensível, percorramos mais algumas histórias, narradas e colocadas em imagens pelo cinema contemporâneo.

VIOLÊNCIA E PAIXÃO

Em *O fim da violência*, filme realizado em 1997, Wim Wenders narra os percalços e infortúnios de um produtor de cinema colocado numa trama diabólica, na qual o poder e a violência pretendem certamente aniquilá-lo. Sem me voltar para outros aspectos do filme que são importantes, mas que não nos interessam aqui, vou focalizar apenas a relação do protagonista com a personagem da esposa e a inserção direta desta na trama para atingir mortalmente a figura do marido. A presença da ambiguidade se revela assim com muita acuidade e insistência, indicando a articulação íntima que existe entre o ódio e a inveja na relação amorosa da mulher com a personagem do marido.

Assim, o que descortina a cena inaugural do filme é que, enquanto o marido é um poderoso produtor de cinema bastante prestigiado, a mulher, em contrapartida, se caracteriza pelo oposto, na medida em que suspira de impotência e de tédio, não sabendo absolutamente o que fazer de sua pobre existência. Desta maneira, roda na sua cama, enrosca-se no seu próprio corpo e nos seus lençóis requintados, na sua postura de futilidade absoluta, enquanto o marido trabalha incansavelmente no jardim da mansão. Pega então o telefone, em seguida, e reclama da ausência do marido ao seu lado, sinal infalível de que isso seria de seu evidente desamor por ela. Ameaça então deixá-lo, quando o marido não atende imediatamente aos seus apelos, único gesto de atividade possível que teve, na sua teatralidade vazia. O seu gesto não passa efetivamente de um simples dengo, pois não é isso o que ela deseja de fato, já que não sabe bem o que fazer de si mesma diante do poder do marido e da vacuidade infinita de sua vida infeliz.

Contudo, após a ameaça de morte do produtor e a acusação infundada de ter cometido um crime, tendo sido tudo isso uma trama planejada meticulosamente pelos seus sócios para retirá-lo do poder, a sua mulher se associa com os seus inimigos. Passa a buscar então ativamente o poder e tenta desbancar o marido, custe o que custar.

A ambiguidade passa a se revelar de corpo inteiro e a mulher perde um pouco a sua anterior aparência desgrenhada, se maquiando, de forma caricata, de sua liquefação existencial primeira. A ação da *inveja* se mostra frontalmente então, na sua face hedionda e nos seus efeitos mortíferos. O produtor nada pode fazer de fato, na impotência em que se encontra, em decorrência da falsa acusação de um crime que não cometera. Está assim com os pés e as mãos atados, pela armadilha perfeita que lhe foi armada. Nesta condição de nada poder fazer e em fuga desesperada da polícia e de seus detratores, somente lhe resta então evocar, para a sua esposa, o poder que está em jogo em toda esta trama diabólica, na inversão macabra de posições em que a mulher decididamente se engajou de corpo inteiro para destruir definitivamente o marido.

Com efeito, no seu encontro decisivo com o poder a esposa silencia o próprio tédio e suspende provisoriamente o vazio de sua existência. Pode passar assim a dar as cartas do jogo. Porém, não ganha com isso nem colorido tampouco vivacidade, revelando de maneira patética a pobreza de seus traços. Ao contrário, na maquiagem ostensiva realizada para cobrir a liquefação de seu ser, surgem na face da dama as marcas da raiva e da amargura, que já habitam as suas entranhas e a sua pele esquálida desde sempre. Ao lado de sua frieza assustadora, sem dúvida. Enfim, se pode dispor agora dos objetos que o poder certamente lhe permite, para camuflar o seu tédio e se maquiar com um brilho que não possui, em contrapartida, a sua pobreza existencial se torna bastante evidente, esticada ao seu limite extremo como uma caricatura.

Na cena crucial do filme o produtor invade a sua antiga mansão como um ladrão, na calada da noite. A mulher está de camisola, acompanhada com um amante da dimensão de sua pobreza. Pega então uma arma para ameaçar o marido invasor, fala raivosamente para este da divisão dos bens que realizara: dividira tudo, num gesto de grandeza que, segundo ela, ele não faria no seu lugar. Para evidenciar então a pequenez existencial da mulher, num contraponto dramatúrgico genial de Wim Wenders, o marido lhe diz ironicamente que não está interessado em nada disso e que trocaria de bom grado "a sua camisola pela metade de meu reino", em uma referência a Shakespeare. A mulher tira então rapidamente a camisola, não entendendo bem a ironia e a interpretação que o marido fazia de seu gesto, num misto de sedução. Porém, quando, num *flash* de segundos, se dá conta da imagem que o marido esboçou dela com o seu gesto e que a revelou de corpo inteiro no real de sua nudez corporal pelo ato que realizou, a personagem tenta matá-lo inutilmente. Reconhecida assim que foi na posição da prostituta e de invejosa, enfim, apenas restava para a mulher a tentativa de aniquilar definitivamente aquele que tragicamente *testemunhou* o traste em que ela se transformara, com as suas tramas de poder e de domínio sobre o outro que pretendia exercer.

No fechamento da trama cinematográfica o produtor poderia falar finalmente de seu alívio com o término de toda a relação amorosa com a mulher e com os seus antigos associados, isto é, com o destino que finalmente dera para o poder na sua existência e para a ambiguidade do laço amoroso. Evoca então que passara a vida acossado, esperando que algo de terrível fosse certamente lhe acontecer e que nunca ocorrera até então. Quando lhe aconteceu finalmente a paz interior, pôde se impor para si, pois se viu livre daquele terror para sempre. Pôde começar então a viver, finalmente.

O que se pode depreender desta brilhante aventura passional construída por Wim Wenders? Quando não se tem nada é quase impossível acreditar que efetivamente se tem. Quando o sujeito crê mesmo que não tem nada, a existência se torna apaziguada e, enfim, possível. É o fim da violência, que é produzida e alimentada pela relação de ambiguidade do sujeito com o objeto amoroso e com as fontes do poder por este promovido. Porém, quando o sujeito luta freneticamente contra o não ter, procurando colecionar custe o que custar signos de prestígio e de poder pelo exercício da *inveja*, é certamente o inferno e o terror que definem sua relação amorosa com o outro. A violência se impõe, pois esta é a forma por excelência de ação da inveja nas relações amorosas e talvez nas relações sociais na escala estrita da micropolítica, tal como Foucault a concebeu na obra intitulada *Vigiar e punir*, publicada em 1974.[1095]

Pode parecer curioso como os temas do amor e do poder se encontram tão intimamente articulados neste *thriller* instigante de Wim Wenders. Contudo, não se pode esquecer nunca que o objeto amoroso é aquele

---

1095. M. Foucault. *Surveiller et punir*.

que revela acintosamente para o sujeito a sua não plenitude, é aquele que pode revelar, no limite, a fragilidade do poder do sujeito. É justamente neste cenário macabro que a inveja entra em cena de maneira triunfal, tecendo meticulosamente a costura mortífera entre o ódio do sujeito em precisar do outro e a idealização ambígua do objeto amoroso, que possibilita a revelação do sujeito no seu devido tamanho. Pode-se depreender desta leitura sumária como o discurso e a experiência psicanalíticas têm uma dimensão efetivamente micropolítica, tal como Foucault argumentou na genealogia do poder que realizou.[1096]

O objeto amoroso é idealizado justamente por ser aquele a quem é atribuída a pretensão do sujeito à plenitude. Por isso mesmo, esse objeto se transforma necessariamente em objeto invejado pelo sujeito, e é preciso que este o destrua, já que evidencia o sujeito nas suas verdadeiras dimensões. Neste contexto, a inveja forjada no caldo vertiginoso da ambiguidade pode assumir a sua forma fundamental, qual seja, a de que o sujeito quer se tornar o objeto, ser o outro invejado, já que assim não teria mais o que invejar e poderia se acreditar pleno como na sua pretensão originária. Portanto, não basta apenas ao sujeito destruir o objeto, já que esta é apenas a condição necessária para suspender a paixão da inveja, mas não é a condição suficiente. Para que esta se constitua é preciso que o sujeito possa ser o objeto idealizado, isto é, ser inteiramente aquilo que é invejado, pela incorporação do objeto que realiza o sujeito no seu ser. O que está em pauta, neste contexto intersubjetivo, é algo da ordem da transmutação de si operada pelo sujeito para que possa tentar apaziguar a sua inveja mortífera do outro.

ALQUIMIAS ESCATOLÓGICAS

Para indicar isso de maneira sumária, evoco a bela história narrada por Serge Leone, no seu já clássico filme intitulado *Aconteceu na América*, rodado nos anos 1970. A ambiguidade no laço amoroso e as transmu-

---

1096. Ibidem.

tações da inveja se configuram aqui na relação estabelecida entre dois amigos e não mais entre dois amantes. Ambos certamente se amaram, se admiraram e acreditaram inteiramente um no outro, por um longo tempo, desde a infância, como se fossem irmãos de sangue, gerados pelo mesmo ventre. Carne e unha, como se diz na retórica popular brasileira. Por isso foram associados numa parcela significativa de suas vidas. Partilharam de quase tudo, até que um deles roeu a corda, rompendo a lealdade como amigo da maneira a mais torpe possível. Trata-se de uma virada inesperada na história idílica de amor entre os dois amigos, mas que revela também, em contrapartida, de maneira feroz e cruel, a ambiguidade presente no laço amoroso. É a introdução mortífera da inveja na *cena fraternal* de amor o que define o destino dos personagens, neste filme genial e irretocável.

A narrativa compreende a saga de alguns amigos judeus e que organizaram um pequeno grupo mafioso em Nova York, no final dos anos 1920, nos tempos da grande Depressão econômica e social que sacudiu o mundo em escala global. Todos eram de origem bem humilde, de forma que os meninos formaram uma gangue quando ainda eram adolescentes. Eram bem mais do que isso, na medida em que se constituíram como uma verdadeira família, que se contrapunha à precariedade afetiva e econômica de suas casas: seus pais eram imigrantes europeus que foram em busca do sonho norte-americano e da nova Terra Prometida. Com o bom andamento dos negócios criminosos os jovens fizeram um pacto de colocar uma grande quantidade de dinheiro no armário de uma estação ferroviária, para ser usado apenas com deliberação coletiva. Foi este o *mito fundador* da fraternidade de sangue e de crime estabelecida entre os bons companheiros da vida inteira.

A gangue progrediu bastante, ganhando muito dinheiro com negócios sujos e criminosos. Traçavam tudo que era possível, de maneira quase indiscriminada, para incrementar o seu poder. No entanto, a criminalidade que realizavam era de pequeno e de médio porte. As duas personagens lideravam o grupo. No entanto, num determinado momento, se anunciou entre os amigos uma *diferença* de perspectivas na condução da criminalidade que realizariam. Assim, apesar de se amarem bastante e se admirarem acima de tudo, uma diferença se impôs nos seus destinos de maneira inevitável e se configurou um divisor de águas na relação de amizade entre os dois e no destino da gangue. Um deles queria entrar na criminalidade sindical e do colarinho-branco, de grande porte, inscrita no campo político, enquanto o outro se opunha a isso, querendo se manter na criminalidade habitual ao grupo.

Opera-se aqui, portanto, uma linha divisória crucial entre tradição e modernidade, no que concerne ao campo específico da criminalidade, nos seus menores detalhes, na medida em que surgem novos agentes, recursos econômicos e instituições implicadas na delinquência. A modernidade vai mostrar então a sua face perversa, hedionda e desleal ao mesmo tempo, enquanto a tradição ainda mantém os seus vínculos fraternos com a lealdade.

O primeiro dos dois amigos, que escolheu se engajar nas novas trilhas corruptas da criminalidade, acaba por, para impor a sua escolha e *apagar* a diferença do outro, forjar uma cilada para a gangue toda. Quase todos são mortos pela polícia, mas a personagem quer parecer que também tenha sido morta. O segundo sobrevive, por acaso, desolado com a morte de seus caros amigos. A dor corrói de tal maneira o seu corpo e seu espírito que é preciso muito ópio para apaziguar as feridas e as perdas. A tristeza se impõe de qualquer maneira sobre si, assumindo até mesmo traços melancólicos num trabalho de luto quase impossível de ser realizado.

Por isso mesmo vai embora da cidade e desaparece por um longo tempo, tentando reconstruir a sua vida em outras paragens. Um dia volta, contudo. É inevitável que isso aconteça, na medida em que não poderia deixar a sua vida para trás e esquecer simplesmente o que lhe aconteceu. Procura reconstituir então os rastros da sua memória, maneira de pôr um pouco de ordem na tristeza de seu destino de único sobrevivente e realizar um trabalho de luto para se reconciliar consigo mesmo e com os bons companheiros do passado.

Começa então a se surpreender com o que progressivamente descobre. Antes de tudo, o dinheiro desaparecera do armário da estação de trem. Como seria isso possível, se pergunta aflita a personagem em questão, se apenas a gangue sabia disso e tinha a chave do escaninho? Quem tirara o dinheiro e dele se apossara? A quantia aparece então de forma ao mesmo tempo misteriosa e surpreendente, enviada por alguém que não se identifica. O enigma se impõe, assim, como o desejo de saber correlato, para que fosse decifrado.

Recebe, em seguida, um convite para o espetáculo de canto da única mulher que amara desde a infância. A personagem feminina quisera afastá-lo outrora das veredas do crime, condição *sine qua non* para que um laço amoroso entre eles pudesse existir efetivamente, mas não conseguiu. Rejeitou-o por causa disso, para sempre, apesar de amá-lo verdadeiramente. No fim do espetáculo musical descobre no camarim que a cantora tem um bonito filho adolescente, mas que este se assemelha muito ao amigo supostamente assassinado. Portanto, tudo fica mais enigmático ainda, na medida em que não existira outrora qualquer relação amorosa do amigo em questão com a mulher amada de toda a sua vida.

A cantora lhe faz então o convite para participar de uma grande festa, que ocorreria na casa de um conhecido senador dias depois. O homem surpreende-se novamente com a situação, pois não conhece o político, mas vinha acompanhando cotidianamente, pela televisão e pelos jornais, a cobertura de um escândalo envolvendo-o, em um processo, no Congresso norte-americano, por corrupção. O recém-chegado à cidade continua a não entender nada do que se passa. Mesmo sem compreender a razão do convite inesperado, decide pagar para ver.

Vai à festa. Logo ao chegar à mansão algo inesperado volta a acontecer e igualmente o intriga, na medida em que é convidado para uma conversa privada com o senador. Ao ir ao gabinete da casa, encontra-se com o senador e este acaba por revelar a sua identidade, sendo então o antigo amigo que tinha construído uma pujante carreira política ligada à corrupção sindical, na escolha decisiva que realizara e que destruíra os laços de amizade entre os bons companheiros de outrora. O senador diz então para o antigo amigo fraterno que vai ser condenado e cassado definitivamente pelo Congresso norte-americano, mas queria que o amigo o matasse, sendo a única pessoa no mundo que ele autorizaria a tirar a sua vida e destruí-lo. Surpreso com a desfaçatez cínica do antigo amigo – que rompeu traiçoeiramente com a solidariedade e a amizade da gangue, destruindo criminosamente os laços de família que os amigos estabeleciam entre si, além de ficar com a mulher sempre prometida a este e ter com ela um filho –, o outro lhe responde, sem pestanejar: "Senador, o senhor está enganado. Eu não o conheço e nunca o vi em toda a minha vida. Eu tive um grande amigo a quem eu amara bastante no passado, mas infelizmente ele desapareceu e já morreu há muito tempo."

Retira-se então estupefato, mas seguro e sem vacilar, da festa e da rica casa, não se voltando uma só vez para trás. Na rua um caminhão recolhia o lixo das mansões aristocráticas e suntuosas do bairro, como que nos dizendo de forma eloquente, num grande letreiro visual, que toda aquela história não passava literalmente de *lixo*.

A leitura deste filme evidencia muito bem como a ambiguidade perpassa também a relação de amor existente entre amigos, podendo então o ódio se inscrever insidiosamente na cena amorosa, quando a *diferença* se impõe inevitavelmente entre os parceiros de longa caminhada. O amigo traidor não hesita em destruir tudo, querendo ser o outro nos seus menores detalhes, planejando e calculando um golpe de mestre. Contudo, o que fica em pauta não é algo da ordem do *ter*, mas do *ser*.

O que se impõe para o sujeito invejoso, no cume da experiência da passionalidade, é pretender ser o outro, custe o que custar, única maneira de tapar desesperadamente o buraco e as fendas de suas insuficiências inevitáveis. Pretender que o amigo invejado o mate, no contexto deste filme, implica ainda continuar vivo através do gesto e do ser do outro a quem roubou a existência, para não ter que assumir e reconhecer a própria pequenez pela vergonha de ser um mero criminoso corrupto e, principalmente, um traidor torpe de seus amigos, com quem estabelecera outrora laços supostamente regulados pelas afinidades eletivas, para retomar um conceito de Goethe.

OUTRA VOLTA DO PARAFUSO?

Estas histórias tristes e ao mesmo tempo belas na sua densidade existencial evocam a dimensão de ambiguidade que perpassa de forma inequívoca a relação amorosa, seja esta de ordem erótica, seja da ordem da amizade.

A ambiguidade do laço amoroso evidencia assim a existência paralela do ódio dirigido para o objeto amoroso, exatamente porque este é ao mesmo tempo a fonte do erotismo e da pretensão de plenitude do sujeito, revelando tragicamente sua insuficiência. É justamente isso que é insuportável para o sujeito quando é preciso reconhecer que não é o outro para quem tem que se voltar para obter a satisfação erógena. O ódio atravessa então a barreira do som e da visibilidade, transformando a ambiguidade de potência em ato contundente de inveja, nesta prova dos nove dos infortúnios do amor e da amizade.

Freud pensou tudo isso pela presença inevitável da ambivalência, que marcaria sempre a relação do sujeito com os objetos de amor. Melanie Klein desbravou em particular este território sagrado e invisível do sujeito, com os seus *insights* geniais sobre a inveja na sua dramaturgia secreta, pela qual o sujeito não quer *ter* apenas algo do outro, mas pretende *ser* de fato inteiramente o outro.[1097]

Foi neste sentido também que Freud nos transmitiu a sua leitura sobre a *paixão na diferença radical em face do amor*. Existiria, na paixão, um decidido movimento do sujeito em face do outro, no qual este fica no lugar do *eu ideal* daquele. Vale dizer, o sujeito busca no outro aquilo que lhe falta para acreditar ser assim pleno, absoluto e soberano. Busca, assim, não apenas aquilo que seja um traço inalienável do outro, mas uma maneira de costurar as fendas de suas próprias insuficiências.

Para Freud, portanto, se deslocar do registro da paixão para o do amor implicaria decisivamente fazer o trabalho de luto desta demanda de suficiência e poder amar o outro propriamente na sua diferença. A isso, Melanie Klein deu o nome de *gratidão*, em oposição radical à inveja. Assim, amar implica o sujeito a ser grato ao objeto que cuida de si e o prodigaliza com experiências de prazer e de amor. Para Freud, ainda, o deslocamento da paixão para o amor implicaria a experiência da castração, que seria o reconhecimento pelo sujeito de sua insuficiência e de seu desamparo originários. Com isso, se inscreveria no sujeito um *estilo alteritário* de existência, no qual o outro e os objetos seriam devidamente admirados, reconhecidos e almejados na sua própria diferença.

1097. M. Klein, *Envy and gratitude & other works* (1946-1963).

Seria isso possível para o sujeito, afinal das contas? Esta modalidade existencial de grandeza é mesmo exequível para a condição humana, marcada pela insuficiência vital e pelo desamparo originário? Ou, então, estaremos sempre condenados ao jogo infernal do espelho, no qual se busca ser o outro para pretender se bastar e ser então autossuficiente? É em torno deste paradoxo que se funda o sujeito concebido pela psicanálise, que oscila irredutivelmente entre a paixão da suficiência, a impossibilidade de sustentar esta posição e o reconhecimento da irredutibilidade do outro. Resta saber se é possível para o sujeito, no que concerne a isso, dar outra volta no parafuso, para parafrasear Henry James.[1098]

Nem sempre esta passagem trágica e mortal é possível, mas é em torno dela que gira a aventura da experiência psicanalítica. Esta é a sua *aposta*. É isto que ela pretende produzir, mas nem sempre consegue. E, mesmo quando consegue, o paradoxo continua a sacudir o sujeito entre a paixão e o amor, mesmo que seja de maneira matizada e minorada, assaltando sempre os corpos sôfregos e as mentes ferventes de desejo.

As modalidades tortuosas que assumem o erotismo e o amor no mundo pós-moderno, com os seus imperativos narcísicos e os maneirismos da moral do espetáculo, confirmam ainda com mais veemência as ambiguidades da experiência do amar e dos paradoxos que necessariamente a perpassam. O gozo se transforma perigosamente, neste contexto, num imperativo categórico, que passa a regular a existência das individualidades nos seus menores detalhes. A coreografia carnavalesca destes personagens nos é bastante conhecida, no entanto. Por isso mesmo, não é necessário evocar aqui e agora estas histórias, pois são excessivamente banais.

1098. H. James, *The turn of the screw and other short fiction*.

20. Épica do mal

Grace, uma bela e jovem mulher, interpretada por Nicole Kidman, diante da perseguição por gângsteres, chega a uma cidade denominada Dogville. Esta é um pequeno beco que termina numa montanha intransponível. A mulher não pode mais fugir, devendo contar com a boa vontade de alguém para não ser resgatada pelos perseguidores. Porém, como a mentalidade da população da cidade é tão estreita quanto sua topografia, é necessário, para acolher a recém-chegada, a participação ativa do intelectual Tom Edison (Paul Bethany), que quer ampliar a compreensão do mundo dos habitantes do local. Uma assembleia geral decide democraticamente, apesar da relutância de alguns, que a fugitiva deve realizar algum trabalho para pagar pela proteção.

Inicialmente, no entanto, ninguém precisa de nada. É preciso então um certo esforço da jovem para se fazer necessária. Todos ficam tão gratos com sua colaboração que resolvem pagá-la por isso. Quando esta transformação se processa, contudo, os moradores da cidade passam a exigir cada vez mais dela, reduzindo-a, de maneira impiedosa, a uma condição servil. Como Grace suporta tudo porque pretendia superar a sua arrogância, os moradores se tornam cada vez mais ferozes nas suas exigências. A *crueldade* destes é a contrapartida do quanto precisam daquela. Isso é insuportável. Como os gângsteres e a polícia assediam a população cada vez mais, suspeitando que a jovem estaria ali escondida, a brutalidade ganha volume de forma perigosa. Os locais cobram então cada vez mais caro pela proteção, transformando-a numa escrava, acorrentada a uma roda, além de estuprada todas as noites por todos os homens do pedaço.

Com o transcorrer do filme a exasperação vai tomando conta dos espectadores, que se inquietam de maneira reiterada. Esses se perguntam até onde Grace vai aguentar a crueza dos habitantes. Porém, ela a tudo resiste, se escravizando a níveis inimagináveis, mas mantém sempre, altiva, o seu compromisso com o impossível. Os moradores da cidade são indiscriminadamente brancos e negros, assim como de diferentes religiões, etnias e classes sociais. No que concerne a estas oposições não existiria aqui qualquer diferença no exercício da crueldade, nesta pacata cidade norte-americana dos anos 1930, na época da Depressão. Enfim, no que concerne à vilania existia um consenso, estabelecido de maneira ampla, geral e irrestrita entre os habitantes da cidade.

Evidentemente, esta narrativa constitui uma *parábola*, tecida pelo gênio de Lars von Trier, diretor dinamarquês que é um dos autores do Dogma – proposta estética vigorosa para retomar os valores básicos do cinema. Para isso, a história é construída epicamente, com a presença de um narrador que comenta e pontua todas as nove sequências em que a trama se divide, configurada como uma montagem de teatro. Trata-se, é claro, de uma *mise-en-scène* épica, bastante distante do teatro psicológico e supostamente realista. Pelo contrário, o que existe de terrorificamente real nesta narrativa penetra no espectador por outros canais intensivos, bastante inesperados, aliás, temperados por ingredientes surreais. Seria então pela imprevisibilidade, presente nos menores detalhes da cena cinematográfica, que o real da história nos atinge em cheio, nas tripas, se enunciando como uma epifania.

Isso implica dizer que, se a história em questão se passa numa cidade fictícia dos Estados Unidos, poderia se passar também em qualquer cidade do planeta. Entretanto, a referência norte-americana é não apenas exemplar mas principalmente paradigmática, na medida em que o seu modelo social e moral se dissemina hoje pelo mundo como uma peste, nos tempos da pós-modernidade e do capitalismo pós-industrial. Estaria aqui a *peste* imantada pelos cidadãos de *Dogville*, bastante diferente daquela presente nas tragédias gregas.

A peste referida no filme nos é familiar, apesar da presença de dimensões de não familiaridade – segundo o conceito de Freud –, que tem o dom de provocar o tal efeito sinistro do real de inquietante estranheza.[1099] Os moradores desta cidade, com efeito, constituem aquilo que se pode denominar de *maioria silenciosa*. Trata-se de pessoas que são existencialmente mesquinhas nos seus menores gestos, apequenadas nos seus valores, capazes de realizar as maiores *vilanias* em nome, sempre, do *ideal da segurança*. Não ousam nem arriscam nada em suas pobres vidas, sendo capazes ao mesmo tempo de *se submeter aos poderosos* e de *impor a servidão mais abjeta aos mais fracos*. Tudo isso regado com os maiores requintes de crueldade. Como apenas a autoconservação de sua pobre condição social lhes interessa e direciona o seu parco horizonte no mundo, o resto é apenas o resto, não podendo assim reconhecer nem a dor nem a *diferença* do outro.

Entretanto, este discurso já nos é fartamente conhecido na sua retórica crítica, não enunciando qualquer novidade. O que não significa que as pessoas o incorporem na sua densidade trágica. É preciso então dizê-lo de uma maneira outra, capaz de penetrar intensamente nas tripas e no ventre dos espectadores, para que a sua performatividade possa se realizar. Tudo então se define numa estratégia outra de *mostração* que os subverta, balançando o mundo de ponta-cabeça. É neste contexto preciso que a escolha de um *cenário teatral* é fundamental na proposta estética da narrativa, que deve ser inscrita na perspectiva fílmica do Dogma. Recusa-se aqui, com efeito, o uso dos recursos mirabolantes da tecnologia cinematográfica, a começar pelos efeitos especiais, valorizando-se a câmera na mão e o peso ocupado no espetáculo pelo trabalho dos atores.

É a expressividade trágica do argumento que deve ser colocada na cena primordial da narrativa, despojando-a de qualquer outro recurso de entorpecimento. Isso porque, num mundo invadido pela cultura espetacular da *imagem*, esta perde a potência de produzir qualquer sentido. O espectador fica seduzido e siderado pelos efeitos encantatórios da técnica, que o impedem literalmente de pensar. As palavras já não dizem

---

1099. Freud, S. *L'inquiétante étrangeté et autres essais*.

mais nada, diante do *espetáculo* da técnica que arrebata os espectadores. Para que o sentido possa novamente ter a potência do *dizer*, portanto, é preciso desconcertar imperativamente o espectador e realizar em ato a *desconstrução* do cinema-espetáculo. Foi nesta perspectiva que a inserção da cena teatral no centro da narrativa fílmica teve a intenção de restaurar a potência de dizer do cinema. Esta pode se enunciar, enfim, por caminhos surpreendentes e surreais.

Esta modalidade de artesanato estético é essencialmente brechtiana. Não apenas porque, para a realização do filme, o diretor se inspirou na música "Jenny e o pirata", da *Ópera dos três vinténs*, de B. Brecht e K. Weill,[1100] mas porque a técnica do *distanciamento* da dramaturgia daquele impregna a estética e a narrativa do filme nos seus menores detalhes. Evita-se com isso a *catarse* fácil provocada pelo método dramático fundado na poética de Aristóteles. Tudo isso para que o *real* possa ser apreendido pelo público em *estado nascente*, na sua eloquente pujança, permitindo o reconhecimento de sua objetividade sem qualquer véu. Seria por este viés que Lars von Trier pode restabelecer a força da discursividade fílmica, esvaziada que é pelas superproduções que apequenam a percepção do espectador, ao seduzi-lo pela cascata mirabolante dos efeitos especiais. Neste filme, em contrapartida, o que domina a cena é o efeito poético do *gesto* dos atores seguidos bem de perto pela simplicidade dos movimentos da câmara na mão.

Em contraste com a cena teatral, uma outra volta do parafuso[1101] se realiza no final do filme, mas mantendo sempre a lógica dramatúrgica do distanciamento de Brecht[1102] para quebrar o encantamento da cena teatral, nos provocando espanto e aturdimento na apresentação dos créditos do filme. Somos assaltados por imagens, em ritmo acelerado, pela apresentação de algumas das referências reais das personagens do filme. Com efeito, imagens que nos assolam cotidianamente são exibidas, retiradas de fotos de jornais e de flashes de televisão, ofere-

---

1100. *Folha de S.Paulo*, Folha Ilustrada, 24/1/2004.
1101. James, H. The Turn of the Screw.
1102. Brecht, B. *Écrits sur le théâtre*, vols. I e II, Paris, L'An che, 1972.

cendo uma outra carnalidade para o real ficcional exibido até então pela cena teatral.

A hipocrisia do amor cristão se inscreve na boca de cena desta narrativa. A viagem de Grace para se tornar virtuosa não tem o dom de provocar amor, mas, ao contrário, atrai sobre si a crueldade em estado quase puro. A sua pureza virginal, cantada em closes requintados, se evidencia pelas imagens da brancura loura e impoluta de Nicole Kidman, além de seus gestos delicados. A busca pela *despossessão da arrogância* se choca com a *ferocidade dos cães*, que mordem vorazmente sua presa, até mesmo por reconhecer que precisam dela para viver. Este é o preço da proteção. A saga do puro amor e da despossessão de si, numa *experiência sacrificial* limite, lança a personagem nas bordas da morte. Os profetas do Velho e do Novo Testamento falam pelas entrelinhas desta estória, de maneira sutil mas sempre pregnante, pelas alusões a Moisés e pela experiência trágica de Grace.

Numa sociedade de cães como essa que se cultua em *Dogville*, os intelectuais se alimentam gulosamente desta miséria servil para se inspirar e colocar em ação a sua torpe escrita, numa falsa bondade amorosa que provoca engulhos. Neste contexto, apenas o cachorro não seria efetivamente um cão. De nada adianta que alguém queira fazer um sacrifício qualquer para infundir a graça nesta comunidade, pois estaria fadado à bestial carnificina. Tudo isso nos diz Lars von Trier numa narrativa brilhante, que pode ser encarada ainda como a versão cinematográfica de mais uma das peças didáticas de Brecht.

21. Na contramão da amnésia, a insônia

As montanhas brancas de gelo delineiam o cenário ao mesmo tempo cintilante e ofuscante da tragédia de Domer (Al Pacino), enviado para o Alasca com seu parceiro Hap (Martin Donovan), para colaborar com a polícia local no desvendamento de um crime brutal, cuja vítima fora uma adolescente. Ambos são policiais em Los Angeles, onde a Corregedoria investiga ostensivamente Hap, mas com a intenção efetiva de atingir Domer. Quando confessar finalmente seus sérios deslizes profissionais, o policial será então moralmente maculado na sua reputação e se sentirá assim inevitavelmente traído pelo colega. No entanto, numa cilada meticulosamente planejada para dar o flagrante no criminoso da adolescente (Rob Williams), Domer acaba, com a visão gravemente comprometida pelo forte nevoeiro da região, por matar acidentalmente o parceiro.

A culpa e a perseguição implodem incisivamente na trama, de maneira que o policial Domer tenta então apagar desesperadamente, custe o que custar, os rastros na neve que pudessem incriminá-lo. O destino não está do seu lado, pois o criminoso que escapara da caçada assistira infelizmente à cena fatal e começa então a chantageá-lo acintosamente para não ser acusado. Domer acaba inesperadamente por fazer um acordo para poder se safar, porém – de forma supostamente coerente com o seu percurso anterior como policial – isso não o satisfaz e o deixa mesmo francamente incomodado, já que passa desde então a se sentir na pele dos diversos criminosos perversos que sempre perseguira.

A angústia do detetive passa a ocupar desde então a cena principal da narrativa cinematográfica. Assim, não consegue mais dormir com a intensa luminosidade do verão Ártico, que penetra de forma inequívoca pelas frestas das janelas. Por mais que Domer tente vedar as vidraças do jeito que pode, a claridade, em contrapartida, a tudo perfura como um raio constante e se faz finalmente presente de forma constante, impedindo que a obscuridade se instale e que o policial possa dormir com tranquilidade e paz.

Neste inferno de luminosidade permanente, se sucedem as noites brancas, nas quais fragmentos em turbilhão dos últimos momentos do parceiro o acossam insistentemente a memória, sem lhe deixar qualquer trégua. Domer masca chicletes sem parar, preenchendo toda a boca para poder se acalmar da perseguição interna, banhado sempre em suores frios, não obstante a presença avassaladora do frio polar. A personagem do investigador vai, então, progressivamente se deteriorando, possuída pelo pesadelo tenebroso da morte e das mentiras que passou a sustentar para se proteger da acusação de crime.

Neste contexto, para se potencializar em face do desalento em que se encontrava, o policial passa a evocar cenas de outros casos que anteriormente desvendara com argúcia, particularmente o de uma criança que fora assassinada com requintes cruéis de perversidade. Domer sabia quem era o criminoso, mas lhe faltavam efetivamente as *provas*. Forjou-as, então, sem ter qualquer escrúpulo, ao retirar o sangue da criança morta e colocá-lo na camisa do criminoso, para materializar finalmente a prova de que precisava.

Os fins justificam os meios, afinal das contas, afirmava desesperadamente Domer, da mesma forma como *O príncipe* de Maquiavel, para um interlocutor imaginário em seu abissal desamparo.[1103] Isso porque um tira que se preze, com efeito, seria um operador institucional da culpa, isto é, sabe sempre quem é o criminoso e lhe cabe apenas construir as provas para condená-lo definitivamente.

Porém, isso não tem, infelizmente, o dom mágico de apaziguá-lo. No esgotamento a que se viu reduzido, pelo cansaço extremo provocado

---

1103. N. Machiavel, *O príncipe*. In: *Oeuvres*.

pelas noites seguidas sem dormir e principalmente pela angústia, Domer não sabia mais se tivera a intenção de matar o parceiro. No excesso de luminosidade ética que o invadira definitivamente, o desejo de que o parceiro morresse ficara tão presente, enfim, que fez progressivamente sucumbir em Domer a *certeza* do acidente.

É preciso reconhecer devidamente que um triângulo permeia toda a estrutura da história, de fio a pavio, formado pelo detetive modelo, pela jovem policial local (Hilary Swank) que o admira e estudara cuidadosamente os seus casos brilhantes, e o assassino, escritor medíocre de novelas policiais. A jovem começa paulatinamente a desconfiar do seu ídolo, estimulada, aliás, pelo escritor. Pretende proteger o mestre, mas começa a se perturbar com o que aos poucos descobre. Em contrapartida, o assassino fala dos truques que aprendera, na leitura voraz dos romances policiais que realizara durante toda a sua vida.

O confronto ganha em seguida contornos tragicômicos, já que as armas do policial e do bandido são cartas marcadas que se inscrevem num mesmo jogo macabro. Tudo agora é um jogo de truques, num contraponto flagrante com a tragédia em que se pauta a existência. O planejamento do crime, as artimanhas do policial e as técnicas do escritor se complementam e se revelam ao mesmo tempo nas suas densas tessituras, enunciando a posição estratégica de cada um deles na narrativa.

Seria isso que se oferece agora na cena da luz escaldante e no cenário branco pela neve infinita, que ilumina as obscuridades presentes nos poros íntimos das personagens, num lusco-fusco permanente que marca o estilo cortante deste brilhante *noir* americano. As gotas negras do sangue coagulado do corpo assassinado se repetem incansavelmente na cena cinematográfica, pontuando e promovendo inflexões decisivas na narrativa, em contraste flagrante com as montanhas brancas do Alasca.

Como a personagem principal, o público não conseguirá dormir ao longo do filme, certamente. Se a insônia é o mal que acossa Domer e que ilumina tragicamente a sua existência de policial justiceiro, o espectador quer saber ansiosamente como a narrativa vai se resolver, afinal das contas. Numa posição perturbadora, mas sempre confortável, no entanto, pois o espectador não se inscreve na luminosidade polar nem por lá ter nascido nem por ser foragido, únicas possibilidades presentes para as personagens.

De qualquer forma, no polo diametralmente oposto ao de *Amnésia*, Christopher Holan realiza com *Insônia* um filme tão brilhante quanto o anterior. Pela amnésia, o sujeito pode se proteger dos traços do *trauma* inscritos na memória, se livrando assim da *dor* psíquica, não obstante o preço alto a pagar por isso. Já o que se revela com *Insônia* é a impossibilidade do sujeito em apagar efetivamente das marcas da memória uma experiência de ordem traumática.

Como se sabe, a insônia é uma modalidade paradoxal de experiência, pois é um *pesadelo* permanente que se apossa do sujeito pelo excesso de luminosidade lançado, de forma lancinante, nas motivações obscuras de nossa existência. Portanto, a insônia é uma *amnésia impossível*, que poderia apenas ser suspensa por uma palavra que tenha a potência do gesto, isto é, de uma palavra que seja ato, ao mesmo tempo. Apenas assim podemos ter o sono dos justos e voltar a *sonhar*, como os demais mortais que gozam na obscuridade, na medida em que não têm dívidas a pagar com as potências do destino.

22. A feiura, forma do horror no neonazismo

Referindo-se a *Taxi*, realizado por Carlos Saura em 1997, uma jovem estudante me disse de forma incisiva e amarga que não era um belo filme, como todos os anteriores do diretor espanhol. Por que não?, perguntei imediatamente, no compasso do meu aturdimento. A aluna me disse então que nos demais filmes Carlos Saura primava pela sofisticação na construção da narrativa cinematográfica, embasbacando os espectadores pela sua mestria no domínio dos recursos imagísticos e pelo deslumbramento que provocava pela depuração das técnicas de montagem. Em contrapartida, em *Taxi*, a narrativa foi tecida numa certa linearidade da história que nos quis contar. Considerava, evidentemente, o requinte patente com que o diretor costurava tanto o argumento quanto o roteiro de seus filmes iniciais, nos quais se destacava sempre a complexidade existencial de seus personagens. Em *Taxi*, no entanto, estes eram simplificados e esquemáticos, sem estofo e densidade dramáticos, marcados pelo maniqueísmo e pela previsibilidade. Vale dizer, não existiria nestes personagens a profundidade trágica que marcava aqueles outros presentes nos filmes inaugurais de Saura. Tudo isso me dizia a jovem, um tanto quanto decepcionada pelo pífio desempenho do diretor na nova empreitada. Enfim, o filme foi completamente arrasado, de maneira impiedosa, não sobrando mesmo pedra sobre pedra de sua construção artística, numa crítica formulada sem qualquer nuance e sem nenhuma atitude dubitativa.

Seria possível dizer, como falaram de viva voz alguns presentes, que a rudeza do comentário negativo era por conta da juventude da pessoa em questão. Talvez seja. E daí? O que foi dito permanece de pé. Os argumentos levantados têm o seu peso devido e específico, não podendo ser descartados por uma interpretação psicologizante e leviana, baseada na idade do crítico em questão. Respeitemos, pois, o que nos foi dito com a bela veemência juvenil, legitimando e dignificando os argumentos sublinhados.

Além disso, dou destaque aqui à opinião da jovem porque não foi palavra isolada na sua consideração amarga e negativa do filme em questão. Pelo contrário, foi voz corrente no coro de desagrado que o filme provocou, aqui e ali, entre os admiradores da filmografia de Saura. O público interessado percebeu devidamente a diferença entre esta realização e as demais que a antecederam. Porém, essas pessoas não se indagaram o bastante sobre esta diferença real, considerando mesmo todos os signos já destacados anteriormente pela jovem, para pensar sobre o sentido estético daquela.

No que concerne a isso, é preciso reconhecer firmemente que o *feio* enquanto tal é uma marca importante do filme em questão. Existe uma intenção nesta feiura, não sendo talvez um aleijão descuidado do diretor. De que intenção se trata então? Vou deixar a indagação em suspenso, por enquanto, me preocupando apenas agora em levantar dúvidas em face do bloco interpretativo sustentado. Além disso, as personagens têm de fato uma simplicidade assustadora, aliada a uma rudeza surpreendente. Neste contexto, é preciso se interrogar também sobre o lugar da feiura, da simplificação e da rudeza na economia simbólica da obra em destaque.

Com efeito, a feiura marca o estilo do filme, não obstante o que existe de *trágico* na impossível relação amorosa dos dois jovens que polarizaram a história. Com isso, o *sublime* se inscreve no cenário do filme, fundando o seu argumento, de maneira a transpassar e perfurar os sulcos rugosos do feio que perpassa certamente a narrativa. Assim, a feiura tem algo a ver com o sublime, de uma maneira direta e frontal, sendo, pois, uma marca de ordem estética, que se opõe ao *belo* enquanto tal.

A FEIURA, FORMA DO HORROR NO NEONAZISMO

A simplificação e a rudeza das personagens as tornam pouco atraentes para os espectadores? Com certeza. Era disso que reclamava a jovem decepcionada, sem dúvida. Porém, talvez seja isso, quem sabe, que a narrativa queira produzir em nós, espectadores, qual seja, que vivemos num mundo de *anti-heróis*, no qual os *modelos de identificação* se fazem cada vez mais impossíveis de encontrar. O deserto identificante é talvez uma das marcas maiores do mundo pós-moderno no qual existimos de maneira inapelável, por mais duro que seja reconhecer e sobretudo viver com isso, já que seu efeito é de intensificação do nosso desamparo.[1104]

Porém, estas nuances interrogativas transformam o que foi dito sobre o filme, reordenando a sua apreciação estética? Ou, então, será que é isso mesmo? Pode-se conferir, portanto, todo o crédito possível a esta avaliação crítica e negativa sobre *Taxi*? Não estaria eu, neste caso, tentando fazer o impossível com a minha ponderação nuançante, isto é, procurando tirar leite de pedra? Pode ser. Quem sabe?! Porém, não estou certo disso.

Existe talvez uma certa incompreensão, aliada a uma verdadeira má vontade, na consideração do filme em pauta. Fala-se isso tudo também como se Saura tivesse errado a mão na alquimia que fez de seus ingredientes estéticos, na utilização inábil dos recursos cinematográficos. Ou, então, quem sabe, como se tivesse entrado definitivamente na rota mortal da decadência como criador, tomando definitivamente a via do declive, descendo vertiginosamente ladeira abaixo no campo da estética cinematográfica.

No que concerne a isso, aliás, falou-se algo também parecido sobre *Tango*, filme realizado por Saura em 1998, signo que seria de uma certa decadência do diretor. Por razões agora diferentes, é óbvio, já que não se poderia absolutamente dizer que a feiura caracterizaria a produção. Pelo contrário, a sua beleza formal é chocante, deslumbrante mesmo nos recursos visuais de que se valeu Saura na sua realização. O espectador fica tonto pela riqueza imagística do filme, capturado pelo seu fascínio. Porém, o que se disse agora é que a história era paupérrima, não passando de uma fábula de amor de quinta categoria. No entanto, foi realizada quase

---

1104. S. Freud, *Malasie dans la civilisation* (1930).

como uma ópera, isto é, com recursos cinematográficos excessivos, que transbordavam em muito a pobreza da história.

Portanto, criticava-se agora o *formalismo* de Saura, mediante o qual a adjetivação de marcas formais sofisticadas engoliu a mediocridade da relação amorosa das personagens. Além disso, os cultores e eruditos do tango não gostaram nada do que viram, isto é, da maneira pela qual este foi tratado no filme – algo como uma viagem para turista ver no colorido bairro de Santelmo em Buenos Aires e sem que se considerasse devidamente sua densidade. Enfim, a avaliação de decadência e de perda do potencial estético de Saura se repetiu também em *Tango*, por razões agora opostas, já que se insistiu no formalismo.

Como se pode interpretar então tudo isso, afinal das contas?

MOSTRAÇÃO, REPETIÇÃO E DIFERENÇA

Compreender essas avaliações será uma das minhas intenções neste ensaio. Para isso, no entanto, é preciso situar devidamente o lugar de *Taxi* na cinematografia de Saura, isto é, circunscrever efetivamente a função deste filme em relação aos que lhe antecederam e aos que lhe sucederam. Vale dizer, é preciso examinar a densidade estética destas diferentes produções, nas suas oposições e contrastes, para que se possa decifrar o que está em questão nesta cinematografia pujante e multifacetada. É neste contexto apenas que se pode atribuir sentido às noções de feio, simples e rude, além de bem circunscrever a categoria de formalismo. Portanto, é preciso sublinhar quais são as intenções que definem o gesto estético de Saura, de forma tal que a totalidade de suas realizações ganhe o seu peso específico, sem que se conceda nada a este, mas que não se retire nada, também, no valor de seu percurso como cineasta.

A construção de uma obra de arte não se realiza, evidentemente, pelas sendas da *demonstração*, como ocorre com os discursos da filosofia, da lógica e da matemática. Pelo contrário, sua produção assume decididamente o caminho da *mostração*, que se materializa sempre com fragmentos do sensível. Por isso mesmo, nada tem a ver também com as denominadas disciplinas empíricas, nas quais a verificação é um operador fundamental para a prova de cientificidade da hipótese de trabalho formulada. Digo tudo isso de forma esquemática e rápida somente para circunscrever novamente o que disse sobre as intenções e os gestos diretores de uma obra de arte, na medida em que esses têm sempre a densidade da mostração, não tendo, pois, nada a ver seja com o rigor demonstrativo, seja com a verificação empírica. Para me valer de metáforas da geometria poderia dizer que, enquanto na mostração o espírito segue por uma *linha curva*, na demonstração e na verificação a *linha reta* seria o caminho preferencial do espírito.

Não obstante as regras constitutivas da obra de arte, esta é permeada por uma *problemática*. Seria isso, aliás, que a faz pulsar na sua tessitura, exercendo efeitos sobre os seus consumidores. Seria isso então que constituiria a sua inquietação, a sua materialidade criativa enquanto tal, articuladora de *fragmentos do sensível*. Vale dizer, a problemática da obra assumiria a forma do verbo, sendo aquilo que constituiria as condições de possibilidade do sujeito e dos predicados de seus enunciados. É neste registro enunciativo que se inscreveria o que disse há pouco sobre as intenções e os gestos produtores de uma obra.

Para isso, suponho aqui que a obra de Saura foi toda construída tendo a problemática da *alteridade* como seu cerne, o seu eixo constitutivo. Estariam aqui, portanto, a sua intenção originária e o seu *gesto fundador*, isto é, aquilo que ordenaria as suas diferentes etapas, a sua sequência e as suas inflexões. Os cortes presentes na obra seriam regulados pelo verbo originário, solo enunciativo de seus enunciados – enfim, o fundamento do percurso fílmico de Saura, aquilo que alinhavaria a totalidade de seu tecido criativo materializado como obra, regulando os seus acordes e pontuando a ritmicidade de suas sequências. Seria esse o centro nervoso da generosidade criativa da obra de Saura, plasmado nas suas diversas realizações.

Esta organicidade pulsátil da epopeia cinematográfica em questão não é evidente à primeira vista, não se impondo imediatamente à nossa percepção. Vale dizer, isso não se apresenta de maneira simples e clara no seu primeiro filme. Somente na sequência cadenciada de seus filmes pode então se revelar e se evidenciar o que estava em pauta no gesto criativo da obra, isto é, sua problemática estética e o que existia de radical na sua intenção.

Se a evidência enunciativa se revela apenas na sequência da obra e não numa percepção inicial, isso se deve ao fato de que aquela se apresenta sob a forma da *condensação*. Utilizo aqui esta palavra no mesmo sentido pelo qual Freud fala da presença do mecanismo da condensação no seu livro sobre os sonhos, para interpretar o trabalho constitutivo do sonho.[1105] Exatamente por isso a condensação exige um trabalho de desnovelamento e de *deciframento*, e a sequência da obra enquanto tal oferece os elementos para isso. Portanto, entre condensação e deciframento a mostração realiza o seu trabalho constitutivo da obra, que estará também presente para o consumidor e receptor que pretender realizar o trabalho de seu desnovelamento.

Isso implica dizer, em contrapartida, que seria apenas na manifestação da obra na ordem temporal que se poderia captar seu fundamento e seu gesto constitutivo, apesar disso se fazer sempre patente em cada uma de suas realizações pontuais enquanto condensação. Por isso mesmo, o que se faz patente encontra-se ainda no registro latente, tanto para os consumidores da obra quanto, talvez, para o criador. Seria, assim, a *insistência*, revelada pela sequência das produções na ordem do tempo, o que transformaria progressivamente aquilo que é latente em patente, revelando-se o fundamento estético na sua potencialidade e na sua verdade.

Desta forma, a repetição funciona efetivamente como um operador fundamental para que se possa revelar a intenção e o gesto diretores de uma obra. A *repetição* seria constitutiva do que enunciei como algo da ordem da mostração na tessitura da obra. *Repetição diferencial*,[1106] evidentemente, já que seria pela insistência da *diferença* que a condensação poderia se desnovelar. Isso implica dizer que a repetição seria produtora da própria obra, tracejando por pequenos desvios curvilíneos, aqui e ali, com pontuações, o ser da obra na sua evanescência e na sua consistência fugidia.

1105. S. Freud, *L'interprétation des rêves* (1900).
1106. G. Deleuze, *Différence et répétition*.

Portanto, estaria aqui presente, de diferentes maneiras e diversas figurações, algo da ordem do *inconsciente* da obra de arte, que se teceria por caminhos oblíquos pela própria repetição, pelos efeitos pontuais e sistemáticos que produz nos receptores desprevenidos e desavisados de uma dada obra.

CULTURA, ALTERIDADE E HETEROGENEIDADE

Entre repetição e inconsciente mergulhamos completamente no espaço ficcional de uma obra, no qual a mostração realiza o seu trabalho silencioso e ao mesmo tempo com ruídos, tecendo pacientemente as suas formas e configurando a sua materialidade. Com efeito, seria apenas no tempo da *posterioridade*, como nos ensinou devidamente Freud nas origens da psicanálise[1107] e que sublinhou Lacan posteriormente,[1108] que se pode captar o sentido de um discurso, isto é, a enunciação que regula a produção de seus enunciados. Consequentemente, a sequência de uma obra, a sua construção na ordem do tempo, é fundamental para que se possam captar respectivamente a sua intenção e seu gesto, decifrando então a sua densidade significativa e a produção de seu sistema de signos.

Assim, na proposição aqui formulada a alteridade estaria no fundamento do percurso estético de Saura. Vale dizer, seria a relação do sujeito com o *Outro*, posicionado numa situação de igualdade e de diferença com aquele, que a subjetividade se constituiria. Não existiria, pois, qualquer possibilidade de existência de um sujeito solipsista, absolutamente fechado sobre si mesmo e em oposição absoluta aos demais. Pelo contrário, seria a oposição mesma, na sua dimensão diferencial e relativizadora dos termos em oposição, que seria constitutiva da subjetividade, a que plasmaria o seu ser fugidio e errático enquanto tal.

1107. S. Freud, "Esquisse d'une psychologie scientifique" (1895), 2ª parte. In: *La naissance de la psychanalyse*.
1108. J. Lacan, "Fonction et champ de la parole et du langage en psychanalyse" (1953). In: *Écrits*.

Foi ainda neste mesmo sentido que o discurso freudiano formulou firmemente que não existiria qualquer diferença tangível entre psicologia individual e psicologia coletiva, considerando-se que qualquer subjetividade seria marcada no seu fundamento por processos narcísicos e alteritários.[1109] Seria mesmo a oscilação entre estes dois polos que constituiria a subjetividade, colocando, pois, o sujeito de maneira insistente e repetitiva em face do outro que o interpela e interpreta de forma visceral.

Isso tudo implica dizer, consequentemente, que as identificações na subjetividade são produzidas no contexto da alteridade, não sendo então possível pensar naquelas sem esta.[1110] Portanto, aquilo que nos é mais interior, que nos é mais específico e singular, se vocês quiserem, se funda também naquilo que nos é mais exterior e estranho, de maneira que a dialética regulada pela oposição dentro/fora nos é constitutiva.

Portanto, enunciar a problemática da alteridade como condição de possibilidade para a produção da diferença e das identificações é formular ao mesmo tempo a pregnância assumida neste contexto pela questão da *cultura*. Trata-se das duas faces da mesma moeda, cada uma delas remetendo necessariamente à outra. Foi justamente isso que Freud quer nos dizer: seria impossível separar os campos da psicologia individual e da psicologia coletiva, na medida em que ambas supõem os conceitos de alteridade e cultura como operadores fundamentais.

A alteridade seria então constitutiva de toda e qualquer cultura, por mais diferentes e singulares que estas possam ser na sua pluralidade e diversidade, como se pode aliás depreender do espetacular inventário *relativista* que nos foi oferecido pela antropologia social. Em contrapartida, a pluralidade existente das culturas seria aquilo que fundaria a alteridade enquanto tal, de maneira que esta poderia inevitavelmente desaparecer no contexto da homogeneidade cultural. Enfim, a alteridade como condição *sine qua non* da cultura implica necessariamente a *heterogeneidade*, isto é, a diferença.

1109. S. Freud, "Psychologie des foules et analyse du moi" (1921). In: *Essais de Psychanalyse*.
1110. S. Freud, "Le moi et le ça" (1923). In: *Essais de Psychanalyse*.

Formulo tudo isso na medida em que, no percurso de Saura, encontraremos referências a todas estas questões de forma condensada. A pregnância de certas modalidades coletivas de subjetividade se articula com as subjetividades individuais e reciprocamente, num carrossel encantado de identificações possíveis e mesmo de seus impasses. A cultura como alteridade seria constitutiva das subjetividades singulares, nos seus acoplamentos e nos seus confrontos, nos encontros e até mesmo nos desencontros. Além disso, a alteridade assume diferentes formas e figurações na narrativa de Saura, que não se excluem absolutamente, mas que se complementam. Existem também, enfim, as modalidades impossíveis de alteridade em certas apresentações de Saura, como ainda veremos.

PUXANDO OS FIOS

Para que se possa relançar a totalidade destas questões anteriormente esboçadas é preciso considerar ainda, no entanto, que a problemática da cultura como alteridade se impõe no projeto estético de Saura num contexto histórico e social bem preciso, qual seja, *a situação da Espanha na era pós-franquista*. Qual foi a herança legada aos espanhóis após décadas de *fascismo*, instituído de maneira sangrenta nos momentos que precederam imediatamente a eclosão da Segunda Guerra Mundial e a ascensão do nazismo? Como se sabe, o general Franco colaborou com Hitler e o regime nazista, sendo um de seus sustentáculos importantes. Além disso, o regime franquista se aliou com o que existia de mais conservador na tradição espanhola, em termos morais e estéticos. Os segmentos mais conservadores do catolicismo foram sustentadores implacáveis do fascismo franquista, de maneira tal que os traços da tradição católica foram marcados por este a ferro e fogo.

Além disso, é preciso evocar que, com a reabertura democrática, a sociedade espanhola foi submetida a um intenso processo de *modernização*, que se conjugava com o difícil aprendizado da experiência política num contexto democrático. Assim, a Espanha tinha que se aproximar da Europa, que, com exceção de Portugal fascistizado também pelo salazarismo, existia já havia mais de três décadas num outro comprimento de onda político e social. A integração na Comunidade e na União Europeias exigiu da Espanha um enfrentamento cotidiano com a herança franquista e com a sua tradição anterior. Esta experiência não se restringia aos registros das práticas social e política, mas convulsionava também o plano do imaginário, no qual se cristalizavam os valores do franquismo e da tradição espanhola mais vasta.

Parece-me que o imaginário estético de Saura está mergulhado nisso tudo, extraindo daí os fragmentos sensíveis que são os arcabouços de sua construção estética. Seria isso a matéria-prima para a construção de sua obra, a sua condição concreta de possibilidade. Isso porque Saura procura de maneira tateante restaurar o *sentido* e as *matrizes* de sua *tradição*, seguindo-as através de alguns rastros capazes de oferecer signos seguros para a reconstrução de uma identidade fraturada.

Com efeito, reconheço no percurso estético de Saura o esforço hercúleo de perseguir as marcas profundas da *identidade* espanhola, profundamente arranhada pela recente história do fascismo de Franco e balançada também pelo ímpeto da modernização europeizante. Isso porque com a integração na Comunidade Europeia a Espanha foi confrontada para existir num espaço político homogêneo no qual a heterogeneidade seria a única maneira pela qual a sua singularidade poderia ser um lugar possível de *reconhecimento*. Saura, assim, como um artesão da imagem, busca forjar a identidade de sua tradição, cavucando nos escombros do imaginário espanhol os traços de uma reconstrução possível, caminho único para o reconhecimento da singularidade de sua tradição. Para a realização disso, no entanto, necessário foi um trabalho inicial de exame do terreno, para aquilatar o estrago provocado pelo fascismo e pelo *catolicismo inquisitorial* no imaginário espanhol.

Assim, os filmes iniciais de Saura exploraram até o estupor o que existiu de nauseabundo na ordenação do imaginário espanhol pelo franquismo, que se apoiou no catolicismo congelado pela Inquisição. A tristeza dos personagens atingia então o ápice da melancolia, num espaço de existência marcado pela aridez e pelo vazio. O humor *soturno* domina a narrativa trágica, eivada de escuro e de impasses, não obstante o requinte imagístico das cenas. A *loucura* é um lugar-comum deste cenário macabro. A loucura toma frequentemente a forma do militarismo delirante, levado ao estupor paranoico, mesclando tudo em dramas familiares permeados pelo incesto. O matriarcado se impõe como uma figura majestosa de retórica, na qual as velhas matronas roubam a cena dos homens das novas gerações. Enfim, pode-se destacar que, em *Mamãe faz cem anos*, os efeitos imaginários do *militarismo* se articulavam firmemente com a figura do *matriarcado*, produzindo a loucura, o canibalismo, a melancolia e a desistência de existir.

Logo em seguida, no entanto, buscam-se positivamente os rastros da tradição neste entulho desastroso. A dança, a música e o teatro foram os pontos de sustentação de Saura nesta procura, aquilo que poderia elucidar e evidenciar o que existia ainda de *positividade* nesta tradição soturna. As fontes da cultura popular foram colocadas aqui no primeiro plano, de maneira tal que a dimensão sagrada do *ritual* como ato se impõe em face do discurso. Seria pela corporeidade e pela musicalidade, numa gestualidade eminentemente marcada pela *mise-en-scène* teatral, que a identidade foi obsessivamente procurada até o seu limite. O *trágico* da tradição espanhola foi escarafunchado nos seus menores detalhes, destacando-se a passionalidade mortal dos amantes. Das tripas coração é sempre o sangue que se derrama, evocando o que há de sublime no confronto cruel do toureiro com a natureza bestial do touro.

Seria então isso a Espanha, no embate travado pela modernização e pela unificação europeia? Seria apenas isso, a reserva do trágico na tradição requintada da Europa? Saura retomou tudo isso posteriormente, em 1999, na exploração da pintura de Goya. Existe algo mais espanhol do que Goya – que, no seu romantismo trágico, explorou o imaginário desta tradição no início do século XIX, confrontado então com a modernidade europeia que se iniciava na posterioridade da Revolução Francesa? Das bruxas aos touros, passando insensivelmente pela devoração melancólica e pelos jogos infantis, Goya foi também o cronista pictórico dos movimentos de massa que marcaram a modernidade desde então com sangue e violência. As cores de Goya estão todas nas imagens de Saura, fundidas em matizações espetaculares, delineando as cores ainda trágicas da Espanha na modernização recente.

É neste contexto que se deve inscrever o universo de *Taxi*, no qual o neonazismo como ideologia e como forma perversa de vida se delineia como possibilidade real e atual numa Europa devastada pelo desemprego e marcada pela imigração dos estropiados de além-fronteiras. É possível manter a ilha da prosperidade europeia cercada por todos os lados pelas ondas das revoltas dos excluídos famintos? A riqueza europeia revela a sua face *horrorosa* e *selvagem*, construída pela *moralidade obscena* do *neoliberalismo*. Exibe-se aqui no seu terror a violência em estado puro, na medida mesmo em que a alteridade como marca da condição humana é aviltada numa dimensão apocalíptica. Vale dizer, o neonazismo é o grau zero da alteridade, a evidência mais estridente de que a sua destruição é também possível.

Não foi isso mesmo que o franquismo revelou décadas atrás? O peso destruidor da Inquisição espanhola não evidenciara já esta possibilidade da alteridade impossível? Se os personagens de *Taxi* são simplificados e é feio o universo da sua narrativa, isso quer dizer que o mundo neonazista é maniqueísta e permeado pela feiura abjeta.

Tango retoma, numa outra dimensão e registro, os destinos da identidade espanhola no além-mar, na Argentina, nos seus desdobramentos num país marcado pela colonização espanhola. A *imigração* aqui, oscilando agora entre a Espanha e a Itália no século XIX, inscreve-se como uma poderosa figura de alteridade. O tango, como música e como dança, seria a condensação ritualizada desta forma de alteridade.

Fundando-se, pois, na problemática da alteridade como condição de possibilidade para a construção da cultura, Saura nos desenha diversos caminhos pelos quais se realizam as práticas de *subjetivação*[1111] na atualidade e seus impasses. É disso que falarei ainda em seguida, de maneira esquemática, contrapondo apenas agora o momento de ênfase colocado na melhor tradição do imaginário espanhol e o universo escatológico forjado em *Taxi*.

1111. Foucault, M. *La volonté de verité.*

A FEIURA, FORMA DO HORROR NO NEONAZISMO

O TRÁGICO COMO MARCA IDENTITÁRIA

Nos filmes em que exibiu positivamente o imaginário espanhol Saura primava pelo refinamento estético, no qual o rigor dos enquadramentos e das sequências se coadunava com a economia na utilização dos recursos cinematográficos. A dança e a música regulavam a construção das imagens, de maneira tal que a palavra ocupava uma posição subalterna nos seus filmes. Reduzia-se ao essencial; era preciso dizer apenas o indispensável. Com isso, se realizaram filmes de grande ressonância, nos quais a beleza fascinava os espectadores pelas vias dos humores. O imaginário de Saura se banhava nas fontes da tradição espanhola, seja esta musical ou poética. Trilhando os caminhos errantes de Lorca, Saura descortinava para o mundo o sublime da poesia espanhola, com os coloridos exuberantes de suas roupas e a força trágica de suas personagens. A música flamenca era quase sempre o contraponto da tragédia das pessoas simples da Espanha, na qual a dança marcava no seu transbordamento o erotismo da cultura do Mediterrâneo. Nisso tudo, o *barroco*, onde se condensa a sensualidade excessiva e a religiosidade católica, era decantado pela partitura imagística do diretor. Nos foi legada a restauração do imaginário espanhol, evocando com acordes grandiosos a identidade desta tradição, esquecida no seu diapasão sublime pelo poder franquista. Tudo aquilo que marcaria diferencialmente a Espanha foi pictoricamente registrado.

Se o *excesso* é um dos traços majestosos desta tradição, na qual o sensual e o religioso se comungam no transbordamento dos gestos e da corporeidade, a mestria de Saura está justamente no depuramento que realizou sobre a irrupção do imponderável. Retirou, com isso, a dimensão de *drama* pela qual se exibia havia muito o mundo espanhol, restaurando o *trágico* que perpassa esta tradição, nos registros da literatura, da poesia, do teatro, da dança e da música. Seria esta, enfim, a marca alteritária constitutiva da tradição espanhola.

ALTERIDADE IMPOSSÍVEL?

Tudo isso se perde na recente incursão de Saura no universo urbano de *Taxi*? A preocupação com o político teve aqui o dom terrível de romper em pedaços a aura do sagrado, restabelecendo o *kitsch* do dramalhão ibérico? Não estou certo disso. Pelo contrário, tendo a pensar que a nova política, que invade como um furacão a Europa, tem o poder devastador de estilhaçar o que há de sublime nas diferentes tradições culturais do Velho Mundo. Por isso mesmo, a construção deste último filme deve ser lida em contraste com as anteriores realizações de Saura. Ao sublinhar esta oposição pode-se talvez depreender melhor o que está em questão na intenção estética do filme em pauta, isto é, a sua estratégia fundamental.

Numa história que relata as ações de um grupo neonazista que assassina drogados, prostitutas, homossexuais, negros, e imigrantes, o que se coloca em cena é a construção de uma *cultura do ódio*, baseada nos valores mesquinhos da *baixa classe média urbana*. Esta se vê ameaçada na sua sobrevivência e nas suas possibilidades de ascensão social. Com isso, homens e mulheres, supostamente respeitáveis, podem eliminar com frieza todos aqueles a quem atribuem os seus impasses sociais. Existem então os bodes expiatórios da desgraça social. Para tal, vale tudo. Isso não quer dizer, bem entendido, que aqueles setores da classe média podem ser de fato dizimados pelos que os colocam como bode expiatório de suas desgraças. Se esta possibilidade existe, é de bom-tom recordar, isso se põe em pauta em função do "horror econômico" produzido pela nova política neoliberal e pelo processo de globalização da economia.[1112] Concordando-se ou não com a leitura de Viviane Forrester sobre a atualidade, seu livro tem o mérito de destacar que estamos no limiar de uma outra civilização, na qual o trabalho como valor deixa de ser crucial. O aviltamento que isso provoca nas individualidades, em escala planetária, ainda terá que ser cantado em prosa e verso, para que se dê o destaque devido à *humilhação* devastadora de milhares de pessoas pelos "progressos" recentes da razão calculadora.

1112. V. Forrester, *L'horreur économique*.

No limite, é esta feiura existencial o que Saura nos exibe no seu último filme. Não se trata aqui de uma estética da sujeira, tal como nos foi apresentado por alguns cineastas ingleses, para mostrar a existência de alguns grupos de imigrantes em Londres, onde as imagens quase opacas condensam a pobreza, a perversão e a devastação destes sujeitos. O que está em questão para Saura é o feio enquanto modalidade de existência, quando a dignidade das pessoas é varrida do mapa pela barbárie ética e política. Com isso, a diferença como valor fundamental da cidadania é criminosamente destruída por grupos armados. Porém, a democracia não é considerada um valor crucial pelos ideólogos do neoliberalismo e da globalização? Que seja. Contudo, a defesa retórica de princípios não implica sempre, infelizmente, a sua realização prática. Pelo contrário, quando os princípios éticos precisam ser insistentemente reiterados e transformados em ouropéis retóricos, isso quer dizer que foram há muito para o ralo.

O que resta, então? Com o ideário neonazista a diferença como valor se encontra mortalmente ferida, seja racial, étnica, política e sexual. Com isso, o feio retoma a cena como forma de existência do horror. A existência dos indivíduos se torna pequena, já que o *carreirismo disciplinado* se transforma em estilo das subjetividades. Na boca de cena o drama se ajusta mais à falta de densidade destas existências, marcadas pela linearidade de seus percursos. O trágico se torna supérfluo para falar destas existências sem grandeza e brilho, onde o impossível e o paradoxal são silenciados como valor.

Isso tudo quer dizer, pois, que tudo aquilo que Saura procurou restabelecer anteriormente, enfatizando a diferença trágica da tradição espanhola, se vê ameaçado de imolação pela onda apocalíptica daqueles que gozam com a frieza tosca da homogeneidade. Não se pode esquecer, afinal das contas, que a democracia implica o convívio e o confronto cotidiano com as diferenças. Por isso mesmo, se desdobra como um tecido marcado pela heterogeneidade. Apagar esta obviedade da memória é esquecer também que já vimos este filme e que já pagamos todos muito caro por tudo isso.

Neste universo macabro a alteridade enquanto tal deixa de existir, ameaçando com catastrófica barbárie não apenas a existência da cultura espanhola como também de toda a tradição europeia. É isso que a nossa jovem crítica precisa compreender profundamente, para que a sua veemência possa ser a fonte de uma verdadeira *poiesis*. Para isso, enfim, é preciso enfatizar o papel do feio numa leitura crítica da atualidade, na qual se suspende o belo e se repõe o trágico como sublime.

Bibliografia

Adorno, T.W; Horkheimer, M. *Kulturindustrie. Raison et mystification des masses*. Paris: Allia, 2012.
Althusser, L. *Pour Marx*. Paris: Maspéro, 1965.
Andrade, M. "A elegia de abril" (1941). In: _____. *Aspectos da literatura brasileira*, 6ª ed. Belo Horizonte: Itatiaia, 2002.
_____. *Aspectos da música brasileira* (1928). Rio de Janeiro/Belo Horizonte: Vila Rica, 1991.
_____. "Cícero Dias" (1929). In: _____. *Táxi e crônicas no* Diário Nacional. Belo Horizonte: Itatiaia, 2005.
_____. "Descobrimento" ("Dois poemas acreanos") (1927). In: _____. *Poesia Completa*.
_____. *Dicionário Musical Brasileiro* (1911). Belo Horizonte: Itatiaia, 1999.
_____. *Ensaio sobre a música brasileira* (1928). Belo Horizonte: Itatiaia, 2006.
_____. *Macunaíma. O herói sem nenhum caráter* (1955), 6ª ed. São Paulo: Martins, 1970.
_____. "Manifesto da poesia pau-brasil" (1924). In: _____. *Do pau-brasil à antropofagia e às utopias. Obras Completas* – 6. Rio de Janeiro: Civilização Brasileira/MEC, 1972.
_____. "O artista é o artesão" (1938). In: _____. *O baile das quatro artes*. São Paulo: Martins, 1975.
_____. "O movimento modernista" (1941). In: _____. *Aspectos da literatura brasileira*, 6ª ed. Belo Horizonte: Itatiaia, 2002.
_____. *O turista aprendiz* (1928-1929). São Paulo: Duas Cidades, 1976.
_____. "Prefácio interessantíssimo" (1921). In: _____. *Pauliceia desvairada [Poesias completas]*. Belo Horizonte: Itatiaia, 1980.
_____. "Táxi: casa de pensão" (1929). In: _____. *Táxi e crônicas no* Diário Nacional. Belo Horizonte: Itatiaia, 2005.
_____. "Táxi: 'de-a-pé'". In: _____. *Táxi e crônicas no* Diário Nacional. Belo Horizonte: Itatiaia, 2005.
_____. "Táxi: memória e assombração" (1929). In: _____. *Táxi e crônicas no* Diário Nacional. Belo Horizonte: Itatiaia, 2005.
Ariès, Ph. *L'enfant et la vie familiale sous l'ancien Regime*. Paris: Seuil, 1973.
Aristóteles. *Poétique*. Paris: Le Livre de Poche (Classique), 1990.

Artaud, A. "L'Arve et l'Aume. Tentative antigrammaticale contre Lewis Carroll". Paris, 1947.
Assoum, P. L. *Freud et le rire*. In: Szafran, A.W., Nysenholc, A. *Freud et le rire*. Paris: Métailié, 1993.
Bachelard, G. *Le rationalisme appliqué*. Paris: PUF, 1949.
_____. *La formation de l'esprit scientifique*, 9ª ed. Paris: VRIM, 1975.
Bakhtin, M. *L'oeuvre de François Rabelais et la culture populaire au Moyen age et sous la renaissance*. Paris: Seuil, 1970.
Baumann, Z. *O mal-estar na pós-modernidade*. Rio de Janeiro: Jorge Zahar, 1998.
Beck, U. *Risk society: towards a new modernity*. Londres: Stange, 1992.
Beguin, A. *L'ame, romantique et le rêve*. Paris: José Corti, 1939.
Behac, M. Carrasson, M. *Le surréalisme*. Paris: Libraire Génerale Française, 1972.
Benjamin, W. "Le conteur" (1936). In: _____. *Oeuvres*, vol. III. Paris: Éditions Gallimard, 2000.
_____. "*L'oeuvre d'art* à l'époque de sa reproductibilité technique". In: _____. *Oeuvres*, vol. III. Paris: Gallimard, 2000.
_____. "Le surréalisme, comme dernier instantanée de la intelligentsia européene". In: _____. *Oeuvres*, vol. II. Paris: Éditions Gallimard (Folio), 2000.
_____. *Passagens*. Belo Horizonte: UFMG/Imprensa Oficial do Estado de São Paulo, 2006.
_____. "Sur le concept d'histoire". In: _____. *Écrits Français*. Paris: Editions Gallimard, 1991.
_____. "Sur quelques thèmes baudelairiens" (1940). In: _____. *Oeuvres*, vol. III. Paris: Éditions Gallimard (Folio), 2000.
Benveniste, E. *Problèmes de linguistique générale*, vol. 1. Paris: Gallimard, 1966.
Bergson, H. "Matière et Mémoire" (1896). Paris: PUF, 1991.
_____. *Le rire* (1900). Paris: PUF, 1983.
Bernfeld, S. "Freud's Earliest Theories and the Scholl of Helmholtz" (1944). *Psychoanalytic Quarterly*, 13, 341.
Berns, Thomas. *Violence de la loi à la Renaissance. L'originaire du politique chez Machiavel et Montaigne*. Paris: Koiré, 2000.
Bettelheim, B. *Freud and Man's Soul*. Nova York: Knopf, 1983.
Binswanger, L. "Freud et la constitution de la psychiatrie". In: *Discours, parcours et Freud*. Paris: Gallimard, 1970.
Birman, J. *A psiquiatria como discurso da moralidade*. Rio de Janeiro: Graal, 1978.
_____. *Cartografias do feminino*. São Paulo: 34, 1997.
_____. *Estilo e modernidade em psicanálise*. São Paulo: 34, 1997.
_____. "Fantasiando sobre a sublimação". In: Bartucci, G. *Arte, psicanálise e estéticas de subjetivação*. Rio de Janeiro: Imago, 2002.
_____. *Freud e a interpretação psicanalítica*. Rio de Janeiro: Relume Dumará, 1989.

BIBLIOGRAFIA

_____. *Gramáticas do erotismo*. Rio de Janeiro: Civilização Brasileira, 2001.
_____. "La psychanalyse et la critique de la modernité". In: Boukoloza, C. *Où en est la psychanalyse. Psychanalyse et figures de la modernité*. Paris: Erès, 2000.
_____. "Le corps et l'affect en psychanalyse". *Che Vuoi?* n. 7. Paris: L'Harmattan, 1997.
_____. "Os impasses da cientificidade no discurso freudiano e seus destinos na psicanálise". In: Birman, J. *Psicanálise, ciência e cultura*. Rio de Janeiro: Jorge Zahar, 1994.
_____. *Por uma estilística da existência*. São Paulo: 34, 1996.
_____. *Psicanálise, ciência e cultura*. Rio de Janeiro: Zahar, 1993.
_____. *Qu´est-ce que ça veut dire? Écrire en psychanalyse*. Paris: Denöel, 2000.
_____. "Subjetividades contemporâneas". In: _____. *Arquivos do mal-estar e da resistência*. Rio de Janeiro: Civilização Brasileira, 2006.
Blanchot, M. *L'Entretien infini*. Paris: Gallimard, 1905.
Boie, B. *L'homme et ses simulacres. Essai sur le romantisme allemand*. Paris: José Corti, 1976.
Bourdieu, P. *A economia das trocas simbólicas*. São Paulo: Perspectiva, 1998.
Bouveresse, J. "La théorie et l'observation dans la philosophie des sciences du positivisme logique". In: Châtelet, F. *Le XXe siècle. Histoire de la philosophie*, vol. VII. Paris: Hachette, 1973.
Braudel, F. *Civilisation matérielle et capitalisme*. XVe-XVIIIe siècle, vols. I, II e III. Paris: Armand Collin, 1979.
_____. *Escritos sobre a história*. São Paulo: Perspectiva, 1968.
_____. *Écrits sur l'histoire*, 2ª parte. Paris: Flammarion, 1969.
_____. "História e ciências sociais: a longa duração". In: _____. *Escritos sobre a história*. São Paulo: Perspectiva, 1979.
Brecht, B. *Écrits sur le théâtre*, vols. I e II, Paris, L'Arche, 1972.
Breton, A. *Le surréalisme et la peinture*. Paris: Gallimard, 1965.
Breuer, J; Freud, S. *Études sur l'hystérie* (1893-95). Paris: PUF, 1971.
Breton, A. *Manifestes du surréalisme*. Paris: Gallimard, 1985.
Broca, P. "Remarques sur le siège de la faculté du langage articulé, suivis d'une observation d'aphémie (perte de la parole)" (1861). In: Hecaen, H., Dubois, J., *La naissance de la neuropsychologie du langage* (1825-1865). Paris: Flammarion, 1969.
Burke, E. *Recherche philosophique sur l'origine de nos idées du sublime et du beau* (1757). Paris: Vrin, 1990.
Bury, L. "Introduction". In: Carroll, L. *Alice au pays des merveilles suivi de la Traversée du Miroir*. Paris: Le Livre de Poche, 2009.
Byck, R. "Sigmund Freud and Cocaine". In: Freud, S., *Cocaine Papers*. Nova York: Meridian, 1975.
Canguilhem, G. *Études d'Histoire et de Philosophie des Sciences*. Paris: Vrin, 1968.
_____. *La connaissance de la vie*, 3ª edição. Paris: Vrin, 1960.

_____. *Le normal et le pathologique*, 3ª edição. Paris: PUF, 1966.
Carroll, L. *Alice au pays de merveilles suivi de la Traversée du miroir*. Paris: Livre de Poche Jeunesse, 2014.
Cassirer, E. *La philosophie des formes symboliques* (1953), vol. I (Le langage), cap. I. Paris: Minuit, 1972.
Castel, F; Castel, R. Lüvell, A. *La société psychiatrique avancée: le modele américain*. Paris: Grasset, 1979.
Cohen, Merton M. *Lewis Carroll: une vie, une legende*. Paris: Autrement, 1998.
Davidson, A.I. *L'émergence de la sexualité. Épistemologie historique et formation des concepts*. Paris: Albin Michel, 2005.
Debord, G. *Commentaires sur la société du spectacle*. Paris: Gallimard, 1992.
_____. *La société du Spectacle*. Paris: Gallimard, 1992.
Dejean, J. *Ancients against modernes: culture wars and the making of a fin de Siècle*. Chicago: The University of Chicago Press, 1997.
Deleuze, G. *Critique et clinique*. Paris: Minuit, 1993.
_____. *Différence et répétition*. Paris: PUF, 1968.
_____. *Empirisms et subjectivité*. Paris: PUF, 1953.
_____. *Francis Bacon – Logique de la sensation*, 2 vols. Paris: La Différence, 1981.
_____. *Hume, sa vie, son oeuvre, avec une exposé de sa philosophie. La philosophie critique de Kant*. Paris: PUF, 1963.
_____. "L'ascension du social" (1977). In: _____. *Deux Regimes de fous*. Paris: Minuit, 2003.
_____. *L'Anti-Oedipe. Capitalisme et Schizophrénie*. Paris: Minuit, 1972.
_____. *Le Bergsonisme*. Paris: PUF, 1966.
_____. *Le pli-Leibniz et le baroque*. Paris: Minuit, 1988.
_____. *Logique du sens*. Paris: Minuit, 1969.
_____. *Marcel Proust et les signes*. Paris: PUF, 1964.
_____; Guattari, F. *Mille Plateaux, Capitalisme et schizophrenie*, vol. II. Paris: Minuit, 1980.
_____; Guattari, F. *Qu'est-ce-que la philosophie*. Paris: Minuit, 1991.
_____; Guattari, F. *Kafka. Pour une litterature mineure*. Paris: Minuit, 1975.
_____. *Nietzsche et la philosophie*. Paris: PUF, 1962.
_____. *Pourpalers (1972-1990)*, cap. V. Paris: Minuit, 1990.
_____. *Presentation de Sacher-Masoch*. Paris: Minuit, 1967.
_____. *Spinoza et le problèms de l'expression*. Paris: Minuit, 1968.
_____. *Spinoza, philosophie pratique*. Paris: PUF, 1970.
Derrida, J. *Cosmopolites de tous pays, encore un effort!*. Paris: Galilée, 1997.
_____. *De la grammatologie*. Paris: Minuit, 1967.
_____. *De l'hospitalité*. Paris: Calman-Lévy, 1997.

BIBLIOGRAFIA

_____ . *États d'âme de la psychanalyse*. Paris: Galilée, 2000.
_____ . *Force de loi*. Paris: Galilée, 1994.
_____ . "Force et signification". In: _____ . *L'écriture et la différence*. Paris: Seuil, 1967.
_____ . "Freud et la scène de l'écriture". In: _____ . *L'écriture et la différence*. Paris: Seuil, 1967.
_____ . *La carte postale, de Sócrates à Freud et au-delà*. Paris: Aubier Flammarion, 1980.
_____ . *La dissémination*. Paris: Seuil, 1972.
_____ . *La pharmacie de Platon*. Paris: Seuil, 1972.
_____ . *La voix et le phénomene*. Paris: PUF, 1967.
_____ . *Le droit à la philosophie du point de vue cosmopolitique*. Paris: Unesco, 1997.
_____ . *L'écriture et la différence*. Paris: Seuil, 1967.
_____ . *L'origine de la géométrie de Husserl*. Introdução e tradução. Paris: PUF, 1962.
_____ . *Mal d'archive*. Paris: Galilée, 1995.
_____ . *Mal de arquivo: uma impressão freudiana*. Rio de Janeiro: Relume-Dumará, 2001.
_____ . *Positions*. Paris: Minuit, 1972.
_____ . "Pour amour de Lacan". In: _____ . *Résistances de la psychanalyse*. Paris: Galilée, 1996.
_____ . *Spectres de Marx*. Paris: Galilée, 1993.
_____ . *Surveiller et punir*. Paris: Gallimard, 1974.
_____ ; Foucault, M. *Três tempos sobre a história da loucura*. Rio de Janeiro: Relume Dumará, 2001.
_____ . *Voyous*. Paris: Galilée, 2003.
Descartes, R. "Discours de la méthode pour conduire a raison et chercher la verité dans les sciences" (1633). *Oeuvre et lettres de Descartes*. Paris: Gallimard, 1949.
_____ . "Méditations. Objections et Réponses" (1641). In: *Oeuvres et lettres de Descartes*. Paris: Gallimard, 1949.
Dicionário Houaiss da Língua Portuguesa. Rio de Janeiro: Instituto Antonio Houaiss. Editora Objetiva, 2001.
Dorer, M. "Die hitorische Grundlagen der Psychoanalyse" (1932). Citado por Kris, E. Introdução. In: Freud, S. *La naissance de la psychanalyse*.
Dosse, F. *A história em migalhas*. São Paulo: Ensaio, 1962.
Dostoiévski, F. *Crime e Castigo*. São Paulo: 34, 2005.
Dumont, L. *Essais sur l'individualisme. Une perspective anthropologique sur l'ideologie moderne*. Paris: Seuil, 1983.
_____ . *Homo aequalis I. Gênese et épanouissement de l'idéologie économique*. Paris: Gallimard, 1977.
Eco, U. *Obra aberta*. São Paulo: Perspectiva, 1971.
Elias, N. *O processo civilizatório*. Rio de Janeiro: Zahar, 1994.
Esquirol, J. E. D. *Des maladies mentales*, vols. I e II. Paris: J. B. Baillière, 1830.

Etienne Filho, João. "Poeta completo". In: Andrade, M. *Poesias completas*, vol. I, 6ª ed. Belo Horizonte: Itatiaia, 1980.

Ferenczi, S. "La psychologie du mot d'esprit et du comique". In: Ferenczi, S. *Psychanalyse1. Oeuvres Complètes*: 1908-1912. Paris: Payot, 1968.

Ferreira Gullar. "Arthur Bispo do Rosário: o artista do fio". In: *Folha de S.Paulo*, 14C, 2011.

Forrester, J. *Le langage aux origines de la psychanalyse*, Paris: Gallimard.

Foucault, M. *Folie et déraison. Histoire de la folie à l'âge classique*. Paris: Plon, 1861.

_____. "Distance, aspect, origine". In:_____. *Dits et écrits*, vol. I. Paris: Éditions Gallimard, 1994.

_____. *Dits et écrits*, tomo IV. Paris: Gallimard, 1984.

_____. *Histoire de la folie à l'âge classique*. Paris: Gallimard, 1972.

_____. "La pensée du dehors". In: _____. *Dits et écrits*, vol. I. Paris: Gallimard, 1984.

_____. *La volonté de verité*. Paris: Gallimard, 1976.

_____. *L'archéologie du savoir*. Paris: Gallimard, 1969.

_____. "Le langage à l'infini". In: _____. *Dits et écrits*, vol. I. Paris: Éditions Gallimard, 1994.

_____. *Le souci de soi*. Paris: Gallimard, 1984.

_____. *Les anormaux*. Paris: Seuil-Gallimard, 2003.

_____. *Les mots et les choses: une archéologie des sciences humaines*. Paris: Gallimard, 1966.

_____. "Les techniques de soi". In: _____. *Dits et écrits*, vol. IV. Paris: Editions Gallimard, 1994.

_____. *L'herméneutique du sujet*. Paris: Gallimard/Seuil /EHESS, 2001.

_____. *L'ordre du discours*. Paris: Gallimard, 1971.

_____. *L'usage de plaisirs*. Paris: Gallimard, 1984.

_____. *Maladie mentale et personalité*. Paris: PUF, 1954.

_____. *Microfísica do poder*. Rio de Janeiro: Graal, 1979.

_____. *Naissance de la clinique. Une archéologie du regard medical*. Paris: PUF, 1963.

_____. "Nietzsche, Freud, Marx". In: _____. *Dits et écrits*, vol. I. Paris: Gallimard, 1994.

_____. "Nietzsche, la généalogie, l'histoire". In: _____. *Dits et écrits*, vol. II. Paris: Gallimard, 1994.

_____. "Qu'est-ce qu'un auteur?". In: _____. *Dits et écrits*, vol. I. Paris: Éditions Gallimard, 1994.

_____. *Raymond Russell*. Paris: Gallimard, 1963.

_____. *Surveiller et punir*. Paris: Gallimard, 1974.

_____. "Analyse avec fin et analyse sans fin" (1937). In: _____. *Résultats, Idées, Problèmes*, vol. II. Paris: Presses Universitaires de France, 1983.

_____. "Analyse d'une phobie chez un petit garçon de cinq ans (le petit Hans)" (1909). In: _____. *Cinq psychanalyses*. Paris: PUF, 1975.

BIBLIOGRAFIA

_____. "Aphasie (Manuel de Villaret)" (1888). In: *Contribution à la conception des aphasies.*
_____. *Au-delà du principe de plaisir* (1920). In: _____. *Essais de psychanalyse.* Paris: Payot, 1981.
_____. *Cinq psychanalyses* (1933). Paris: PUF, 1975.
_____. *Cocaine Papers* (1882-1885). Nova York: New American Library, 1975.
_____. "Communication d'un cas de paranoïa en contradition avec la théorie psychanalytique" (1915). In: _____. *Névrose, psychose, et perversion.* Paris: PUF, 1973.
_____; Breuer, J. "Communication préliminaire" (1893). In: _____. *Études sur l'hystérie.* Paris: PUF, 1971.
_____; Breuer, J. *Études sur l'hystérie* (1895). Paris: PUF, 1971.
_____. "Constructions dans l'analyse" (1937). In: _____. *Résultats, idées, problems*, vol. II. Paris: PUF, 1972.
_____. *Contribution à la conception des aphasies* (1891). Paris: PUF, 1983.
_____. *Correspondance* (1873-1939). Paris: Gallimard, 1966.
_____. *Delire et rêves dans la Gradive de Jensen* (1907). Paris: PUF, 1971.
_____. "Deuil et melancolie" (1915). Paris: Gallimard, 1968.
_____. "Esquisse d'une psychologie scientifique" (1895). In: *La naissance de la psychanalyse.* Paris: PUF, 1973.
_____. "Extrait de l'histoire d'une névrose infantile (L'homme aux loups)" (1918). In: _____. *Cinq psychanalyses.* Paris: PUF, 1979.
_____. "Fragments d'une analyse d'hystérie (Dora)" (1905). In: _____. *Cinq Psychanalyses.* Paris: Presses Universitaires de France, 1975.
_____. *Inhibition, symptôme et angoisse* (1926). Paris: PUF, 1973.
_____. *Jokes and Their Relations to the Unconscious* (1905), Standard Edition, vol. VII. Londres: Hogarth Press, 1978.
_____. "La morale sexuelle 'civilisée' et la maladie nerveuse des temps modernes" (1908). In: _____. *La vie sexuelle.* Paris: PUF, 1975.
_____. "La paralysie cérébrale infantile" (1897), tópico 10, Afasia.
_____. *La question de l'analyse profane* (1926). Paris: Gallimard, 1984.
_____. "La vie pulsionelle" (1934). In: _____. *Nouvelles conférences sur la psychanalyse.* Paris: Gallimard, 1985.
_____. "Le moi et le ça" (1923). In: _____. *Essais de psychanalyse.* Paris: Payot, 1981.
_____. "Le Moïse de Michel-Ange" (1914). In: _____. *Essais de Psychanalyse appliquée.* Paris: Gallimard, 1933.
_____. *Le mot d'esprit et sa relation à l'inconscient* (1905). Paris: Gallimard, 1988.
_____. "Le problème économique du masochisme" (1924). In: _____. *Névrose, psychose et perversion.* Paris: PUF, 1973.
_____. "Le refoulement" (1915). In: *Métapsychologie.* Paris: Gallimard, 1968.

_____ · "Le trouble psychogène de la vision dans la conception psychanalytique" (1910). In: _____ · *Névrose, psychose et perversion*. Paris: PUF, 1973.
Freud, S. "Les psychonévroses de défense" (1894). In: _____ · *Névrose, psychose et perversion*. Paris: PUF, 1973.
_____ · "Les psychonévroses de défense" (1896). In: _____ · *Névrose, psychose et perversion*. Paris: PUF, 1973.
_____ · "Lettres à Wilhelm Fliess, notes et plans" (1909). In: _____ · *La naissance de la psychanalyse*. Paris: PUF, 1973.
_____ · "L'etiologie de l'hystérie" (1896). In: _____ · *Névrose, psychose et perversion*. Paris: Presses Universitaires de France, 1973.
_____ · *L'homme Moïse et la religion monothéiste* (1938). Paris: Gallimard, 1986.
_____ · "L'humor" (1927). In: _____ · *L'inquiétante étrangeté et autres essais*. Paris: Gallimard, 1985.
_____ · "L'inconscient" (1915). In: _____ · *Métapsychologie*. Paris: Gallimard, 1968.
_____ · "L'inquiétante étrangeté" (1919). In: _____ · *L'inquiétante étrangeté et autres essais*. Paris: Gallimard, 1985.
_____ · *L'interprétation des rêves* (1900). Paris: PUF, 1976.
_____ · *Malaise dans la civilisation* (1930). Paris: PUF, 1971.
_____ · *Métapsychologie* (1915-1917). Paris: Gallimard, 1968.
_____ · "Notes sur le bloc-note magique" (1925). In: _____ · *Résultats, idées, problèmes*, vol. II. Paris: PUF, 1985.
_____ · *Nouvelles conférences sur la psychanalyse* (1933). Paris: Gallimard, 1984.
_____ · "Nouvelles remarques sur les psychonévroses de défense" (1896). In: _____ · *Névrose, psychose et perversion*. Paris: PUF, 1973.
_____ · "Observations sur l'amour de transfert" (1915). In: _____ · *La technique psychanalytique*. Paris: Presses Universitaires de France, 1972.
_____ · *On Aphasia* (1891). Nova York: International Universities Press, 1953.
_____ · *Pour introduire le narcissisme* (1914). In: _____ · *La vie sexuelle*. Paris: Presses Universitaires de France, 1973.
_____ · *Phychical (or mental) Treatment* (1891). Standard Edition, vol. II.
_____ · *Psychopathologie de la vie quotidienne* (1900). Paris: Payot, 1973.
_____ · "Psychothérapie de l'hystérie" (1895). In: _____ ; Breuer, J., *Études sur l'hystérie*. Paris: PUF, 1971.
_____ · "Pulsions et destins des pulsions" (1915). In: _____ · *Métapsychologie*. Paris: Gallimard, 1968.
_____ · "Remarques psychanalytiques sur l'autobiographie d'un cas de paranoïa (Le Président Schreber)" (1911). In: _____ · *Cinq Psychanalyses*. Paris: PUF, 1975.
_____ · "Remarques sur un cas de névrose obsessionnelle (L'homme aux rats)" (1909). In: _____ · *Cinq psychanalyses*. Paris: PUF, 1975.

BIBLIOGRAFIA

_____. "Remémoration, répétition et élaboration" (1914). In: *La technique psychanalytique*. Paris: PUF, 1972.

_____. "Some points for a comparative study of organic and hysterical motor paralyses" (1893-1897). In: *The Standard Edition of complete psychological works of Sigmund Freud*, vol. I. Londres: Hogarth Press, 1978.

_____. "Sur la préhistoire de la technique analytique" (1890-1920). In: _____. *Resultáts, Idées, Problèmes*. Paris: Presses Universitaires de France, 1984.

_____. "Sur le plus général des rabaissements de la vie amoureuse" (1912). In: _____. *La vie sexuelle*. Paris: Universitaires de France, 1972.

_____. "The prehistory of analytic technique" (1920). In: *The Standard Edition of the complete psychological works of Sigmund Freud*, vol. XVII. Londres: Hogarth Press, 1971.

_____. "The theme of the three caskets" (1913). In: *The Standard Edition of the complete psychological Works of Sigmund Freud*, vol. XII. Londres: Hogarth Press, 1979.

_____. "The question of lay analysis" (1926). In: _____. *The Standard Edition of the Complete psychological works of Sigmund Freud*, vol. XX.

_____. *Totem et tabou* (1913). Paris: Payot, 1975.

_____. "Traitement psychique (Traitement de l'âme)" (1891). In: _____. *Résultats, Idées, Problèmes*. Paris: Presses Universitaires de France, 1984.

_____. *Trois essais sur la théorie de la sexualité* (1905). Paris: Gallimard, 1962.

_____. "Un cas de paranoïa qui contredisait la théorie psychanalytique" (1913). In: _____. *Névrose, psychose et perversion*.

_____. *Un souvenir d'enfance de Leonard da Vinci* (1910). Paris: Gallimard, 1960.

_____. "Une difficulté de la psychanalyse" (1917). In: _____. *L'inquiétante étrangeté et autres essais*. Paris: Gallimard, 1985.

_____. "Une névrose démoniaque au XVIIe siècle" (1923). In: _____. *Essais de psychanalyse*. Paris: Payot, 1981.

Fry, Jr. W.F., Salameh, W. A. *Handbook of Humor and Psychotherapy: Advances in the clinical use of humor*. Sarasota: Professional Resource Exchange, 1987.

Gagnebin, Jeanne-Marie. *História e narração em W. Benjamin*. São Paulo: Perspectiva, 1994.

Gattegno, J. *Lewis Carroll, une vie*. Paris: Seuil, 1984.

Giddens, A. *As consequências da modernidade*. São Paulo: UNESP, 1991.

Goldstein, K. "Über Aphasie" (1910). In: Forrester, J., *Le langage aux origines de la psychanalyse*, cap. I. Paris: Gallimard, 1984.

Grubrich-Simitis, I. "Note liminaire". In: Freud, S. *Vue d'ensemble des névroses de transfert. Un essai métapsychologique*. Paris: Gallimard, 1985.

Guattari, F. "Soixante-cinq rêves de Kafka". *Magazine Littéraire*, n° 415, *Le rebelled Kafka*. Paris, dezembro de 2002.

Gusdorf, G. *Fondements du savoir romantique*. Paris: Payot, 1982.

_____. *Le romantisme*, vols. I e II. Paris: Payot, 1983.
_____. *Les origines de l'herméneutique*. Paris: Payot, 1988.
Hecaen, H; Lanteri-Laura, G. *Évolution des connaissances et des doctrines sur le localisations cérébrales*, cap. IV. Desclée de Brouwer, 1977.
Hegel, G. W.F. *La phénoménologie de l'esprit* (1807). Paris: Aubier, 1941.
_____. *Précis de l'encyclopédie des sciences philosophiques*. Paris: Vrin, 1932.
_____. *La phénoménologie de l'esprit*, vol. I. Paris: Aubier-Montaigne, 1941.
Hidalgo, L. *Arthur Bispo do Rosário: o senhor do labirinto*. Rio de Janeiro: Rocco, 2012, 2ª ed.
Hobbes, T. *Leviathan*. Londres, 1841.
_____. *The Elements of Natural Law and Politic*, 2ª ed. Londres, 1969, p. 42.
Hyppolite, J. "Philosophie et psychanalyse". In: *Figures de la pensée philosophique*, vol. I. Paris: PUF, 1971.
Jacob, P. *De Vienne à Cambridge*. Paris: Gallimard, 1980.
Jakobson, R. *Langage enfantin et aphasie*. Paris: Flammarion, 1980.
James, H. *The Turn of the Screw and Other Short Fiction*. Nova York: Bantam Books, 1981.
Jardim de Moraes, Eduardo. *A brasilidade modernista: sua dimensão filosófica*. Rio de Janeiro: Graal, 1978.
Jauss, Hans Robert. *Pour une esthétique de la recéption*. Paris: Gallimard, 1978.
Jones, E. *La vie et l'oeuvre de Sigmund Freud*, vol. I. Paris: Presses Universitaires de France, 1970.
Joyce, J. *Retrato de um artista quando jovem*. Rio de Janeiro: Civilização Brasileira, 1966.
Kant, E. *Critique de la raison pure*. Paris: PUF, 1971.
_____. *Critique de la faculte de jugar* (1790). Paris: Vrin, 1989.
_____. "Réponse à la question: Qu'est-ce que les Lumières?" In: _____. *Oeuvres Philosophiques*, vol. II. Paris: Gallimard, 1990.
Klein, M. *Envy and gratitude & other works* (1946-1963). Londres: Hogarth Press, 1975.
Kofman, S. *Pourquoi rit-on?*, cap. 1. Paris: Galilée, 1986.
Koyré, A. *Du monde clos à l'univers infini*. Paris: Gallimard, 1973.
_____. *Études d'histoire de la pensée scientifique*. Paris: Gallimard, 1973.
Kris, E. Introdução, II. In: Freud, S., *La naissance de la psychanalyse*, op. cit., p. 16.
Kuhn, T. Prefácio. In: Freud, S. *Contribution à la concepcion des aphasies*, op. cit., p. 5.
Lacan, J. "Au-delà du principe de realité". In: _____. *Écrits*. Paris: Seuil, 1966.
_____. *De la psychose paranoïaque dans ses rapports avec la personnalité suivi de Premiers écrits sur la paranoïa* (1932). Paris: Seuil, 1975.
_____. "D'une question préliminaire à tout traitement possible de la psychose". In: _____. *Écrits*. Paris: Seuil, 1966.
_____. "Fonction et champ de la parole et du langage en psychanalyse". In: _____. *Écrits*. Paris: Seuil, 1966.
_____. "Hommage rendu à Lewis Carroll". *Ornicar 50*, Paris, 2002.

_____. "L'agressivité en psychanalyse" (1948). Paris: Seuil, 1966.
_____. *Las psychoses*. Le Séminaire, livre III. Paris: Seuil, 1981.
_____. *L'éthique de la psychanalyse*. Le Séminaire, livre VII. Paris: Seuil, 1986.
_____. "Le stade du miroir comme formateur de la fonction du Je". In: _____. *Écrits*. Paris: Seuil, 1966.
_____. *Les formations de l'inconscient*. Le Séminaire, vol. V. Paris: Seuil, 1998.
_____. *Les quatre concepts fondamentaux de la psychanalyse*. Le Séminaire, vol. XI. Paris: Seuil, 1973.
_____. "Réponse au commentaire de Jean Hyppolite sur la 'Verneinung' de Freud". In: _____. *Écrits*. Paris: Seuil, 1966.
Laks, A; Neschke, A. (org.). *La naissance du paradigme herméneutique*. Presses Universitaires de Lille, 1990.
Laing, R. *The divided self. A study of sanity and madness*. Londres: Tavistock, 1960.
Lanteri-Laura, G. *Histoire de la phrénologie*. Paris: PUF, 1970.
Laplanche, J. *Hölderlin et la question du père*. Paris: PUF, 1961.
_____; Leclaire, S. "L'inconscient: une étude psychanalytique". In: Ey, H. *L'inconscient*. VI Colóquio de Bonneval. Paris: Desclée de Brouwer, 1966.
_____. *Castration-Symbolisations*. Problématiques II. Paris: PUF, 1980.
_____. *La sublimation*. Problématiques III. Paris: PUF, 1980.
_____; Pontalis, J. B. *Fantasia originária, fantasias das origens, origens da fantasia*. Rio de Janeiro: Jorge Zahar, 1988.
Lasch, C. *The culture of narcissism. American Life in an Age of Diminishing Expectations*. Nova York/Londres: WW Norton & Company, 1979.
Lecoq, Anne-Marie. *La Querelle des Anciens et des Modernes*. Paris: Folio Classique (Editions Gallimard), 2001.
Lefort, Claude. *Le travail de l'oeuvre*: Machiavel. Paris: Gallimard, 1972.
Lévi-Strauss, C. *Droit naturel et histoire*. Paris: Flammarion, 1986.
_____. *Les structures élémentaires de la parenté*. Paris: PUF, 1949.
_____. *La cité et l'homme*. Paris: Agora, 1987.
_____. *La pensée sauvage*. Paris: Seuil, 1968.
_____. "Introdução à obra de Marcel Mauss". In Mauss, M. *Sociologia e antropologia*, vol. I. São Paulo: EDUSP, 1974.
_____. *As estruturas elementares do parentesco*. Petrópolis: Vozes, 1976.
Lukács, G. "Narrar ou descrever?". In: Lukács, G. *Ensaios sobre literatura*. Rio de Janeiro: Civilização Brasileira, 1968.
_____. *Realismo crítico hoje*. Brasília: Coordenada, 1969.
_____. *Théorie du Roman*. Paris: Denöel, 1968.
Lyotard, J. F. *La condition postmoderne*. Paris: Minuit, 1999.
Machiavel, N. *Le Prince*. In: _____. *Oeuvres*. Paris: Gallimard (Plèiade), 1960.

_____. "Discours sur la première décade de Tite-Live". In: _____. *Oeuvres complètes*. Paris: Gallimard (Plèiade), 1952.

Major, R. *Lacan com Derrida*. Rio de Janeiro: Civilização Brasileira, 2002.

Martin, J.L. "La question du langage chez Freud, de 1891 à 1901". *L'Évolution Psychiatrique*, Paris, n. 2, 1984.

McGhee, P.E.; Goldstein, J. H. *Handbook of Humor Research*, vols. 1 e 2. Nova York: Suringer, 1983.

Morais, F. *Arthur Bispo do Rosário: arte além da loucura*. Rio de Janeiro: Nau/Livre Galeria, 2013.

Musil, R. *O homem sem qualidades*. Lisboa: Dois Mundos, 1975.

Nancy, J. L. "L'offrande sublime". In: *Du Sublime*. Paris: Belim, 1933.

Nassif, J. *Freud. L'inconscient. Sur les commencements de la psychanalyse*. Paris: Galilée, 1977.

Neves, M. S. "Da Maloca do Tietê ao Império do Mato Virgem. Mário de Andrade: roteiros e descobrimentos". In: Chalhoub, S. e Pereira, L.A.M. (orgs). *A história contada. Capítulos da história social da literatura do Brasil*. Rio de Janeiro: Nova Fronteira, 1998.

Nietzsche, F. *Ainsi, Parlait Zarathoustra*. Paris: Aubier, 1969.

_____. *Humain, trop humain*. Paris: Gallimard, 1968.

_____. *La généalogie de la morale*. Paris: Gallimard, 1971.

_____. *La naissance de la tragédie*. Paris: Gallimard, 1977.

_____. *Seconde considération intempestive. De l'utilité et de l'incovénient des études historiques pour la vie*. Paris: Flammarion, 1988.

Nouveau Petit Robert. Dictionnaire de la Langue Française. Paris: Dictionnaires Le Robert, 1993.

O Novo Aurélio, Século XXI. O Dicionário da Língua Portuguesa. Rio de Janeiro: Nova Fronteira, 1999.

Olivie, B. *Lacan. La formation du concept de sujet*. Paris: PUF, 1987.

Osório, L. C. "Obras que mostram ao homem que ele foi feito para brilhar". *O Globo*, Rio de Janeiro, 1999.

University of California: *Compact Oxford English Dictionary*. Oxford University Press, 2006.

P. James, H. *The turn of the screw and other short fiction*. Nova York: Bantam Books, 1983.

Palmer, R. E. *Hermenêutica*. Lisboa: Edições 70, 1986.

Passeron, R. *Histoire de la peinture surréaliste*. Paris: Le Livre de Poche, 1968.

Petit Larousse Illustré. Paris: Larousse, 1976.

Plutarque. *Vies parallèles*. Paris: Gallimard, 2001.

Politzer, G. *Critique des fondements de la psychologie*. Paris: PUF, 1968.

Prigogine, I; Stengers, E. *A nova aliança*. Brasília: Editora da Universidade de Brasília, 1984.

Rancière, J. *L'inconscient esthétique*. Paris: Galilée, 2001.

Ricoeur, P. *De l'interprétation. Essais sur Freud*. Paris: Seuil, 1965.

_____. "Le conflit des interprétations". In: *Essais d´herméneutique*. Paris: Seuil, 1969.
Roudinesco, E. *Jacques Lacan. Esquisse d'une vie, Histoire d'un système de pensé*. Paris: Fayard, 1993.
Schreber, P. *Mémoires d´un névropathe*. Paris: Seuil, 1975.
Sennet, R. *Les tyrannies de l'intimité*. Paris: Seuil, 1979.
Shapiro, M. "Two slips of Leonardo and a slip of Freud". *Psychoanalysis, Journal of the National Psychoanalytical Association for Psychoanalysis*, 2, 1955.
_____. "Leonardo and Freud. An art historical study". *Journal of the history of ideas*, 17, 1956.
Silveira, N. *O Museu do Inconsciente*. Rio de Janeiro: Vozes, 1985.
Simmel, G. "Conflit et modernité". In: _____. *Modernité philosophique*. Paris: Payot, 1989.
_____. "Esthétique et modernité". In: _____. *Philosophie de la modernité*. Paris: Payot, 1989.
_____. "L'individualisme moderne". In: _____. *Philosophie de la modernité*. Paris: Payot, 1989.
Skinner, Q. *Hobbes e a teoria clássica do riso*. São Leopoldo: Unisinos, 2002.
_____. *Machiavelli*. Oxford: Oxford University Press, 1981.
Stengel, E. "Diel Bedeutung von Freud's Aphasiestudie für di Psychoanalyse", citado em Kuhn, R., Prefácio. In: Freud, S., *Contribution à la conception des aphasies*. Paris: PUF, 1983.
Strachey, J. "General Preface". In: *Standard Edition*, vol. II, 1966.
Stuart Mill, J. *An Examination of Sir William Hamilton's Philosophie*. Londres, 1865.
Szafran, A. W. "Humour, creativité et psychothérapie". In: Szafran, A. W., Nysemhole, A. *Freud et le rise*. Paris: Métaillé, 1994.
Vattimo, G. *La fin de la modernité*. Paris: Seuil, 1987.
Verdiglione, A. "Matemática do inconsciente". In: Freud, S. *A interpretação das afasias*, op. cit.
Veyne, P. "Foucault révolutionne l'histoire". In: Foucault, M. *Comment on écrit l'histoire*. Paris: Seuil, 1978.
Viderman, S. *La construction de l'espace analytique*. Paris: Denöel, 1970.
Voegelin, Eric. *La Nouvelle Science Politique*. Paris: Seuil, 2000.
Weber, M. *Éthique protestante et l'esprit du capitalisme*. Paris: Plon, 1964.
Widlöcher, D. *Freud et le problème du changement*. Paris: Presses Universitaires de France, 1970.
Winnicott, D. W. "Transitional objects and transitional phénomena". In: _____. *Collected papers: Through pediatrics to psychoanalysis*. Londres: Tavistock Publications, 1958.
_____. *O brincar e a realidade*. Introdução. Rio de Janeiro: Imago, 1975.
Wittgenstein, L. "Investigations philosophiques". In: _____. *Tractatus logico-philosophicus suivi de investigations philosophiques*. Paris: Gallimard, 1961.

Wolfson, L. *Le schizo et les langues ou la phonétique chez le psychotique*. Paris: Gallimard, 1970.
Worms, F. "Le rire et sa relation ao mot d'esprit. Notes sur la lecture de Bergson et Freud". In: Szafran, A.W. Nysenholc, A. *Freud et le rire.* Op. cit., p. 195-223.
Yerushalmi, H. *Freud's Moses, Judaism Terminable and Interminable.* Yale: Yale University Press, 1991.
_____. *Zakhor: Jewish History and Jewish Memory.* Seattle: University of Washington Press, 1982.

Este livro foi composto na tipografia ClassGaramond BT,
em corpo 11/15, e impresso em papel
off-white no Sistema Digital Instant Duplex
da Divisão Gráfica da Distribuidora Record.